U0678156

权威·前沿·原创

皮书系列为
“十二五”国家重点图书出版规划项目

中国社会科学院创新工程学术出版资助项目

城市竞争力蓝皮书
BLUE BOOK OF URBAN COMPETITIVENESS

中国城市竞争力报告 No.13

ANNUAL REPORT ON CHINA'S URBAN COMPETITIVENESS (No.13)

巨手：托起城市中国新版图

主　　编／倪鹏飞
副 主 编／侯庆虎　李　超　王雨飞
特邀主编／沈建法　林祖嘉　刘成昆

社会科学文献出版社
SOCIAL SCIENCES ACADEMIC PRESS (CHINA)

图书在版编目（CIP）数据

中国城市竞争力报告.13，巨手：托起城市中国新版图/倪鹏飞主编.—北京：社会科学文献出版社，2015.5
（城市竞争力蓝皮书）
ISBN 978-7-5097-7484-7

Ⅰ.①中… Ⅱ.①倪… Ⅲ.①城市-竞争力-研究报告-中国 Ⅳ.①F299.2

中国版本图书馆CIP数据核字（2015）第092378号

城市竞争力蓝皮书
中国城市竞争力报告No.13
——巨手：托起城市中国新版图

主　　编／倪鹏飞
副 主 编／侯庆虎　李　超　王雨飞

出 版 人／谢寿光
项目统筹／陈　颖
责任编辑／陈　颖

出　　版／社会科学文献出版社·皮书出版分社（010）59367127
地址：北京市北三环中路甲29号院华龙大厦　邮编：100029
网址：www.ssap.com.cn
发　　行／市场营销中心（010）59367081　59367090
读者服务中心（010）59367028
印　　装／北京季蜂印刷有限公司

规　　格／开 本：787mm×1092mm　1/16
印 张：25　字 数：419千字
版　　次／2015年5月第1版　2015年5月第1次印刷
书　　号／ISBN 978-7-5097-7484-7
定　　价／89.00元

皮书序列号／B-2003-017

《中国城市竞争力报告 No. 13》
编　委　会

中国社会科学院财经战略研究院简介

中国社会科学院财经战略研究院（NATIONAL ACADEMY OF ECONOMIC STRATEGY，CASS）简称“财经院”，成立于1978年6月。其前身为中国社会科学院经济研究所财政金融研究组和商业研究组。初称“中国社会科学院财贸物资经济研究所”。1994年，更名为“中国社会科学院财贸经济研究所”。2003年，更名为“中国社会科学院财政与贸易经济研究所”。2011年12月29日，作为中国社会科学院实施哲学社会科学创新工程的一个重大举措，也是在创新工程后成立的首批跨学科、综合性、创新型学术思想库和新型研究机构，以财政与贸易经济研究所为基础，组建综合性、创新型国家财经战略研究机构——财经战略研究院，并从此改用现名。

著名经济学家刘明夫、张卓元、杨圣明、刘溶沧、江小涓、裴长洪、高培勇先后担任所长。现任党委书记、院长为高培勇教授。

作为中国社会科学院直属的研究机构，自成立以来，财经院与我国的改革开放事业共同成长，始终以天下为己任，奋进在时代前列。几代财经院人，不辱使命，在中国经济社会发展进程中的几乎每一个节点，都留下了自己的印记。经过30多年的努力，今天的财经院，已经发展成为拥有财政经济、贸易经济和服务经济等主干学科板块，覆盖多个经济学科领域的中国财经科学的学术重镇。

中国社会科学院城市与竞争力研究中心简介

中国社会科学院城市与竞争力研究中心是2010年4月26日成立的一个有关城市与竞争力的院级非实体研究中心。中心的主要任务是组织国内外各界相关研究人员，开展同城市经济、城市管理、城市化、城市竞争力、房地产经济、房地产金融相关的学术研究，发表同城市与房地产相关的论文、专著和研究报告；开展国内外学术交流，组织中心学者进行国际学术访问；组织国内外相关领域专家、城市市长等各界人士召开城市竞争力国际论坛以及相关学术会议；与相关单位开展合作研究、社会实践、专项调研等活动；受国内外政府、企业、非政府组织等委托，开展相关的政策和战略咨询研究；可接受研究生实习、学者学术访问，通过举办高级研修班等多种形式的培训，培养学以致用的学术和城市管理人才。

近年来，中国社会科学院这支研究团队在城市与竞争力方面做了许多的创新探索，关于中国城市竞争力的研究获得了“孙冶方经济科学奖”；关于中国住房发展的研究获国家重大社科基金支持。城市竞争力蓝皮书等已成为中国社会科学院重要的学术品牌，在国内外产生了十分广泛的影响，进一步确立了中国社会科学院在这些领域的全国领先地位，也为中央及地方政府的相关决策提供了参考。中心组织和联合全世界的城市竞争力研究专家，成立全球城市竞争力项目组，与世界银行集团及世界著名城市学者开展相关领域的高端合作，举办城市竞争力国际论坛，提升了中国社会科学院在这些国际学术领域的话语权，并扩大了影响力。

中国社会科学院竞争力模拟实验室简介

中国社会科学院竞争力模拟实验室是中国社会科学院城市与竞争力研究中心成员经过对城市与竞争力十余年的跟踪研究，建立的涵盖国家竞争力、城市竞争力、城市联系度、教育竞争力、人才竞争力、商务环境、住房发展等多个方面的大型综合模拟实验室，实验室的数据库目前已经拥有数百项指标的数据，样本包括世界主要国家和地区，涉及全球500个城市、中国300个城市，是全球有关城市与竞争力的最重要数据库之一。数据库系统总结了中心专家十余年调研成果，构建了城市与竞争力案例库。

为保证数据权威性与准确性，模拟实验室将数据来源、数据处理方法和指数合成方法等附在数据之中，便于数据库的使用者随时查阅。库藏城市与竞争力案例库经由中心联合国内外专家悉心总结，综合中心多部著作及调研成果，制作了数百个经典案例。

主要编撰者简介

倪鹏飞 男，南开大学经济学博士。中国社会科学院城市与竞争力研究中心主任，中国社会科学院财经战略研究院院长助理，研究员，博士生导师。曾获第十一届“孙冶方经济科学奖”。主要研究领域：国家竞争力、城市竞争力、城市经济学与房地产经济学。

侯庆虎 男，南开大学数学博士，天津大学应用数学中心教授，博士生导师。主要研究领域：机械证明、城市竞争力计量。

沈建法 男，伦敦经济学院地理学博士，香港中文大学地理系主任，香港亚太研究所教授，亚太城市与区域发展研究计划主任。主要研究领域：城市竞争力与中国城市化。

林祖嘉 男，加州大学洛杉矶分校经济学博士，台湾政治大学经济学教授。主要研究领域：城市竞争力与房地产经济。

刘成昆 男，南开大学经济学博士，澳门科技大学商学院副教授、会计与财务金融系主任。主要研究领域：城市和区域经济、澳门经济。

李　超 男，暨南大学经济学博士，中国社会科学院财经战略研究院助理研究员，中国社会科学院城市与竞争力研究中心特约成员。主要研究领域：区域经济协调发展与产业结构演进。

王雨飞 女，中国社会科学院财经战略研究院博士后。主要研究领域：城市和区域经济。

摘　要

《中国城市竞争力报告 No. 13》延续了以往报告的理论框架和政策含义，重点在计算方法和指标分析上有所突破。报告将城市竞争力明确区分为产出的、当前的和短期的城市综合经济竞争力，过程的、由投入向产出转化的宜居和宜商城市竞争力，投入的、可持续的和长期的城市可持续竞争力三个组成部分。城市综合经济竞争力即城市创造价值的能力，体现为城市创造价值的规模、速度和效率；宜居和宜商城市竞争力即城市吸引人才、企业等本体集聚的能力，进而决定了城市产业体系的层次与结构；城市可持续竞争力即城市的要素与环境状况，包括经济、社会、生态、文化、城乡一体、对外开放六大方面，分别体现为创新驱动的知识城市、公平包容的和谐城市、环境友好的生态城市、多元一本的文化城市、城乡一体的全域城市、开放便捷的信息城市。根据这样的理论框架设计指标体系，我们对中国 294 个城市的综合经济竞争力和 289 个城市的可持续竞争力进行了总体分析和分区域的详细论述。与往年不同的是在分项报告中，我们并没有延续以往从宜居、宜商以及可持续竞争力的六大分项做整体分析的惯例，而是从每个方面选取一个代表性指标重点分析，窥一斑而知全貌。另外，2015 年的城市竞争力报告我们采用了主成分分析法计算城市的排名。

现如今，中国经济在大国城市化、大国工业化、城市转型以及交通基础设施不断改善的历史机遇之下，创造了世人瞩目的“中国奇迹”。然而，在传统的四大区域发展格局下，中国出现了东部过度聚集、西部过度分散、东北持续下滑的困境。在长期的研究基础上，我们提出要重新调整中国经济活动的空间格局和城市体系。报告以“巨手：托起城市中国新版图”为主题，分别从市场、产业、要素、交通一体化角度论证了东中一体化程度不断加深。建议：中国经济分区应该由“东部 - 中部 - 西部 - 东北”四分区调整为自主发展区（东中） - 政策扶持区（西部和东北）二分区。最后，我们构想了“一团五带”的中国城市体系新格局。

Abstract

The Annual Report on Urban Competitiveness (No. 13) continued the previous theoretical and policy implications. The emphasis is on the computational method and index analysis. We distinguish clearly among the three parts of urban competitiveness, of which urban general economic competitiveness is the output, current and short – term aspect of urban competitiveness; urban livable and business – friendly competitiveness are in the process from input to output; urban sustainable competitiveness is the input, sustainable and long – term aspect of urban competitiveness. Urban general economic competitiveness shows cities' ability to create value, which is reflected by the scale, speed and efficiency of cities' value creation activity. Urban livable and business – friendly competitiveness show cities' ability to attract economic entities, such as talented person, enterprise, thereby determine the level and structure of urban industrial system. Urban sustainable competitiveness is cities' conditions of factors and environment, which includes six aspects of economy, society, ecology, culture, urban and rural integration, opening, and is illustrated from innovation – driven knowledge city, fair and inclusive harmonious city, environment – friendly eco – city, genuine and diversified cultural city, urban and rural integrated city, open and convenient information city respectively. Based on the index system following the theoretical framework above, the urban general economic competitiveness of 294 cities and the sustainable competitiveness of 289 cities in China's analyzed generally and discussed sub – regional in detail. We do not analyze generally from the six classes such as urban livable competitiveness, business – friendly competitiveness and sustainable competitiveness as usual , but select a representative index from each class for emphasis. Peep one spot and know the whole. In addition, we use PCA (principal component analysis) to calculate cities ranking.

Nowadays, China's economic is in the historical opportunity of urbanization, industrialization, city transformation and improving transportation infrastructure, and create the world focus attention on "Chinese miracle" . However, the traditional pattern of four regional development have same strategic weight, it leads troubles in excessive accumulation in east, excessive dispersion in west, continued declines in northeast. On the basis of long – term study, we propose to re – adjust the spatial pattern of economic activity and the city system in China. Report with "giant hand: holding the new territory of cities in China" as the theme, respectively, from the perspective of market, industry, elements, transportation demonstrated the integration between east and midland. We suggest that: China's economy partition should be changed from "east – central – west – northeast" four partitions to "independent development area (east and midland) – policy support area (western and northeast)" two partitions. Firally, we conceived a new pattern of "a group and fine belts" as Chinese urban system.

目录

𝔹 Ⅰ 总体报告

𝔹 Ⅱ 主题报告

𝔹 Ⅲ 城市竞争力分项报告

BⅣ 区域报告

皮书数据库阅读使用指南

CONTENTS

BLUE BOOK

𝔹 I General Reports

𝔹 II Topic Report

𝔹 III Report on Classified Urban Competitiveness

BⅣ Regional Report

总 体 报 告

General Reports

BLUE BOOK

B.1

中国城市竞争力2014年度排名

一 2014年中国294个城市综合经济竞争力（见表1－1）

表1－1 2014年中国294个城市综合经济竞争力

城　市	综合经济竞争力指数	排名	综合增量竞争力指数	排名	综合效率竞争力指数	排名
深　圳	1.000	1	0.775	6	0.314	4
香　港	0.913	2	0.278	32	0.726	3
上　海	0.801	3	0.986	2	0.154	5
台　北	0.600	4	0.086	113	0.934	2
广　州	0.578	5	0.849	5	0.088	8
天　津	0.502	6	1.000	1	0.053	16
苏　州	0.490	7	0.761	7	0.068	13
北　京	0.482	8	0.920	3	0.053	18
澳　门	0.423	9	0.034	232	1.000	1
无　锡	0.414	10	0.471	11	0.079	11
佛　山	0.407	11	0.432	16	0.084	10

续表

城　　市	综合经济竞争力指数	排名	综合增量竞争力指数	排名	综合效率竞争力指数	排名
武　　汉	0.348	12	0.535	9	0.045	20
南　　京	0.341	13	0.453	13	0.053	17
东　　莞	0.332	14	0.244	37	0.098	7
成　　都	0.318	15	0.579	8	0.032	27
青　　岛	0.287	16	0.483	10	0.031	29
厦　　门	0.269	17	0.174	54	0.086	9
大　　连	0.267	18	0.467	12	0.027	34
郑　　州	0.264	19	0.365	19	0.036	23
长　　沙	0.261	20	0.452	14	0.026	35
宁　　波	0.249	21	0.352	21	0.032	28
杭　　州	0.247	22	0.448	15	0.023	38
沈　　阳	0.246	23	0.422	17	0.024	37
重　　庆	0.241	24	0.857	4	0.007	125
常　　州	0.240	25	0.251	36	0.044	21
新　　北	0.231	26	0.086	115	0.125	6
中　　山	0.220	27	0.144	68	0.066	14
南　　通	0.218	28	0.299	26	0.027	33
唐　　山	0.217	29	0.367	18	0.021	42
济　　南	0.217	30	0.290	29	0.028	31
烟　　台	0.207	31	0.358	20	0.018	47
泉　　州	0.203	32	0.317	22	0.021	44
西　　安	0.200	33	0.305	25	0.021	43
淄　　博	0.192	34	0.224	39	0.029	30
合　　肥	0.191	35	0.312	23	0.017	51
徐　　州	0.180	36	0.280	31	0.017	52
嘉　　兴	0.179	37	0.160	64	0.036	24
镇　　江	0.178	38	0.168	59	0.033	26
福　　州	0.175	39	0.280	30	0.015	58
长　　春	0.164	40	0.306	24	0.010	89
扬　　州	0.163	41	0.192	47	0.021	40
石 家 庄	0.162	42	0.260	34	0.014	69
绍　　兴	0.161	43	0.187	50	0.021	41
南　　昌	0.160	44	0.199	44	0.019	45
泰　　州	0.160	45	0.180	52	0.022	39
潍　　坊	0.156	46	0.256	35	0.012	81

续表

城　　市	综合经济竞争力指数	排名	综合增量竞争力指数	排名	综合效率竞争力指数	排名
东　　营	0. 152	47	0. 187	51	0. 018	49
济　　宁	0. 146	48	0. 210	40	0. 013	71
大　　庆	0. 139	49	0. 232	38	0. 009	107
温　　州	0. 139	50	0. 172	56	0. 015	62
泰　　安	0. 137	51	0. 162	62	0. 016	57
威　　海	0. 135	52	0. 135	71	0. 019	46
哈 尔 滨	0. 134	53	0. 293	28	0. 004	176
包　　头	0. 134	54	0. 264	33	0. 006	140
珠　　海	0. 133	55	0. 070	149	0. 042	22
盐　　城	0. 132	56	0. 208	41	0. 009	108
沧　　州	0. 132	57	0. 199	43	0. 010	98
高　　雄	0. 131	58	0. 045	208	0. 062	15
邯　　郸	0. 130	59	0. 176	53	0. 012	79
鞍　　山	0. 129	60	0. 167	60	0. 013	75
汕　　头	0. 127	61	0. 078	132	0. 033	25
洛　　阳	0. 127	62	0. 187	49	0. 009	101
临　　沂	0. 126	63	0. 195	46	0. 008	111
台　　州	0. 125	64	0. 137	70	0. 015	61
鄂尔多斯	0. 124	65	0. 297	27	0. 002	235
芜　　湖	0. 123	66	0. 132	74	0. 015	60
金　　华	0. 122	67	0. 149	66	0. 012	82
昆　　明	0. 122	68	0. 198	45	0. 007	122
惠　　州	0. 121	69	0. 162	63	0. 010	95
许　　昌	0. 117	70	0. 110	88	0. 016	55
聊　　城	0. 115	71	0. 133	72	0. 012	83
太　　原	0. 115	72	0. 110	89	0. 016	56
德　　州	0. 114	73	0. 139	69	0. 010	90
襄　　阳	0. 112	74	0. 173	55	0. 006	134
枣　　庄	0. 111	75	0. 095	103	0. 018	50
宜　　昌	0. 110	76	0. 170	57	0. 006	144
吉　　林	0. 110	77	0. 188	48	0. 004	170
南　　宁	0. 109	78	0. 169	58	0. 005	149
呼和浩特	0. 109	79	0. 158	65	0. 007	123
营　　口	0. 109	80	0. 114	86	0. 013	74
保　　定	0. 109	81	0. 164	61	0. 006	141

续表

城市	综合经济竞争力指数	排名	综合增量竞争力指数	排名	综合效率竞争力指数	排名
榆林	0.107	82	0.203	42	0.003	211
岳阳	0.106	83	0.145	67	0.007	120
焦作	0.106	84	0.083	116	0.018	48
淮安	0.105	85	0.124	80	0.009	103
滨州	0.105	86	0.119	82	0.010	96
廊坊	0.104	87	0.098	99	0.013	72
贵阳	0.104	88	0.116	84	0.010	92
揭阳	0.104	89	0.097	100	0.013	73
漳州	0.103	90	0.131	76	0.007	116
台中	0.103	91	0.020	264	0.069	12
乌鲁木齐	0.101	92	0.131	77	0.007	121
湖州	0.100	93	0.087	111	0.014	68
江门	0.099	94	0.106	92	0.009	99
菏泽	0.099	95	0.124	79	0.007	118
盘锦	0.099	96	0.082	118	0.015	63
台南	0.098	97	0.027	251	0.048	19
株洲	0.098	98	0.114	85	0.007	114
衡阳	0.097	99	0.127	78	0.006	132
常德	0.097	100	0.132	75	0.005	155
莆田	0.097	101	0.078	129	0.014	67
日照	0.097	102	0.088	110	0.012	78
连云港	0.097	103	0.096	101	0.010	94
茂名	0.096	104	0.107	91	0.008	113
新乡	0.096	105	0.099	95	0.009	100
舟山	0.094	106	0.043	215	0.028	32
宿迁	0.094	107	0.099	96	0.008	110
湘潭	0.094	108	0.081	122	0.012	77
湛江	0.094	109	0.110	90	0.007	124
南阳	0.094	110	0.132	73	0.004	172
马鞍山	0.094	111	0.073	144	0.015	65
咸阳	0.093	112	0.105	93	0.007	115
柳州	0.091	113	0.119	81	0.005	162
德阳	0.091	114	0.081	121	0.010	88
安阳	0.088	115	0.078	127	0.010	91
兰州	0.087	116	0.100	94	0.006	142

续表

城　　市	综合经济竞争力指数	排名	综合增量竞争力指数	排名	综合效率竞争力指数	排名
平顶山	0.084	117	0.077	134	0.009	104
周　口	0.084	118	0.087	112	0.006	129
肇　庆	0.083	119	0.096	102	0.005	161
开　封	0.082	120	0.071	147	0.009	106
海　口	0.082	121	0.042	216	0.017	53
松　原	0.082	122	0.099	97	0.004	186
铜　陵	0.080	123	0.032	237	0.025	36
通　辽	0.080	124	0.118	83	0.001	257
郴　州	0.079	125	0.094	104	0.004	184
宝　鸡	0.079	126	0.094	105	0.004	187
黄　石	0.079	127	0.059	176	0.011	85
邢　台	0.079	128	0.080	124	0.006	139
内　江	0.079	129	0.067	159	0.009	109
商　丘	0.079	130	0.075	139	0.006	130
九　江	0.077	131	0.091	107	0.004	189
自　贡	0.077	132	0.058	181	0.010	97
漯　河	0.077	133	0.044	211	0.015	64
锦　州	0.077	134	0.073	142	0.006	135
南　充	0.077	135	0.078	130	0.004	164
龙　岩	0.076	136	0.086	114	0.003	194
辽　阳	0.076	137	0.055	183	0.010	93
新　余	0.076	138	0.049	198	0.012	76
淮　南	0.076	139	0.044	209	0.014	66
本　溪	0.076	140	0.070	148	0.006	127
赤　峰	0.076	141	0.113	87	0.001	278
安　庆	0.076	142	0.078	131	0.004	171
抚　顺	0.075	143	0.074	141	0.005	153
驻马店	0.075	144	0.077	133	0.004	169
资　阳	0.075	145	0.065	161	0.006	137
桂　林	0.075	146	0.090	108	0.002	221
长　治	0.074	147	0.078	128	0.004	163
孝　感	0.074	148	0.068	156	0.006	136
四　平	0.074	149	0.079	125	0.004	183
渭　南	0.074	150	0.080	123	0.004	173
绵　阳	0.074	151	0.082	119	0.003	203

续表

城　　市	综合经济竞争力指数	排名	综合增量竞争力指数	排名	综合效率竞争力指数	排名
信　阳	0.074	152	0.079	126	0.003	193
赣　州	0.073	153	0.092	106	0.002	240
宜　宾	0.073	154	0.076	138	0.004	166
黄　冈	0.072	155	0.076	135	0.003	201
三　明	0.072	156	0.081	120	0.003	215
娄　底	0.072	157	0.059	179	0.006	138
秦皇岛	0.072	158	0.059	177	0.007	119
遵　义	0.072	159	0.088	109	0.002	233
银　川	0.072	160	0.063	166	0.006	133
荆　州	0.071	161	0.070	150	0.004	178
吕　梁	0.071	162	0.074	140	0.003	216
宜　春	0.071	163	0.076	136	0.003	202
荆　门	0.071	164	0.068	154	0.004	174
三门峡	0.070	165	0.065	163	0.005	157
泸　州	0.070	166	0.069	153	0.004	179
上　饶	0.070	167	0.076	137	0.003	218
乌　海	0.070	168	0.035	229	0.015	59
乐　山	0.070	169	0.069	152	0.004	181
宁　德	0.070	170	0.067	158	0.004	182
濮　阳	0.070	171	0.040	223	0.011	84
呼伦贝尔	0.070	172	0.099	98	0.000	293
鄂　州	0.070	173	0.031	244	0.017	54
曲　靖	0.070	174	0.082	117	0.002	227
达　州	0.069	175	0.071	146	0.003	200
北　海	0.069	176	0.044	210	0.009	105
玉　林	0.069	177	0.061	172	0.004	175
铁　岭	0.069	178	0.067	157	0.003	191
滁　州	0.068	179	0.065	165	0.003	195
蚌　埠	0.068	180	0.048	200	0.007	117
齐齐哈尔	0.067	181	0.073	143	0.001	259
丹　东	0.067	182	0.065	162	0.003	204
延　安	0.067	183	0.072	145	0.002	246
宿　州	0.067	184	0.057	182	0.004	167
朔　州	0.066	185	0.060	175	0.004	165
益　阳	0.066	186	0.060	174	0.004	180

续表

城市	综合经济竞争力指数	排名	综合增量竞争力指数	排名	综合效率竞争力指数	排名
西宁	0.066	187	0.055	184	0.005	151
衢州	0.066	188	0.053	188	0.005	152
阳江	0.066	189	0.052	192	0.005	150
阜阳	0.066	190	0.054	187	0.005	160
朝阳	0.066	191	0.069	151	0.002	230
萍乡	0.065	192	0.041	220	0.009	102
衡水	0.065	193	0.049	197	0.005	148
晋城	0.064	194	0.052	190	0.005	156
潮州	0.064	195	0.033	236	0.011	87
玉溪	0.064	196	0.058	180	0.003	207
邵阳	0.064	197	0.061	170	0.002	225
临汾	0.064	198	0.062	169	0.003	213
绥化	0.064	199	0.066	160	0.001	252
遂宁	0.064	200	0.043	214	0.006	131
永州	0.064	201	0.062	168	0.002	231
十堰	0.063	202	0.062	167	0.002	236
莱芜	0.063	203	0.029	248	0.013	70
眉山	0.063	204	0.047	203	0.005	154
承德	0.063	205	0.068	155	0.001	253
牡丹江	0.062	206	0.065	164	0.001	263
广安	0.062	207	0.045	204	0.006	145
吉安	0.062	208	0.061	173	0.002	237
梧州	0.062	209	0.051	193	0.003	205
淮北	0.062	210	0.031	243	0.011	86
怀化	0.061	211	0.059	178	0.002	244
张家口	0.061	212	0.061	171	0.001	247
六安	0.060	213	0.052	189	0.002	223
南平	0.060	214	0.054	185	0.002	242
清远	0.060	215	0.051	194	0.002	220
运城	0.060	216	0.049	196	0.004	190
钦州	0.059	217	0.048	201	0.003	209
鹤壁	0.059	218	0.025	255	0.012	80
咸宁	0.059	219	0.045	207	0.004	188
晋中	0.059	220	0.052	191	0.003	214
辽源	0.059	221	0.037	226	0.006	146

续表

城市	综合经济竞争力指数	排名	综合增量竞争力指数	排名	综合效率竞争力指数	排名
通化	0.059	222	0.050	195	0.003	217
攀枝花	0.059	223	0.043	213	0.005	159
抚州	0.057	224	0.047	202	0.002	232
汕尾	0.057	225	0.035	231	0.005	147
丽水	0.057	226	0.045	206	0.002	222
亳州	0.056	227	0.037	228	0.004	177
毕节	0.056	228	0.054	186	0.001	249
宣城	0.056	229	0.041	219	0.003	212
景德镇	0.056	230	0.032	238	0.006	143
韶关	0.055	231	0.044	212	0.002	226
六盘水	0.055	232	0.042	217	0.003	192
汉中	0.054	233	0.045	205	0.001	258
白山	0.053	234	0.041	221	0.002	243
巴彦淖尔	0.053	235	0.049	199	0.000	283
大同	0.052	236	0.037	227	0.003	206
随州	0.052	237	0.032	240	0.003	210
鹰潭	0.052	238	0.024	257	0.006	126
三亚	0.052	239	0.015	275	0.008	112
佳木斯	0.052	240	0.040	224	0.001	274
阳泉	0.051	241	0.026	254	0.006	128
河源	0.051	242	0.035	230	0.002	238
白城	0.051	243	0.038	225	0.001	269
梅州	0.051	244	0.034	233	0.002	229
乌兰察布	0.051	245	0.042	218	0.000	282
贵港	0.050	246	0.030	246	0.003	208
葫芦岛	0.050	247	0.031	241	0.003	199
酒泉	0.049	248	0.041	222	0.000	294
克拉玛依	0.049	249	0.024	258	0.005	158
防城港	0.048	250	0.027	252	0.003	196
双鸭山	0.048	251	0.034	234	0.001	268
鸡西	0.048	252	0.032	239	0.001	262
阜新	0.047	253	0.030	245	0.002	219
庆阳	0.047	254	0.030	247	0.001	276
云浮	0.047	255	0.024	256	0.003	198
百色	0.046	256	0.033	235	0.001	272
忻州	0.046	257	0.031	242	0.001	264
安康	0.045	258	0.027	250	0.001	271

续表

城　　市	综合经济竞争力指数	排名	综合增量竞争力指数	排名	综合效率竞争力指数	排名
昭　通	0.045	259	0.028	249	0.001	266
崇　左	0.045	260	0.023	259	0.001	251
来　宾	0.044	261	0.026	253	0.002	239
池　州	0.043	262	0.021	263	0.002	224
黄　山	0.042	263	0.017	269	0.002	234
广　元	0.042	264	0.021	260	0.001	256
巴　中	0.042	265	0.017	268	0.001	250
石嘴山	0.041	266	0.018	267	0.004	185
商　洛	0.041	267	0.021	261	0.001	270
雅　安	0.041	268	0.018	266	0.001	261
铜　仁	0.040	269	0.021	262	0.001	265
天　水	0.039	270	0.016	272	0.001	255
七台河	0.039	271	0.015	276	0.002	228
保　山	0.038	272	0.017	270	0.001	275
鹤　岗	0.038	273	0.015	273	0.001	267
贺　州	0.038	274	0.012	281	0.001	248
白　银	0.038	275	0.019	265	0.001	273
普　洱	0.037	276	0.015	274	0.000	289
铜　川	0.037	277	0.011	284	0.003	197
武　威	0.037	278	0.012	283	0.000	286
黑　河	0.037	279	0.016	271	0.000	292
张家界	0.036	280	0.012	282	0.002	245
临　沧	0.036	281	0.014	277	0.001	280
安　顺	0.035	282	0.013	278	0.002	241
嘉峪关	0.035	283	0.009	286	0.004	168
河　池	0.035	284	0.013	279	0.001	279
平　凉	0.034	285	0.011	285	0.001	254
吴　忠	0.034	286	0.013	280	0.001	277
张　掖	0.031	287	0.008	287	0.000	291
伊　春	0.030	288	0.007	288	0.000	290
中　卫	0.030	289	0.006	290	0.001	281
丽　江	0.030	290	0.005	291	0.000	287
定　西	0.030	291	0.004	292	0.000	285
陇　南	0.029	292	0.003	293	0.000	288
金　昌	0.028	293	0.006	289	0.001	260
固　原	0.024	294	0.000	294	0.000	284

说明：所有表中数据保留小数点后3位，排名则以实际数据为准。

二 2014年中国289个城市宜居、宜商和可持续竞争力（见表1－2）

表1－2 2014年中国289个城市宜居、宜商和可持续竞争力

城市	可持续竞争力		知识城市竞争力	和谐城市竞争力	生态城市竞争力	文化城市竞争力	全域城市竞争力	信息城市竞争力
	指数	排名	等级	等级	等级	等级	等级	等级
香港	1.000	1	★★★★★	★★★★★	★★★★★	★★★★★	★★★★★	★★★★★
上海	0.887	2	★★★★★	★★★★★	★★★★★	★★★★★	★★★★★	★★★★★
北京	0.861	3	★★★★★	★★★★★	★★★★	★★★★★	★★★★★	★★★★★
澳门	0.818	4	★★★★★	★★★★★	★★★★★	★★★★★	★★★★★	★★★★★
深圳	0.816	5	★★★★★	★★★★★	★★★★★	★★★★★	★★★★★	★★★★★
广州	0.763	6	★★★★★	★★★★★	★★★★★	★★★★★	★★★★★	★★★★★
杭州	0.718	7	★★★★★	★★★★★	★★★★★	★★★★★	★★★★★	★★★★★
苏州	0.672	8	★★★★★	★★★★★	★★★	★★★★★	★★★★★	★★★★★
南京	0.652	9	★★★★★	★★★★★	★★★	★★★★★	★★★★★	★★★★★
厦门	0.630	10	★★★★★	★★★★★	★★★★	★★★★	★★★★★	★★★★★
大连	0.625	11	★★★★★	★★★★★	★★★★★	★★★★	★★★★★	★★★★★
宁波	0.614	12	★★★★★	★★★★★	★★	★★★★★	★★★★★	★★★★★
东莞	0.613	13	★★★★★	★★★★★	★★★★	★★★★	★★★★★	★★★★★
天津	0.608	14	★★★★★	★★★★★	★★	★★★★★	★★★★★	★★★★★
武汉	0.607	15	★★★★★	★★★★★	★★★	★★★★★	★★★★★	★★★★★
青岛	0.606	16	★★★★★	★★★★★	★★★★★	★★★★★	★★★★★	★★★★★
无锡	0.605	17	★★★★★	★★★★★	★★★★	★★★★★	★★★★★	★★★★★
成都	0.604	18	★★★★★	★★★★★	★★★★	★★★★★	★★★★★	★★★★★
沈阳	0.583	19	★★★★★	★★★★★	★★★★	★★★★★	★★★★★	★★★★★
中山	0.579	20	★★★★★	★★★★★	★★★★	★★★★★	★★★★★	★★★★★
长沙	0.578	21	★★★★★	★★★★★	★★★★	★★★★★	★★★★★	★★★★★
珠海	0.577	22	★★★★★	★★★★★	★★★★	★★★★	★★★★★	★★★★★
福州	0.572	23	★★★★★	★★★★★	★★★★★	★★★★★	★★★★★	★★★★★
济南	0.565	24	★★★★★	★★★★★	★★★	★★★★★	★★★★★	★★★★★
佛山	0.553	25	★★★★★	★★★★★	★★★	★★★★★	★★★★★	★★★★★
重庆	0.547	26	★★★★★	★★★	★★★★★	★★★★★	★★★★	★★★★★
西安	0.540	27	★★★★★	★★★★★	★	★★★★★	★★★★★	★★★★★

续表

城市	可持续竞争力		知识城市竞争力	和谐城市竞争力	生态城市竞争力	文化城市竞争力	全域城市竞争力	信息城市竞争力
	指数	排名	等级	等级	等级	等级	等级	等级
烟台	0.538	28	★★★★★	★★★★	★★★★★	★★★★★	★★★★	★★★★★
南昌	0.520	29	★★★★★	★★★★	★★★★★	★★★★★	★★★★	★★★★★
镇江	0.515	30	★★★★★	★★★★★	★★★★	★★★★★	★★★★★	★★★★★
常州	0.506	31	★★★★★	★★★★★	★★★	★★★★	★★★★★	★★★★★
合肥	0.502	32	★★★★★	★★★★★	★★★★	★★★★	★★★★	★★★★★
长春	0.498	33	★★★★★	★★★★	★★★★★	★★★★	★★★★	★★★★★
扬州	0.490	34	★★★★★	★★	★★★★★	★★★★★	★★★★★	★★★★★
惠州	0.478	35	★★★★	★★★★★	★★★★	★★★★	★★★★★	★★★★★
威海	0.470	36	★★★★★	★★★★★	★★★★	★★★	★★★★★	★★★★
泉州	0.468	37	★★★★	★★★★	★★★★★	★★★★★	★★★★	★★★★★
南通	0.468	38	★★★★★	★★★★★	★★★	★★★★★	★★★★	★★★★
嘉兴	0.463	39	★★★★★	★★★	★	★★★★★	★★★★★	★★★★★
绍兴	0.462	40	★★★★★	★★★★	★★	★★★★★	★★★★★	★★★★★
海口	0.460	41	★★★★	★★★★	★★★	★★★★★	★★★★	★★★★★
温州	0.460	42	★★★★	★★★★	★★★★	★★★★	★★★★★	★★★★★
哈尔滨	0.458	43	★★★★★	★★★★	★★★	★★★★★	★★★	★★★★
郑州	0.454	44	★★★★★	★★★★	★	★★★★★	★★★★★	★★★★★
呼和浩特	0.448	45	★★★★★	★★★★★	★★★	★★★★★	★★★★	★★★★
太原	0.444	46	★★★★★	★★★★	★	★★★★★	★★★★★	★★★★★
南宁	0.441	47	★★★★	★	★★★★★	★★★★	★★★★	★★★★★
舟山	0.441	48	★★★★	★★★★★	★★★	★★★	★★★★★	★★★★
鄂尔多斯	0.438	49	★★	★★★★★	★★★★★	★★★	★★★★★	★★★
黄山	0.436	50	★★★★	★★★	★★★★★	★★★★★	★★	★★★
芜湖	0.432	51	★★★★★	★★★★	★★★★	★★	★★★★	★★★★
金华	0.428	52	★★★★	★★★	★★	★★★★★	★★★★	★★★★
昆明	0.426	53	★★★★★	★	★★★	★★★★★	★★★★	★★★★★
江门	0.425	54	★★★★	★★★★	★★★★	★★★	★★★★★	★★★★★
肇庆	0.423	55	★★★★	★★★★	★★★★★	★★★★	★★★★	★★★★
宜昌	0.421	56	★★★★	★★★★	★★★★★	★★★★	★★	★★★
乌鲁木齐	0.420	57	★★★★★	★	★★★	★★★★	★★★★★	★★★★
贵阳	0.409	58	★★★★★	★★★★	★★	★★★★	★★★★	★★★★
桂林	0.404	59	★★★★	★	★★★★★	★★★★★	★★★	★★★
湖州	0.400	60	★★★★	★★★★	★★	★★★★	★★★★★	★★★★

续表

城　　市	可持续竞争力		知识城市竞争力	和谐城市竞争力	生态城市竞争力	文化城市竞争力	全域城市竞争力	信息城市竞争力
	指数	排名	等级	等级	等级	等级	等级	等级
三　亚	0.398	61	★★★★	★★★	★★★★★	★★★★	★★★	★★★★
秦皇岛	0.396	62	★★★	★★★	★★★	★★★★★	★★★★	★★★★★
包　头	0.392	63	★★★★	★★★★★	★★	★★★★	★★★★	★★★★
漳　州	0.391	64	★★★★	★	★★★★★	★★★★	★★★	★★★★
九　江	0.389	65	★★★★	★★★★	★★★★★	★★	★★	★★★★
淄　博	0.389	66	★★★★	★★★★	★	★★★★★	★★★★	★★★★
景德镇	0.384	67	★★★	★★★★	★★★★★	★★★★	★★★	★★
银　川	0.378	68	★★★★★	★	★★	★★★★★	★★★★★	★★★
铜　陵	0.376	69	★★★★	★★★★★	★★	★★	★★★★	★★★★
徐　州	0.375	70	★★★★	★★★	★★	★★★★	★★	★★★★★
石家庄	0.373	71	★★★★★	★★★★	★	★★★★	★★★★	★★★★
东　营	0.366	72	★★★★	★★★	★★	★★★	★★★★	★★★★
锦　州	0.365	73	★★★★	★★★★★	★	★★★	★★★★	★★★★★
连云港	0.363	74	★★★★	★★★	★★★★	★	★★★	★★★★★
潍　坊	0.363	75	★★★★	★★★	★★	★★★	★★★★★	★★★★★
衢　州	0.361	76	★★★★	★★★	★★★	★★★★★	★★	★★★
保　定	0.360	77	★★★★	★★	★★★★	★★★★	★★★	★★★★
丽　水	0.360	78	★★★★	★★	★★★★★	★★★★	★	★★★
大　庆	0.358	79	★★★★	★★★★	★★★	★★★	★★★★	★★
新　余	0.356	80	★★★★	★★★★★	★★★★	★	★★	★★★★
十　堰	0.355	81	★★★	★★★	★★★★★	★★★	★★★	★
绵　阳	0.353	82	★★★★★	★★★	★★★★★	★	★★	★★
克拉玛依	0.353	83	★★★★	★★★★	★★★★	★★	★★★★★	★
三　明	0.351	84	★★★	★★★	★★★★★	★★	★★★	★★
本　溪	0.349	85	★★★	★★★★	★★	★★★	★★★★★	★★★★
泰　州	0.348	86	★★★★	★★★★	★★★	★★	★★★★	★★★★
淮　安	0.346	87	★★★★	★★★	★★★	★★★★	★★	★★★★
盐　城	0.346	88	★★★★	★★★★	★★★	★★	★★★	★★★★
龙　岩	0.346	89	★★★	★★	★★★★★	★★★	★★★	★★★★
承　德	0.343	90	★★	★★★★	★★★★★	★★★★	★★★	★
梅　州	0.343	91	★★★	★★	★★★★	★★★★	★★★	★★★
清　远	0.342	92	★★	★★★	★★★★★	★★★	★★★	★★★★
鹰　潭	0.341	93	★	★★★★★	★★★★★	★	★★	★★★★

续表

城市	可持续竞争力		知识城市竞争力	和谐城市竞争力	生态城市竞争力	文化城市竞争力	全域城市竞争力	信息城市竞争力
	指数	排名	等级	等级	等级	等级	等级	等级
丹东	0.339	94	★★★	★★	★★★	★★★	★★★★	★★★★
鞍山	0.338	95	★★★★	★★★★★	★	★★★★	★★★★	★★★★
吉林	0.338	96	★★★★	★★★★	★★★	★★★★	★★★	★★
北海	0.337	97	★★★	★★	★★★★★	★★★	★	★★★
洛阳	0.335	98	★★★★	★★★	★	★★★★★	★★★	★★★★
湘潭	0.335	99	★★★★	★★★★★	★★	★★	★★★	★★★
兰州	0.333	100	★★★★★	★★	★	★★★★	★★★★	★★★
赣州	0.333	101	★★★	★★	★★★★	★★★★	★	★★★★
柳州	0.333	102	★★★★	★★	★★★	★★★★	★★★	★★★
株洲	0.332	103	★★★★	★★★★	★★	★★	★★★★	★★★★
晋城	0.331	104	★	★★★★★	★	★★★★★	★★★	★★★
上饶	0.331	105	★	★★★	★★★★★	★★★	★	★★★
宣城	0.327	106	★★	★	★★★★★	★★★★★	★	★★★
西宁	0.327	107	★★★★	★★	★	★★★	★★★★★	★★★
汕头	0.325	108	★★★★	★★★★	★	★★	★★★★★	★★★★
蚌埠	0.325	109	★★★	★★★	★★★★	★	★★★	★★★★
吉安	0.322	110	★★	★★★★	★★★★	★★★	★	★★★★
牡丹江	0.321	111	★★★★	★	★★★★★	★★	★★★	★★★
抚顺	0.319	112	★★★★	★★★★★	★	★★★	★★★★	★★
南平	0.317	113	★★★	★★	★★★★	★★	★★	★★★
唐山	0.317	114	★★★★	★★★★	★	★★★	★★★★	★★★★
安庆	0.315	115	★★★	★★★	★★★★	★★★	★	★★
韶关	0.315	116	★★★★	★	★★★★★	★★	★★★★	★★★★
岳阳	0.314	117	★★★	★★★★	★★★★	★★★	★★	★
宁德	0.311	118	★★	★★★	★★★★★	★★	★	★★
马鞍山	0.307	119	★★★	★★★★★	★	★★	★★★★	★★★
台州	0.305	120	★★★★	★	★★★	★★★	★★★★	★★★★
黄石	0.305	121	★★★	★★★★	★★	★★	★★★	★★★
营口	0.303	122	★★★	★★★	★	★★★	★★★★	★★★★
通化	0.300	123	★★★	★★★★	★★★	★★	★★★★	★
辽阳	0.300	124	★★★	★★★★	★	★★★	★★★★	★★★★
滨州	0.300	125	★★★★	★★★★★	★	★★★	★★★★	★★★
湛江	0.299	126	★★	★	★★★★	★★	★★★	★★★★

续表

城市	可持续竞争力		知识城市竞争力	和谐城市竞争力	生态城市竞争力	文化城市竞争力	全域城市竞争力	信息城市竞争力
	指数	排名	等级	等级	等级	等级	等级	等级
泰安	0.298	127	★★★	★★★★	★	★★★★★	★	★★★
郴州	0.298	128	★★	★★★★	★★★★	★	★	★★★
黄冈	0.297	129	★★★	★★	★★★★★	★★★	★★	★
宝鸡	0.297	130	★★★	★★	★★★★★	★★★	★	★
廊坊	0.295	131	★★★★	★★★	★	★★★	★★★★	★★★
齐齐哈尔	0.294	132	★★★	★★★★	★★★★	★★	★★	★
盘锦	0.291	133	★★★	★★	★★	★★★	★★★★★	★★★
日照	0.291	134	★★	★	★★★★	★★	★★	★★★★
沧州	0.290	135	★	★★	★★	★★★★	★★★	★★★★
佳木斯	0.290	136	★★★	★★	★★★★	★★	★★	★★★
潮州	0.289	137	★★★	★	★★★	★★★	★★★★	★★★
宿迁	0.287	138	★★	★★★★	★★★★	★	★★★	★★
新乡	0.287	139	★★★	★★★★	★★	★	★★★	★★★
襄阳	0.284	140	★★★	★★★★	★★	★★★	★★	★★★
滁州	0.281	141	★★★	★★★	★★★	★	★	★★★
张家口	0.279	142	★★★	★★★	★★	★★★	★★	★★★
呼伦贝尔	0.277	143	★	★	★★★★★	★★	★★★★	★
莆田	0.275	144	★★★	★	★★★	★★	★★	★★★★
咸阳	0.275	145	★★★	★★★★	★	★★★★	★★	★★
邯郸	0.275	146	★★★	★★	★	★★★★	★★	★★★
常德	0.273	147	★★	★★★	★★★★	★	★★	★
临沂	0.272	148	★★★	★★	★★	★★	★★	★★★★
嘉峪关	0.269	149	★	★	★★	★★★★	★★★★★	★★
济宁	0.266	150	★★★	★★	★	★★★★	★★★	★★★
防城港	0.266	151	★	★★★	★★★★	★	★★★	★★★
伊春	0.266	152	★★	★★★	★★★★	★	★★★	★★
怀化	0.266	153	★	★★★	★★★★★	★★	★	★
池州	0.265	154	★	★★	★★★★	★★★★	★	★★
揭阳	0.265	155	★	★	★★★★	★	★★★	★★★
大同	0.264	156	★★★	★★	★	★★★★★	★★★	★★★
衡阳	0.264	157	★★	★★	★★	★	★★	★★★★
延安	0.264	158	★★	★★★	★★★	★★★★	★	★
辽源	0.262	159	★	★★★	★★★★	★★	★★★★	★

续表

城　　市	可持续竞争力		知识城市竞争力	和谐城市竞争力	生态城市竞争力	文化城市竞争力	全域城市竞争力	信息城市竞争力
	指数	排名	等级	等级	等级	等级	等级	等级
随　　州	0. 262	160	★★★	★	★★★★★	★★	★	★★
攀 枝 花	0. 261	161	★★★	★★★★	★	★★	★★★★	★
阜　　新	0. 261	162	★★★	★★★★★	★	★★★	★★★★	★★★
德　　阳	0. 257	163	★★★	★★★	★★★	★	★★	★★
四　　平	0. 257	164	★	★★★★★	★	★★	★★★	★
咸　　宁	0. 256	165	★★	★	★★★★★	★	★	★
萍　　乡	0. 255	166	★★	★★★★	★★	★	★★	★
荆　　门	0. 255	167	★★	★★★	★★★	★★	★★	★★
长　　治	0. 254	168	★★	★★★★★	★	★★★★	★★★	★★★
六　　安	0. 251	169	★	★★★	★★★★	★★	★	★★
阳　　江	0. 249	170	★	★★★	★★★	★	★★★	★★★
南　　阳	0. 249	171	★★	★	★★★	★★★★	★	★★
玉　　溪	0. 246	172	★★★	★★	★★★	★★★★	★	★
汉　　中	0. 244	173	★★★	★★	★★★★	★★★★	★	★
三 门 峡	0. 244	174	★★	★★	★★	★★	★★★	★★
河　　源	0. 240	175	★	★	★★★	★	★★★	★★★★
白　　山	0. 238	176	★	★★★	★★	★★★	★★★★	★
松　　原	0. 237	177	★	★★★★	★★★★	★	★★	★
黑　　河	0. 237	178	★	★★	★★★	★	★★★★	★★
乌　　海	0. 236	179	★★	★★★	★	★★★	★★★★★	★
焦　　作	0. 234	180	★★★	★	★	★★★	★★★	★★
葫 芦 岛	0. 233	181	★★	★	★★	★★	★★	★★★
丽　　江	0. 233	182	★	★	★★★★★	★★★★	★	★
巴彦淖尔	0. 233	183	★	★★	★★★	★	★★	★★
德　　州	0. 232	184	★★	★	★★	★	★★	★★★
鄂　　州	0. 232	185	★	★★★	★	★★	★★	★★★
抚　　州	0. 231	186	★	★★★★	★★	★★	★	★★
铁　　岭	0. 230	187	★	★★	★★	★★	★★★	★★
鸡　　西	0. 230	188	★	★★★	★★	★★★	★★★	★
晋　　中	0. 228	189	★	★	★	★★★★★	★★	★★★
邢　　台	0. 228	190	★★	★★	★	★★★	★★★	★★★
遵　　义	0. 227	191	★★★	★★★	★★★	★★★	★	★
许　　昌	0. 227	192	★★	★	★★	★	★★★★	★★

续表

城市	可持续竞争力		知识城市竞争力	和谐城市竞争力	生态城市竞争力	文化城市竞争力	全域城市竞争力	信息城市竞争力
	指数	排名	等级	等级	等级	等级	等级	等级
泸州	0.227	193	★★	★★★	★★★★	★★★	★	★
信阳	0.226	194	★	★	★★★★★	★	★	★★
乐山	0.225	195	★★★	★★	★★★	★★★	★	★
衡水	0.225	196	★★	★	★	★★	★★	★★★★
雅安	0.224	197	★★★★	★★	★★★	★	★★	★
益阳	0.224	198	★★	★★★★	★★	★	★	★
酒泉	0.224	199	★★	★	★★★	★★	★★★★	★
荆州	0.222	200	★★★	★	★★	★★	★	★★
安康	0.222	201	★	★	★★★★★	★★	★	★
宜春	0.220	202	★	★★★	★★★	★	★	★★
遂宁	0.220	203	★	★	★★★★★	★	★	★
白城	0.217	204	★	★★★★★	★	★★	★★	★
淮南	0.215	205	★★★	★★★	★	★	★★	★★
鹤壁	0.215	206	★	★★★★	★	★	★★★	★★
梧州	0.215	207	★★	★	★★★	★	★	★★
榆林	0.214	208	★	★★	★★	★★★★	★★	★
安阳	0.213	209	★★★	★★	★	★★★★	★★	★★
开封	0.212	210	★★	★	★	★★★★	★★	★
宜宾	0.210	211	★★	★★	★★★	★★★	★	★
永州	0.205	212	★	★	★★★	★	★	★★★
邵阳	0.205	213	★	★★	★★★★	★	★	★
南充	0.204	214	★	★	★★★★	★★	★	★
临汾	0.203	215	★★	★★	★	★★★★	★	★★
漯河	0.202	216	★	★★★	★	★	★	★★★
茂名	0.200	217	★	★	★★	★	★★★	★★
汕尾	0.200	218	★	★	★★	★	★★★	★★★
广元	0.200	219	★	★	★★★	★	★	★★
云浮	0.199	220	★	★	★★	★	★★★	★★
双鸭山	0.197	221	★	★★★	★★	★★	★★★	★
天水	0.197	222	★★★	★	★★	★★★★	★	★
聊城	0.194	223	★★★★	★★	★	★★★	★	★★
濮阳	0.193	224	★	★★★★	★	★★	★	★
阳泉	0.191	225	★	★★	★	★★	★★★★	★★★

续表

城　市	可持续竞争力		知识城市竞争力	和谐城市竞争力	生态城市竞争力	文化城市竞争力	全域城市竞争力	信息城市竞争力
	指数	排名	等级	等级	等级	等级	等级	等级
鹤　岗	0.191	226	★	★★★	★	★	★★★★	★
金　昌	0.191	227	★★	★	★★	★	★★★	★
枣　庄	0.186	228	★★	★★★	★	★	★★	★★
淮　北	0.185	229	★★	★★★	★	★	★★	★★
娄　底	0.182	230	★	★	★★★★	★	★	★★
石嘴山	0.181	231	★★	★	★	★	★★★★	★★
莱　芜	0.177	232	★★	★★	★	★	★★★	★★★
渭　南	0.175	233	★★	★★★★	★	★★★	★	★
菏　泽	0.174	234	★★	★★	★	★★	★	★★★
赤　峰	0.174	235	★★	★	★	★	★★	★
张家界	0.174	236	★	★	★★★★	★	★	★
通　辽	0.170	237	★	★	★	★	★★	★★
商　洛	0.170	238	★★	★	★★★	★	★	★
崇　左	0.169	239	★★	★	★★★	★	★	★★
驻马店	0.168	240	★	★	★★	★	★	★
定　西	0.166	241	★★	★★	★★★	★	★	★
普　洱	0.162	242	★	★	★★★★	★	★	★
武　威	0.160	243	★	★	★★	★★★★	★	★
商　丘	0.160	244	★	★	★	★★★	★	★★
阜　阳	0.159	245	★	★★	★	★	★	★★
钦　州	0.155	246	★	★	★	★	★	★★★★
吕　梁	0.153	247	★	★	★	★★★	★★	★★
忻　州	0.153	248	★	★	★	★★★	★	★
孝　感	0.151	249	★★	★	★	★★	★	★★
百　色	0.149	250	★★	★	★★	★	★	★
乌兰察布	0.146	251	★	★	★	★	★★	★
铜　川	0.145	252	★★	★★★	★	★	★★★	★
资　阳	0.145	253	★	★	★★★★	★	★	★
玉　林	0.144	254	★	★	★★	★	★	★★
内　江	0.143	255	★	★	★★	★	★	★
自　贡	0.141	256	★★	★	★	★★★	★	★
中　卫	0.140	257	★	★★★	★	★	★	★

续表

城市	可持续竞争力		知识城市竞争力	和谐城市竞争力	生态城市竞争力	文化城市竞争力	全域城市竞争力	信息城市竞争力
	指数	排名	等级	等级	等级	等级	等级	等级
达州	0.137	258	★	★	★★	★	★	★
张掖	0.135	259	★★★	★	★	★★★	★	★
朔州	0.134	260	★	★★	★	★★★	★★	★
庆阳	0.133	261	★	★★	★★★	★	★	★
运城	0.133	262	★★	★	★	★★★★	★★	★
平顶山	0.129	263	★	★★	★	★★	★★	★
广安	0.129	264	★	★	★★★	★	★	★
朝阳	0.127	265	★	★	★	★★	★★	★★
陇南	0.119	266	★	★	★★★★★	★	★	★
白银	0.119	267	★	★★	★	★	★	★
亳州	0.119	268	★	★★	★	★★	★	★
巴中	0.118	269	★	★	★★★★	★	★	★
保山	0.118	270	★	★	★★	★	★	★
周口	0.113	271	★	★	★★	★	★	★
眉山	0.104	272	★	★★	★	★	★	★
七台河	0.102	273	★	★	★	★	★★★	★
安顺	0.100	274	★	★	★	★	★	★
贺州	0.097	275	★	★	★	★	★	★
河池	0.088	276	★★	★	★	★	★	★
吴忠	0.087	277	★	★	★	★	★	★
临沧	0.083	278	★	★★	★	★	★	★
宿州	0.082	279	★	★	★	★	★	★★
固原	0.078	280	★	★	★	★	★	★
绥化	0.076	281	★	★	★	★	★	★
曲靖	0.075	282	★	★	★	★	★	★
贵港	0.066	283	★	★	★	★	★	★
平凉	0.055	284	★	★	★	★	★	★
六盘水	0.045	285	★	★	★	★	★★★	★
来宾	0.043	286	★	★	★	★	★	★
铜仁	0.029	287	★	★	★	★	★★	★
毕节	0.025	288	★	★	★	★	★	★
昭通	0.000	289	★	★	★	★	★	★

说明：所有表中数据保留小数点后3位，排名则以实际数据为准。

B.2

中国城市竞争力2014年度综述

——“巨手”：托起城市中国新版图

倪鹏飞　李超

2014年，面对复杂多变的外部环境和艰巨繁重的国内改革攻坚任务，中国经济开始由高速增长转向中高速增长的“新常态”，从规模速度型粗放增长转向质量效率型集约增长，从要素投资驱动转向创新驱动。在经济增速换挡期、结构调整阵痛期、前期刺激政策消化期“三期叠加”的下行压力下，中央政府坚持稳中求进的工作总基调，精准把握宏观调控区间管理界限，强力推进结构性调整、简政放权等一系列市场化改革措施。全年国内生产总值同比增长7.4%，确保了中国经济这辆重载列车能够在“新常态”下继续以中高速度奋力爬坡前行。在以“大改革”和“大调整”为基本共识的“新常态”模式下，2014年中国城市的综合经济竞争力、可持续竞争力以及区域空间格局酝酿着变革调整的契机。如何面对第三次工业革命及高铁时代来临所导致的经济转型及空间布局调整，将是未来中国各级政府在谋划可持续发展问题上必须面对的首要问题。一方面，新技术革命所开启的“第二种机会窗口”①，可以为后发国家和地区提供产业和技术弯道超车、实现跨越式发展的绝佳契机；另一方面，世界城镇化的历史经验表明，正外部性的集聚效应发挥将会助推经济收敛、技术赶超和产业升级，从而步入可持续发展的稳定轨道。可以预期的是，“中国制造2025”和“高铁时代”的双轮驱动，将会对未来中国城市竞争力的总体格

① 演化经济学家佩蕾丝和苏蒂认为，后发国家实现经济追赶存在两种机会窗口：第一，在发达国家成熟的技术体系下，发展中国家利用劳动力成本优势实现经济追赶；第二，在新技术革命的酝酿阶段，对新兴产业进行大规模的激进创新来实现跨越发展。Reinert（2012）进一步指出：“在成熟的技术上不可能存在追赶机会”，因此后发国家要想实现跨越式发展，必须牢牢抓住新技术革命所提供的“第二种机会窗口”。19世纪下半叶美国和德国的“弯道超车”遵循的就是这种演化经济学范式。

局产生深远影响。那些把握转型发展先机的沿海城市、战略性新兴产业和装备制造业集中地区、高铁枢纽等，将会迎来一个相当长的机会窗口期和战略机遇期。

一　现状与格局

（一）“新常态”下的城市发展新机遇

1. 经济结构调整带来能耗下降和就业规模增加

2014 年，中国经济在“新常态”背景下开始出现全面升级的势头。一是在人均 GDP 接近 8000 美元时，消费开始出现大幅度升级，从过去三十多年来以吃穿住行为主体的工业化消费转向以高端制成品和服务消费为主的后工业化消费；二是产业在需求拉动下，开始大幅度由制造业转向服务业、由劳动密集型产业转向知识与技术密集型产业。中国经济升级版的雏形开始显现。《2014 年国民经济和社会发展统计公报》显示，全年第三产业增加值 306739 亿元，占国内生产总值的比重为 48.2%，高出第二产业 5.6 个百分点。而在 2014 年全国新设立的企业中，第三产业企业数量增幅为 50.03%，明显高于第二产业 29.72% 的增幅，第三产业企业占所有企业的比重提高到了 78.72%。第三产业比重超过第二产业，标志着中国经济正式迈入“服务化”时代，意味着中国经济由工业主导向服务业主导加快转变。服务业将成为新常态下中国经济增长的新动力。与此同时，服务业的快速发展带来了能耗的相对下降和就业规模的相应提升。2014 年，我国单位 GDP 的能耗下降 4.8%，城镇新增就业 1322 万人，再创历史新高。全年全国农民工总量达到 27395 万人，比上年增加 501 万人，增长 1.9%。李克强总理曾经指出，过去中国 GDP 每增长 1 个百分点，能够拉动大约 100 万人就业。经过几年经济结构调整，尤其是随着服务业的加快发展，目前 GDP 增长 1 个百分点，能够拉动大约 130 万人甚至 150 万人就业。

2. 创新驱动带来新产业和新业态逆势上行

2014 年，新产业、新技术、新业态异军突起，总体上形成了高增长、高收益的行业走势，与高能耗、高污染的传统产业大幅萎缩形成鲜明反差。随着网购、快递、互联网金融、移动支付、在线教育等新业态快速进入百姓生活，新型服务业迎来高速发展的黄金时期。金融业占第三产业增加值的比重达到

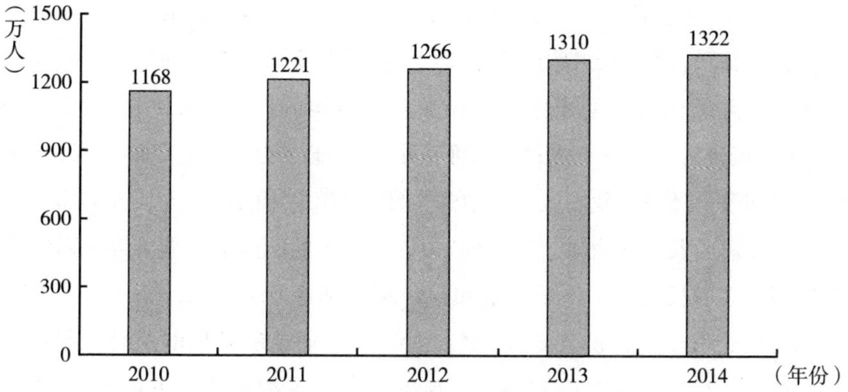

图2-1　2010～2014年城镇新增就业人数

资料来源：中国社会科学院城市与竞争力指数数据库。

15.3%，金融业增加值占GDP的比重从上年的5.89%跃升至7.37%，一举突破"十二五"以来在5%左右徘徊的格局。电子商务赢得全国网上零售额增长49.7%的佳绩，比全社会消费品零售总额增速快37.7个百分点，并拉动快递业务量继上年增长61.6%之后再创51.9%的高增速。新能源产业也迎来高速增长期，其中核电增长36.1%，并网风电增长25.6%，增速分别提升19.9个和1.1个百分点，并网太阳能发电在上年增长3.4倍的基础上继续保持67%的高增长。八大新兴行业实现两位数以上利润增长，汽车制造业增长18.1%，铁路、船舶、航空航天和其他运输设备制造业增长20.5%，计算机、通信和其他电子设备制造业增长17.1%，废弃资源综合利用业增长25.7%，电力、热力生产和供应业增长19.1%。各地持续推进新兴产业投入，立足"高端"抢占发展先机。如走在前列的苏州市，2014年新兴产业投资已占工业投资的56.8%，同比提升5.4个百分点；八大新兴产业完成产值占规模以上工业的比重高达47.5%，提升2.1个百分点。

3. 制造业转型升级迎来战略机遇期

从世界范围来看，各主要经济体在后金融危机时代纷纷进行主动结构调整，如美国的"再工业化"、德国的"工业4.0"、日本的"制造业竞争策略"、印度的"印度制造"等。不同类型的国家从不同侧面勾勒出了一幅幅转型发展的战略蓝图。2014年3月，国家主席习近平访问德国时，在《法兰克福汇报》发表署名文章，重点提到德国“工业4.0”战略；2014年10月，第三次中德政府磋商会后，中德联合发表《中德合作行动纲领》，其中关于制造业的“工业4.0合作”等内容陆续引起新闻媒体以及相关政策机构的广泛关注。在2015年两会《政府工作报告》中，李克强总理明确指出要实施“中国制造2025”。综合考虑时代趋势和政策环境，我们认为，中国持续了30多年的传统出口导向型工业化已达到市场需要及劳动力供应的顶峰。从2014年的制造业发展业绩来看，增加值实现两位数增长的有：化学原料和化学制品制造业增长10.3%，金属制品业增长11.6%，汽车制造业增长11.8%，计算机、通信和其他电子设备制造业增长12.2%，医药制造业增长12.3%，有色金属冶炼和压延加工业增长12.4%，铁路、船舶、航空航天和其他运输设备制造业增长12.7%。上述七大行业明显好于规模以上工业增加值平均8.3%的增速，既表明高技术、高成长的新兴产业如日中天，也反映出技术改造令部分传统产业重现生机。

4. 基础设施建设成为稳增长与惠民生的强劲动力

在经济下行压力如影随形的大背景下，以农业、水利、交通、能源、棚户区改造、节能环保、信息等为重点的多领域基础设施建设和民生工程全面开花。年内正式通水的南水北调中线工程干线全长1432公里，年均调水量95亿立方米，沿线20个大中城市及100多个县（市）直接从中受益。以南阳市为例，南水北调工程在该市投资高达300多亿元，在建设期每年直接拉动GDP增长0.8个百分点。2014年全年铁路共完成固定资产投资8088亿元，新开工铁路项目66个，新建铁路投产里程共计8427公里，创历史最高纪录，铁路营业总里程突破11.2万公里，其中新建高速铁路投产里程5491公里，高速铁路营业总里程超过1.6万公里，稳居世界第一。全国城镇保障性安居工程基本建成住房511万套，新开工740万套，均较2013年有所增长。2014年全国城市轨道交通运营城市中，新增加了长沙、宁波、无锡3座城市。从全国范围来看，根据相关统计数据，截至2014年末，我国累计有22个城市建成投运城轨线路101条，运营线路长度3155公里。

5. 城镇就业人员首超农村，新型城镇化迎来重要节点之年

城镇就业人员占全国就业总量的比重比上年提高1.2个百分点，并首次超过50%，达到50.9%，全国有超过一半的就业人口在城镇上班，城镇化也成为社会转型发展的重要标志。大量的劳动力从农村解放出来，也推动了农村土地的

规模经营，促进了农业现代化水平的提高。城镇化改善了资源配置效率，成为推动我国经济结构和城乡区域结构优化的重要力量。与此同时，关于新型城镇化的重大会议、重要文件以及重要决定在2014年相继出台。2014年3月，李克强总理在政府工作报告中提出，今后一个时期将着重解决“三个1亿人”的问题。中共中央、国务院随后印发了《国家新型城镇化规划（2014－2020年）》，进一步明确了未来新型城镇化的重点是“人的城镇化”，由注重数量的增长转变为兼顾质量的提升。2014年6月，在中央全面深化改革领导小组第三次会议上，习近平总书记强调“推进人的城镇化重要环节在户籍制度”，随后《国务院关于进一步推进户籍制度改革的意见》发布，各地纷纷根据各自地区情况，对户籍制度做出更具操作性的细化调整。可以说，户籍制度的改革和落实，开启了新型城镇化系列配套制度改革的序幕。2014年7月，李克强总理主持召开国务院常务会议，部署做好为农民工服务工作，有序推进农业转移人口市民化。2014年9月，在推进新型城镇化建设试点工作座谈会上，李克强总理指出，推进新型城镇化要因地制宜、分类实施、试点先行。2014年10月，城镇化联席会议首次召开。会议达成共识：新型城镇化是一项复杂的系统工程，必须加强统筹协调，合力推进。同时要认真做好户籍制度改革和居住证管理办法、为农民工服务工作、市（县级）和市辖区设置标准等政策文件的制定落实工作。

（二）2014年中国城市竞争力的总体格局

根据城市综合经济竞争力指数以及可持续竞争力指数，可以分析包括港澳台在内294个城市的综合经济竞争力的现状与格局，以及港澳与内地共289个城市可持续竞争力的现实状况及其与理想城市的差距。通过各区域的统计描述比较，可以更为清晰地勾勒出中国城市竞争力的总体格局。

1. 综合经济竞争力十强

2014年综合经济竞争力指数排名前十的城市依次是：深圳、香港、上海、台北、广州、天津、苏州、北京、澳门、无锡，这些城市主要集中在珠三角、长三角、环渤海和港澳台地区，广大中西部地区无一城市进入综合经济竞争力十强之列。其中，与2013年相比，变化最大的莫过于深圳取代香港跃居综合经济竞争力榜首，无锡取代佛山进入综合经济竞争力十强。在综合经济竞争力十强城市中，天津的综合增量竞争力最高，而澳门的综合效率竞争力优势明显。

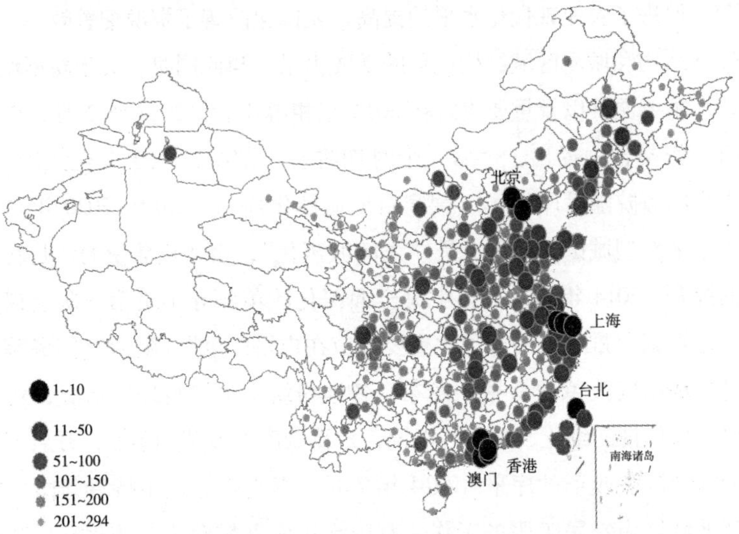

图 2－2　2014 年 294 个城市综合经济竞争力排名

注：2014 年城市综合经济竞争力排名用“●”表示，“●”越大代表综合经济竞争力排名越高，图例中单位为“位次”。

资料来源：中国社会科学院城市与竞争力指数数据库。

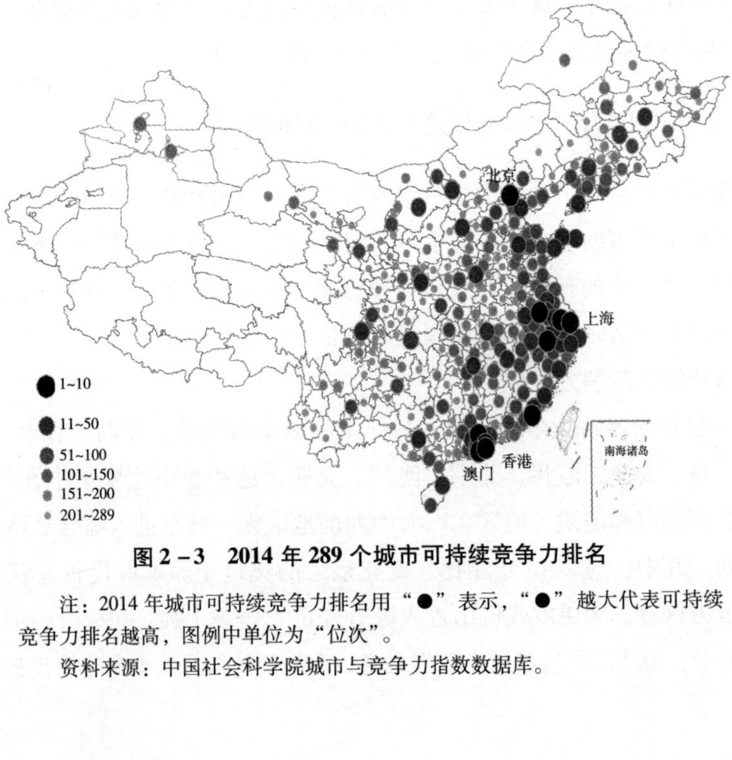

图 2－3　2014 年 289 个城市可持续竞争力排名

注：2014 年城市可持续竞争力排名用“●”表示，“●”越大代表可持续竞争力排名越高，图例中单位为“位次”。

资料来源：中国社会科学院城市与竞争力指数数据库。

表 2-1 2014 年中国城市综合经济竞争力十强

城　市	综合经济竞争力指数	排名	综合增量竞争力指数	排名	综合效率竞争力指数	排名
深　圳	1.000	1	0.775	6	0.314	4
香　港	0.913	2	0.278	32	0.726	3
上　海	0.801	3	0.986	2	0.154	5
台　北	0.600	4	0.086	113	0.934	2
广　州	0.578	5	0.849	5	0.088	8
天　津	0.502	6	1.000	1	0.053	16
苏　州	0.490	7	0.761	7	0.068	13
北　京	0.482	8	0.920	3	0.053	18
澳　门	0.423	9	0.034	232	1.000	1
无　锡	0.414	10	0.471	11	0.079	11

资料来源：中国社会科学院城市与竞争力指数数据库。

2. 可持续竞争力十强

2014 年可持续竞争力指数排名前十的城市依次是：香港、上海、北京、澳门、深圳、广州、杭州、苏州、南京、厦门。虽然香港的综合经济竞争力被深圳赶超，但是相对于内地城市而言，香港的可持续竞争力优势仍然十分明显，在知识城市、和谐城市、生态城市、文化城市、全域城市和信息城市等六大分项竞争力方面，香港的等级排名均较为靠前。杭州、南京、厦门等三个未进入综合经济竞争力十强的城市，在可持续竞争力上却具有很大优势。与综合经济竞争力十强城市分布较为相似，可持续竞争力十强仍然主要集中在珠三角、长三角和环渤海地区，表明在当前和今后一个相当长的时期内，上述三大城市群将继续担当中国转型发展的火车头。

3. 城市竞争力的区域格局

从全国各大区域的综合经济竞争力指数分布来看，由高到低依次为东南地区①、环渤海地区、中部地区、东北地区、西南地区和西北地区，而可持续竞争力的区域排序依次为：东南地区、环渤海地区、东北地区、中部地区、西北地区和西南地区。其中，东部沿海（包括东南地区和环渤海地区）集中了中国

① 为了便于竞争力的区域比较，本章将香港、澳门归于东南地区。

表 2-2　2014 年中国城市可持续竞争力十强

城　市	可持续竞争力		知识城市竞争力	和谐城市竞争力	生态城市竞争力	文化城市竞争力	全域城市竞争力	信息城市竞争力
	指数	排名	等级	等级	等级	等级	等级	等级
香　港	1.000	1	★★★★★	★★★★★	★★★★★	★★★★★	★★★★★	★★★★★
上　海	0.887	2	★★★★★	★★★★★	★★★★★	★★★★★	★★★★★	★★★★★
北　京	0.861	3	★★★★★	★★★★★	★★★★	★★★★★	★★★★★	★★★★★
澳　门	0.818	4	★★★★★	★★★★★	★★★★★	★★★★★	★★★★★	★★★★★
深　圳	0.816	5	★★★★★	★★★★★	★★★★★	★★★★★	★★★★★	★★★★★
广　州	0.763	6	★★★★★	★★★★★	★★★★★	★★★★★	★★★★★	★★★★★
杭　州	0.718	7	★★★★★	★★★★★	★★★★★	★★★★★	★★★★★	★★★★★
苏　州	0.672	8	★★★★★	★★★★★	★★★	★★★★★	★★★★★	★★★★★
南　京	0.652	9	★★★★★	★★★★★	★★★	★★★★★	★★★★★	★★★★★
厦　门	0.630	10	★★★★★	★★★★★	★★★★	★★★★	★★★★★	★★★★★

资料来源：中国社会科学院城市与竞争力指数数据库。

当前最具综合经济竞争力和可持续竞争力的城市。随着距海距离的增加，环渤海地区、东南地区、东北地区和西北地区的综合经济竞争力和可持续竞争力均出现单调递减的总体趋势。中部地区和西南地区的综合经济竞争力则随着距海距离的增加出现小幅上升的趋势，可持续竞争力则呈现出正“U”形特征。

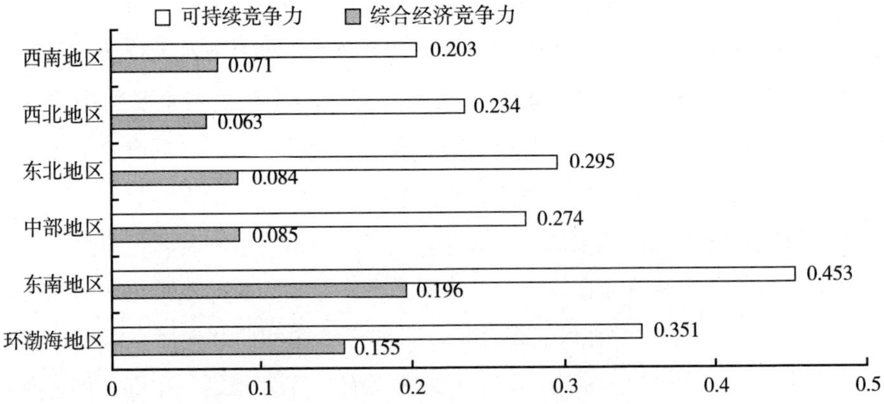

图 2-4　2014 年中国城市竞争力的区域比较

资料来源：中国社会科学院城市与竞争力指数数据库。

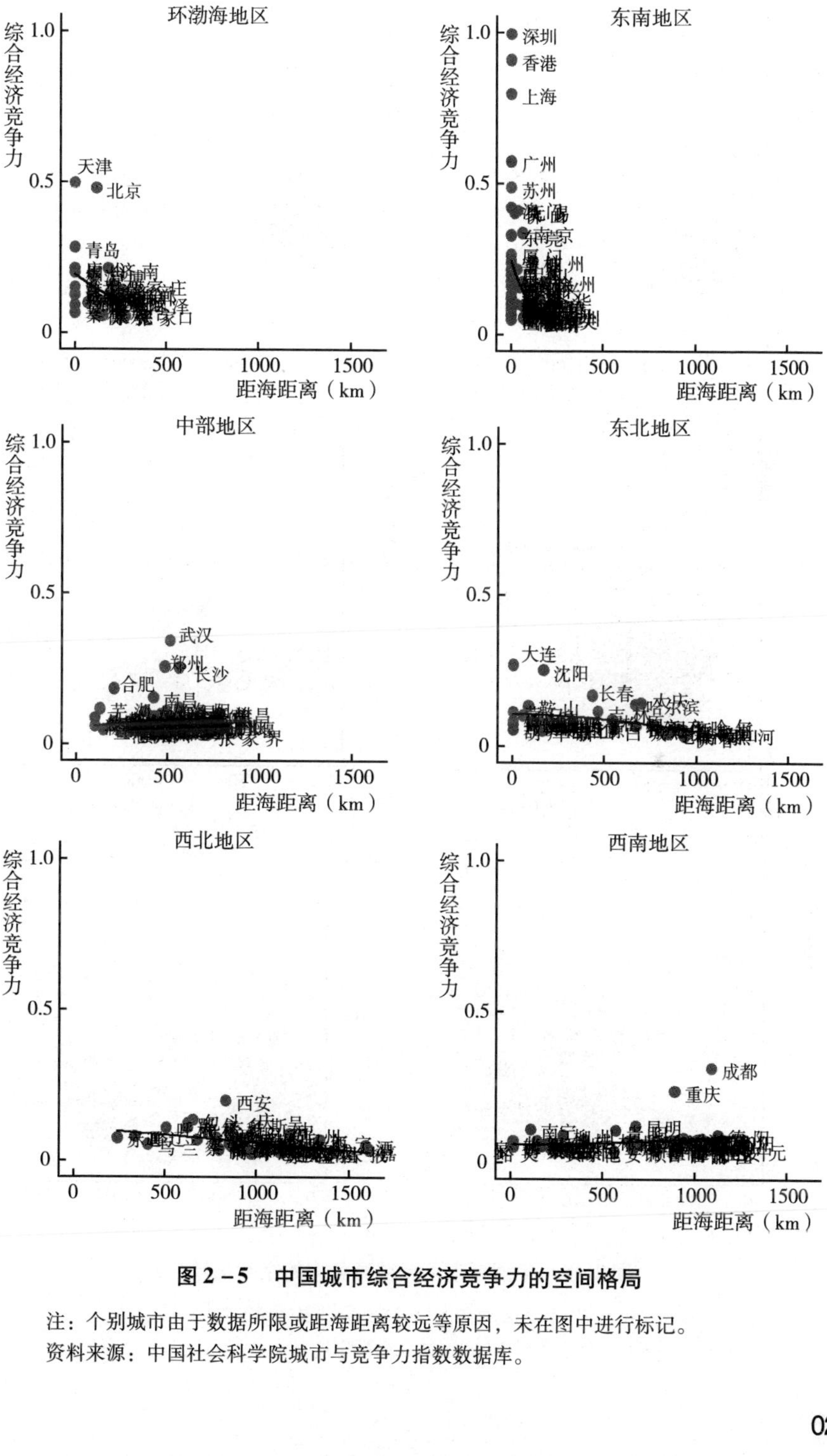

图 2-5　中国城市综合经济竞争力的空间格局

注：个别城市由于数据所限或距海距离较远等原因，未在图中进行标记。

资料来源：中国社会科学院城市与竞争力指数数据库。

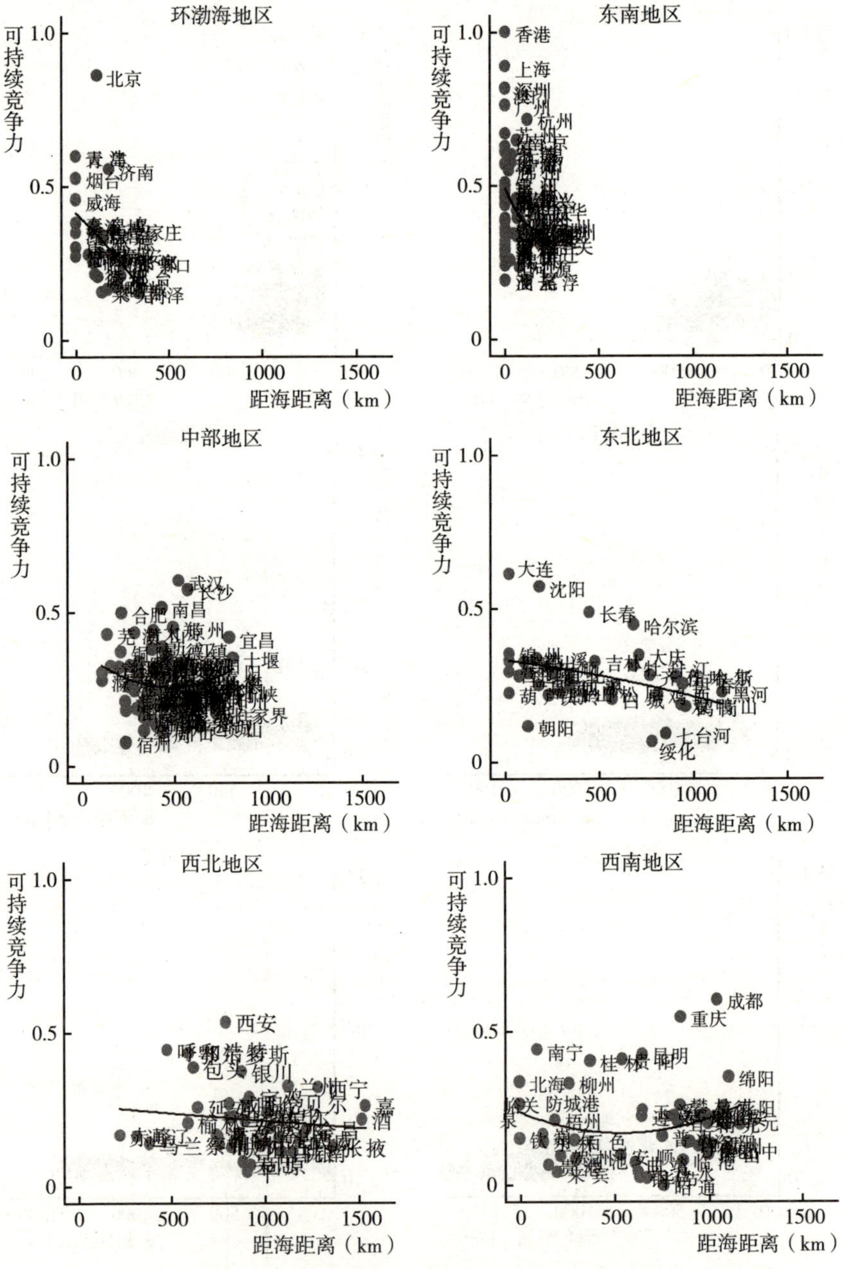

图 2－6　中国城市可持续竞争力的空间格局

注：个别城市由于数据所限或距海距离较远等原因，未在图中进行标记。

资料来源：中国社会科学院城市与竞争力指数数据库。

4. 城市竞争力的纵向比较

近三年来，中国城市的综合经济竞争力得到了稳步提升，城市之间的差距在逐步缩小。中国城市的综合经济竞争力均值从 2012 年的 0.088，上升为 2013 年的 0.103，再提升到 2014 年的 0.112。与此同时，中国城市综合经济竞争力的变异系数从 2012 年的 1.131 逐步缩小到 2013 年的 1.113，再到 2014 年的 1.066。而与之相反的是，中国城市的可持续竞争力在近三年来出现了先降后升的态势，城市之间的可持续发展差距却在逐步扩大。中国城市的可持续竞争力均值从 2012 年的 0.393，下降为 2013 年的 0.303，再提升到 2014 年的 0.304。与此同时，中国城市可持续竞争力的变异系数从 2012 年的 0.345 逐步扩大到 2013 年的 0.502，再到 2014 年的 0.522。这种综合经济竞争力的趋同现象和可持续竞争力的趋异现象必须引起足够的重视。

表 2－3　中国城市竞争力的纵向比较

年份	变量	城市数目	均值	标准差	最小值	最大值	变异系数
2014	综合经济竞争力	294	0.112	0.119	0.024	1.000	1.066
	可持续竞争力	289	0.304	0.159	0.000	1.000	0.522
2013	综合经济竞争力	294	0.103	0.115	0.022	1.000	1.113
	可持续竞争力	289	0.303	0.152	0.000	1.000	0.502
2012	综合经济竞争力	293	0.088	0.099	0.023	1.000	1.131
	可持续竞争力	287	0.393	0.136	0.080	0.980	0.345

资料来源：中国社会科学院城市与竞争力指数数据库。

从个体城市来看，北海市成为近三年来综合经济竞争力提升幅度最大的城市。在综合经济竞争力 20 强城市中，天津、厦门、郑州、长沙分别在过去三年中提升了 3 个位次，深圳从过去两年的第 2 位上升至榜首位置，上海、台北、广州在近三年来一直稳居 3～5 位。在可持续竞争力方面，十堰市成为近三年来可持续竞争力提升幅度最大的城市。在可持续竞争力 20 强城市中，大连在过去三年中提升了 11 个位次，而香港、上海、北京、澳门、深圳、广州、杭州在近三年来则一直稳居前 7 位，在可持续发展能力上优势比较明显。

5. 城市竞争力的空间分布规律

2014 年中国城市综合经济竞争力指数和可持续竞争力指数呈现不同的空

间分布特点。我们通过纳入各城市的经纬度，测算出各城市距离最近海港的球面距离，可以发现中国城市竞争力指数的空间变化规律。如图 2－7 所示，2014 年中国城市的综合经济竞争力指数呈现 Fujita 等（1996）所预测的典型的“∽”规律。也就是说，城市距离港口越近，城市的综合经济竞争力越高；随着距离的增加，城市的综合经济竞争力先下降后上升，直至达到第二波峰后开始下降，这与新经济地理的结论是大致吻合的。而 2014 年城市的可持续竞争力指数却呈现正“U”形空间变化规律。即城市距离港口越近，城市的可持续竞争力越高；随着距离的增加，城市的可持续竞争力呈现先下降后上升的态势。

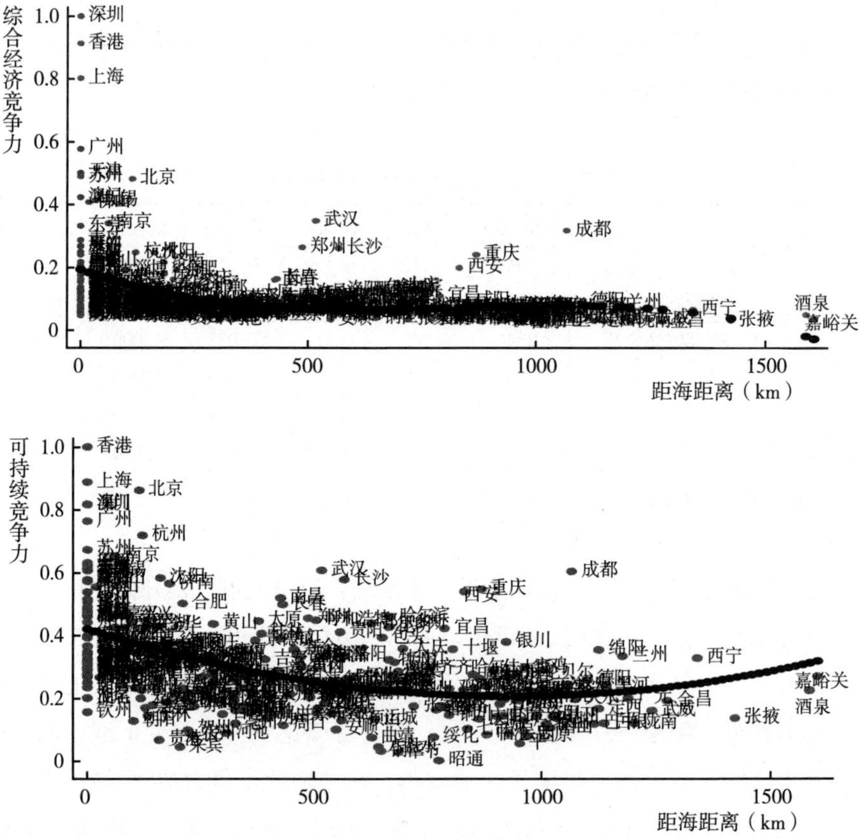

图 2－7　中国城市竞争力的空间分布规律

注：个别城市由于数据所限或距海距离较远等原因，未在图中进行标记。

资料来源：中国社会科学院城市与竞争力指数数据库。

6. 经济转型对城市竞争力格局的影响

随着我国经济发展方式的转变，长期以来主要依靠要素投入推动城市化快速发展的模式已不可持续。城市的可持续发展正处于改革转型的阵痛期，由此暴露出诸多亟待解决的重要问题。21 世纪以来特别是 2008 年金融危机之后，以深圳为代表的部分沿海城市率先开启转型发展模式，紧抓第三次工业革命和“工业 4. 0”的时代机遇，实施创新驱动推动产业转型升级，实现了综合经济竞争力和可持续发展能力的显著提升。通过对创新驱动的知识城市分项指数与综合经济竞争力的相关分析可得，两者在 1% 的显著性水平下高度相关，相关系数为 0. 721，可见创新要素对中国城市综合经济竞争力的带动作用十分明显。

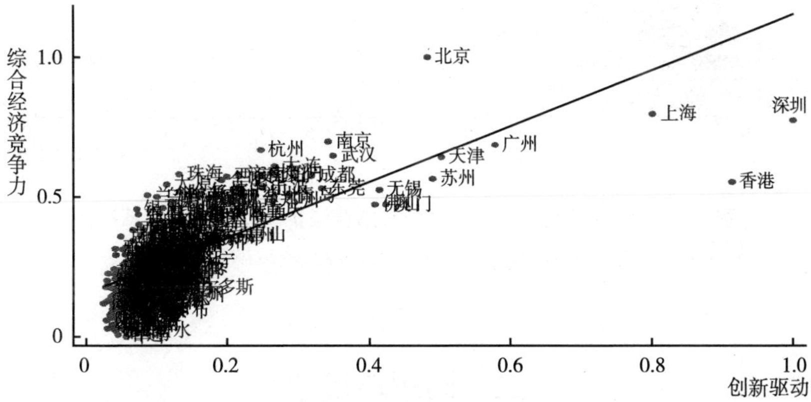

图 2 –8　创新驱动对中国城市综合经济竞争力的影响

资料来源：中国社会科学院城市与竞争力指数数据库。

7. 中国特色的环境库兹涅茨曲线

环境库兹涅茨曲线（EKC）揭示出了“环境质量在低收入水平上随人均 GDP 增加而上升，高收入水平上随 GDP 增长而下降”的倒 U 形规律。具体而言，当一个地区经济发展水平较低的时候，环境污染的程度较轻，但是随着人均收入的增加，环境污染由低趋高，环境恶化程度随经济的增长而加剧；当经济发展到达某个拐点以后，随着人均收入的进一步增加，环境污染又由高趋低，其环境污染的程度逐渐减缓，环境质量逐渐得到改善。这种倒 U 形规律自 1991 年美国经济学家 Grossman 和 Krueger 提出以来，已被不同国家和地区样本的实证研究所证实。但是对 2014 年中国城市竞争力指数数据的研究发现，反映城市环境质量的生态城市竞争力指数与反映经济增量的综合增量竞争力指数之间存在着类似于环境库兹涅茨曲线的倒 U 形关系。保持适度经济增量的中国城市，其环境质量要优于经济增量较低或较高的城市。也就是说，对于中国城市而言，经济增速过快或过慢都不利于环境质量改善和生态城市建设。

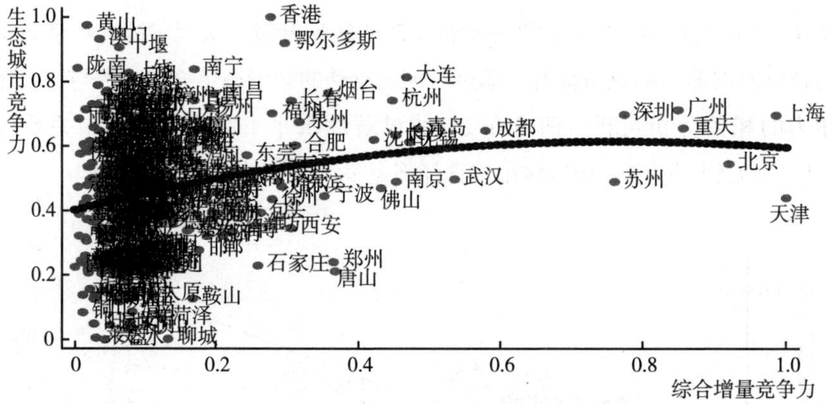

图 2－9　2014 年生态城市竞争力与综合增量竞争力相关关系拟合

资料来源：中国社会科学院城市与竞争力指数数据库。

二　问题与挑战

2014 年中国城镇化水平已达到 54.77%，已经跨越传统意义上的由量变增到质变的临界点（城镇化率为 50%）。而中国经济的长期增长，正经历着由工业化阶段结构性加速向城镇化阶段结构性减速的转型过程。过去以经济增长为核心目标，以外向型工业化为主要动力，以要素投入和规模扩张作为发展方式的传统城镇化模式已不可持续，城市的可持续发展正面临严峻的问题与挑战。主要体现在如下方面。

（一）城市竞争力的区域分化现象逐步加剧，城市空间分布和规模结构不合理

近几年来，中国城市之间的竞争力分异状况逐渐凸显，并呈现“俱乐部

趋同”的阶段特征。2014 年，东南地区和环渤海地区城市在综合经济竞争力和可持续竞争力方面均要明显高于其他区域城市，大量生产要素和资源仍然出现“孔雀东南飞”的态势。在 2012 ~ 2014 年间，虽然中国地级及以上城市的综合经济竞争力差距呈现收敛迹象，但是可持续竞争力的变异系数在过去三年内持续扩大，这与中国城市的空间分布和规模结构不合理、资源环境承载能力不匹配有关。东部一些城市密集带资源环境约束趋紧，中西部资源环境承载能力较强地区的城市发展潜力有待挖掘；部分特大城市人口压力偏大，与综合承载能力之间的矛盾加剧，而大量中小城市产业和人口集聚不足，潜力没有得到充分发挥。直辖市、省会城市、副省级城市等行政级别较高的城市，由于资源集聚能力较强，其竞争力水平要显著高于其他地级城市。高铁时代的到来，如果不能妥善处理区域协调发展问题，可能会进一步加剧城市竞争力的这种“马太效应”。

（二）城市发展转型正在面临“高端挤压、低端蚕食”的内外压力

中国大多数城市在计划经济向市场经济的转型过程中能够取得成功，主要是由于改革开放所释放出来的政策红利以及以低要素价格为主要特征的后发优势。但是，长期依赖后发优势的产业升级虽能利用较低廉的劳动力和丰富的自然资源，借助于对所引技术的模仿性创新来降低新技术、新产品的开发成本和依靠借鉴先发国家经验大幅度削减制度创新的实验、风险耗费，但易受先发国家或跨国公司的资本、核心技术、规则、专利等的控制与限制，且可能面临较严重的资源、环境问题和付出巨大的资源、环境成本，甚至长此以往可能被锁定于低端技术路径依赖的贫困陷阱和“引进→模仿→再引进→再模仿”的恶性循环之中，最终产业难以获得持续升级，甚至出现停滞与倒退的状态。特别是以佛山、东莞为代表的出口加工业城市，当产业和技术的积累程度日益接近西方国家生产和技术的前沿时，就会引发西方国家和跨国公司的警觉，从而进行技术和价值链的封锁挤压。而与此同时，其他“金砖国家”、“薄荷四国”和东南亚国家以及我国中西部地区的劳动力成本优势和政策优势正在吸引越来越多的 FDI 向其进行转移，对长三角、珠三角等地的纺织服装、笔记本电脑及其配套产业等形成了巨大的吸附影响。过去三年内，诸如佛山、东莞等出口加工业城市的综合经济竞争力均出现小幅下降趋势，转型发展之路正面临阵痛期。

（三）知识城市和宜商城市建设非朝夕之功，“大众创业，万众创新”任重道远

李克强总理在2015年政府工作报告中指出，要将“大众创业，万众创新”作为新常态下经济发展的新引擎。但是就目前而言，无论是大城市还是中小城市，在创业氛围和创新环境方面仍然面临很多约束条件。各地通常将精力和优惠政策倾向于大企业集团、知名品牌，而对于草根创业和中小微企业融资问题关注不够。虽然国家在2014年出台了一系列鼓励创业的便利措施，但是创业难、融资难的问题仍未得到根本解决。在创新驱动的知识城市建设方面，各地主要面临着高等教育质量不高、区域发展不均衡、专业人才供需失衡、知识产权保护不足、产业转化率低、辐射功能相对不足等问题。通过对各城市科技支出占财政收入比的实证分析发现，由于投入绝对值少、人才匮乏、以前的科技投入欠账较多等原因，中小城市专利申请和论文发表数量极低，严重影响我国知识城市的全面转型。而在沿海发达地区，许多城市政府仍希望更强大的产业政策、数量化的转型指标强力推动转型，加大投资，保持增长，这实际上已经不符合发展阶段的内在规律。因此，从国家层面必须改变这种传统发展理念，加快创新驱动的知识城市建设，以效率持续提高来推动可持续竞争力提升。

（四）造城运动和土地财政难以为继，传统城市发展建设弊端开始凸显

2014年，许多主张大拆大建、大兴土木的地方主政官员相继落马，宣告了以造城运动和土地财政为核心的传统城市发展建设模式的破产。许多地方长期以来过度依赖土地出让收入和土地抵押融资推进城镇建设，加剧了土地粗放利用，浪费了大量耕地资源，威胁到国家粮食安全和生态安全，也加大了地方政府性债务等财政金融风险，成为地方腐败滋生的温床和影响社会和谐的不安定因素。摊大饼式的造城运动，不仅浪费了大量的资金资源，而且引发了巨大的环境问题。根据住建部和中国建筑科学研究院的估算，“十二五”期间我国每年因过早拆除房屋浪费4600亿元，每年由于建筑过早拆除带来的建筑垃圾增量约4亿吨，约占我国垃圾总量的40%。如果考虑建筑再建过程中所需的建筑材料以及拆除时的碳排放量，建筑过早拆除将致中国每年新增碳排放量

10%。而这种造城运动的后果极有可能是建设了一批缺乏凝聚力和发展后劲的空壳城市。

（五）生态环境问题日益严重，环境治理刻不容缓

2014年中国城市竞争力指数数据中环境质量的各分项指标得分相对于前两年继续呈现下行趋势。在中央和地方各级政府的重拳治理下，城市环境质量仍未得到很大改善。2014年在74个重点监测城市中仅有8个城市的细颗粒物（PM2.5）、可吸入颗粒物（PM10）、二氧化氮（NO_2）、一氧化碳（CO）和臭氧（O_3）等6项污染物年均浓度均达标，其他66个城市存在不同程度的超标现象。京津冀地区13个地级及以上监测城市中，2014年空气质量平均达标天数为156天，比74个城市平均达标天数少85天；13个城市中有12个城市PM2.5年均浓度、PM10年均浓度均超标。2014年4月17日环境保护部和国土资源部联合下发的《全国土壤污染状况调查公报》显示，在中国国土面积的三分之二土地上，16.1%的土壤遭到污染，耕地的土壤点位超标率为19.4%。2014年5月环境保护部发布的《2013中国环境状况公报》显示，在4778个中国地下水环境质量监测点之中，水质优良的比例仅为10.4%，水质较差和极差的比例合计59.6%。越来越多的城市居民对当前的城市环境状况不满，改善环境的呼声愈加强烈。2015年1月1日，被称为“史上最严环保法”的《中华人民共和国环境保护法》开始实施，媒体也将2015年寄予厚望地称为中国环保分水岭。但是环境治理的效果仍然取决于各城市政府在多大程度上牺牲经济增长的速度，以及国家层面的生态建设制度框架的设计、生态补偿机制的建立、排污权交易的实现等环境保护和治理的长效机制。

三　案例城市

（一）创新驱动的深圳模式

作为全国首个经济特区，深圳在三十多年的发展历程中，以年均25%的经济增速创造了举世闻名的“深圳速度”。在实现了经济高速增长的同时，深圳在全国率先提出了由“深圳速度”向“深圳质量”转变的发展理念。2014

年，深圳的综合经济竞争力指数超越香港跃居榜首，其可持续竞争力也仅次于香港、上海、北京和澳门之后，排名第5位。从分项指标来看，深圳是全国单位面积经济产出最高的城市，是万元GDP水耗、能耗最低的城市，是创新创业能力最强的城市，是全国副省级城市中生态环境最好的城市，产品质量合格率、市民质量满意度在全国大中城市处于领先水平，总体上实现了以更少的资源能源消耗创造更高的发展质量。

深圳创新型城市建设可以分为模仿式创新、追赶式创新和引领式创新三个阶段，实现了从“山寨之都”到“设计之都”，再到“创新之都”的三级跳。第一阶段改革开放之初，深圳利用毗邻香港的优势，通过引进西方先进技术和设备进行模仿式创新，从而逐步缩小与世界前沿技术的差距；第二阶段着重于装配技术的创新，从制造向创造转变；第三阶段主要利用科学发现和产业化相结合，着重在源头创新。这种渐进式的创新策略不仅节约了研发投入和成本，而且大大缩短了与发达国家的技术距离和追赶时间。

深圳建设创新型城市的主要经验有以下几点：第一，在企业创新主体培育上，深圳形成了六个“90%”的格局，即90%的创新型企业是本土企业，90%的研发人员在企业，90%的科研投入来源于企业，90%的专利生产于企业，90%的研发机构建在企业，90%以上的重大科技项目发明专利来源于龙头企业。第二，政府在商事登记制度改革方面尽量减少审批程序，维护正常公平的市场竞争力环境；通过加大财政支持力度，支持自主创新企业开展基础性、公益性、战略性、前瞻性技术研发；鼓励企业设立研发机构，大力扶持企业化的公益性研发机构，充分发挥税收调节作用，让从事科技创新研发的有关企业能够享受与科研院所等同的税收优惠政策。第三，政府在创新政策上坚持有所为有所不为。针对深圳中小企业量多面广、创新动力强劲但实力较弱的特点，重点打造以重大共性和关键技术为主的行业公共技术研发平台和以提供检测、实验条件为主的检测实验平台；针对大企业创新实力雄厚的特点，重点建设国家重点实验室和工程实验室，进行前沿技术攻关，实现核心技术突破，发挥自主创新活动的引领作用。对于大型科技企业（如华为、中兴等），尽量选择让企业以市场的力量去配置资源；对于民营企业，则尽量为它们解决与体制的衔接难题，尽量去影响现有体制，让传统体制包容新的体制（典型的代表是华大基因）；对于体制内科研院所，则鼓励产学研结合，放手让它们嫁接市场基因。正是这种收放自如的政府、企业的协作创新，让一批拥有创新技术和创新精神的企业在市场经济大潮的洗礼中脱颖而出。第四，深圳在高校和科研院所资源非常匮乏的状况下建立了高效的人才机制，贯彻落实高层次人才政策，启动人才安居工程，实施“孔雀计划”积极引进海外高层次创新团队。通过引进全国甚至全球人才、嫁接内地及香港高校资源，通过企业研发中心的实践，将科研能力转换为先进生产力。

（二）演化升级的苏州模式

2014 年苏州市的综合经济竞争力居全国第 7 位，可持续竞争力居全国第 8 位，两项排名均高居全国同类型城市之首。与深圳的跨越式转型升级模式不同，苏州的转型升级遵循的是拾级而上的线性演化模式。在把握发展机遇的同时，适时利用要素禀赋结构的提升，推进符合比较优势的城市发展转型和产业结构升级。

苏州的产业转型升级历程大致可以分为三次：第一次是在 20 世纪 80 年代到 90 年代初期，以乡镇企业大发展为代表的“苏南模式”显现勃勃生机，我们调查的很多企业都是在这一阶段通过国有和集体企业改制而走上跨越发展之路的。与国有、集体经济相比，乡镇企业体制更趋灵活，在激烈的市场竞争条件下迅速占领先机。20 世纪 90 年代初，乡镇企业的制造业产值占苏州的比重上升到 65%。20 世纪 90 年代中期，苏南乡镇企业普遍实施了产权制度改革。第二次产业转型发生在 20 世纪 90 年代中期。苏州充分利用 1994 年中国 - 新加坡苏州工业园区启动建设的契机，采用以工业园区的形式大量引进外资以及港澳台资。如果说珠三角在改革开放之初就开始全力发展外向型经济的话，苏州外向型经济的发展则始于在更高层次上接受国际资本和产业转移——主要来自新加坡、中国台湾等地区。基于产业集群协同效应的工业园区使苏州制造业具有显著的区域竞争优势，产权制度改革、大规模外资引进以及工业园区的发展，改变了传统的“苏南模式”，使区域发展迈上了新的台阶。第三次产业转型发生在 21 世纪以来特别是 2008 年金融危机之后。一方面，土地、劳动力等生产要素成本的不断提高，以及环境管制的越来越严格，导致传统制造业的发展空间日趋缩小；另一方面，受国际金融危机影响，国际市场需求萎缩致使苏州许多外向型制造业面临生存困境。为此，苏州采取“腾龙换凤”的主动产业转移政策，淘汰落后产能，为高附加值产业腾出空间，把科技创新和发展创新型产业作为转型升级的主要动力，以转型升级引领“二次创业”，形成了创新型经济的先发先行优势，有效地推动了转型升级。

从苏州的产业转型升级历程来看，其基本经验大致可以归纳为以下几个方面：第一，在发展方向上善于因地制宜，实施错位发展。苏州充分利用紧靠大上海的区位优势，提出“大树底下种好碧螺春”的口号，实现了与上海的优势互补和资源共享。如上海引进欧美外资，苏州就倾向于引进日资和台资；上海建立经济、金融、贸易、航海中心，苏州则发展现代制造业；上海造大飞机，苏州则发展纳米技术。第二，在发展战略上坚持实事求是，敢为人先。十一届三中全会后，以行政推进为手段，“村村冒烟，处处点火”，大力发展乡镇企业，并在计划经济年代就引导资源与市场连接。1992 年，抓住浦东开发的机遇，在全国首推外向带动战略，在全球范围招揽投资，在全球市场配置资源，在国际市场大进大出。2000 年后，意识到外向型经济“只长骨头不长肉”，提出“科技兴市战略”，“铺天盖地、顶天（科技）立地”发展个体私营经济，形成了外向经济、规模经济、民营经济三足鼎立的经济发展格局。第三，在发展路径上立足比较优势，产业升级拾级而上。苏州在经济发展的不同阶段，选择了与要素禀赋结构基本一致的产业类型和产业结构与之匹配。如在改革开放之初，基本选择以纺织、服装等劳动密集型产业为主，20 世纪 90 年代后开始大力发展钢铁、装备制造等资本密集型产业，21 世纪以来又逐步引入纳米技术等高科技产业，并积极推行“腾龙换凤”的政策，向要素禀赋结构更加匹配的苏北和中西部地区主动转移落后产能。第四，在发展策略上坚持了城镇化与工业化的协同推进。苏州长期以来坚持工业化与城镇化的同步推进，高水平的城乡一体化有效避免了因区域差距过大造成的产业发展不协调问题，从而有效减轻了产业转型升级的阻力。

四　年度主题——“巨手”：托起城市中国新版图

地理环境、经济发展和交通基础设施的发展深刻影响了中国经济空间格局和城市体系以及城市之间的关系，按照本报告的主题研究发现，未来中国将形成“中心－外围”的经济空间格局和“一团五线”的城市体系格局。其中，形成这种格局的显著原因是以高铁为骨干的快速交通体系。

2014 年是高铁快速发展和区域空间结构深度调整的节点之年。我国高铁营业里程在年内已达 1.6 万公里，占全球高铁里程的一半以上。“四纵四横”快速铁路网主骨架初具规模，全国铁路动车组列车开行范围扩展至 28 个省区市，通高铁、动车和城际列车的地级以上城市共计 146 个。预计到 2015 年底，我国高速铁路营业里程将达 1.8 万公里，以高速铁路为骨架，包括区际快速铁路、城际铁路及既有线提速线路等构成的快速铁路网基本建成，总规模达 4 万公里以上，基本覆盖 50 万人口以上城市。高铁的建成和运营将以“时空压缩”效应为特点，通过加速沿线地区和有关区域的人流、物流、资金流，进而对全国范围内的人口流动与分布、企业区位选择和经济活动空间分布、区域和城市的发展机遇、城市之间和区域之间的经济联系与合作，以及国家区域管理机制等，产生系统性、战略性的深刻影响。此外，我国还是全球唯一档次齐全且已建造了适应不同气候条件的高铁产品的生产国，高铁的单位成本及票价收费只是欧洲和日本的 1/3～1/2，具有全球性的技术和价格竞争力，近年来已成为我国对外开放、沟通其他国家和地区的有效载体。

（一）高铁对城市竞争力格局的影响

“火车一响，黄金万两”。对于铁路对地方经济的带动作用，中央地方各级政府都有清醒的认识。在 2015 年全国两会期间，许多省份政府组团拜访中国铁路总公司，积极争取对本地区交通基础设施建设的支持。Calderón 和 Servén 等①所做的文献分析表明，在研究发展中国家交通基础设施对经济增长影响的 17 篇文献中，有 16 篇文献证明了交通基础设施对经济增长有正向促进作用；关于发达国家的 29 篇同类文献中，有 22 篇文献证明了交通基础设施对经济增长存在正向促进作用。无论是在国家层面，还是在区域层次上，改善交通条件均已成为促进经济增长的重要措施。通过将中国地级和地级以上城市划分为处理组和参照组，可以发现：通高铁的城市，其综合经济竞争力的均值水

---

① Calderón César, and Luis Servén, “The *Effects of Infrastructure Development on Growth and Income Distribution*” No. 270. World Bank Publications, 2004.

平要高于未通高铁城市71.15%，其可持续竞争力均值水平要高于未通高铁城市56.91%。伴随着2015年底快速铁路网基本建成，即将来临的高铁时代对中国城市竞争力格局的影响不可估量。

表2－4　高铁对中国城市竞争力格局的影响

城市类型	变量	样本数	均值	标准差	最小值	最大值	变异系数
通高铁城市	综合经济竞争力	146	0.332	0.176	0.032	1.000	0.530
	可持续竞争力	146	0.365	0.163	0.043	0.887	0.447
未通高铁城市	综合经济竞争力	141	0.194	0.103	0.000	0.484	0.531
	可持续竞争力	141	0.232	0.100	0.000	0.490	0.432

资料来源：中国社会科学院城市与竞争力指数数据库。

（二）高铁与城市中国新版图

1999年以来，中国开始对区域发展战略进行调整，逐步形成了由西部大开发战略、振兴东北地区等老工业基地战略、促进中部地区崛起战略和东部地区率先发展战略构成的区域发展总体战略，并由此形成支撑中国区域经济格局的四大战略区域。然而，随着长江中游城市群和长江经济带上升为国家战略，特别是以高铁为代表的快速交通网络在中部地区的大中城市全面覆盖，交通网络化不仅缩短了东、中区域之间的时间距离，更重要的作用是大大提升了城市之间的可达性和便利程度。网络化的交通体系让东部发达省（市）尤其是上海、北京、广州等区域中心城市经济外溢的辐射效应得到有效发挥，中部地区以其天然的区位优势成为东部地区经济腹地的条件。从主题报告的时间距离收缩地图来看，无论以上海还是北京为中心，以城市为载体的中国经济空间格局的变化趋势均显示出东部和中部地区的空间紧密压缩，尤其是以上海为中心东中15个省（市）空间距离发生明显收缩。而时间距离地图反映出东北、西北、西南目前仍然是群带状的城市体系或点线状的城市体系，城市沿一条主线展开，能够连接的城市节点比较少，可以利用的资源和区域合作范围均受限。

综合来看，快速综合交通体系的建设，加快了东、中合为一体的脚步，共同成为全国经济中心区的趋势逐步增强，而东北地区和西部地区在高铁时代将面临边缘化的压力，成为未来区域均衡发展战略的实施重点。未来我国城市空间体系将逐步呈现从东中部中心地区到东北和西部外围地区的“一团五线”发展格局：东中部是中心区域，北至京呼线、东南临海、西抵东经110°山区绵延带的群网状城市体系聚合成“一团”，形成“巨掌”，纵横交错的交通网络汇聚于全国性中心城市，犹如经脉交汇于掌心；东北和西部是外围区域，群带状城市体系延伸出“五线”，京哈线、陇海－兰新线、长江下游延伸线、沪昆线和南海沿线形成五根“手指”；京广线作为纵贯南北的大动脉，构成手掌和手指之间的关节线，向东对接东中部的网络体系，向西发散出西部的群带体系，使指掌间收放自如、行动统一；包昆线作为外围的南北大通道，实现西部群带体系的互联互通，构成手指中部的关节线，使指间行动彼此兼顾，纵横联动。根据经济地理的一般规律和我国区域发展的客观趋势，在中心外围效应、交通效应和断裂效应的叠加作用下，“一团五线”的空间结构体系将得以巩固并不断强化。

五　趋势与政策建议

用“新常态”的发展思维来重新审视2014年的城镇化轨迹，我们不难发现，以要素投入为主导的传统城镇化模式和土地财政已经趋近资源环境约束的极限，而政府主体和市场主体的边界得到逐步清晰，新型城镇化理念已经形成核心共识，束缚城镇化良性发展的制约因素也正被逐步打破。正如习近平主席在2014年APEC会议上指出，城镇化将成为未来中国发展的五大支柱之一。在“新常态”趋势下，新型城镇化本身已不仅仅是社会转型过程的一部分，也将是未来中国应对转型发展诸多挑战的重要战略措施。伴随着2015年国家新型城镇化综合试点工作的全面开展，未来中国的城镇化模式和城市发展转型之路将续写新的篇章。为了促进中国城市的可持续健康发展，特提出以下几点对策建议。

（一）在客观认识城镇化演进规律的前提下提高城市可持续竞争力

中国作为一个有着巨大区域差异的后发大国，在城镇化演进过程中既遵循客观规律又具有鲜明的时代特点。各地在推进城镇化的过程中，要充分考虑自身的经济发展阶段和要素禀赋条件，制定出清晰合理并具备一定差异化的城市化方略，坚决摒弃将城镇化的速度、建成区规模作为官员政绩的考核指标，改变过去以要素投入为主导、以土地财政为支撑、以牺牲资源环境为代价的传统城镇化模式。重点从国计民生和长远发展的角度勾画城市可持续发展的路线图和时间表，构建以人为本、开放多元、环境友好、创新驱动、城乡一体、公平包容、创业至上、交流便捷的城市可持续发展评价体系。在新的时代趋势下，还应当注重城镇化在中国经济转型与产业结构调整中的重要地位和引领作用，根据城市的等级规模实现不同的功能定位，形成合作共赢、良性互动的城市发展新格局。

（二）实现城乡之间、区域之间的生产要素自由流动和平等交换

实现生产要素的自由流动和平等交换，关键在于进一步完善要素市场和推进要素流动领域的关键改革。在资本流动环节上，要积极引导东部地区的资本流向边际收益率较高的产业上，逐步建设并完善中西部地区的资本市场，鼓励资本要素在行业范围和区域范围内重新配置。在劳动力流动环节上，要进一步深化户籍制度改革的试点工作，逐步强化户籍制度的登记功能并淡化户籍制度的分配功能，形成以合法稳定住所和合法稳定职业为前提条件、以经常居住地登记户口为基本形式的新型户籍制度。在土地流通环节上，要进一步推进城乡不动产登记和土地确权工作，积极完善土地产权交易市场，确保各利益主体在流通和交易环节公平享有土地增值收益。

（三）以快速交通体系建设为契机推进城市空间布局优化

在以高速铁路为支撑的“一团五线”空间结构体系下，中国的东部地区和中部地区时空距离大为压缩，长三角城市群、珠三角城市群、环渤海城市群、长江中游城市群等几大具备发展先机和后劲的城市密集区将在更大的空间范围内实现资源和信息的共建共享。在此基础上，应利用“一带一路”和“长江经济带”等国家战略的稳步推进，通过外引内联提升区域的对外开放水平和对内合作层次。西部地区和东北地区在高铁时代来临的背景下有进一步边缘化的隐忧，但是在“一带一路”构建的全方位陆海开放新格局下，东北地区和西部地区由传统的边缘地区上升为国家对外开放的战略前沿。因此，西部和东北地区不仅要加快融入东中部的快速交通体系，还应做好沿海沿边的互联

互通，利用好国内和国际两个市场、两种要素，实施沿线全方位的陆海开放战略。

（四）在创新驱动和低碳环保理念下培育城市产业支撑体系

要立足国家和地方的主体功能区规划，根据要素禀赋、比较优势和资源环境承载力，培育符合地方特色的差异化城市产业支撑体系。具体而言，可以优先选择要素禀赋结构较高、科技教育条件较好的中心城市发展现代服务业和先进制造业，积极引导高端要素合理集聚；通过强化中心城市的辐射功能和城市群内部的专业化协作功能，构建起优势互补、特色鲜明的区域创新体系和城市产业支撑体系。牢固树立区域“大环保”理念，以构建区域产业价值链和生态价值链为突破点，加强排污权交易和区域生态补偿机制的创新试点工作，通过市场和价格手段提高绿色经济和低碳环保产业的竞争空间。

（五）构建促进城市可持续竞争力提升的长效机制

从近十年城市可持续发展过程中暴露的主要问题来看，完善城市可持续竞争力提升的长效机制应重点着眼于以下三个方面：其一为生态环境保护机制。要逐步将资源和生态环境的消耗程度体现在产品的价格形成机制和地方发展的考核评价体系中，实行独立的环境监测制度和环保管理制度，在环保执法过程中坚决贯彻执法必严和违法必究。其二为土地使用制度。通过棚户区、城中村改造等有效途径提高城市土地利用集约程度，探索土地跨区域配置和按常住人口划拨建设用地的试点工作，逐步建立并完善农村集体经营性建设用地的流转制度。其三为财政税收机制。加快推进房地产税、土地税、资源税、环境税，并以此为基础建立健全城市财税体系，一方面可以解决城市建设资金过度依赖土地财政的问题，有效化解地方政府融资平台的债务风险，另一方面可以有效发挥财税制度在资源和环境保护中的杠杆作用。

参考文献

倪鹏飞主编《中国城市竞争力报告 No. 11》，社会科学文献出版社，2013。

倪鹏飞主编《中国城市竞争力报告 No. 12》，社会科学文献出版社，2014。

黄顺魁：《制造业转型升级：德国“工业 4.0”的启示》，《学习与实践》2015 年第 1 期。

丁华、李文江、左新兵：《深圳创新型城市建设经验及启示》，载《第九届中国科技政策与管理学术年会论文集》，2013。

沈正言：《深圳市推进国家创新型城市建设的经验与启示》，《人民日报》2012 年 1 月 22 日。

薛凤旋：《全球经济大转移与高铁时代的中国城镇化》，http：//www. zgxcfx. com/Article/83548. html。

覃成林、种照辉、任建辉：《交通发展、经济空间变化与区域经济增长》，暨南大学经济学院工作论文。

《创新 2.0 驱动深圳打造创新之都》，《办公自动化》总第 295 期，2015 年 1 月 15 日。

ANBOUND 城市问题研究：《2014，新型城镇化这一年》，《城市问题研究》第 195 期，2014 年 12 月 25 日。

《国家新型城镇化规划（2014－2020 年）》，http：//news. sina. com. cn/c/2014－03－16/212029721385. shtml。

“新常态、新成就”系列专题，《中国信息报》，2015 年 3 月 2～9 日。

易顺、李超、韩江波：《中国城市化的驱动力：基于空间滞后面板模型的分析》，《经济问题探索》2014 年第 6 期。

李超、王彬、万海远：《中国城市化十年：经验、问题与对策》，《贵州社会科学》2013 年第 1 期。

主题报告

Topic Report

B.3

“巨手”：托起城市中国新版图

倪鹏飞　王雨飞　李冕

一　问题的提出

人类从事社会经济活动以空间为载体，对生产、生活空间的最初选择主要受自然因素的制约，随着经济的不断发展、生产技术水平的不断提高，人们在原本就非均质的空间内做出了选择，形成人类经济活动空间格局的动态变化过程。在这个过程中，经济活动空间呈现出不断优化演进的规律。

中国经济发展的历史也是中国经济空间格局不断调整和变迁的历史。新中国在成立初期，出于国防安全和区域均衡的考虑，把中西部地区确定为经济发展的重心，以期改变国家生产力布局长期集中在东南沿海的格局；改革开放初期，基于东部沿海的地缘优势，优先发展东部中小城镇，经济重心又转向东部沿海地区，培育了珠三角、长三角、环渤海等经济区；在改革深化阶段，基于区域协调发展的战略考虑，结合东部先行战略，国家又先后实施了西部开发、东北振兴、中部崛起战略，奠定了今天中国经济的空间格局。

在现有的经济格局下，中国经济发展出现了诸多问题。首先，中国经济发展的不平衡趋势不断加剧。传统的四大区域发展格局虽然注重区域经济协调发展，但是四大区域在战略上平均用力，反而无法达到预期效果，出现了东部过度聚集、西部过度分散、东北持续下滑的困境；另外，四大区域的划分使区域之间分割严重，缺少互联互通、互补互动。其次，中国经济出现了“危险的收敛”。从发达国家的发展经验来看，经济收敛应该出现在经济发展的高水平阶段，但目前东部先发地区在向更高水平迈进的过程中就已经出现收敛，造成了区域之间同质竞争加剧，不利于整体水平的进一步升级；从总体来看，虽然中国区域经济出现了收敛态势，但这主要体现在东中部之间，而东北、西部与东部地区之间，沿海发达地区与内陆落后地区之间的差距则不断扩大。

未来中国经济空间格局会出现新的变化。交通基础设施建设的不断完善，尤其是快速交通的迅速发展，会改变城市之间的联系范围。综合快速交通体系的不断完善，提高了城市之间的可通达性，节约了时间成本，扩大了区域联系的范围。因此，交通环境的改善一定程度上加速了人口的流动和经济活动空间格局的变化。

城市化在全国范围内的加速推进突出了城市在经济发展中的重要作用。从2011年起，中国的城市化率超过了50%，城镇常住人口超过农村常住人口，中国的社会结构发生了历史性变化，由以乡村型社会为主体的时代进入了以城市型社会为主体的新时代。未来中国经济的空间格局主要由城市承担，城市空间格局和城市体系都会发生重大变化。

在这样的经济环境和历史机遇下，中央提出了优化空间经济格局的构想，尤其是十八大以来，更是把优化城市空间格局问题推向了前所未有的高度。

十八大提出“优化国土空间开发格局”，强调“要按照人口资源环境相均衡、经济社会生态效益相统一的原则，控制开发强度，调整空间结构，促进生产空间集约高效、生活空间宜居适度、生态空间山清水秀”。

十八届三中全会要求，“建立空间规划体系，划定生产、生活、生态空间开发管制界限，落实用途管制”，并特别提到要“优化城市空间结构和管理格局，增强城市综合承载能力”。

2013年中央城镇化工作会议部署了优化城镇化布局和形态、保护生态环境的任务。会议指出，“要加强对城镇化的管理，建立空间规划体系”，“城市规划要由扩张性规划逐步转向限定城市边界、优化空间结构的规划”。

2014 年底，中央经济工作会议将“优化经济发展空间格局”列为 2015 年经济工作的主要任务之一。要求“优化城镇化布局和形态”，“推进城镇化，既要优化宏观布局，也要搞好城市微观空间治理”，“依靠市场力量和国家规划引导，推动国土空间均衡开发”。

2015 年初，全国两会再次强调：“优化经济发展空间格局。充分发挥各地比较优势，培育壮大新的增长极和支撑带，全面提升区域协调协同发展水平。”

未来十年将成为中国优化经济发展空间格局和实现区域经济协调发展的关键时期。在迈向城市中国未来的道路上，城市体系是经济空间的载体，交通和经济因素将如何影响城市体系的结构和演化，如何引导构建协调发展的城市体系等，是当前亟待解决的重要问题。报告将重点研究中国经济空间结构的现状，未来将如何演化，如何克服市场失灵和政府政策的失灵，通过优化空间结构实现区域的协调发展。

二　空间上的发现

带着前文的思考，我们做了大量基础性研究，在资料的整理过程中，一个偶然的机会我们从中国夜景卫星地图中发现了中国人口活动的空间特征，由此，开启了我们对优化中国经济空间格局的探索。

图 3－1 是一组反映中国经济空间格局的地图，第一张夜景卫星图（左上）是由卫星拍摄的中国夜间灯光分布图，从中可以看出人口和经济实力的分布情况。该图清晰地反映出中国东部沿海一些城市的光点非常密集，为中国的东部海岸线镶上了一条“金边”，而中部城市的光点与东部连接成片；西部和东北则仅仅表现为点、线状的分布。另外，我们还发现在东经 110°线附近出现了一条由晋西、鄂西、湘西、粤西连成的断裂带，与东、西两侧人口稠密的中部地区和成渝地区形成了鲜明的对比。

进入 2012 年，“大数据”犹如一场暴雨铺天盖地迎面而来，图 3－1 余下的三张地图都是基于大数据绘制的中国地图，顺时针依次为：春节人口迁徙轨迹、网民地域分布以及微信在线用户分布图。这三张地图不约而同地与夜景卫星图共同表达出中国经济活动空间格局的分布特征：东部和中部地区城市已经连成一片，西北、东北、西南等广大区域城市以点、线格局为主。

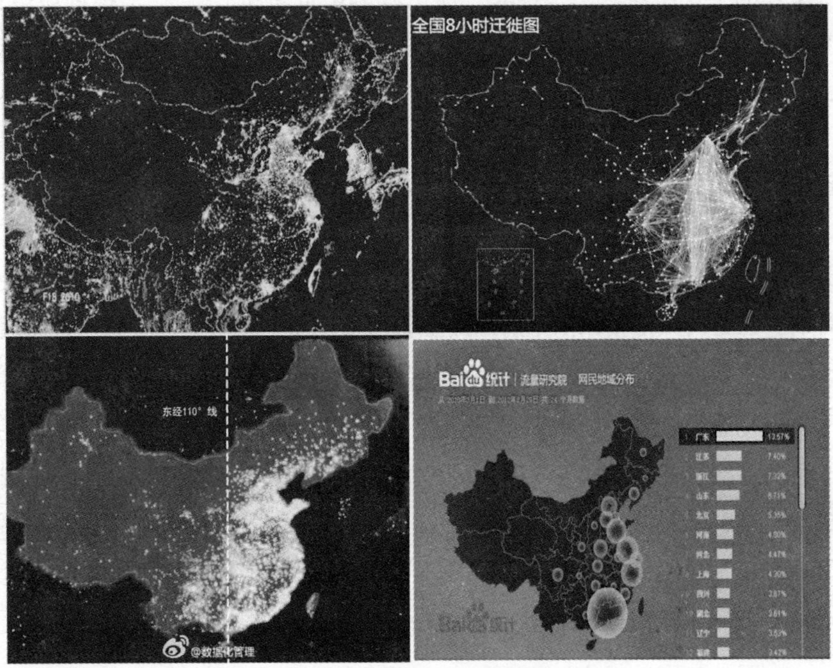

图 3－1　中国经济空间格局组图（一）

资料来源：互联网。

另外，我们还从中国“四大板块”分区示意图（图 3－2，左上）中获得了一些感性的认识。从地理区位上看，东部沿海 10 省市紧紧包裹着中部 6 省，中部省份有成为沿海区域经济腹地的天然条件，未来东中区域一体化程度将不断加深。为了证实判断，观察图 3－2 余下三张地图，顺时针依次为：联合国儿童基金会专项研究公布的 2013 年中国人口密度分布图、国家地理杂志发布的中国就业密度分布图和中国经济密度示意图。图中明显可以看出，东部和中部一体化程度较高，西北、西南、东北地区，尤其是东北近年来经济下滑、人口流失严重，未来有可能沦为外围地带。

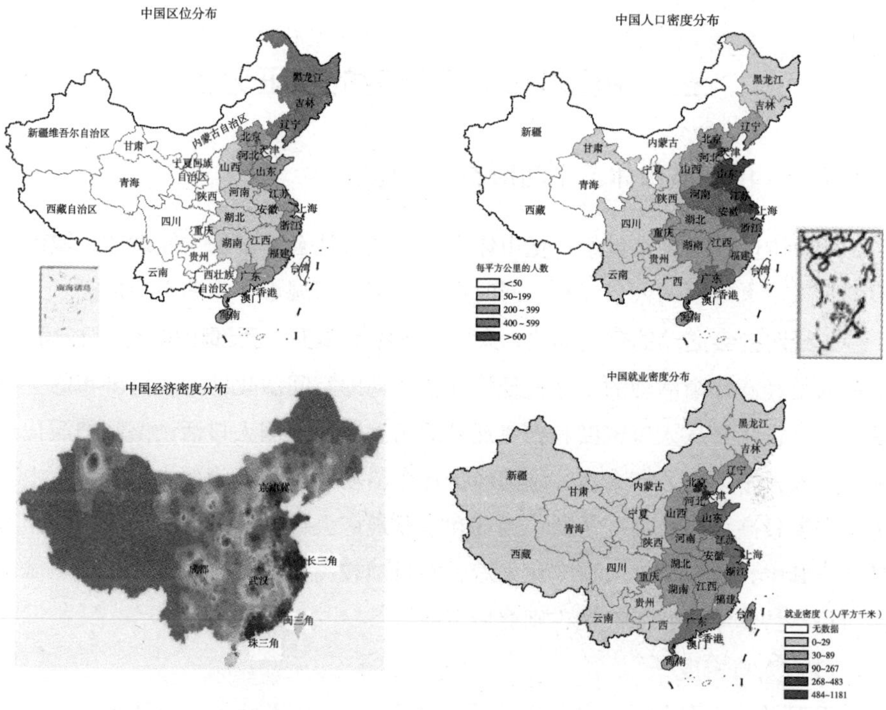

图 3-2　中国经济空间格局组图（二）

资料来源：互联网。

中国的人口密度、就业密度、经济密度分布地图分别从要素、产业、经济（市场）角度佐证了以上发现。东部（10 省市）和中部（6 省区）形成经济活跃的地域空间单元，地域广袤的西部和东北则相对低迷。由此，我们初步判断，中国未来会形成从东、中部到西北、西南、东北的“中心－外围”式经济空间格局。

城市体系是区域经济发展的空间载体，中国区域经济发展格局的演变也必然带来城市体系的相应调整，因此报告将聚焦中国经济空间格局和城市体系的演化，并总结规律。在上文发现的“中心－外围”式区域格局的基础上，我们进一步得出推论：未来中国的城市体系将演变成“一团五带”的发展格局，像一只厚重结实的巨手，摊开在世界的东方。报告将对这一重大发现展开论证，并顺应趋势提出政策建议。

三　中国城市体系演变的实证分析

（一）中国城市体系空间形态的演化

随着中国进入城市世纪，城市体系成为经济社会活动的空间载体，城市化浪潮带来了大规模的人口迁移，同时也重塑了中国城市体系的空间形态。

1. 经济社会活动的空间演化：人口向东中部集聚，西部和东北人口分散

人是经济社会活动的主体，经济社会活动的空间演化即为人口分布的空间演化，报告主要从人口密度和人口迁移的角度阐述中国人口活动空间的演化规律。从人口密度的分布来看，中国经济社会活动明显划分为两大聚类，东中部人口密度较高，经济高度活跃；西部和东北地区人口密度较低，经济活动相对低迷。其中，从东中部人口变化来看，在目前较高的人口基数之上，重点城市人口仍然持续增长；一般城市则有所下降。

（1）人口密度

根据最近三次全国人口普查数据以及2012年地级城市人口数据，绘制出的不同时期中国地级城市人口密度分布图（图3－3），非常清楚地展示了中国几十年来人口变化的动态规律，从中我们得出以下几点发现。

第一，全国人口分布在空间上呈现东南密集西北稀疏的规律，值得注意的是东北地区人口下降非常严重。从“四普”到“五普”，东北人口快速下滑成为定局，除环渤海沿线城市外，最近十几年来非但没有改观反而人口继续流失，下陷非常严重。

第二，东部、中部地区人口密度差距在不断缩小，尤其是中部地区人口的集聚能力有较大幅度提升。从图3－3中看，河南、安徽以及湖南和湖北的东部地区人口密度有明显的提升，东、中部人口已经出现团状的发展趋势。

第三，在中、西部交界地区也即东经110°附近出现了一条由晋西、鄂西、湘西、粤西地区连成的人口“断裂带”。这条“断裂带”的西部是人口比较密集的成渝城市群，东部是人口集聚能力渐强并与东部省份紧密相连的晋、鄂、湘、粤四省东部地带，这与夜间卫星地图拍摄的实况反映一致。这条人口断裂地带基本为少数民族聚居地，处于山区，交通相对闭塞，多年来发展不充分，相对落后。

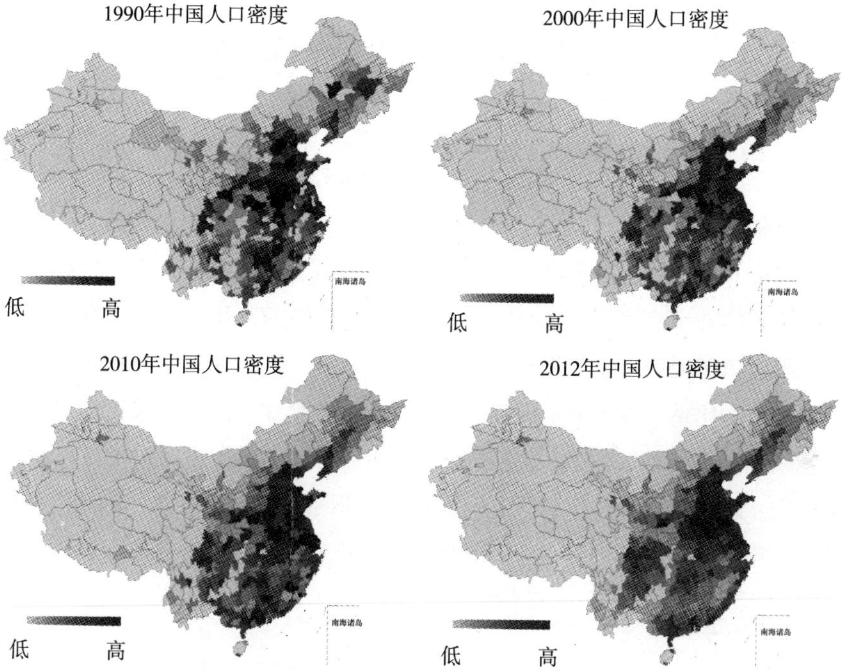

图 3－3　不同时期中国地级城市人口密度分布

资料来源：中国社会科学院城市与竞争力指数数据库。

（2）人口迁移

人口和资本一样，具有较强的流动性，人口的迁移会在一定程度上改变人口地域分布的格局。中部地区因为历史原因，自古以来人口基数庞大，拥有河南、安徽、湖北、湖南等几个 5000 万人口以上的特大省份，虽保持着较高的人口密度，但大量适龄劳动人口的迁出对中部地区经济发展产生了极为不利的影响，相反却为东部发达城市送去了滚滚“红利”。充足的劳动力供给为沿海地区制造业的迅猛发展奠定了坚实的基础，大量农村剩余劳动力源源不断地踏上南下东迁的旅程。这股巨大的人口迁移浪潮从改革开放之初一直延续了三十多年，来自中、西部地区的迁移人口为流入地的国民经济发展做出了巨大的贡献。

最近几年，一直持续的中西部人口向东部迁移出现了人口回流的现象。2012 年浙江省统计局的人口抽样调查数据显示，2012 年全省人口增速比 2000～2010 年的十年间平均增速降低 1.27%，造成全省常住人口增速趋缓的主要原因是外来人口的逐步回流。

然而，这股劳动力流动的大逆转绝不是个别地区出现的反常现象，其已经普遍发生在全国范围内。国家统计局发布的农民工监测调查报告数据显示，从2009年开始就已经在全国范围内出现了外出务工人员的回流现象，2009年在东部地区务工的外出农民工为9076万人，比上年减少888万人，占全国外出农民工的比重较上年降低8.5个百分点；在中部地区务工的外出农民工为2477万人，比上年增加618万人，占全国外出农民工的比重较上年提高3.8个百分点；在西部地区务工的外出农民工为2940万人，比上年增加775万人，占全国外出农民工的比重较上年提高4.8个百分点。图3－4是东、中、西部地区务工农民工占全国农民工的比重，在东部地区务工的农民工逐年减少，外出农民工向中、西部（主要是成渝城市群）地区转移量在逐年增加，而且中部省份农民工占比略高于西部地区。越来越多的人口回流不但提高了中部地区的人口数量，而且使中部地区的人口年龄结构得到调整，劳动年龄人口占总人口的比例持续上升。

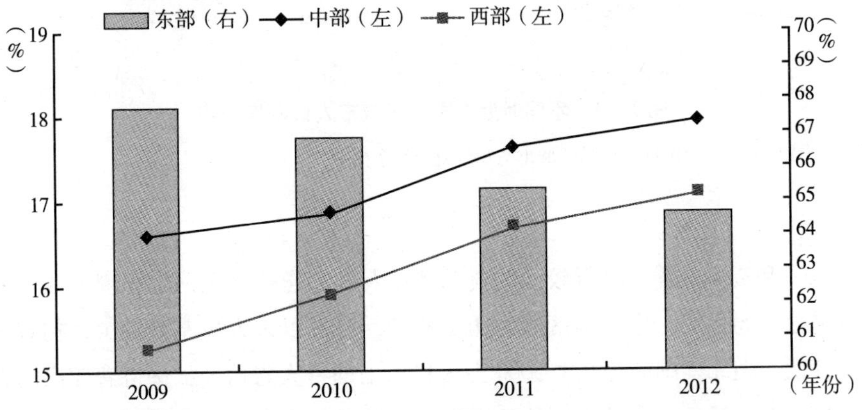

图3－4　东部、中部、西部务工农民工占全国农民工比重

注：该图反映的中部地区包括了黑龙江、吉林和辽宁，但东北三省的农民工回流比例很小。

综上，中国人口分布的空间特征表现为：东部地区人口密度最高，但外来务工人员比例逐年下降；中部地区人口密度较高，尤其在人口回流的影响下人口显著增加，人口优势越来越突出；东北地区人口密度较低，人口流失非常严重；西部地区人口密度最低，而且区域内部人口分布极不平衡，除成渝地区外，多数地区人口密度仍处在每平方公里50人以下的低水平。由此，高人口密度加之人口回流使东中地区之间的人口差距在不断缩小，为中部地区发展带来机遇。

2. 城市体系的空间演化：东中部群网化与西部、东北群带化并存

根据城市和区域发展的一般规律，城市体系一般呈现点状、点线状、群带状和群网状四种发展形态。点状体系中的城市一般远离重要交通轴线，与相邻城市相隔较远，且不具备城市群的发展条件；点线状城市体系一般依托重要交通轴线，沿线相邻城市相对联系紧密，时间距离基本在2小时以内，并出现了潜在城市群；群带状城市体系一般依托快速化交通轴线，沿线相邻城市时间距离基本在1小时以内，实现同城化，且已出现发育成熟的城市群；群网状城市体系则更进一步，依托快速化、网络化交通体系，网络交汇城市与各相邻城市时间距离在1小时以内，实现同城化，所有城市与临近中心城市时间距离在2小时以内，实现同群化，出现全国性、区域性、地区性、潜在城市群并存的发展格局。

根据以上的城市体系发展标准，改革开放后中国城市体系的演变大体上经历了三个发展阶段，20世纪90年代以前以点线体系为主体；90年代到2010年之间的城市体系表现为群带体系；2010年以后全国城市体系则呈现群网与群带并存的空间体系。

表3-1 城市体系划分标准

城市体系	交通体系	时间距离	城市群发展阶段
点状	未在重要交通轴线上	与相邻城市均在2小时以外	无城市群
点线状	重要交通轴线	沿线相邻城市基本在2小时以内	潜在城市群尚在发育中
群带状	快速化交通轴线	沿线相邻城市基本在1小时以内，实现同城化	出现发育成熟的城市群
群网状	快速化、网络化交通体系	网络交会城市与各相邻城市在1小时以内，实现同城化；所有城市与临近中心城市在2小时以内，实现同群化	全国性城市群、区域性城市群、地区性城市群、潜在城市群并存

（1）点线状城市体系

点线状的城市体系是20世纪90年代以前中国城市体系的主体形态，主要表现为城市在全国或区域范围内沿主要交通轴线展开，而其他区域城市则以零散的点状分布为主。“线少点多”、城市孤立发展是这一时期城市体系的主要特点。

铁路一直是中国最重要的交通运输方式，城市沿全国重要的铁路线分布是点线系统主要的变现形式。陆续开通的陇海-兰新线（途经连云港、徐州、开封、郑州、洛阳、西安、咸阳、宝鸡、兰州、乌鲁木齐等主要城市）、京广线（途经北京、石家庄、安阳、郑州、驻马店、武汉、长沙、湘潭、广州等主要城市）、京沪线（途经北京、天津、济南、徐州、南京、常州、无锡、苏州、上海等主要城市），加上新中国成立前的京哈线（途经北京、天津、秦皇岛、锦州、沈阳、四平、长春、哈尔滨等主要城市），是90年代以前中国铁路交通的四条骨干线路，与沿线经过的城市共同组成线状城市体系的空间分布形态。

另外，点线城市体系也表现在沿海、沿江（长江）的分布。改革开放让东部沿海地区率先发展起来，东部地区中小城市在这一时期迅速崛起，沿海地区的大连、营口、秦皇岛、天津、烟台、威海、青岛、日照、连云港、南通、上海、杭州、宁波、温州、福州、泉州、厦门、汕头、深圳、珠海、湛江、北海、海口等主要城市成为点线城市体系的一条重要脉络。历史上长江水道一直是中国内河航运最为繁忙的线路，而90年代以前因为“重铁路轻河运”一直发展缓慢，长江沿线城市并没有出现形如沿海地区的线状城市分布，仅有重要港口城市（南京、马鞍山、芜湖、九江、武汉、宜昌、重庆、宜宾、成都等）点缀在长江两岸。

基于当时中国城市的空间分布形态，80年代中期，中国学者提出了国土规划的“点-轴系统”理论模型以及中国国土开发和经济布局的“T”字形空间结构战略，强调中国国土开发和经济布局的战略重点应该置于沿海地带和沿（长）江地带。这一战略在原有城市体系基础上重点发展中心城市，更加促进了城市与线状基础设施在空间上的结合。因此，20世纪90年代以前，点线结构是中国城市体系的基本形态。

（2）群带状城市体系

20世纪90年代以来，随着经济的发展和城镇化进程的快速推进，城市群在中国区域经济发展中的作用越来越突出，城市群的出现成为中国城市体系由点线系统转变为群带联系的重要标志。这一时期，交通基础设施建设进一步发展，城市之间的联系更加密切，在点线形态的城市体系基础上，形成"多中心"的城镇空间结构，多个城市沿重要线状基础设施集结成片，形成大中小城市协调发展的群带状、开放型的城市空间结构。

这一时期的铁路建设让兰新铁路向东与陇海铁路相连，西北和北疆铁路相接，构成了"亚欧大陆桥"在我国境内的大通道，沿线集结了天山北坡城市群、兰州－西宁城市群、关中城市群、中原城市群以及徐州城市群，形成了一条横跨我国东西全境的陆桥城市带。90 年代以后，内河航运迅速发展起来，长江水道逐渐演化为又一条东西方向横跨全国的重要城市带，自东向西途经长三角城市群、皖江城市群、昌九城市群、武汉城市群、长株潭城市群、成渝城市群。2000 年后，因为铁路提速的需要，沪杭、浙赣、湘黔、贵昆四条铁路合并为沪昆铁路，沿途将长三角城市群经鄱阳湖城市群、长株潭城市群与黔中城市群相连成为东西向的第三条城市带。

在东部城市群发展的促动下，沿海线的羽翼也更加丰满。以沿海城市为中心不断向内地辐射，由单一沿海城市的连线演变成城市群的联系，形成以环渤海城市群、长三角城市群、珠三角城市群、北部湾城市群为主体的沿海纵向城市带。1996 年京九线建成通车，与京广线共同成为纵贯南北的两条铁路大动脉，由两条铁路线围成的狭长地带形成了由京津冀城市群、太原城市群、中原城市群、武汉城市群、长株潭城市群、珠三角城市群组成的南北走向城市带。沿京哈线发展起来的哈长城市群和辽中南城市群共同组建了在东北地区南北走向的城市带。在西部地区，北起呼包鄂榆城市群，经过宁夏沿黄河城市群、关中城市群、成渝城市群、黔中城市群，最后到达滇中城市群，形成了第四条南北走向的城市带。

（3）群网和群带并存的城市体系

2010 年以后，随着高铁建设的全面推进，中国城市体系由群带向群带、群网并存转变。具体表现为东中部城市因之间时间距离的大大压缩，形成群网状的城市体系；西部和东北地区仍以群带联系为主。

东中部地区在原本就相对密集的铁路线路基础上，又陆续开通了高速铁路，基本形成了南北 8 小时、东西 4 小时、相邻城市之间 1 小时以内的交通格局。已经开通的京沪线，包括蚌埠－合肥支线纵贯京津沪和冀鲁皖苏四省，连接环渤海和长三角两大经济区，全程运行时间不足5小时；纵贯南北的京广线，将北京至广州的距离缩短到8小时左右；东南沿海线（杭福深线）连接长三角、珠三角和东南沿海地区，将原有运行时间缩短了6小时。东西方向徐州到洛阳全程3小时左右，上海到武汉、长沙全程仅4～5个小时。高铁的陆续通车，从东南西北四个方向压缩着中东部地区的时间距离。

一方面，时间距离的缩短让城市之间的空间联系不再局限于城市群内部，而是扩大到东部和中部大区域之间；另一方面，东中部地区城市原本就比较密集，城市群众多，这些都为群网状城市体系的形成提供了必要条件。西部和东北地区快速交通的发展稍滞后于东中地区，而且城市的数量和规模均相对有限，城市仍然依托重要交通线呈群带状布局。

（二）中国城市体系内部联系的演化：东中一体化程度加深

随着经济的不断发展，在城市体系内部，城市之间的联系会普遍加强。从全国范围来看，东中部城市之间联系的强化尤为突出，主要体现在东中一体化程度不断加深。报告分别从市场、产业、要素一体化三个方面找到了东中一体化程度加深的证据。

1. 市场一体化程度全面提升

理想的区域市场一体化应该实现区域中每个个体单位（城市）与其他成员之间市场相互融合，打破阻碍产品和要素自由流动的障碍和歧视，消除地方保护主义，真正形成大范围的共同市场。从推进城市群内部市场一体化的经验来看，实现区域市场一体化的关键是要形成一个不被行政关系和垄断力量所扭曲的共同市场，让经济主体能够在其中进行公平、有序、充分的市场竞争。因此，建立统一开放、竞争有序的市场环境，是深入推进东、中一体化进程的必要前提，东、中地区需要共同朝这个方向努力。

报告以地区间相对价格法来测度东、中市场一体化程度，该理论源于Samuelson的“冰山成本”（Iceberg Cost）理论，“冰山成本”理论对“一价定律”进行了修正。一价定律认为，在没有交易成本的自由竞争市场上，以同一种货币表示的相同商品的价格相等，冰山成本理论则认为贸易中交易成本就像冰川在运输途中会融化掉一部分一样是客观存在的，因此两地的商品价格会在一定区间内上下波动，并不会完全相等。

以 i、j 两地为例，假设某种商品的价格为 P_i、P_j，令"融化"掉的"冰山"成本为该商品的一个比例 c（$0<c<1$），只有当 $P_i(1-c)>P_j$ 或 $P_j(1-c)>P_i$ 时，两地之间才会出现套利机会，否则，商品相对价格 P_i/P_j 将在无套利区间［$1-c$，$1/(1-c)$］内波动。所以，即使两地市场充分一体化，相对价格 P_i/P_j 也不必趋于 1，而是在一定区间内波动。

然而，随着运输费用、贸易壁垒等交易成本的下降，两地相对价格的波动区间会趋于收窄。因此，根据"冰山成本"理论，可以从两地间商品相对价格波动幅度的大小来判断市场一体化程度，即如果两地商品相对价格的方差 Var（P_i/P_j）随时间而趋于收窄，则说明"冰山"成本 c 降低，无套利区间［$1-c$，$1/(1-c)$］收窄，贸易壁垒减弱，两地间市场一体化程度有所提升。

采用三维面板数据（$t\times m\times k$），其中 t 为时间段，m 为地区内城市个数，k 为商品种类，选择 1996～2014 年《中国统计年鉴》中东部 9 省（市）[①] 和中部 6 省（市）连续统计的 9 类商品零售价格指数作为原始数据，这 9 类商品分别为粮食、鲜菜、饮料烟酒、服装鞋帽、中西药品及保健品、书报杂志、文化用品、日用品和燃料类。

对于三维面板数据的方差形式，若固定时间和地区，计算可得给定时期内两地各类商品相对价格的方差 Var（P_{ti}/P_{tj}），方差个数为 $t\times m\times(m-1)/2$。方差 Var（P_{ti}/P_{tj}）为时序数据，能够用于检验一个完整时间序列中市场一体化程度的变化趋势；另外，方差 Var（P_{ti}/P_{tj}）包括了 9 类商品，可以视作对商品市场的整体评估。

考虑到统计年鉴中各地区商品零售价格分类指数一般为环比指数，可通过便于利用环比数据的差分形式来构造市场一体化的指标。采用一阶差分形式：

$$\Delta P_{ijt}^{k}=\ln(P_{it}^{k}/P_{jt}^{k})-\ln(P_{it-1}^{k}/P_{jt-1}^{k})$$

当相对价格 Q_{ijt}^{k} 收敛时，差分 ΔQ_{ijt}^{k} 也会收敛，因此 Q_{ijt}^{k} 和 ΔQ_{ijt}^{k} 具有等效的数据特征。通过转换可得：

$$\Delta Q_{ijt}^{k}=\ln(P_{it}^{k}/P_{jt}^{k})-\ln(P_{it-1}^{k}/P_{jt-1}^{k})=\ln(P_{it}^{k}/P_{it-1}^{k})-\ln(P_{jt}^{k}/P_{jt-1}^{k})$$

① 考虑到海南省的区位特征，东部 9 省（市）没有包括海南省。

其中 P_{it}^{k}/P_{it-1}^{k} 和 P_{jt}^{k}/P_{jt-1}^{k} 即为商品零售价格的环比指数。考虑到计算中，i 地与 j 地位置的调换会导致 ΔQ_{ijt}^{k} 符号的反向，为避免影响，均以绝对值来衡量，即 Var（$|\Delta Q_{ijt}^{k}|$）。此外，报告用去均值法避免了商品异质性导致的不可加性，对给定年份的 $|\Delta Q_{t}^{k}|$ 取各地之间的平均值，令 $q_{ijt}^{k} = |\Delta Q_{ijt}^{k}| - \overline{|\Delta Q_{t}^{k}|}$，最终计算方差 Var（$q_{ijt}^{k}$），可得各地之间的相对价格方差，通过均值计算可以获得东、中部地区整体的相对价格方差。报告计算了东、中部地区共计 15 省（市）两两之间近 20 年的相对价格方差，考虑篇幅限制，这里仅选取了部分省（市）间隔年份的相对价格方差加以解释（见表 3－2）。

表 3－2　东、中地区部分省（市）之间相对价格方差

地区 \ 年份	1995	1998	2001	2004	2007	2010	2013
沪皖	0.000849	0.002965	0.000473	0.000616	0.000089	0.000161	0.000247
沪晋	0.000576	0.002021	0.000264	0.000870	0.000151	0.000405	0.000113
沪豫	0.001405	0.001774	0.001060	0.000998	0.000353	0.000259	0.000099
沪赣	0.000891	0.001822	0.001216	0.000406	0.000537	0.000178	0.000149
沪鄂	0.001063	0.001559	0.001500	0.001262	0.000184	0.000084	0.000165
沪湘	0.000322	0.002047	0.002241	0.000886	0.000417	0.000090	0.000240
京皖	0.001021	0.000721	0.000583	0.001170	0.000069	0.000341	0.000225
京晋	0.001315	0.000959	0.000575	0.000707	0.000128	0.000277	0.000155
京豫	0.001397	0.000395	0.000641	0.000741	0.000191	0.000343	0.000094
粤湘	0.001931	0.000366	0.000822	0.001101	0.000269	0.000388	0.000313
粤赣	0.000903	0.001773	0.000472	0.001359	0.000207	0.000245	0.000107
东中均值	0.00101	0.001124	0.000619	0.000818	0.000199	0.000335	0.000132

资料来源：中国社会科学院城市与竞争力指数数据库。

图 3－5 是用东、中地区两两省（市）之间相对价格方差均值绘制的 1995～2013 年东、中地区相对价格方差走势。从计算结果来看，东、中部地区相对价格方差呈现整体收窄的趋势，说明东、中市场一体化程度是不断加强的。

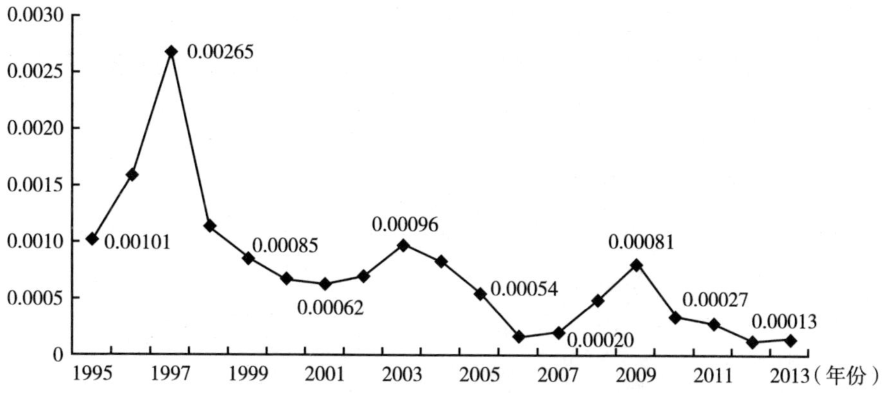

图 3-5　东、中部地区相对价格方差走势

资料来源：中国社会科学院城市与竞争力指数数据库。

2000 年以前，东、中地区相对价格方差均值震动比较严重，但是我们认为这属于正常现象。不比长三角、京津冀、珠三角的市场一体化，国家实施渐进式改革开放，东部地区内部市场一体化一定比中部地区时间早、程度深。在东、中 15 个省（市）之间建设更大范围一体化的共同市场不仅要依靠政策的支持，更需要时间的保证。2000 年以后，东、中地区相对价格方差均值不断收窄，直到 2013 年，降低至 0.00013，单从数值上可以认定东、中地区商品市场逐步整合，一体化格局初步形成。

最近十年，在全球化和市场化两大动力的共同驱动下，以上海为中心，国家提出了“服务长三角”的发展定位，尤其是快速交通体系的全面建设，使上海的经济腹地范围不断扩大，不仅苏、浙、皖等与上海毗邻的外围省份在“接轨上海”方面迈出实质性步伐①，中部其他省份山西、河南、江西、湖北、湖南也在为参与跨区域的分工与合作而努力。横跨湖北、湖南、江西的长江中游城市群，既是国家实施促进中部地区崛起战略的重点区域，又在我国区域发展格局中占有重要地位（2014 年的经济总量超过 4.5 万亿元，位于长三角、京津冀、珠三角之后居全国第四位），在基础设施不断完善的外部经济效应影响下，长江中游和下游城市群已经密不可分，市场一体化程度不断提高。2014

① 《中国城市竞争力报告 No. 12》主题报告：沪苏浙皖：一个世界超级经济区已经浮现。

年，十二届全国人大二次会议又把建设长江经济带提升为国家战略，未来在市场和政府的合力作用下，东、中市场一体化一定会得到不断的巩固和加强（见图3－6）。

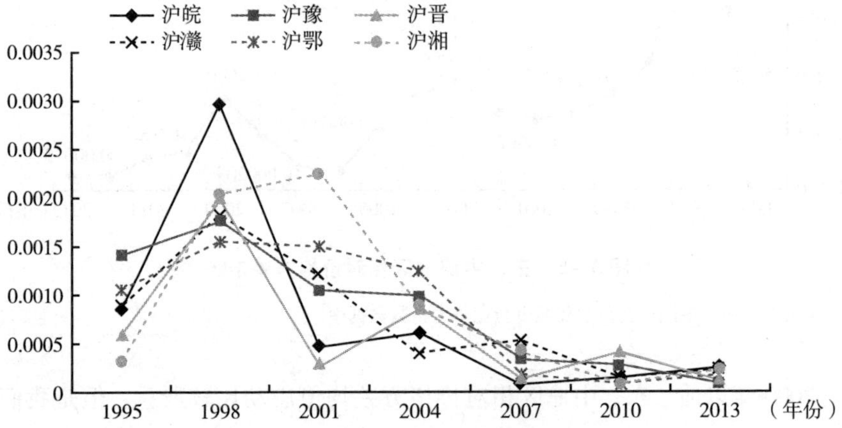

图3－6　部分东、中部地区省（市）相对价格方差走势

资料来源：中国社会科学院城市与竞争力指数数据库。

2. 产业一体化趋势明显

产业是地区经济的支撑，在以市场为主导的经济条件下，因为拥有共同的经济效益最大化和成本最小化的利益趋向，毗邻地区的城市产业规划和布局一定会朝着一体化方向发展。在市场一体化的基础之上，产业一体化既是东、中一体化的关键内容，又是检验其一体化程度的重要指标。在中国经济最具活力的东部地区和基础设施条件最好的中部地区实现跨区域一体化发展，通过产业一体化集合整体区域力量，一定会在国际竞争中充分发挥大国优势。

产业相似度系数是对产业相似程度的一种测度，指数越低反映区域产业结构相似度越小；反之，表示区域产业结构有趋同现象。报告通过产业结构相似度来测度东、中跨区域产业一体化程度。

产业相似度系数的计算公式为：

$$S_{ij} = \frac{\sum X_{ik} X_{jk}}{\sqrt{\sum X_{ik}^2 \sum X_{jk}^2}}$$

S_{ij}为 i、j 两地的产业相似度系数，X_{ik}、X_{jk}分别代表 i、j 两地产业 k 所占的比重（一般为产值、从业人员等）。$0 \leq S_{ij} \leq 1$，S_{ij}值越接近 1，说明两地产业结构相似性越强，反之，则说明差异性越强。

考虑到数据可得性，报告选取规模以上工业企业的产值数据，通过计算制造业 29 个行业产值来测度长三角的产业结构相似度，数据来源于相应年份的各省（市）统计年鉴。2011 年后，北京、天津、河南等省、市制造业 29 个行业产值数据缺失严重，导致计算偏差过大，因此，报告只计算了 2010 年以前的产业结构相似度系数。考虑篇幅限制，这里仅给出部分省（市）产业结构相似度系数（见表 3－3）。

表 3－3　东、中地区部分省（市）产业结构相似度系数

地区＼年份	2004	2005	2006	2007	2008	2009	2010
沪皖	0.6296	0.6276	0.6565	0.6316	0.6411	0.6724	0.6868
沪晋	0.4362	0.4548	0.4483	0.4103	0.4111	0.3922	0.4256
沪豫	0.4960	0.4994	0.4980	0.4631	0.4647	0.4493	0.4590
沪灨	0.5819	0.5625	0.5164	0.4452	0.4441	0.5023	0.5012
沪鄂	0.6923	0.6895	0.7273	0.7033	0.6848	0.7338	0.7297
沪湘	0.6208	0.5999	0.6075	0.5463	0.5748	0.5812	0.5829
京皖	0.5968	0.4949	0.4878	0.4665	0.5250	0.5384	0.6337
京晋	0.4609	0.4208	0.3671	0.3561	0.4127	0.4347	0.3980
京豫	0.4935	0.4115	0.3725	0.3591	0.4017	0.3970	0.4415
粤湘	0.4277	0.3996	0.4143	0.4269	0.4546	0.4801	0.4959
粤灨	0.3648	0.3839	0.3756	0.4000	0.4236	0.5024	0.517
全部均值	0.6587	0.655	0.6526	0.6512	0.6622	0.6621	0.6740

资料来源：中国社会科学院城市与竞争力指数数据库。

从计算结果来看，2007 年以后，东、中整体产业结构相似度系数均值水平稳步上升，2010 年达到 0.674，在 15 省（市）跨地区大范围内足以证明发生了明显的产业相似度现象（见图 3－7）。

从部分省（市）的产业相似度系数走势来看（图 3－8），上海与中部省份整体而言产业相似度系数较高并处于上升趋势，尤其是与湖北和安徽两省的产

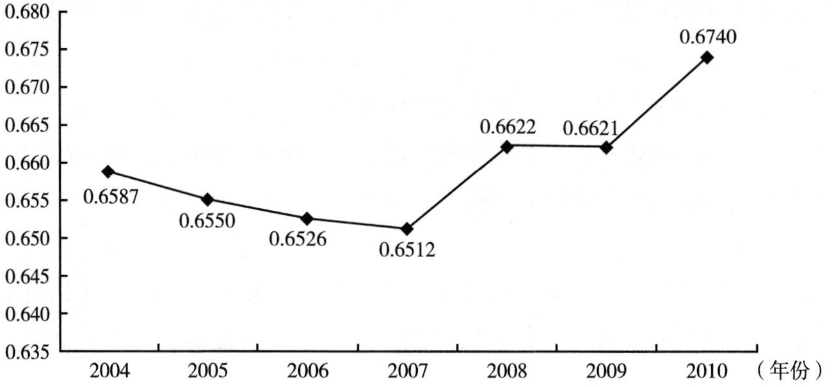

图 3－7　东中部地区产业相似度系数走势

资料来源：中国社会科学院城市与竞争力指数数据库。

业相似度系数都在 0.6 以上，远远领先于其他省份。北京与中部省份产业相似度系数相对较低，尤其是与周边省份，产业相似程度非常低。北京是全国的金融服务中心，与周边省份山西、河南（包括河北、天津）的产业结构相差悬殊，这也是京津冀一体化程度不及长三角的主要原因。广东与邻近的湖南和江西两省产业相似度系数虽然数值偏低，但保持着稳定的增长，说明产业一体化程度在逐步加深。

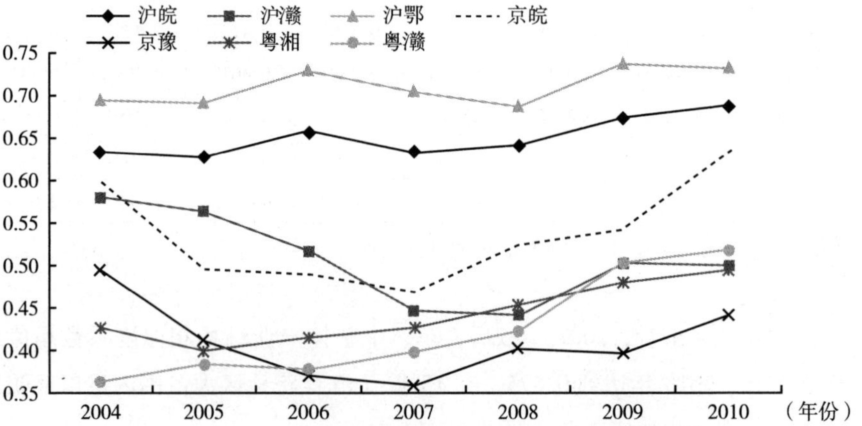

图 3－8　部分省（市）产业相似度系数走势

资料来源：中国社会科学院城市与竞争力指数数据库。

3. 要素一体化程度不断加深

要素市场是由劳动、资本、土地、技术等生产要素所构成的有机整体，要素市场一体化同样符合“一价定律”的原理，以劳动力市场为例，在自由流动的前提下，区域间的竞争必然使劳动力从工资较低的地区迁移至工资较高的地区，从而引起工资收敛。报告主要考察东、中部地区劳动力市场的一体化。

我们利用各省（市）历年统计年鉴中城镇单位就业人员平均工资数据对东部和中部15个省（市）的工资收敛性进行分析。首先通过简单的统计描述，我们发现从2000年开始，东、中省（市）之间职工平均工资的变异系数经历了先上升后下降的变化，尤其是最近几年，职工平均工资出现了明显的工资收敛趋势（图3－9）。

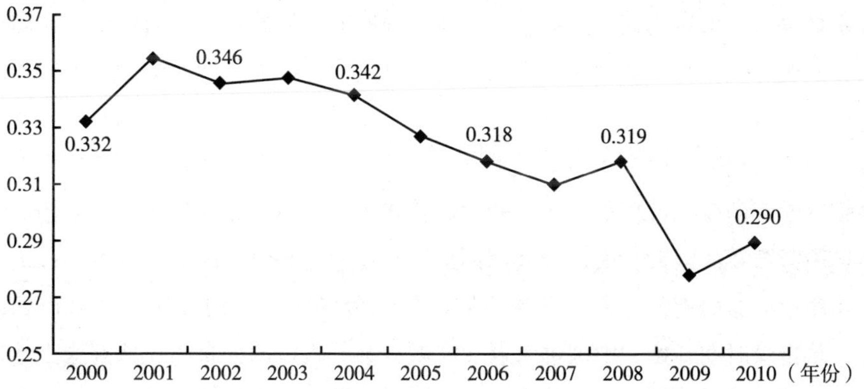

图3－9　东、中部省（市）之间城镇单位就业人员平均工资变异系数走势

资料来源：中国社会科学院城市与竞争力指数数据库。

进入21世纪后，东、中要素市场一体化的程度不断加深主要得益于中国加入WTO所产生的推动作用，全球化促进了区域共同市场的形成，东部和中部作为一个整体融入全球市场体系中。结合商品市场一体化来看，各地区间商品的相对价格方差的走势也几乎是从2000年之后开始趋于一致，并逐渐平滑，最终稳定在极小区间里。这说明在市场力和政府力的双重作用下，东、中要素市场一体化的格局已基本形成。

（三）中国城市体系演化的成因分析

中国城市体系在空间形态上体现为人口向东中部集聚，西部和东北人口分散；在内部联系上体现为东中一体化联系全面加深。这种演化的动因主要体现在环境、经济和交通三个方面，其中交通体系的快速化、网络化对于中国城市体系的演化意义重大。

1. 历史地理环境因素

历史地理环境因素是影响中国城市体系演变的基础。中国古代社会经历了从采集和狩猎时期到农业文明社会的转变，在生产力相当低下的原始社会，人类的生存发展受自然环境的直接影响，人口主要分布在气候适宜、食物丰富、水源充足的中原地区，中国人口最初就生活和繁衍于这片区域。具体说来，在气候上，中原地区属于温带季风和亚热带季风气候，年平均气温在12℃左右，降水较丰富，雨热同期；在地貌上，中原地区的地势低平、湖泊众多，河网密布，土壤肥沃，有广阔的冲积平原，这些自然地理条件非常适合人类生存和农业生产。

地理环境因素决定了历史上人类活动空间的最初选择，而要了解历史上经济活动空间的变化过程却需要梳理中国古代人口分布和变迁的历史。人是经济生产中最重要的因素，人口密度高的地区往往成为当时全国的经济重心和主要城市集中分布的地区，人口迁移也同时伴随着经济重心的转移和新城市的发育。从秦汉时期开始，中国进入农业文明社会，人口的分布和迁移都受土地这一不可移动要素的影响，然而除自然环境外，社会原因从这一时期开始逐渐成为影响人口迁移的主要原因。历史上的政权分合与治乱循环影响着人口从中原向四周扩散，特别是向南方的长江流域和珠江流域扩散，从而使人口逐步扩散到我国的每一个地区。

图3－10是各个朝代人口密度的分布地图，从图中可以清晰地看到中国古代人口分布的基本轮廓。在经历了“永嘉丧乱”、“安史之乱”、“靖康之难”后，大量人口迁移到南方，给南方地区带来了充足的劳动力和先进的技术，使南方地区不断得到开发，逐渐完成了中国古代经济重心南移的进程。到明清时期，中国人口主要集中在东经110°以东、北纬40°以南的竖直区域内。

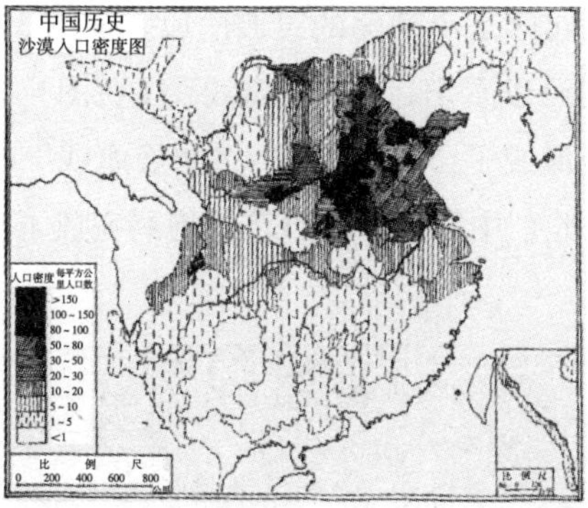

西汉时期人口密度

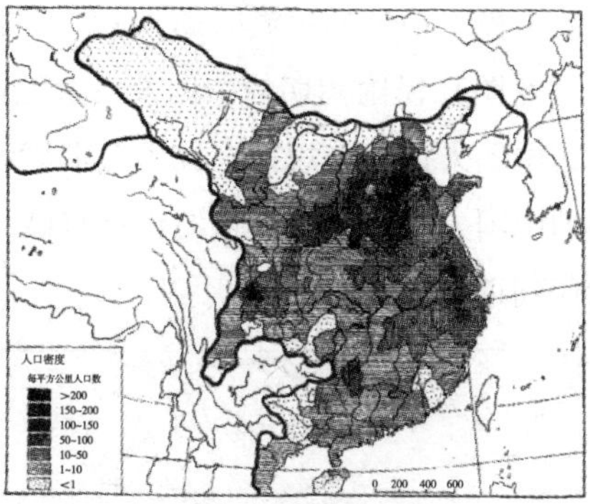

唐朝人口密度

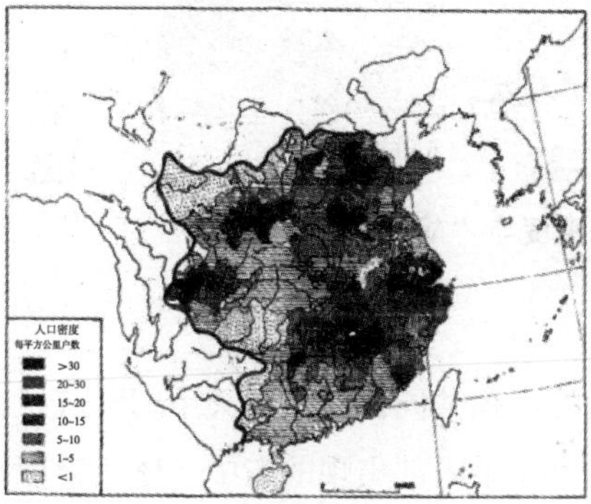

宋朝人口密度

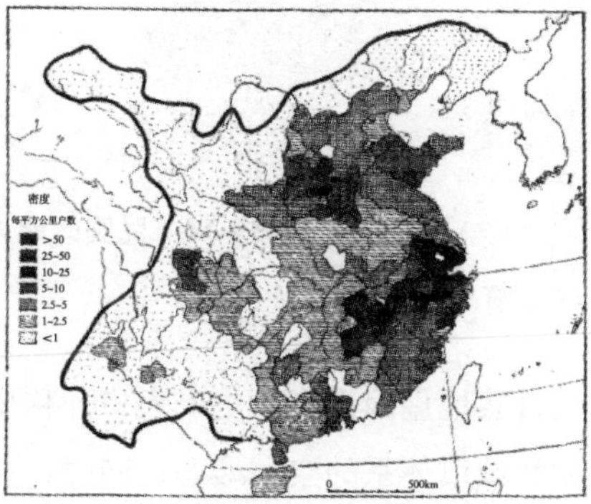

明朝人口密度

图3-10　不同朝代的中国人口密度地图

资料来源：互联网。

清朝晚期进入中国近代史，中国人口分布格局又产生了巨大的变化。中国近代历史上出现过三次大规模的人口迁移——闯关东、走西口和下南洋。闯关东是在清晚期后，当时的流民迫于天灾人祸以及人口的压力从山东、河南、河北等地大规模迁往东北地区，他们“志在农业”，让原本落后的东北经济迅速活跃起来。清朝末年是走西口的高潮时期，山西、陕西百姓同样迫于自然条件的恶劣和灾害的频繁，向西迁往内蒙古河套地区谋生，他们打通了中原腹地与内蒙古草原的经济和文化通道，带动了一批草原城市的发展。同样是战乱和生存原因让闽粤一带的百姓向东南亚一带迁徙，历史上称为下南洋。从晚清开始，中国人口格局基本形成并稳定下来。

民国时期的38年，虽然只是五千年历史长河中的短暂一瞬，但是在这个政治上极不稳定的过渡时期，人口发展也同样是个动荡的过渡阶段。从图 3 – 11（左图）民国初期的中国人口密度地图可以看出，“胡焕庸线”（右图）揭示的中国人口分布规律在民国时期就已经形成了，时至今日，“胡焕庸线”诠释的中国人口分布规律依旧没有打破。至此，中国人口和经济的格局完成了由古代到近现代的转变。

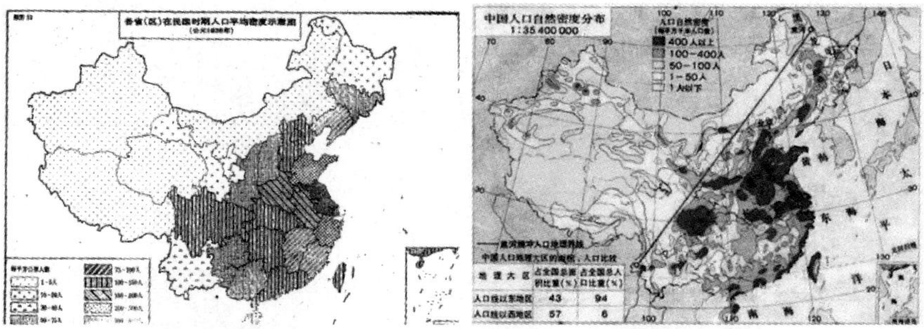

图 3 – 11　民国时期人口密度与“胡焕庸线”

资料来源：互联网。

自然地理因素和历史上人口迁移变化的过程共同铸就了今天中国经济社会活动和城市体系的空间形态；同时，在城市体系内部出现的东中一体化程度的不断加深也有着深刻的历史渊源。

2. 经济因素

经济因素是决定中国城市体系演变的核心。报告采用经济密度这一衡量国家经济发展水平的常用指标，判断东、中、西、东北四大区域地级层面的经济发展形势。我们认为在中国，地级行政单元的作用越来越明显，地级市是奠定全国经济空间格局的微观地理单元，因此，报告用 1990、2000、2010 年的地均 GDP 数据绘制了中国 289 个地级城市的经济密度空间地图（如图 3 – 12）。从全国经济密度的分布状况来看，中国经济在地域上也明显形成两大聚类，东中部经济水平较高，相对发达；西部和东北地区地均产出较低，经济发展较为落后。其中，从东中部经济发展变化来看，东中部地区经济呈现明显的收敛趋势。

结合相应年份的人口密度分布图我们同样发现，过去三十年东北地区在人口严重下滑的同时经济下行更加严重。1990 年还受计划经济时期国家宏观布局的影响，东北依然保留着国家经济重心的痕迹，而且区域内部发展比较平衡。但是 1990 年以后东北经济形势整体明显下降，区域之间差距拉大，多数城市跌入经济谷底，成为边缘地区。中部地区经济水平整体上有显著提升，与东部沿海紧密相连，中部6省份不再是东、西部之间的过渡地带，东中之间的差距明显缩小。另外，与人口密度相似，在东经110°附近的中、西部交界地带同样存在着一条经济“断裂带”，对应晋西、鄂西、湘西、粤西地区。这些地区人口和经济发展都比较滞后，在空间上成为全国两大聚类的分界线。

地级城市经济空间分布差异也揭示出区域内部经济发展的不平衡性。从图3－12可以看出，将东部10省份全部列为中国的发达地区显然是不合理的，东部沿海经济发达的区域主要集中在长三角、珠三角和京津冀城市群，除此之外的大部分地区经济水平仍然较弱，如与鲁西、苏北、闽西、粤西、粤东、粤北、浙西、河北等地相比，中部地区并无实质差异。因此，按照传统“四大板块”的区域划分，很大程度上掩盖了东部地区经济发展的真实水平，扩大了东、中地区之间的差距。

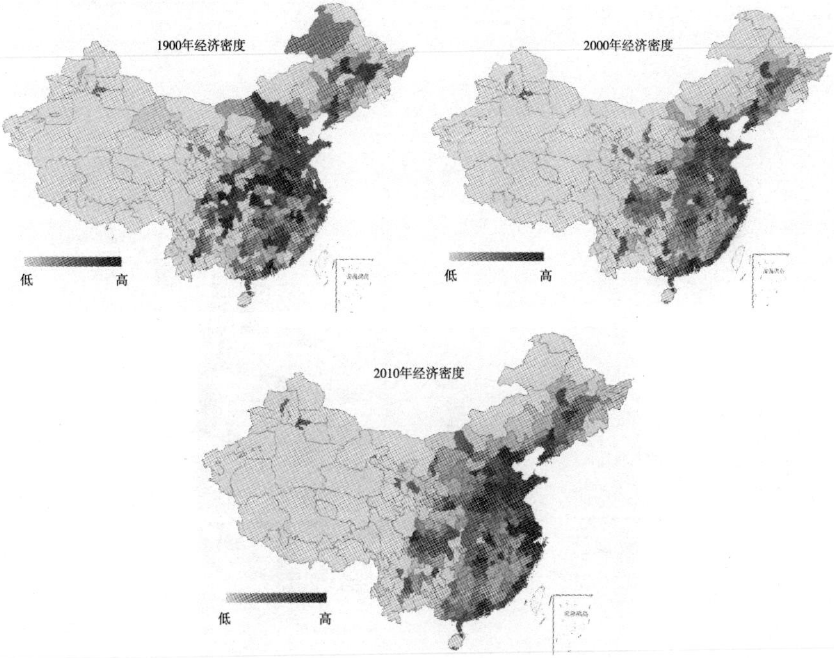

图3－12　中国不同年份经济密度

资料来源：中国社会科学院城市与竞争力指数数据库。

考虑经济发展效果的同时我们也注意到，一方面，地级尺度的经济发展阶段易受资源条件、产业结构等多方面的影响；另一方面，GDP 可能会受国家投资水平的拉动而不能真实地反映地区经济发展的真实面貌，导致个别区域出现偏差。为了证实我们的判断，并考虑到地区消费水平与经济发展程度的紧密关系，我们认为最终消费是最能反映区域经济水平的重要指标，因此，报告用省级消费数据进行深入研究。分别选取 2006、2009、2011 和 2013 年全国 31 个省区市级行政单元（不包括港、澳、台）的社会消费品零售总额以及亿元以上商品交易市场成交额数据，前者反映消费总量和整体水平，后者衡量了消费市场的规模。

观察图 3 - 13 各省区市社会消费品零售总额，首先，可以清晰地判断出全国各省区市的消费总量已经形成两大阵营，在东部地区的带动下，中部 6 省的消费总量非常突出，东、中地区之间基本没有界限；但是西部地区除川渝两省（市）以外，东北地区除辽宁省以外，其余省份消费量与东、中地区

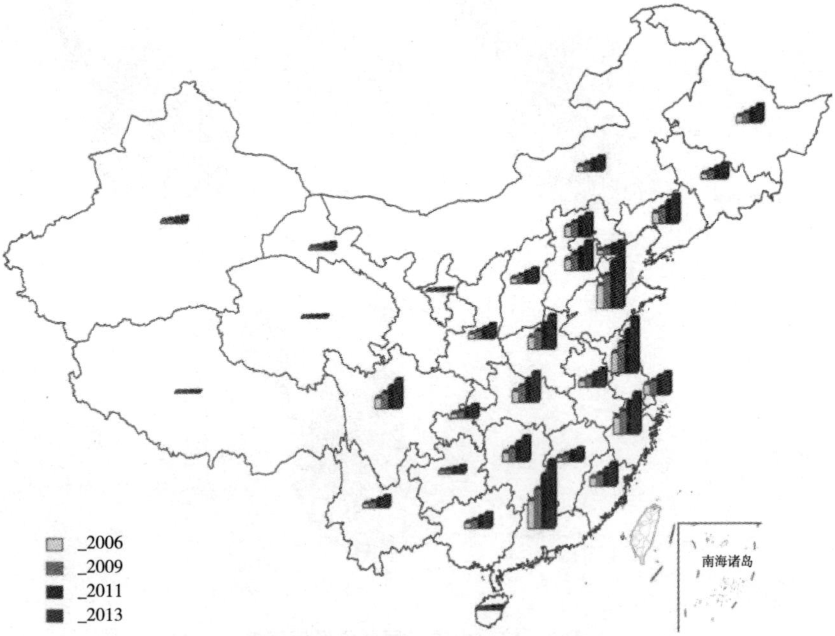

图 3 - 13　不同年份各省区市社会消费品零售总额

资料来源：中国社会科学院城市与竞争力指数数据库。

形成鲜明对比。其次，从图 3－14 可以观察出 2006～2013 年这 8 年全国各省区市消费总量的变化情况，全国消费总量普遍呈上升趋势，但是西部和东北地区增速缓慢，而中部地区尤其是河南、湖南、湖北三省增长迅速。

图 3－14 反映了 2006～2013 年全国各省区市亿元以上商品市场的成交额变化情况，东部地区三大城市群（京津冀、长三角、珠三角）无论从交易量还是增幅上都明显领先，中部 6 省仅与三大城市群的差距比较大，与西部和东北地区相比仍有明显改善，西部和东北地区基本处在同一水平。更加明显的，分别计算了不同年份中部和东北地区亿元以上商品交易市场成交额占全国的比重后，从图 3－15 中发现，中部占比遥遥领先于东北，而且中部明显上升，东北则有下降趋势，两地区之间的距离越来越大。

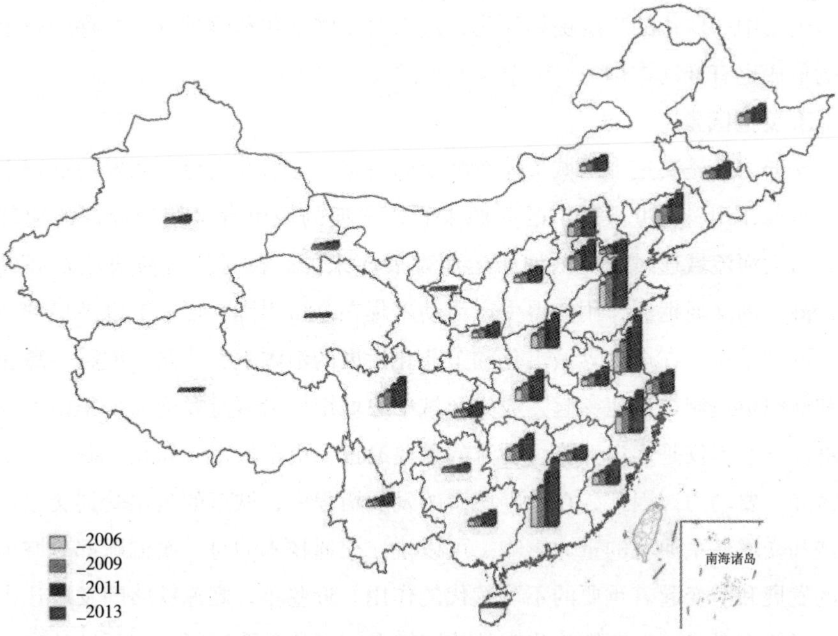

图 3－14　不同年份各省区市亿元以上商品交易市场成交额

资料来源：中国社会科学院城市与竞争力指数数据库。

从东、中、西、东北地区的经济和消费层面来看，东部地区在全国的中心地位非常稳固，中部 6 省紧随其后，东、中之间的差距在不断缩小；东北地区各项指标均呈下降趋势，西部地区除川渝地区外，依旧落后。经济因素使城市

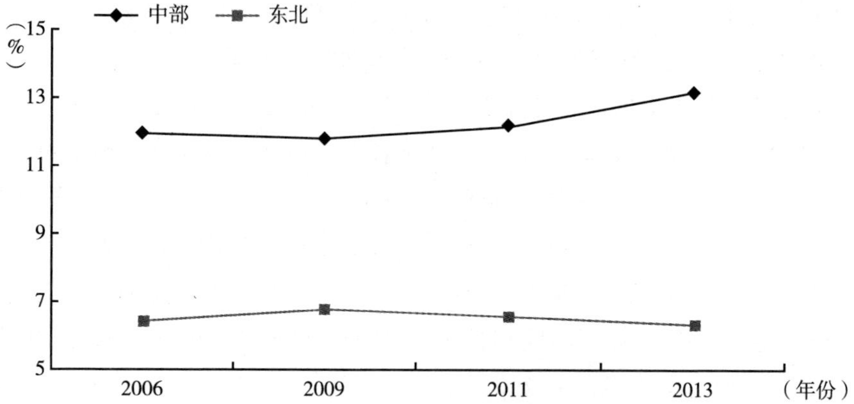

图 3－15　中部和东北地区亿元以上商品交易市场成交额占全国比重

体系内东中一体化的程度更加深化，进而对于网络化和群带联系并存的城市体系的形成也有推动作用。

3. 交通因素

交通因素是决定中国城市体系演变的关键。交通在世界文明发展进程中起到了重要作用，从世界城市的起源来看，早期的城市都是依托较好的地理优势，沿大河流域通过发展内河航运而发展起来的。在对外贸易快速发展的时期，港口的交通枢纽作用使得生产活动聚集在港口周围，形成了以港口城市为核心的城市群。在全世界城市化和工业化发展的浪潮下，公路、铁路、高速铁路和航空枢纽城市迅速突起，成为区域中心城市并沿着重要交通线集结形成城市群。交通不仅是运送人流、物流的重要通道，更是城市之间相互联系的重要纽带和主要动力。因此，在世界城市的发展历程中，城市的演化受到交通工具发展和交通体系演化的重大影响。可以说，交通技术的每一次创新都对城市体系的发展和演变起着重要的不可替代的作用。近些年，高速铁路的发展让中国迈入了速度时代，以高铁为代表的快速综合交通体系改变了中国百姓的出行方式，更改变了城市之间的联系。报告将着重分析以高铁为代表的快速综合交通体系如何对中国城市体系的演变产生影响。

（1）中国交通体系的演化

中国交通体系的演化大致经历了铁路时代、高速公路时代和高铁时代。不同时期，国家交通建设规划的重点不同，产生了不同的交通格局，对城市体系和城市之间的联系也产生了不同的影响。

铁路时代（90年代以前）：全国铁路骨干线基本形成

我国铁路建设的历史可以追溯至清朝末年，经过一个多世纪的建设和发展，目前已经拥有仅次于美国的全球第二大铁路网，铁路营业里程已达11.2万公里，年平均旅客发送量超过20亿人，在国家综合交通运输体系中处于骨干地位。90年代以前，全国铁路骨干线路就已经基本形成，90年代以后，除新建了京九线等重要铁路线以外，中国铁路发展的重点转向全面提速，自1997年第一次提速以来，共经历了六次大提速。2007年第六次提速后，省会城市之间，以及大的中心城市之间列车运行时间，比1997年第一次大面积提速前普遍压缩一半。

图3-16是全国铁路运营线路图，从全国铁路布局来看，东、中、东北地区是铁路网络的密集区，其中东北地区的路网密度达到每万平方公里114.4公里，东部地区的路网密度达到每万平方公里139.1公里，中部省份路网密度最高达到每万平方公里164公里。西部地区除成渝地区外，仅有兰新线和青藏线

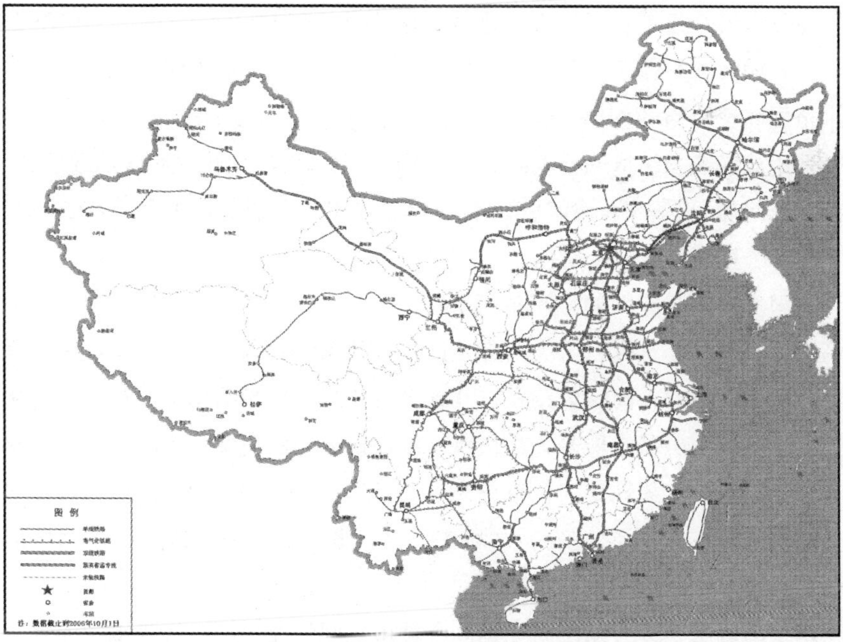

图3-16　中国铁路运营线路示意

资料来源：互联网。

两条主要线路，路网密度非常低，每万平方公里不足40公里。从铁路等级来看，东北地区多数铁路建设年代较为久远，铁路等级较低，多以单线铁路为主，缺少电气化铁路，运行时速和运量均受影响，如第六次提速后，东北地区仅有齐齐哈尔到哈尔滨、哈尔滨到大连的铁路线路时速能达到140公里，多数地区还以普快和慢车为主；东中地区铁路多以电气化铁路为主，尤其是第六次提速后，主要铁路干线时速均在160公里以上。

铁路运输具有运载量大、运距长、成本低等优点，在我国的辽阔疆域上，铁路是地区之间往来的主要载体。但是铁路的缺点在于速度较慢，即使多次提速后，以东中为例，南北仍需20小时以上，东西也在10小时以上，中心城市北京、上海、武汉、广州之间的距离都在10小时以上，城市之间联系受限。

高速公路时代（90年代到2010年）：全国高速公路网络基本确定

我国的高速公路建设起步于1984年，但是大规模建设是从90年代以后才开始的，国家采取积极的经济政策引导基础设施建设，尤其是加大了对高速公路网建设的资金投入，平均每年建成高速公路达到3000公里以上，截至2010年底，我国大陆高速公路的通车总里程达7.4万公里，居世界第二位，基本确定了全国高速公路的网络格局。近几年，国家对高速公路网的规划进一步完善，采用放射线与纵横网格相结合的布局方案，形成了由7条首都放射线、9条南北纵线和18条东西横线组成的世界上规模最大的高速公路系统，总规模约8.5万公里（见图3-17）。

从国家高速公路网的空间布局来看，东中部地区高速公路明显呈现网络化且高速公路密度非常高；广大西部地区仅以几条线路为主，多数地区还存在高速公路覆盖的空白；高速公路在东北地区的布局主要沿哈尔滨-长春-沈阳-大连几个区域中心城市展开，在边缘地区高速公路的覆盖范围非常有限。根据高速公路限速的有关规定，以东中地区为例，从南到北所需时间在25小时左右，从东到西在15小时左右，区域中心城市北京、上海、武汉、广州之间通过高速公路彼此联通用时均在10小时以上。

东中部地区高速公路网络化提高了城市之间的通达性，但是困于时速和载运量的限制，高速公路对于省内或城市群内城市之间的联系较为方便，对于跨省或跨区域而言，高速公路的联通作用并不明显。

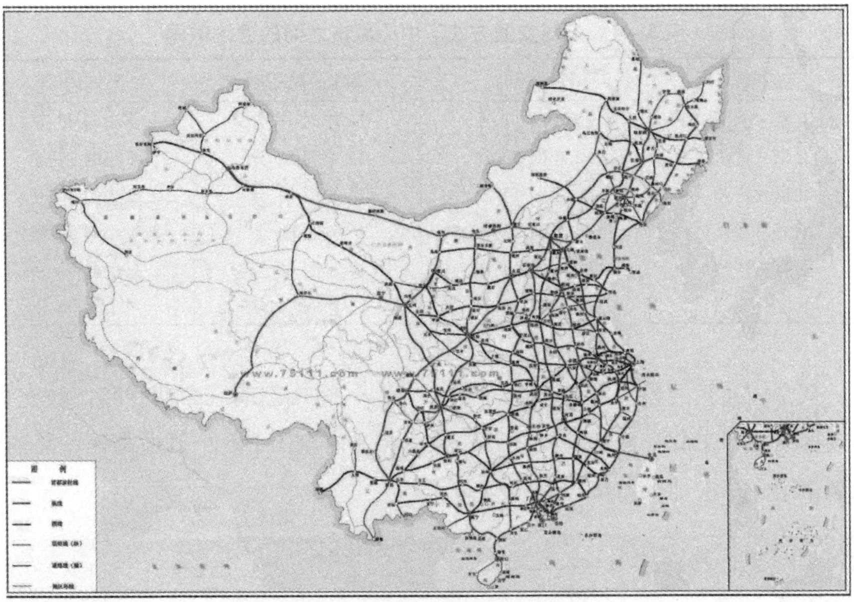

图 3 -17　国家高速公路网布局

资料来源：互联网。

高铁时代（2010 年以后）：开启全国高速铁路大规模建设时期

我国的高速铁路建设始于 2004 年的中国铁路长远规划，并于 2008 年开通运营了第一条真正意义上的高速铁路——京津城际高速铁路，2010 年以后开启大规模建设时期。按照《铁路安全管理条例》的规定，高速铁路泛指运行时速大于 200 公里的铁路运输种类。在我国时速在 200 公里以上的铁路线路有三种类型，分别为动车组（D 字头列车）、高速动车组（G 字头列车）和城际高速（C 字头列车）。在速度上，动车组是 200km/h 级别，高速动车组和城际高速都是 300km/h 级别。通过对既有铁路的高速化改造以及专门线路的建设，我国目前已经拥有全世界最大规模以及最高运营速度的高速铁路网。

从运行时间上看（表 3 -4），高速铁路的开通大大缩短了城市之间的时间距离。以东中部区域中心城市之间的时间距离为例，相比铁路（选用提速后的 T 字头特快列车）和高速公路用时而言，高铁将运行时间缩短了将近三分之二。时间距离的缩短催生了城市之间的同城效应，强化了城市之间的联系，使中心城市的经济腹地和影响范围不断扩大，一定程度上改变了中国城市体系的空间形态。

表 3 -4　不同交通方式下中心城市之间的通达时间

城市	铁路用时	高速公路用时	高铁用时
北京 - 上海	15 小时 11 分	14 小时 19 分	4 小时 48 分
北京 - 武汉	12 小时 50 分	12 小时 52 分	4 小时 17 分
北京 - 广州	21 小时 44 分	25 小时 12 分	8 小时 03 分
上海 - 武汉	10 小时 35 分	9 小时 34 分	4 小时 55 分
上海 - 广州	18 小时 13 分	17 小时 06 分	6 小时 51 分
武汉 - 广州	11 小时 55 分	11 小时 45 分	4 小时 06 分

从全国高铁的整体布局来看（图 3 - 18），东中部地区高铁线路比较密集，形成网络化，东北和西部高铁线路较少，在目前全国 146 个开通高速铁路的地级城市中，东中地区城市占到 70% 以上。

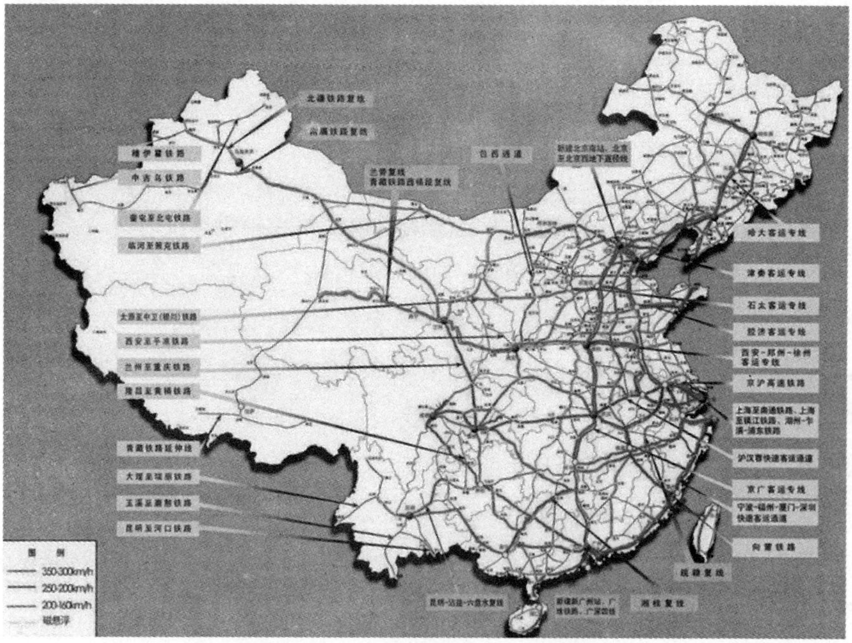

图 3 - 18　中国高速铁路运营线路

资料来源：互联网。

（2）高铁对城市体系演化的影响

交通体系的演化和城市体系的演化是相辅相成、互为支撑的，其中高铁的影响尤为显著。以高铁为代表的快速综合的交通体系加速了以城市为核心的区域一体化进程，推进区域内部节点城市性质与功能的调整，强化城市相关节点之间的空间联系，扩大资源的利用和整合范围，对提高区域经济运行效率具有重大的支撑价值。快速综合交通体系区域空间经济格局的影响，主要表现为以高铁为代表的现代化快速交通对空间距离和时间成本的压缩。这样一来，"时间距离"便替代空间距离成为决定和影响经济社会活动空间和城市体系结构的核心要素。报告的主体思路是用缩短的"时间距离"压缩中国的区域空间，得到变形的时空收缩地图以展现交通对城市体系的影响。

研究方法与数据处理

研究国内外的相关文献发现，目前已经有学者在"时间距离"与空间地理格局上获得了理论和实证方面的成果，报告受 Spiekermann K. & Wegener M. 的启发，基于超制图学（Metacart Ography）的研究思想，寻找交通影响空间经济格局的合理解释。考虑到地级城市是区域空间中最基本的地理单元，报告以全国 287 个地级城市以及香港和澳门两个特别行政区（不包括台湾地区）为空间研究对象，进行数据处理与计算。

第一，需要计算 289 个地级城市两两城市之间的最短时间距离。

考虑到地级城市之间城市交通状况参差不齐、不同交通方式之间衔接方式并不唯一的问题，很难准确地测定出两个城市之间真实的出行时间，因此，只能采取一些折中办法尽量让计算出来的时间距离向真实情况靠近。

各种交通里程数据来源于三个方面：国家基础道路公路和铁路网络数据；2014 年底，由中国已开通的动车组列车（D 字头列车）、高速铁路列车（G 字头列车）和城际列车（C 字头列车）的营运线路和沿路地级城市车站构成的高铁网络；中国民航总局提供的城市之间标准航空里程。根据《中华人民共和国公路工程技术标准》确定不同等级交通方式的出行速度，其中，将高速公路时速确定为 100 公里，普通道路时速确定为 60 公里。考虑到计算的方便，在国家现有铁路运营时速的基础上，将普通铁路的运行时速设定为 140 公里、高铁和城际铁路时速为 300 公里、动车时速为 200 公里、航空时速为 850 公里。

第二，计算全国两两城市之间的空间经济联系强度，获得中心城市经济辐射能力的指数和排名。

第三，将已经获得的最短时间距离换算成以公里为单位的空间距离。利用GIS的地图投影空间变换方法，用换算出的空间距离重新定义两地间距离，变形原地图制成时间距离地图。

报告涉及的数据除交通里程外，全部来源于《中国城市统计年鉴2013》、《中国区域经济统计年鉴2013》以及全国第六次人口普查数据。

空间经济联系强度的计算

基于前文的分析思路，时间距离地图的制图原则是以单一中心的地理单元（根据报告的研究对象，不妨定义为“中心城市”）为不动点，分别连接所有城市，用由最短时间距离换算所得的空间距离重新定义“中心城市”到其他城市的距离。因此，“中心城市”的确定至关重要。

报告选用被区域经济学和经济地理学广泛使用的引力模型作为确定“中心城市”的依据。在经济地理学的研究中，引力模型既能反映经济中心城市对周围地区的辐射能力，也能反映周围地区对经济中心辐射能力的接受程度（王姣娥，2014）。

两地之间引力模型的计算公式为：

$$I_{ij} = K \times \frac{p_i p_j}{d_{ij}}$$

其中，P_i、P_j 分别代表中心城市 i 和城市 j 的人口数量，d_{ij} 为城市 j 到中心城市 i 的最短时间距离，由此可以计算出中心城市 i 对城市 j 的引力指数，衡量其空间作用强度。

引力模型的计算结果为两两城市之间的引力指数，仅仅衡量的是城市对的空间作用强度，为了找到时间距离地图需要的不动点，即对外空间经济联系最强的城市，报告将每个城市对其余288个城市的引力指数加总，获得该城市的对外经济联系总量，用以反映每个城市与其他所有城市空间相互作用的总和。

对外经济联系总量的公式为：

$$I_i = \sum_{\substack{j=1 \\ j \neq i}}^{n} I_{ij}$$

其中，I_i 表示 i 城市对外经济联系总量，n 表示城市总量，计算结果见表3-5。

表 3－5 对外经济联系总量前十名的城市及其指数

城市	对外经济联系总量	排名	城市	对外经济联系总量	排名
上海	20324.19	1	武汉	9478.82	6
北京	15620.50	2	杭州	9419.97	7
广州	15170.23	3	南京	8633.81	8
重庆	13860.92	4	成都	8506.55	9
西安	12876.38	5	郑州	7964.24	10

资料来源：中国社会科学院城市与竞争力指数数据库。

从对外经济联系总量上看，上海在全国 289 个地级城市中排名第一，对外经济联系总量最大，在全国的影响范围也最大。快速综合交通体系下，上海、北京、广州等区域中心城市的经济联系总量巨大，其辐射范围也会不断扩大。以上海为例，如果将通达时间小于两小时定义为直接辐射区，那么上海的经济腹地范围在沪、苏、浙、皖的广泛空间里，而不仅仅局限于长三角的 16 个城市。如果将通达时间在 4 小时以内定义为间接影响区，按照高铁时速 300 公里计算，东部沿海的间接影响范围大概可以向西推进 1200 公里，抵达前文提到的东经 110°人口断裂带，反映在地图上恰好为秦皇岛到大同、青岛到太原、连云港到洛阳、上海到宜昌、金华到株洲、福州到衡阳的距离，同时也是横跨东、中区域的距离。随着全国快速交通网络的不断完善，东部城市的辐射范围一定能够在整体上全面覆盖中部地区，东、中网络化的城市体系将全面实现。

时间距离收缩地图的解读

时间距离收缩地图是将信息技术对于地理空间的作用可视化，通过压缩、拉伸而形象地展现空间变化特征，能够更加准确地表现快速交通体系下城市之间的真实“距离”。因此，时间距离地图能够更加直观、清晰地表达中国城市体系空间形态的变化和城市体系内城市之间联系的变化情况。根据引力模型和对外经济联系总量计算结果，报告分别选取对外经济联系总量排名第一的城市上海和排名第二的城市北京作为空间地图上的不动点，制作时间距离收缩地图（图 3－19、图 3－20），具体过程见附录。

图 3－19、图 3－20 反映了快速交通影响下的中国城市空间格局的变化情

况，因为时间地图是以地级城市为基础空间单元绘制的，所以该图恰好将全国经济的空间格局反映在城市体系的演化上。无论以上海为中心还是以北京为中心，快速交通发展的最后结果都是将东部和中部地区的空间紧密压缩，东中之间的空间距离缩成“一团”，在东部地区的带动下，东中共同成为全国经济的中心。时间收缩地图同时也反映出西部和东北地区的空间并没有产生明显的压缩变化，共同成为中国经济的外围地带。

从时间收缩地图中也可以看出，在东部和中部地区已经铺开了一张全面覆盖大中城市的快速交通网络。交通网络化将区域内多个城市节点联结在一起，一定会促进东中网络化城市体系的形成。一方面，交通网络化可以大大提升城市之间的可达性和便利程度；另一方面，快速交通的全面发展大大缩短了东中区域之间的时间距离，因此，快速交通网络化对东中一体化产生了有力的支撑作用。

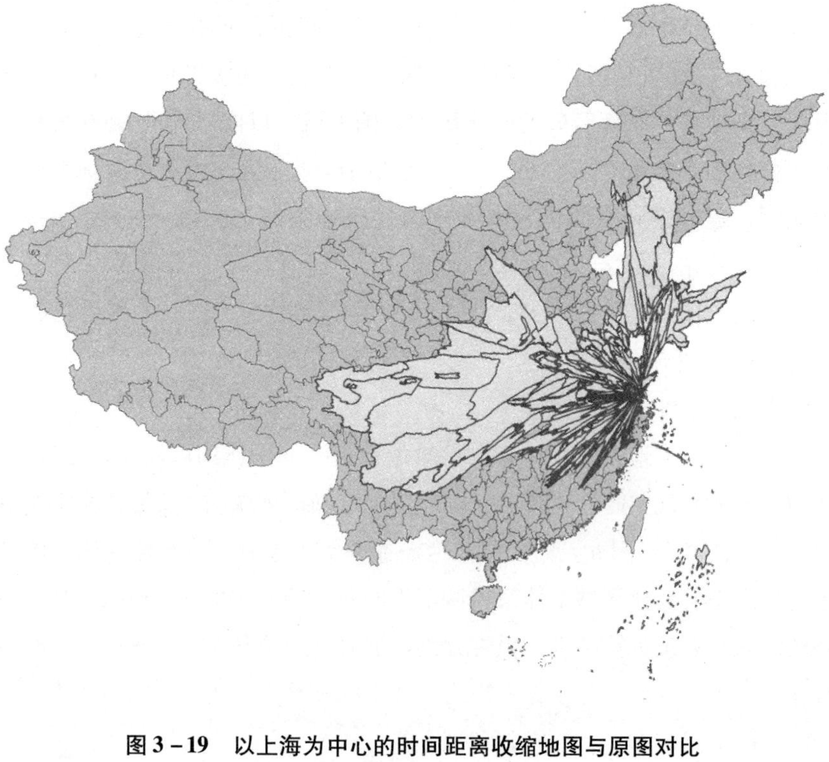

图 3－19 以上海为中心的时间距离收缩地图与原图对比

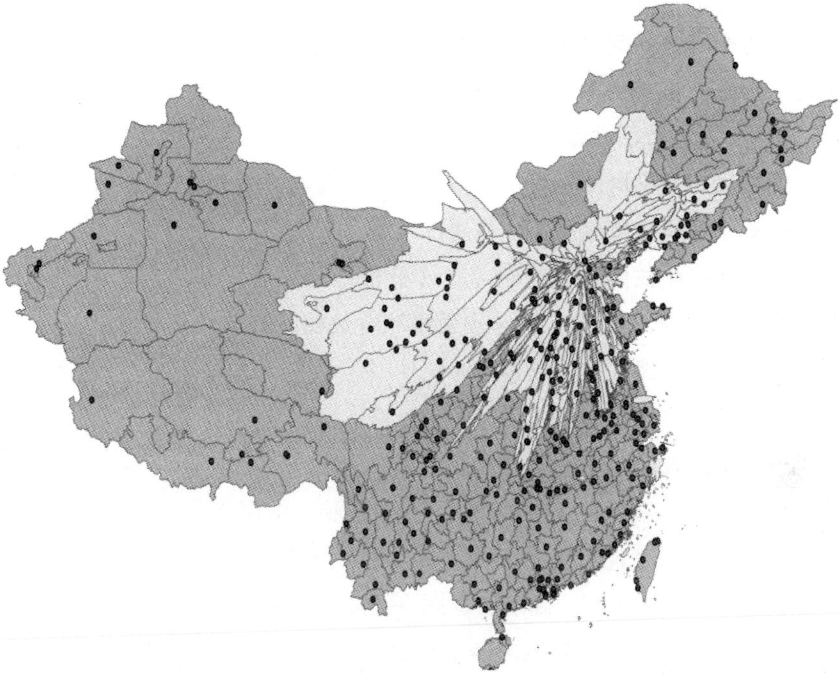

图 3－20　以北京为中心的时间距离收缩地图与原图对比

综上，交通对城市体系的空间演化以及城市体系内城市之间联系的演化过程起到了至关重要的作用，快速交通网络化发展对中国城市体系形成由东、中部和西部、东北部组成的中心－外围发展格局起到了关键性的作用。

四　三大经济假设

目前我国城市空间体系已初步呈现从东中部中心地区到东北和西部外围地区的“一团五带”发展格局。根据经济地理的一般规律和我国区域发展的客观趋势，在三大经济效应的叠加作用下，这种空间结构体系将得以巩固并不断强化。

（一）中心－外围效应

克鲁格曼提出的中心－外围模式（Core Periphery Model）是新经济地理学

的基本分析框架，即报酬递增、运输成本和要素流动之间的相互作用可能导致经济演化为中心-外围格局。形成产业化中心和非产业化外围的条件有三：运输成本足够小；差异化产品种类足够多；产业份额足够大。前者可以归结为“时空压缩”对经济活动摩擦力的减弱，既包括交通改善对可达性的提升，也包括市场制度的完善对交易成本的降低；后二者则归结为规模经济的作用，即空间上的规模报酬递增有利于分享外部经济，带来要素和经济活动的集聚，而且这种规模效应往往伴随着前向关联（价格指数效应）和后向关联（本地市场效应）的累积因果关系不断自我强化，由最初的微弱优势形成产业集聚的中心地区，另外的地区则变成非产业化外围。总体来看，中心-外围格局兼具集聚效应和扩散效应。

第一，集聚效应。伴随交通改善带来的地理收缩，东部和中部已经联结成一个经济规模更大、产业层次更高、市场纵深更广的网络化中心组团，不断吸引外围要素聚集并向其辐射商品和服务，导致东北和西部地区的地位相对下降。根据中心-外围模型，随着交通网络的逐渐完善和市场、要素、产业一体化程度的不断加深，东中部地区的规模经济将更加显著、向心集聚将更加强劲、中心地位将更加突出；与此相对，伴随人口和要素向中心地区的流动，东北和西部相对地位将进一步下降。这种从东中部到东北和西部的“中心-外围”格局一旦形成，将继续通过前向和后向的累积循环建立某种路径依赖，并在达到一定的临界状态之前不断强化和巩固。

第二，扩散效应。中心在通过集聚效应不断强化的同时也会向外围扩散。东中一体化既使得新中心产生更强的规模经济，也反映了传统中心东部沿海向中部的扩散和产业转移。当东中一体化发展到更高阶段、产业和要素集聚达到更高水平时，土地租金、拥挤等外部不经济将逐渐显现并产生空间离心力，中心的产业加快向外围转移，资金、技术加速向外围流动，与此同时，一些外围不可流动的生产要素也会加剧这种扩散效应。未来东中部交通网络逐渐向东北和西部延伸将进一步支撑这种扩散效应，东中一体化可能继续迈向中心-外围一体化。

（二）交通效应

我国城市体系的重大调整是以交通升级为先导的，交通体系的快速化、网络化正在深刻改变着城市的空间结构体系，主要体现在三个方面。

第一，地理收缩效应。高速铁路网络建设的全面推进和民用航空的不断发展极大地缩减了时间距离，带来了时空地图的中心收缩，即中心城市的"通勤圈"不断扩展，并彼此连接，相互融合，形成更大范围的具有一体化倾向的协同发展区域。以高铁行程来衡量，目前武汉到广州时长 4 小时、到北京时长 5 小时、到上海时长 5 小时，北京到上海时长 5 小时、到广州时长 8 小时，上海到广州时长 8 小时，东中部各大中心城市紧密联系在一起，实现朝发夕至，甚至当日往返。考虑到未来的高铁提速和民航增班，这种联系还将继续强化，几大中心城市群的影响范围也将逐渐打破传统界限并融合共生，最终带动东部向中部扩围，实现东中一体化发展。

第二，线带效应。交通运输方式的发展升级形成快速化、立体化的区域交通大动脉，带动产业、要素沿线集聚，能够彼此分享外部经济，形成沿线分布的城市群。在未实现交通网络化的地区，带状效应尤为明显，并导致带内和带外的结构分化，例如东北地区，沿京哈通道带动带外要素向带内集聚，形成辽中南城市群和哈长城市群，但带内的群带状城市体系与带外广袤地区分化明显。

第三，网络效应。各地间商品、要素、信息的流动是区域经济发展的基本动力，网络化交通形成全覆盖式的互联互通体系，带动各节点的互补互动和区域协同发展。一般来讲，网络外部性（network externality）的价值呈几何级数增长，任何节点都能通过多向选择融入区域分工体系，而当节点增加时，产出的规模和品种随之增加，从而实现运输网络的规模经济和范围经济。目前我国东中部地区的交通网络已基本形成，未来两大板块将进一步实现网络化的无缝对接，实现区域一体化的协同发展目标。

（三）断裂效应

Fujita 和 Krugman（1995）提出了城市体系的倒"S"波浪形理论，即城市体系中存在着距中心城市的距离与本地市场潜力之间的倒"S"形曲线，距离中心城市越远，市场潜力会逐渐下降，而随着次中心城市的出现，市场潜力将会逐渐回升，继而再次下降，城市体系随着空间距离增加呈现波浪形特征。在区域发展中，由于地理或交通等因素的制约，一些中心城市之间或其与次中心城市之间的间距较大，也即城市体系倒“S”波浪的相邻波峰间隔较大，便会在波峰之间产生城市体系的塌陷甚至断裂。结合我国区域发展的现状和趋势，这种断裂效应具体表现为小断裂和大断裂。

第一，小断裂，即沿线点状断裂。小断裂表现为空间轴线上以断裂点或断裂段的形式使轴线两端的城市体系相对分离，这种情况下轴线一侧或两侧的城市体系一般都依托中心城市，能级和层次较高，导致向中心的单向要素流动，从而沿线形成断裂。这种小断裂一般可以随着时间推移而逐渐消除，因此不必过分担心。根据区域经济的发展规律，交通改善与区域差距呈现倒“U”规律，即随着交通条件的改善区域差距先扩大后缩小，通道的形成加速了人口、要素由外围向中心流动，商品、服务由中心向外围溢出，导致通道中心和外围间的差距进一步拉大，这也在一定程度上解释了东北老工业基地的人口迁出和衰落倾向。但随着交通体系的网络化发展以及中心城市的外溢效应，这种小断裂将逐渐改善。

第二，大断裂，即沿面带状断裂。带状断裂表现为区域板块之间以断裂带的形式对两侧城市体系进行区分。东经110°线是我国区域划分的重要断裂带，向东进入中国地形第三阶梯的平原丘陵地带，并延伸至海岸，环境宜居、人口稠密，形成东中一体的网络化城市体系；向西则逐渐进入中国地形第一二级阶梯的高原地带，山脉、沙漠众多，大部分地区人烟稀少、经济落后，只能依托一些交通廊道、河谷和盆地形成点线状或群带状城市体系。大断裂的产生往往与自然地理因素密切相关，在一定时期内难以改变，而承认这种大断裂效应则可以顺应趋势，将其作为经济分区的重要依据。

五　中国城市体系发展格局

在三大经济效应的叠加作用下，中国经济空间格局出现了明显分化：东部和中部一体化发展，形成自主发展区；东北和西部相对地位下降，形成政策扶持区。未来随着区域结构的不断优化，中国经济的空间格局必将逐渐平坦化，但我们判断在以后较长的一段时间内，这种“中心－外围”式的空间格局仍将进一步延续和深化。为顺应这种空间格局的变化趋势，中国城市体系也将进行相应调整，形成“一团五带”的巨手形城市体系，“一团”为东中一体化的群网状城市体系，“五带”为东北和西部的群带状城市体系。

（一）总体骨架:“一团五带”的巨手形开放城市体系

伴随东中一体化和东北、西部的相对下滑趋势，我国逐渐形成“一团五带”的巨手形城市体系。至2020年，这一城市体系将支撑起覆盖32个城市群（5个全国性城市群、9个区域性城市群、6个地区性城市群、12个潜在城市群），近1000个城市、近20000个小城镇，超大城市、特大城市、大城市、中等城市、小城市、小城镇、居民点协调发展的城市中国新版图。

东中部是先发区域，北至京呼线、东南临海、西抵东经110°山区绵延带的群网状城市体系聚合成“一团”，形成“巨掌”，纵横交错的交通网络汇聚于全国性中心城市，犹如经脉交汇于掌心；东北和西部是成长区域，群带状城市体系延伸出“五带”，沿京哈线、陇海-兰新线、长江下游延伸线、沪昆线和南海城市发展带形成五根“手指”；京广线作为纵贯南北的大动脉，构成手掌和手指之间的关节线，向东对接东中部的网络体系，向西发散出西部的群带体系，使指掌间收放自如、行动统一；包昆线作为另一条南北大通道，实现外围群带体系的互联互通，构成手指中部的关节线，使指间行动彼此兼顾，纵横联动。

（二）“一团”：东中部群网状城市体系

交通体系的快速化、网络化极大缩减了时间距离，带来了城市体系的地理收缩，随着中部崛起和东部扩散，东中部联结在一起，形成网络化、一体化发展的城市连绵区，成为中国经济的中心区域。

这一网络状团块区域西抵东经110°山区绵延带（晋西-鄂西-湘西-粤西），北至京呼线，东南海岸线自北向南贯通渤海、黄海、东海、南海，面向太平洋。区域覆盖河北、山东、山西、河南、江苏、浙江、安徽、江西、湖北、湖南、福建、广东十二大省区，北京、天津、上海三大直辖市和香港、澳门两大特别行政区，面积为191.92万平方公里，以接近20%的国土面积聚集了超过60%的人口，贡献了超过80%的国内生产总值。

根据目前东中部交通体系和城市体系的发展趋势，结合我国高速铁路网络中长期发展规划，我们判断至2020年，该区域将形成“五横五纵”的网络骨架。

表3－6　东中部“五横五纵”群网状城市体系

网络		省份	中心城市	城市群
五横	京呼线	北京、河北、内蒙古中部核心区	北京、呼和浩特	京津冀城市群、呼包鄂城市群
	青太线	山东、河北、山西	青岛、济南、太原	山东半岛城市群、太原城市群
	陇海线东段	江苏、河南	徐州、郑州	徐州城市群、中原城市群
	沿江通道	上海、江苏、浙江、安徽、江西、湖北、湖南	上海、南京、合肥、武汉	长三角城市群、江淮城市群、长江中游城市群
	沪昆线东段	上海、浙江、江西、湖南	上海、杭州、南昌、长沙	长三角城市群、环鄱阳湖城市群、长株潭城市群
五纵	沿海通道	北京、天津、河北、山东、江苏、上海、浙江、福建、广东、香港、澳门	北京、天津、上海、广州、香港	京津冀城市群、山东半岛城市群、长三角城市群、海峡西岸城市群、珠三角城市群
	京沪线	北京、天津、河北、山东、江苏、安徽、上海	北京、天津、济南、南京、上海	京津冀城市群、山东半岛城市群、长三角城市群
	京福线	北京、天津、河北、山东、江苏、安徽、江西、福建	北京、天津、济南、南京、上海、合肥、福州	京津冀城市群、山东半岛城市群、长三角城市群、江淮城市群、海峡西岸城市群
	京九线	北京、河北、山东、河南、安徽、湖北、江西、广东、香港	北京、南昌、深圳、香港	京津冀城市群、环鄱阳湖城市群、珠三角城市群
	京广线	北京、河北、河南、湖北、湖南、广东	北京、郑州、武汉、长沙、广州	京津冀城市群、中原城市群、长江中游城市群、珠三角城市群

“五横”：陇海线（陆桥通道）和沿江通道是目前我国已经形成的两条贯穿东西的大通道。**陇海线**依托徐州城市群从江苏沿海进入中原地区，最终向西经过关中城市群通向广袤的西北地区；**沿江通道**依托长江黄金水道，促进沿江要素自由流动和产业梯次布局，优化提升长三角城市群，发展培育长江中游城市群，带动长江流域全面开发开放，最终向西入川进藏；**沪昆线**是正在发展之中的跨越东西的“第三横”，与沿江通道彼此平行、互为支撑，由长三角地区进入江西、湖南，带动环鄱阳湖城市群和长株潭城市群发展，最终通向西南云

贵地区；**京呼线**打通了华北地区出塞进入内蒙古的通道，联动京津冀城市群和呼包鄂城市群，也形成了东中部中心网团的北部边界；**青太线**联通山东半岛、华北平原和晋中盆地，沿线带动山东半岛城市群和太原城市群，最终向西进入宁夏，形成第二条由东部沿海通往西北的交通走廊。

“五纵”：沿海通道自北向南纵贯京津冀、长三角、珠三角这三大我国起步最早、发展最成熟的城市群，带动培育山东半岛、海峡西岸等城市群，促进沿海开发格局由局部散点状开发迈向整体群带状开发，并通过延伸网络纵深辐射内陆地区；**京广线**自北向南纵贯华北、中原、两湖和华南地区，联动北京、武汉、广州这三大全国性中心城市，是我国最重要的南北交通大动脉；**京沪线**连通中国的决策中心北京和经济中心上海，始终是我国最繁忙的铁路干线之一，沿线许多节点城市，如徐州、蚌埠都已成为重要的交通枢纽；**京福线**从北京至蚌埠段共用京沪高铁，并通过合蚌高铁和合福高铁南下福州，形成连接京津冀城市群、长三角城市群和海峡西岸城市群的交通通道，进而连接宝岛台湾，加深大陆和台湾的联系；**京九线**是位于京广线和京沪线之间的南北第三大通道，但沿线鄂、豫、皖、赣的部分地区发展相对落后，未来必须充分利用网络效应，培育沿线潜在城市群，带动这些地区融入区域分工体系，促进区域协同发展。

（三）“五带”：东北和西部群带状城市体系

东中部的群网状城市体系进一步向东北和西部轴向延伸，分别沿京哈线、陇海－兰新线、长江下游延长线、沪昆线和南海沿岸形成外围的群带状城市体系，构建起以运输通道为主轴、以中心城市为支点、以城市群为依托，面向亚太和“一带一路”的开放型经济带。

表3－7　东北和西部群带状城市体系

五带	省份	中心城市	城市群	对外开放
东北：沿京哈线城市发展带	辽宁、吉林、黑龙江	沈阳、大连、长春、哈尔滨	辽中南城市群、哈长城市群	面向东北亚
西北：沿陇海－兰新线城市发展带	陕西、甘肃、青海、宁夏、新疆	西安、兰州、乌鲁木齐	关中城市群、兰西城市群、宁夏沿黄河城市群、天山北坡城市群	欧亚大陆丝绸之路沿线国家和地区

续表

轴线	省份	中心城市	城市群	对外开放
正西：沿长江下游城市发展带	重庆、四川、西藏	重庆、成都	成渝城市群、拉萨城市群	面向南亚
西南：沿沪昆线西段城市发展带	贵州、云南	贵阳、昆明	黔中城市群、滇中城市群	面向东南亚
东南：沿南海城市发展带	广东西部、广西、海南、台湾	南宁、台北	北部湾城市群、海峡东岸城市群	海上丝绸之路沿线国家和地区

东北：沿京哈线城市发展带。京哈线是京广线的北向延长线，是北京通往东北最重要、最便捷的交通通道。东北三省以京哈线为发展主轴，以沈阳、大连、长春、哈尔滨为中心城市，依托辽中南城市群和哈长城市群，呈现群带状发展的城市体系。以京哈线为主轴，以中心城市为枢纽，还延伸出沈大铁路、沈丹铁路、滨绥铁路、滨北铁路等区域次轴，连通大连、丹东、绥芬河、黑河等港口城市和边境口岸，依托面向东北亚的地缘优势加快东北老工业基地的对外开放。

西北：沿陇海－兰新线城市发展带。陇海－兰新线是我国西北地区的发展主轴，也是新丝绸之路经济带的核心区。陇海－兰新线从关中地区进入甘肃后沿河西走廊的狭长地带通向新疆，沿线以西安、兰州、乌鲁木齐为中心城市，联动关中城市群、兰西城市群、宁夏沿黄河城市群、天山北坡城市群。陇海－兰新线向东通向东部沿海，连接充满活力的亚太地区；向西依托渝新欧铁路出阿拉山口进入哈萨克斯坦，再转俄罗斯进入欧洲，连通资源丰富的中亚地区和经济发达的西欧国家，形成新丝绸之路经济带陆上大通道的核心区域。

正西：长江下游城市发展带。成渝城市群是西部唯一的国家级城市群，也是长江经济带的重要组成部分，依托成渝双核横跨四川盆地，并将通过正在建设之中的川藏铁路经雅安向藏区辐射延伸，形成长江经济带的延长线。届时从成都到拉萨只需 8 个小时，西藏与祖国内地的联系将更加紧密。同时，川藏公路（南线 318 国道和北线 317 国道）是世界著名的景观大道，沿线旅游活动构筑起了另一条文化纽带。西藏边境线长达 4000 多公里，与印度、尼泊尔等南亚国家接壤，目前西藏以拉日铁路（拉萨至日喀则）为干线，以樟木、吉隆和亚东为三大口岸，依托那曲物流中心、拉萨经济技术开发区，形成“一线、两基地、三出口”的南亚陆路贸易大通道。

西南：沿沪昆线西段城市发展带。沪昆线西段依托湘黔铁路和贵昆铁路由湖南延伸至云贵地区，联动贵阳、昆明两大区域中心城市，通过东中部发达的城市网络体系辐射带动黔中城市群和滇中城市群。随着交通区位的改善，云贵地区由边陲一跃成为沿边开放的桥头堡，依托泛亚铁路的东、中、西三线，以昆明为起点通往新加坡，沿线覆盖越南、泰国、缅甸、老挝、柬埔寨和马来西亚等东南亚国家，打通中国－东盟陆上开放通道，并通过沪昆线向东通往长三角，构建起一条沟通太平洋和印度洋的国际大通道。

东南：沿南海城市发展带。东南沿海是海上丝绸之路的东段起点，由福建、台湾、广东、港澳西延至广西、海南，以海峡西岸城市群和珠三角城市群带动北部湾城市群。该地区长期以来依托海上丝绸之路与东南亚等沿线国家保持着密切的经贸合作关系，泉州港、广州港、北海合浦港自古以来就是我国重要的对外开放口岸。随着海上互联互通和港口合作机制的不断完善，南海沿岸至东南亚将形成以港口群为枢纽，水陆并进、铁海联运、空港衔接“三位一体”的国际大通道，并向西连通至南亚、中东和欧洲。

六　中国城市体系发展的五大建议

城市化浪潮带来了中国历史上最大规模的人口迁移，大国城市化必须以协调有序、适度倾斜的区域空间布局为基础；新常态下我国经济面临结构调整和转型升级的历史性任务，随着我国进入城市世纪，大国转型必须以完善的城市体系为支撑；交通体系的提速升级和互联互通拓展了我国对接陆海的战略纵深，大国崛起必须以全方位的对外开放格局为依托。为了更好顺应大国城市化的客观规律、满足大国转型的迫切需要、开拓大国开放的全新格局，我们对未来中国城市体系发展提出五大建议：第一，对中国经济分区做出重大调整，由四分区调整为二分区，东中部为自主发展区，东北和西部为政策扶持区；第二，对中国城市体系做出重大调整，按照“一团五带”的发展格局，东中部为群网状城市体系，沿五带延伸出东北和西部群带状城市体系；第三，在自主发展区重点实施东中一体的发展战略；第四，在政策扶持区沿五带实施陆海全方位开放战略；第五，五带以外实施点状开发，实施适度平衡战略。

（一）中国经济分区的重大调整：从四分区到二分区

对我国经济分区做出重大调整，由“东部－中部－西部－东北”四分区调整为“自主发展－政策扶持”二分区。自主发展区以市场为主导，充分发挥市场规律促进东中一体化发展；政策扶持区采用政策干预与市场运作相结合的模式，并更加重视通过政策扶持矫正外围的市场失灵，兼顾经济与非经济因素。

东中部以群网状城市体系为载体构建国家自主发展区，实现东中一体，参与全球竞争。历史上东部和中部都是我国主要的人口聚居区，由于山川阻隔、交通不畅才相对分离。快速化、网络化现代交通体系的建立带来了显著的地理收缩效应，东部和中部由分离迈向一体，在北至京呼线、西抵东经110°山区绵延带（晋西－鄂西－湘西－粤西）、东南临海的广袤空间里形成群网状的城市体系。东中部通过区域协同发展促进经济转型升级，交通、制度、市场、要素和产业一体化程度不断加深，并作为中国经济的中心融入全球体系，参与国际合作与竞争。

东北和西部以群带状城市体系为载体构建政策扶持区，由边缘上升为国家对外开放的前沿。随着交通条件的改善，东中部实现一体化发展，但东北和西部在市场规律的作用下人口持续向东中部迁徙，造成本地衰退。这种交通条件改善初期外围地区的相对下降符合区域差距的倒“U”规律，因此对于东北老工业基地的暂时下滑不必过分担心，同时也应反思过去西部大开发中天女散花式的开发模式，在东北和西部的发展中更加突出重点，以“五带”为发展主轴构建点线状城市体系，重点培育沿线城市群，而对五带以外一些重要的特殊地区采取政策倾斜，实施点状开发。随着交通条件的改善和对外开放的扩大，东北和西部从以往的边缘上升为前沿，与各大国际大通道互联互通，成为我国对外开放的桥头堡。

自主发展区和政策扶持区的差异化开发模式：由于自主发展区和政策扶持区存在经济基础、交通区位和自然环境等方面的差异，因此必须采取差异化的开发模式。对东中部应采用市场主导的开发模式，减少政府干预，充分依靠市场规律促进东中一体化发展；对东北和西部应兼顾效率与公平，统筹经济因素与非经济因素，采用市场运作与政策干预相结合的开发模式，其中五带应更加注重发挥市场作用，五带以外的特殊地区应加大政策倾斜力度。

（二）中国城市体系的重大调整：“一团五带”空间格局

伴随中国经济分区由四分区调整为二分区，中国城市体系也应做出相应调整，发展“一团五带”的空间体系。自主发展区聚合为“一团”，以市场为主导，采取网络化、集群化、立体化的发展策略；政策扶持区延伸出“五带”，结合市场运作和政策扶持，采取群带集聚、点状分散的布局原则。

1. 东中部城市体系：网络化、集群化、立体化

东中部依托京呼线、青太线、陇海线、长江通道、沪昆线和沿海通道、京沪线、京福线、京九线、京广线形成了“五横五纵”的群网体系，以北京、上海、广州、武汉等全国性中心城市为核心，形成大小近20个城市群。目前东中部的网络骨架已基本成型，并形成了一定的规模和广度，但网络密度和强度仍有欠缺，要充分利用网络效应实现以点带线盖面发展，必须进一步推进城市体系的网络化、集群化、立体化。

第一，网络化：以网络加密构建“六横六纵若干斜”网络骨架。目前已经形成的“五横五纵”网络基本覆盖了东中部全部地域，但还有两大地带尚缺少干线带动。

一是淮河流域，淮河介于长江与黄河之间，是从江淮地区到中原大地的重要通道，人口稠密且经济发展水平相对较低，特别是干流流经的苏北、皖北、豫南等落后地区亟须实现经济社会的跨越式发展。建议沿淮河干流建设淮河专线，西起南阳，经信阳、阜阳、六安、蚌埠后连通京沪线，发挥长三角城市群的龙头带动作用，沿线积极培育潜在的豫皖城市群（阜阳、亳州、商丘、周口等）和鄂豫城市群（信阳、南阳、襄樊、随州、驻马店等）。

二是京广线以西至东经110°线的广大地区，目前尚无纵向铁路干线，经济发展受到很大制约。建议开通大湛专线，沿线设置大同、太原、南阳、宜昌、桂林、湛江等主要站点，连通中原地区与两湖、两广，形成一条全新的中部地区出海通道。同时，大湛专线地处中西部过渡地带，是最接近东经110°线的交通纵轴，建设大湛线既能够带动湘西、桂东南、粤西等革命老区和少数民族聚居的相对落后地区向东融入发达的城市网络，也将为未来网络体系继续

向西扩展打下良好基础。

同时，在网络体系中适当增加武汉到福州、武汉到合肥、长沙到合肥等斜向线路，提高网络的灵活性，从而形成“六横六纵若干斜”的网络骨架，更好地发挥网络效应，实现以点带线、以线带面的发展。

第二，集群化：以城市网拓展城市群，以城市群提升城市网。城市网络的形成促进了城市群的共融共生，特别是五大全国性城市群将在现有基础上进一步形成体量更大、纵深更广、层次更高的超级城市群，并通过反向的累积循环作用提升城市网络的密度和层次。

长三角城市群按照“北进南优、西联东拓、中扩提”的布局原则向沪苏浙皖纵深发展，打造沪苏浙皖世界超级城市群：北翼向江北挺进，构建以南京、南通、连云港（徐州）为支点的新型北三角；南翼优化提升浙东沿海，构建以杭州、宁波、温州为支点的新型南三角；西翼联动南京城市群和江淮城市群，构建以南京、合肥、芜湖（蚌埠）为支点的新型西三角；向东统筹陆海，开拓海洋战略空间，实现海洋强国战略目标；中部进一步做大做强区域中心，提升南通的战略定位，将其建成“江北上海”，形成两岸对称的超级中心。**京津冀城市群**以京津为双核，提升唐山、保定、石家庄为区域副中心城市，依托京广线自西南向东北联动邯郸、邢台、石家庄、保定、北京、唐山、秦皇岛，依托京呼线自西北向东南联动张家口、北京、廊坊、天津，沿海联动秦皇岛、唐山、天津、沧州，形成三线网络交织，构建网络化、多层次的城市群空间结构。**珠三角城市群**依托沿海通道向两翼拓展，西翼以肇庆、湛江为节点对接北部湾城市群，东翼以潮州、汕头为节点对接海峡西岸城市群，构建粤港澳和闽台、北部湾交汇融合的沿南中国海超级城市群。**长江中游城市群**在武汉城市群、长株潭城市群、环鄱阳湖城市群的基础上，沿京广线进一步向北拓展，联动中原城市群，形成以武汉、郑州、长沙、南昌为中心城市，以长江黄金水道和京广线为发展主轴，承东启西、连南接北的中部超级城市群。**成渝城市群**虽然处于五带上，但随着东中部网络向外围拓展延伸，成渝城市群将逐步跨区域联动黔中城市群和滇中城市群，形成以成渝为双核，以昆明、贵阳为区域副中心，以成渝线、沪昆线、包昆线和渝黔新线为发展主轴，四线联动、群网融合的成渝滇黔超级城市群。

第三，立体化：构建立体网络，打造综合枢纽。构建公铁互动、空港衔接、水陆并进、江海联运的综合集疏运体系，以高铁主导的“六横六纵”网络体系为骨架，向下延伸至一般铁路、高速公路、水运航道、国道、省道、乡村公路网络，向上对接民用航空网络，形成立体城市网络。围绕处于体系顶层的北京、上海、广州、武汉等全国性中心城市打造综合枢纽，重点发展京津冀、长三角、珠三角等全国性城市群，带动其他区域性、地区性城市群的发展融合，构建垂直集中、水平分散、大小结合、主次有序的立体型网络化城市体系。

2. 东北和西部城市体系：群带集聚、点状分散

对于东北和西部，应采取市场与政府相结合的开发模式，突出重点，以五带为发展主轴呈群带状布局，五带以外一些重要地区应兼顾经济因素与非经济因素，加大政策扶持力度，进行点状开发。

在空间形态上，沿五带发展群带状城市体系，五带以外则有选择性地进行点状开发。五带应重点发展沿线城市群，优化全国性的成渝城市群，提升关中、天山北坡、辽中南、哈长、北部湾等区域性城市群，培育宁夏沿黄城市群、兰西城市群、滇中城市群和黔中城市群等地区性城市群及其他潜在城市群，充分发挥城市群的外溢效应，带动产业和要素沿线集聚、带状延伸，形成要素自由流动、产业协调布局的城市聚集带。五带以外则主要对边境地区、特殊资源区、少数民族聚居区进行点状开发，并通过一般铁路和公路与主要城市形成联系。

在开发模式上，总体上采用市场和政府相结合的方式，但沿线地区须更加注重发挥市场作用，五带以外地区须更加注重政策扶持。特别需要指出，五带上的中心城市和主要城市群不应再享受政策扶持，应充分整合当地资源，提升区域竞争力，通过对内对外的互联互通推动双向开放，融入国内和国际两个市场，做好新时期我国对外开放的前沿。

在发展趋势上，随着中心的网络扩展和外围的优化提升，未来成长区域也将逐步迈向网络化发展。一是依托包昆线、青藏线、渝新欧铁路等纵向和斜向通道实现外围轴线的互联互通，形成网络骨架；二是要以重庆、成都、西安、沈阳等中心城市为枢纽，与五带以外节点连成次级轴线，逐渐连线成网。虽然外围网络的密度和强度都与东中部存在差距，但覆盖全国的网络体系的形成意味着我国区域格局将进一步由东中一体化发展迈向全国一体化发展。

（三）战略支撑之一：东中一体化战略

东中部自主发展区应采取市场主导的发展模式，充分发挥网络效应，促进东中一体化协同发展，通过资源整合、要素互补形成整体集群优势参与全球体系与国际竞争。东中一体化应以基础设施一体化、公共服务均等化和制度一体化为支撑，以市场一体化、要素一体化和产业一体化为主要内容。

1. 基础设施一体化：优化网络布局，促进区域互联互通

按照统筹规划、协同发展、网络布局、适度超前的原则，构建空港、海港、铁路、公路、水运、通信、能源、水电等多位一体、无缝对接的"网络化、枢纽型、多节点"基础设施体系，全面提升区域共建共享和互联互通水平，实现交通同网、能源同体、信息同享、环境同治，支撑东中部群网状城市体系的全覆盖、一体化发展。

2. 公共服务均等化：完善供给机制，共享发展成果

公共服务供给失衡是造成区域失衡的重要原因，实现东中一体化必须推进公共服务均等化。完善公共服务的供给机制，制定科学、合理的公共财政政策，有效利用转移支付手段，并适度引入市场机制解决政府供给不足的问题，同时避免基本公共服务供给的"泛市场化"。从就业、教育、医疗、文化、环境、安全等重点领域入手，建立健全就业服务体系，加快推进社会保障一体化，逐步优化教育资源均衡配置，努力实现卫生、文化、安全服务均等化。

3. 制度一体化：完善制度框架，实现区域网络化治理

破除行政壁垒，实现从地方政府的单一型治理到区域整体的网络化治理。建立跨区域的领导和协调机构，制定统一的管理制度，规范竞争规则；减少行政审批，强化市场引导和服务，改善区域营商环境；统筹基础设施、环境保护等重大专项事务，实现区域正外部性最大化和负外部性最小化。区域内政府、企业及其他主体，都应纳入统一的区域治理体系之中，按照"责权对称"的公平原则，履行合作义务，分享合作收益。

4. 市场一体化：破除内部壁垒，建立区域共同市场

在市场经济条件下，市场对资源配置发挥着决定性作用，区域一体化离不开区域共同市场的建立。区域共同市场形成的标志是产权、资本、劳动力、商品（生产资料、消费品）的自由流动以及社会管理和公共服务的开放互认。

建立区域共同市场关键是要完善制度框架，按照市场经济规律，以区域共享、共融、共赢为理念，打破区域内部壁垒，区域规划相互协调、服务体系彼此配套，最终使生产要素、商品在区域内得以自由流动和优化配置。

5. 要素一体化：促进要素自由流动，实现区际错位互补

我国的要素禀赋分布规律为资源和劳动力偏西、资金和技术偏东，东中部之间同样呈现的这种“双重错位”的格局，区域间错位互补的空间巨大。关键是要突破传统体制下的条块分割、地区分割，建立区域共同市场，实现全方位、多层次、宽领域的互联互通。促进东部的资金和技术流向中部，加快中部崛起和东中一体；促进中部的劳动力、能源、矿产资源流向东部，帮助东部地区克服劳动力短缺和资源瓶颈，更快更好地实现转型升级。

6. 产业一体化：加强产业链协同水平，培育产业集群优势

我国是幅员辽阔的大国，区域产业布局呈现一定的梯度层次性。东部目前已进入产业转型升级阶段，通过加快推进创新驱动积极发展高附加值的技术密集型产业，并引导具有成本优势的资源加工型、劳动密集型产业向中西部转移；中部地区在承接东部产业转移时，需要结合自身的优势、特色和现有的经济基础，通过利用东部的技术、资金、人才发展特色产业。东中部应通过差异化定位优化整体产业布局，通过专业化分工加强产业链协同水平，实现优势互补，培育具有国际竞争力的产业集群。

（四）战略支撑之二：五带陆海开放战略

“一带一路”构建陆海开放新格局，东北和西部由边缘地区上升为开放前沿，由传统外围上升为陆海中心。“一带一路”贯穿欧亚大陆，东连活跃的亚太经济圈，西接发达的欧洲经济圈，联通欧亚非三个大陆，形成一个陆海对接的环路，打破了传统点状、块状的区域发展和开放模式，此前的中国－东盟（10+1）自贸区、孟中印缅经济走廊、中巴经济走廊、东北亚经济整合等众多开放战略均可统一到“一带一路”的战略框架之中。在这种全方位的开放格局下，传统的边缘地区上升为国家对外开放的前沿，“五带”的发展不仅要与东中部的网络有机衔接，还应做好沿海沿边的互联互通，培育重要的开放港口和口岸，利用好国内和国际两个市场、两种要素，实施沿线全方位的陆海开放战略。

1. 东北：打造我国面向东北亚开放的门户和枢纽

充分利用东北地区面向东北亚的地缘优势，深化沿海开放、加快沿边开放，建成我国面向东北亚开放的枢纽，促进东北地区老工业基地全面振兴，带动东北亚区域和谐共赢。重点应加强京哈线与国际性通道和口岸设施的衔接与互联互通：依托经绥芬河、哈尔滨、满洲里与俄西伯利亚铁路连接的中俄国际通道，建设密山、同江、黑河等口岸；依托经二连浩特、蒙古国乌兰巴托与俄西伯利亚铁路连接的中蒙国际通道，建设珠恩嘎达布其、满都拉等口岸。同时应做好海空双港的建设：进一步培育沈阳的区域枢纽机场地位，提升哈尔滨机场面向远东地区、东北亚地区的门户功能，扩大长春机场和大连机场的辐射范围，增加国际航线和班次，提升国际竞争能力；以大连为核心建设东北亚国际航运中心，依托丹东、锦州、葫芦岛等港口城市，整合辽宁沿海港口资源，逐步建成功能完备、分工协作的现代化沿海港口群。

2. 西北：构建新丝绸之路经济带的核心区域

新丝绸之路经济带实现了整个欧亚大陆的互联互通，是世界上最长、最具有发展潜力的经济大走廊。陇海－兰新线与渝新欧铁路有机结合，形成新丝绸之路经济带的核心区域：向西经西安、兰州、乌鲁木齐，到达边境口岸阿拉山口，进入哈萨克斯坦，再经俄罗斯、白俄罗斯、波兰，至德国的杜伊斯堡，连通中亚与欧洲；向南西康－襄渝线通往重庆，实现新丝绸之路经济带和长江经济带的有机衔接。加强与中亚国家的经济合作是西北向开放的首要目标，应加快推进与中亚国家的铁路、公路、航空、电信、电网、能源管道互联互通网络建设，深化各方在物流、人流、资金流、信息流等方面的交往。其中与中亚国家的能源合作是重中之重，打造“能源丝绸之路”，加快建设起始于土库曼斯坦、途经乌兹别克斯坦和哈萨克斯坦、进入我国新疆霍尔果斯口岸的中国－中亚天然气通道。

3. 正西：面向南亚建设环喜马拉雅经济合作带

沿长江经济带向西延伸，依托川藏铁路，连接拉日铁路（拉萨至日喀则），以樟木、吉隆和亚东等口岸为开放节点，推进西藏与印度、巴基斯坦、尼泊尔等南亚国家的边境贸易和旅游文化合作，推动环喜马拉雅经济合作带建设。加强与孟中印缅经济走廊、中巴经济走廊的衔接，重点打造联系瓜达尔港等重要港口的出海通道，绕过马六甲海峡的咽喉，构建连通印度洋与太平洋的陆上大通道，与海上丝绸之路的建设相辅相成、彼此呼应。

4. 西南：建设中国 - 东盟自由贸易区的陆上通道

中国 - 东盟自由贸易区（CAFTA）涵盖 18 亿人口，GDP 接近 6 万亿美元，贸易额达 4.5 万亿美元，是世界上由发展中国家组成的最大的自由贸易区。除了港口和海运的重要通道外，沿沪昆线向南贯通中国到中南半岛的陆上通道也至关重要。2009 年 6 月，包括中国在内的 18 个亚太经社委员会成员国签署的《泛亚铁路网政府协定》正式实施，经过中国昆明有三个方案：东线方案由新加坡经吉隆坡、曼谷、金边、胡志明市、河内到昆明，中线方案由新加坡经吉隆坡、曼谷、万象、尚勇、祥云（大理）到昆明，西线方案由新加坡经吉隆坡、曼谷、仰光、瑞丽到昆明。泛亚铁路东、中、西三个方案在中国境内路段均列入了中国的《中长期铁路网规划》，东线工程已经开始优先建设。与此同时，未来通向东盟国家主要口岸的公路也将基本实现高速化。

5. 东南：构建21世纪海上丝绸之路的起点与核心区

21 世纪海上丝绸之路重点方向有两条：一是从中国沿海过南海到印度洋，延伸至中东、欧洲；二是从中国沿海过南海到南太平洋。在这两条路线中，中国东南沿海都是起点，应充分发挥深圳前海、广州南沙、珠海横琴、福建平潭等开放窗口的前沿带动作用，打造闽台、粤港澳、北部湾综合港口群，构建海上丝绸之路的核心区。东盟作为海上丝绸之路的十字路口和必经之地是首要发展目标，但海丝战略的合作区域不仅限于东盟，而且是以点带线，以线带面，形成连通东盟、南亚、西亚、北非、欧洲的海上大通道，发展由南海面向太平洋和印度洋的战略合作经济带，以亚欧非一体化为长期发展目标。海上丝绸之路的沿线分布了众多世界级大港，应广泛开展港口、海运物流和临港产业等领域合作，创新口岸通关机制，促进货物流通和人员往来的便利化。同时抓好信息、通关、质检等“软件衔接”，加强与各国海关和签证机构的沟通与合作，建立国际安全合作机制，加强海上战略通道的保障能力。

（五）战略支撑之三：五带以外“点状开发、适度平衡”战略

对于政策扶持区五带以外的广袤空间，必须考虑国家安全和民族团结的现实需要，对边境地区、特殊资源区、少数民族聚居区的小城市、集镇、村寨、口岸等实施“点状开发、适度平衡”的发展战略。

1. 在开发模式上，通过政策扶持弥补市场失灵

如果完全遵循市场规律，中心－外围效应将加速五带以外人口向五带甚至东中部集中，对国家安全、边境稳定和民族团结产生不利影响，因此必须通过政府干预弥补市场失灵。对五带以外一些重要的人口聚居区应当注重政策扶持，加强转移支付力度，着力改善当地基础设施条件，做好“通水通电、通路通信”工程，大力推进公共服务均等化，使边境群众与少数民族同胞能够在当地安居乐业。对于一些人烟稀少的重要边境还应该采取军事化或半军事化的手段，实施“屯城戍边”战略，维护祖国领土安全。

2. 在发展方向上，通过专有要素培育内生动力

除了依靠政策扶持外，外围地区也应该主动借助市场力量，培育内生发展动力。重点依托稀有资源、边境口岸区位、独特的自然和人文景观等专有性要素，突出本地特色，并通过次级交通联系分享临近主要城市的市场外溢效应，通过边境经济合作创造对外开放的巨大红利，建立广义比较优势，带动当地发展。

参考文献

倪鹏飞：《中国城市竞争力报告 No. 12》，社会科学文献出版社，2014。

余金艳、刘卫东、王亮：《基于时间距离的 C2C 电子商务虚拟商圈分析——以位于北京的淘宝网化妆品零售为例》，《地理学报》2013 年第 10 期。

陆军、宋吉涛、梁宇生、徐杰：《基于二维时空地图的中国高铁经济区格局模拟》，《地理学报》2013 年第 2 期。

王姣娥、焦敬娟、金凤君：《高速铁路对中国城市空间相互作用强度的影响》，《地理学报》2014 年第 12 期。

陆大道：《关于“点－轴”空间结构系统的形成机理分析》，《地理科学》2002 年第 2 期。

倪鹏飞：《新型城镇化的基本模式、具体路径与推进对策》，《江海学刊》2013 年第 1 期。

城市竞争力分项报告

BLUE BOOK

Report on Classified Urban Competitiveness

B.4

中国宜居城市竞争力报告

——迈向以人为本的宜居城市

李光全*

宜居是人类对城市生活的基本追求，只有宜居才能提升满足感、幸福感，才能汇聚人才从而实现大众创业万众创新。近年来，我国城市内涝灾害频发，造成了不良社会影响，已引起国内外的广泛关注。2012 年发表在美国《自然灾害》杂志上的一项全球研究显示，上海是全球最容易遭受严重洪灾的城市；2013 年《全球 20 个面临洪涝最脆弱城市》的研究仍旧指出，中国广州、深圳、天津、厦门位列其中，且前三个城市分别高居首位、第 5 位、第 7 位。城市洪涝灾害已经成为城市生活风险的重要因素和影响城市宜居的核心型难题。

* 李光全，兰州大学区域经济学博士，青岛行政学院管理学部副教授，中国城市经济学会生态宜居委员会秘书长，中国第三产业研究中心特约研究员，首届孙冶方经济科学基金会青年精英奖获得者，研究方向：城市经济与区域创新发展。

一　宜居城市竞争力的总体分析

总体看来，2015 年中国 289 个城市宜居竞争力的整体态势体现为平均指数仍未过半，半数城市低于宜居均值。从表 4－1 可以发现，2015 年中国宜居城市竞争力指数均值为 0.4346，标准差为 0.1690，城市宜居竞争力水平整体仍然偏低，城市间宜居竞争力差异较大。其中，在该年度有 168 个城市低于全国宜居竞争力指数均值，占比高达 58.13%，且宜居竞争力均值高于中位数 0.4099，宜居竞争力的现有水平很大程度来自高宜居竞争力水平的拉动。

表 4－1　2015 年宜居城市竞争力指数

变量	单位	样本数	平均值	标准差	最小值	最大值	低于平均值的城市数量	中位数
指数	/	289	0.434597	0.168976	0	1	168	0.409873

资料来源：中国社会科学院城市与竞争力指数数据库。

二　排水管道密度单项指标的分析

（一）排水管道密度单项指标选择的理由

城市洪涝灾害已经成为城市生活风险的重要因素和影响城市宜居的核心型难题。2012 年北京“7·21”特大暴雨引发 79 人死亡的洪涝灾害，让我国城市所面临的洪涝问题在屡屡被诟病后触发了社会广泛强烈的关注，国务院办公厅也于2013 年下发了《关于做好城市排水防涝设施建设工作的通知》的 23 号文件，计划全面提升我国城市排水防涝和防灾减灾能力，但问题始终没有得到彻底解决。与全国频传城市被淹相伴，同样遭受大暴雨的青岛却因为下水道管网的有效排水被公众冠以“中国最不怕淹的城市”之名，每每遇到大雨都被作为样板而为公众津津乐道。青岛市良好的下水道管网系统与早年德国人最开始的规划与建设示范有着莫大关系，尤其是后来城市下水管道建设对德国设计和建设思路的延续使得整个城市抗洪涝灾害水平闻名全国。总体来看，当务之急是提升排水管道密度和排涝能力，最大程度降低洪涝灾害风险对城市宜居竞争力改善的影响概率，回应城市居民对城市以人为本和提供最大化福利改善的宜居诉求。这也是我们专门选择排水管道密度作为2015年中国宜居城市竞争力报告单项指标进行专题分析的主要原因。

（二）整体态势：水平较高半数城市超过均值，香港夺魁东南十强六席

1. 整体水平：平均指数几近一半，半数城市高于平均水平

如表4－2所示，2015年中国城市排水管道密度指数均值为0.4999，标准差为0.2902，城市排水管道密度指数水平整体较高，城市间宜居竞争力差异较大。其中，在该年度有144个城市低于全国城市排水管道密度指数均值，占比达到49.83%，且排水管道密度指数均值略低于中位数0.50，说明全国排水管道密度指数的现有水平在高排水管道密度指数城市和低排水管道密度指数城市拉动上作用基本等同。

表4－2　2015年全国城市排水管道密度指数

变量	单位	样本数	平均值	标准差	最小值	最大值	低于平均值的城市数量	中位数
指数	/	289	0.49994	0.290188	0	1	144	0.5

资料来源：中国社会科学院城市与竞争力指数数据库。

2. 全国十强：香港头名无锡丽江次之，东南六城苏粤各占两席

2015年，在中国289个城市的排水管道密度指数排名中（见表4－3），香港、无锡、丽江、东莞、澳门、莆田、天津、常州、上海、中山位居前十。从前十强城市的分布看，东南地区的江苏和广东各有两个城市入选，分别是无锡、常州和东莞、中山，东南地区占比较高；入选中国宜居城市竞争力报告的香港和澳门双双位列十强，且位次较为靠前。整体看来，前10名的城市除丽江外，主要集中于沿海省市且以珠三角、长三角为重。从排水管道密度指数全国十强的具体指数看，前十强差距相对较小，首位城市香港一枝独秀的特点并不突出。

表 4-3　2015 年城市排水管道密度指数十强

排　名	城　市	省　份	地　区	标准化
1	香　港	香　港	港澳台	1
2	无　锡	江　苏	东　南	0.996528
3	丽　江	云　南	西　南	0.993056
4	东　莞	广　东	东　南	0.989583
5	澳　门	澳　门	港澳台	0.986111
6	莆　田	福　建	东　南	0.982639
7	天　津	天　津	环渤海	0.979167
8	常　州	江　苏	东　南	0.975694
9	上　海	上　海	东　南	0.972222
10	中　山	广　东	东　南	0.96875

资料来源：中国社会科学院城市与竞争力指数数据库。

（三）一、二、三、四线城市比较：一线城市优势突出，各线榜首指数差值较小榜尾城市位次临近

按照如下标准对我国一、二、三、四线城市进行划分：一线城市指包括香港和澳门在内的直辖市，二线城市指计划单列市和副省级城市，三线城市指除副省级以外的省会城市，其他研究城市为四线城市。经测算后，存在以下规律。

1. 整体比较：按一二四三线逐级递减，城市差距三线最大一线最小

从各线城市指数均值比较看（见表 4-4），排水管道密度指数的均值呈现明显的按照一、二、四、三线城市逐级递减的特征。此外，三、四线城市平均水平低于全国平均水平。同时从表 4-4 中标准差的比较看，各线城市内排水管道密度指数的差距三线城市最大、一线城市最小；除三线城市外，各线内差距均小于全国平均水平。

2. 线内峰值：一线香港二线青岛，三线海口四线无锡

从各线城市排水管道密度指数最大值看（见表 4-4），一线城市中香港排水管道密度指数水平最高，指数高达 1.0，在全国 289 个城市中高居第一；二线城市中青岛位居榜首，排水管道密度指数达到 0.9592，在全国 289 个城市中居第 16 位；三线城市中海口优势最为显著，排水管道密度指数达到 0.7937，

在全国289个城市中居第63位；四线城市中最佳城市无锡超越二线、三线的榜首城市青岛、海口，居全国第2位。

表4-4　2015年各线城市排水管道密度指数分析

各线城市	均值	标准差	最小值	最大值
一线	0.872776	0.18412	0.581511192 重庆127	1.0 香港1
二线	0.670046	0.19456	0.349891207 济南193	0.959189315 青岛16
三线	0.424888	0.293881	0.04792343 昆明277	0.793687856 海口63
四线	0.498342	0.289866	0 石嘴山289	0.9965 无锡2
全国平均	0.49994	0.290188	0 石嘴山289	1.0 香港1

注：1. 表格中城市后面数字代表在全国位次；2. 表格中城市上面数字为具体指数。
资料来源：中国社会科学院城市与竞争力指数数据库。

3. 线内谷值：一线重庆二线济南，三线昆明四线石嘴山

从各线宜居城市竞争力最小值看（见表4-4），一线城市中重庆排水管道密度指数水平最低，指数仅为0.5815，在全国289个城市中居第127位；二线城市中济南居该线城市榜尾，排水管道密度指数仅为0.3499，在全国289个城市中居第193位；三线城市中昆明排水管道密度劣势最为明显，指数仅为0.0479，在全国289个城市中居第277位；四线城市中排水管道密度指数的末位城市石嘴山，也是2015年全国排水管道密度指数的榜尾城市。

（四）区域比较：东南沿海领跑，中部、东北、西南、西北落后

1. 整体比较：港澳环渤海东南位列前三，城市差距东南最大港澳最小

2015年的排水管道密度指数区域排名依次为港澳、环渤海、东南、中部、西南、东北、西北，如表4-5所示。从排名上来看，指数高于全国所有城市平均值的区域是港澳、环渤海、东南和中部地区，而西南、东北、西北三个区域的排水管道密度指数均值则落后于全国平均水平。

表 4-5 2015 年排水管道密度指数区域分析

区　域	均值	标准差	最小值	最大值
环渤海	0.658596	0.200095	0.106509 承德 257	0.979167 天津 7
东　南	0.632217	0.301243	0.003472 云浮 288	0.996528 无锡 2
中　部	0.511022	0.254514	0.010417 淮北 286	0.961806 亳州 12
东　北	0.311662	0.225515	0.013889 七台河 285	0.809028 铁岭 56
西　南	0.495954	0.273227	0.006944 六盘水 287	0.993056 丽江 3
西　北	0.294737	0.265095	0 石嘴山 289	0.930556 巴彦绰尔 21
港　澳	0.992982	0.009924	0.986111 澳门 5	1.0 香港 1
全国平均	0.49994	0.290188	0 石嘴山 289	1.0 香港 1

注：1. 表格中城市后面数字代表在全国位次；2. 表格中城市上面数字为具体指数。
资料来源：中国社会科学院城市与竞争力指数数据库。

同时从表 4-5 中标准差的比较看，各区域城市排水管道密度指数的差距东南地区最大，西南、西北、中部、东北和环渤海依次递减，港澳地区最小，且各线内差距只有东南地区高于全国平均水平。

2. 区内峰值：东南无锡中部亳州，东北铁岭西北巴彦绰尔，西南丽江环渤海天津

从各区域排水管道密度指数最大值看（见表 4-5），东南地区无锡排水管道密度指数最高，达到 0.9965，居全国第 2 位；中部城市中亳州优势最为显著，排水管道密度指数达到 0.9618，在全国 289 个城市中高居第 12 位；东北地区城市中铁岭位居榜首，排水管道密度指数达到 0.8090，在全国 289 个城市中居第 56 位；西南地区城市中丽江以绝对优势位居第 1，排水管道密度指数高达 0.9931，位列全国第 3；西北地区城市中巴彦绰尔排水管道密度指数最高，达到 0.9306，居全国第 21 位。

3. 区内谷值：东南云浮中部淮北，东北七台河西北石嘴山，西南六盘水环渤海承德

从各区域排水管道密度指数最小值看（见表4－5），东南地区排水管道密度指数最低城市为云浮，指数为0.0035，在全国仅排名第288位；中部城市中淮北劣势最为明显，排水管道密度指数仅为0.0104，在全国289个城市中排名第286位；东北地区城市中七台河居区内末位，排水管道密度指数为0.0139，全国排名第285位；西南地区中排水管道密度指数的末位城市六盘水仅为0.0069，列全国第287位；西北地区城市中石嘴山排水管道密度指数最低，同时也是全国排水管道密度指数榜尾城市；环渤海地区排水管道密度指数最低的是承德，指数为0.1065，居全国第257位。

（五）百强分布：省域江苏最喜陇黑两省最悲，百强五十强均东南最多

1. 百强城市省域分布：江苏13城八成入列百强，陇黑两省城多但颗粒无收

2015年全国排水管道密度指数百强城市名单和省域分布见表4－6和表4－7。从入选城市数量看，江苏、安徽、山东数量最多，分别达到11个、10个、10个；四川、广东、浙江位列第二层级，入选城市分别为8个、7个、7个；江西、湖南、河北、内蒙古、广西、湖北、山西、云南、辽宁、海南、福建位列第三层级，其中入选全国排水管道密度指数百强城市分别为5个、5个、4个、4个、4个、3个、3个、3个、3个、2个和2个；其他省份除甘肃、贵州、新疆、黑龙江为零外，都只有1个城市入选。从区域排水管道密度指数百强城市数量占其入选宜居报告城市的比例看，江苏优势明显，13城中11城入选百强；而黑龙江和甘肃各12城但入选全国排水管道密度指数百强为零。

表4－6　2015年全国排水管道密度指数百强城市名单

排名	城市名称									
1～10	香港	无锡	丽江	东莞	澳门	莆田	天津	常州	上海	中山
11～20	湖州	亳州	金华	河池	威海	青岛	扬州	苏州	达州	衢州
21～30	巴彦淖尔	台州	镇江	合肥	武汉	鄂尔多斯	马鞍山	呼伦贝尔	芜湖	舟山

续表

排名	城市名称									
31~40	滨州	秦皇岛	池州	淮安	丽水	邵阳	岳阳	漳州	佛山	南通
41~50	宣城	邯郸	上饶	聊城	宁波	日照	泰州	铜陵	滁州	荆门
51~60	临沧	衡阳	抚州	河源	来宾	铁岭	朔州	成都	深圳	安庆
61~70	防城港	巴中	海口	晋中	三亚	邢台	珠海	南充	宿迁	绵阳
71~80	盐城	新余	玉林	临沂	潍坊	西安	宿州	长春	吉安	包头
81~90	湘潭	朝阳	莱芜	黄石	烟台	玉溪	丹东	淄博	石家庄	吕梁
91~100	北京	西宁	九江	驻马店	连云港	广元	遂宁	惠州	眉山	娄底

资料来源：中国社会科学院城市与竞争力指数数据库。

表4-7　2015年排水管道密度指数全国百强城市的省域分布

名　称	数量	占其入选宜居报告城市比例	名　称	数量	占其入选宜居报告城市比例
广　东	7	7/21	北　京	1	1/1
江　苏	11	11/13	贵　州	0	0/6
山　东	10	10/17	黑龙江	0	0/12
浙　江	7	7/11	湖　北	3	3/12
辽　宁	3	3/14	吉　林	1	1/9
江　西	5	5/11	山　西	3	3/11
福　建	2	2/9	陕　西	1	1/10
河　北	4	4/11	上　海	1	1/1
安　徽	10	10/16	四　川	8	8/18
湖　南	5	5/13	新　疆	0	0/2
河　南	1	1/17	云　南	3	3/8
海　南	2	2/2	重　庆	1	1/1
内蒙古	4	4/9	香　港	1	1/1
广　西	4	4/14	天　津	1	1/1
澳　门	1	1/1	甘　肃	0	0/12

资料来源：中国社会科学院城市与竞争力指数数据库。

2. 百强城市区域分布：半数城市集中于东南中部两区，环渤海东南入选比例锁定前两位

在2015年排水管道密度指数全国百强城市中（见表4-8），东南和中部地区入选最多，分别高达28席和27席，二者已占百强城市的55%；西南和环渤海两个地区较为接近，分布占据17席和16席；西北、东北和港澳三区则分占6席、4席和2席。

表 4-8　2015 年排水管道密度指数全国百强城市的区域分布

区　域	入百强数量	入选宜居报告城市数量	区域城市中百强占比(%)
环渤海	16	30	53.33
东　南	28	55	50.91
中　部	27	80	33.75
东　北	4	34	11.76
西　南	17	49	34.69
西　北	6	39	15.38
港　澳	2	2	100

资料来源：中国社会科学院城市与竞争力指数数据库。

从区域内百强城市入选比例看，除港澳外，环渤海地区最高，达到53.33%；东南地区次之，达到50.91%；西南地区、中部地区、西北地区、东北地区入选比例则依次降低。

3. 50强城市区域分布：东南集聚半数东北仅有一席，东南环渤海入选比例最高

在2015年排水管道密度指数全国50强中（见表4-9），东南地区优势较为突出，单个区域集聚38%的城市；环渤海地区和中部地区次之，分别集聚了26%和16%的城市；西南、西北和港澳地区入选数量较为接近，分别为3个、3个和2个；东北地区没有城市入选。

表 4-9　2015 年排水管道密度指数全国 50 强城市的区域分布

区　域	前50强数量	入选宜居报告城市数量	区域城市中前50强占比(%)
环渤海	8	30	26.67
东　南	21	55	38.18
中　部	13	80	16.25
东　北	0	34	0
西　南	3	49	6.12
西　北	3	39	7.69
港　澳	2	2	100

资料来源：中国社会科学院城市与竞争力指数数据库。

此外，从50强城市和百强城市区域分布的比较看，50强城市的单区域集聚特点更加明显，但从区域城市入选比例看，各区域50强城市入选比例差距比较大。

（六）发展走势：一二线城市持续走高，西北中部均值变化动荡明显

1. 一二三四线走势：一二线均值持续提升，香港青岛一二线连续榜首昆明三年三线榜尾

2013、2014 和 2015 年连续三年各线城市排水管道密度指数分析见表 4－10。（1）一线城市的三年变化：均值连续增大，城市排水管道密度指数水平不断提升；标准差持续缩小，线内城市差距越来越小；香港连续三年位居一线城市榜首，重庆位居 2013 和 2015 年的一线城市榜尾，2014 年一线城市的榜尾则归属北京。（2）二线城市的三年变化：均值连续增大，城市排水管道密度指数水平不断提升；标准差整体呈扩大态势，线内城市差距的趋势朝增大方向变化；青岛连续三年在二线城市居首位，哈尔滨位居 2013 和 2014 年的二线城市榜尾，2015 年二线城市的榜尾则让位于济南。（3）三线城市的三年变化：均值整体呈增大态势，城市排水管道密度指数水平不断提升；标准差持续增大，线内城市差距越来越大；昆明连续三年在三线城市居末位，海口位居 2013 和 2015 年的三线城市榜首，2014 年三线城市的榜首则由贵阳占据。（4）四线城市的三年变化：均值呈增大趋势，城市排水管道密度指数水平提升的整体趋势明显；标准差整体呈扩大态势，线内城市差距趋势表现出增大特征；临汾、百色、石嘴山分居 2013 年、2014 年和 2015 年四线城市的末位，无锡位居 2013 和 2015 年的四线城市榜首，2014 年四线城市的榜首则由丽江占据。

表 4－10　连续三年各线城市排水管道密度指数分析

各线城市	年份	均值	标准差	最小值	最大值
一线	2013	0.498531	0.330553	0.191989 重庆	1 香港
	2014	0.78653	0.330114	0.229064258 北京	1 香港
	2015	0.872776	0.18412	0.581511192 重庆	1 香港

续表

各线城市	年份	均值	标准差	最小值	最大值
二线	2013	0. 24607	0. 095464	0. 108411 哈尔滨	0. 420294 青岛
	2014	0. 663901	0. 216134	0. 295854185 哈尔滨	0. 970372318 青岛
	2015	0. 670046	0. 19456	0. 349891207 济南	0. 959189315 青岛
三线	2013	0. 157744	0. 09288	0. 02243 昆明	0. 311081 海口
	2014	0. 425561	0. 280529	0. 019559421 昆明	0. 80305968 贵阳
	2015	0. 424888	0. 293881	0. 04792343 昆明	0. 793687856 海口
四线	2013	0. 188458	0. 121778	0 临汾	1 无锡
	2014	0. 499889	0. 290435	0 百色	1 丽江
	2015	0. 498342	0. 289866	0 石嘴山	1 无锡

注：表格中城市上面数字为具体指数。

资料来源：中国社会科学院城市与竞争力指数数据库。

2. 区域走势：西北中部均值变化动荡明显，天津无锡稳居环渤海东南首位，承德伊春在环渤海东北连续两年末位

2013、2014 和 2015 年连续三年各区域城市排水管道密度指数分析见表4－11。具体来看：（1）环渤海地区城市的三年变化：均值连续增大，城市排水管道密度指数水平高且提升趋势明显；标准差变化呈“左宽右窄”倒 U 形，线内城市差距整体有变大趋势；天津连续三年位居环渤海城市榜首，2013 年环渤海城市的榜尾归属莱芜，2014 和 2015 年环渤海城市的榜尾则一直由承德占据。（2）东南地区城市的三年变化：均值连续三年增大，城市排水管道密度指数水平提升趋势明显；标准差越来越大，线内城市差距也愈加增大；无锡连续三年位居东南城市榜首，2013 年、2014 年和 2015 年的东南城市榜尾分别由清远与阳江、南平、云浮轮流占据。（3）中部地区城市的三年变化：均值和区域内城市标准差均呈“左宽右窄”倒 U 形变化，区域城市排水管道密度

指数水平整体表现出提升趋势，线内城市差距整体有变大趋势；2013 年、2014 年和 2015 年中部城市的榜首和榜尾城市则一直在变。（4）东北地区城市的三年变化：均值连续增大，城市排水管道密度指数水平提升趋势明显；标准差变化呈“左宽右窄”倒 U 形，线内城市差距整体有变大趋势；2013 年和 2014 年，东北地区连续两年榜首和榜尾城市分别由丹东和伊春占据，2015 年东北地区城市的榜首和榜尾则分别让位于铁岭和七台河。（5）西南地区城市的三年变化：均值连续增大，城市排水管道密度指数水平提升趋势明显；标准差变化呈“左宽右窄”倒 U 形，线内城市差距整体有变大趋势；2013 年西南地区城市的榜首归属三亚，2014 和 2015 年西南地区城市的榜首则由丽江夺得；2013 年、2014 年和 2015 年的西南城市榜尾分别由昆明、百色和六盘水轮流占据。（6）西北地区城市的三年变化：均值先升后降，城市排水管道密度指数水平提升趋势明显；标准差越来越大，线内城市差距整体有变大趋势；2013 和 2014 年西北地区的榜首一直由鄂尔多斯占据，2015 年则由巴彦绰尔夺得；2013 年、2014 年和 2015 年的西南城市榜尾分别由金昌、嘉峪关和石嘴山轮流占据。（7）港澳地区城市的三年变化：均值连续增大，城市排水管道密度指数水平提升趋势明显；标准差变化呈“左宽右窄”U 型，线内城市差距整体有变小趋势；香港和澳门一直是该区域排名首位和末位城市。

表 4－11　连续三年排水管道密度指数区域分析

区域	年份	均值	标准差	最小值	最大值
环渤海	2013	0. 22947	0. 104117	0. 018692 莱芜	0. 563685 天津
	2014	0. 655371	0. 225721	0. 111111 承德	0. 986063 天津
	2015	0. 658596	0. 200095	0. 106509 承德	0. 979167 天津
东南	2013	0. 25975	0. 171307	0. 001602 清远、阳江	1. 0 无锡
	2014	0. 628128	0. 296476	0. 055749 南平	0. 996516 无锡
	2015	0. 632217	0. 301243	0. 003472 云浮	0. 996528 无锡

续表

区域	年份	均值	标准差	最小值	最大值
中部	2013	0. 18238	0. 081095	0 临汾	0. 390921 武汉
	2014	0. 521086	0. 257862	0. 003484 黄冈	0. 972125 邵阳
	2015	0. 511022	0. 254514	0. 010417 淮北	0. 961806 亳州
东北	2013	0. 121134	0. 067628	0. 018959 伊春	0. 316956 丹东
	2014	0. 301496	0. 234112	0. 02439 伊春	0. 905923 丹东
	2015	0. 311662	0. 225515	0. 013889 七台河	0. 809028 铁岭
西南	2013	0. 197443	0. 126717	0. 02243 昆明	0. 749533 三亚
	2014	0. 463486	0. 282358	0 百色	1 丽江
	2015	0. 495954	0. 273227	0. 006944 六盘水	0. 993056 丽江
西北	2013	0. 14435	0. 087822	0. 038184 金昌	0. 40721 鄂尔多斯
	2014	0. 33512	0. 259397	0. 020906 嘉峪关	0. 919861 鄂尔多斯
	2015	0. 294737	0. 265095	0 石嘴山	0. 930556 巴彦绰尔
港澳	2013	0. 874766	0. 177107	0. 749533 澳门	1 香港
	2014	0. 991289	0. 007391	0. 986063 澳门	1 香港
	2015	0. 992982	0. 009924	0. 986111 澳门	1 香港

注：表格中城市上面数字为具体指数。

资料来源：中国社会科学院城市与竞争力指数数据库。

三 总结

对2015年全国宜居城市竞争力而言，半数城市低于全国宜居竞争力平均水平；在一二三四线城市比较上，宜居水平逐级递减，线内城市差距四线最大二线最小；在宜居城市区域分布上，港澳东南最优，区内城市差距西南最大中部最小；在百强城市省域分布上，浙江11城全部入列百强，黑龙江12市颗粒无收。

对2015年全国城市排水管道密度指数而言，整体水平较高且有半数城市超过全国平均水平，香港夺魁东南十强占六席，东南六城苏粤各占两席。从一、二、三、四线城市比较看，一线城市优势突出，按一二四三线逐级递减；各线榜首指数差值较小榜尾城市位次临近，城市差距三线最大一线最小；线内最大值是一线香港二线青岛，三线海口四线无锡；线内最小值是一线重庆二线济南，三线昆明四线石嘴山。从区域比较看，港澳环渤海东南位列前三，城市差距东南最大港澳最小；区内最大值是东南无锡中部亳州，东北铁岭西北巴彦绰尔，西南丽江环渤海天津；区内最小值是东南云浮中部淮北，东北七台河西北石嘴山，西南六盘水环渤海承德。从百强城市分布看，江苏13城八成入列百强，陇黑两省城多但颗粒无收；半数城市集中于东南中部两区，环渤海东南入选比例锁定前两位；50强城市东南集聚半数东北仅有一席，东南环渤海入选比例最高。从发展走势看，一二线城市排水管道密度指数水平持续走高，香港青岛一二线连续榜首，昆明三年三线榜尾；西北中部均值变化动荡明显，天津无锡稳居环渤海东南首位，承德伊春在环渤海东北连续两年末位。

主要参考文献

倪鹏飞等：《中国城市竞争力报告 No. 11——新基准：建设可持续竞争力理想城市》，社会科学文献出版社，2013。

Rasoolimanesh, etc. City Development Strategies and Sustainable Urbanization in Developing World. *Procedia - Social and Behavioral Sciences*, 2012 (36).

牛文元：《2013中国新型城市化报告》，科学出版社，2013。

李光全：《温哥华为何能成为宜居城市》，《学习时报》2013 年 6 月 10 日第 2 版。

李光全：《健康城镇化内涵与实现路径的理论建构》，《农村金融研究》2014 年第 5 期。

李光全：《中国城市竞争力及其影响要素分解》，《开发研究》2013 年第 3 期。

聂华林、李光全：《区域规划导论》，中国社会科学出版社，2009。

B.5

中国宜商城市竞争力报告

——迈向创业至上的宜商城市

李清彬*

一　我国城市宜商竞争力总体情况

综合近几年的宜商竞争力得分结果可以发现，我国城市的宜商竞争力整体得分水平不高，这主要源于一小部分城市遥遥领先，使得其他城市得分相对较低。

1. 我国城市宜商竞争力水平偏低，城市间差距短时期内难收敛

我国城市宜商竞争力水平偏低。2015 年城市宜商竞争力得分均值是 0.282，中位数城市得分为 0.245。从得分数值来看，我国城市宜商竞争力的整体水平不高，而且超过一半城市位于均值水平之下（均值高于中位数）。从我们的计算方法分析，这主要是由于城市间得分差距较大，宜商竞争力强的城市数量虽然较少，但分值较高，从而将均值拉到中位数之上。

城市间差距短时期内难收敛。从近几年的数据结果比较看，指数均值呈轻微下滑态势，从 0.317 下降到 0.282，城市宜商竞争力不进反退，这主要反映了城市间差距的持续扩大。我们判断，城市间由于资源禀赋、发展基础、行政级别等方面的差距，短时期内难以出现收敛特征。未来一段时期内，虽然个别城市的宜商程度将随着六维度指标的不断提升而有所上升，但全国城市的宜商指数均值可能会出现进一步下滑。

* 李清彬，南开大学经济学博士，国家发展和改革委员会经济研究所助理研究员，主要研究方向为财政体制和政策、收入分配、城市和区域经济学，2009 年起连续参与《中国城市竞争力报告》的撰稿。

表5－1　近三年报告中城市宜商竞争力指数情况

年份	样本数	均值	中位数	标准差	变异系数
2013	287	0.317	0.295	0.151	0.476
2014	289	0.299	0.257	0.175	0.585
2015	289	0.282	0.245	0.162	0.574

资料来源：中国社会科学院城市与竞争力指数数据库。

2. 我国城市宜商竞争力指数集中分布在左端，呈“尖葫芦”形状

宜商指数集中分布在左端。近几年的报告中，我们都绘制了城市宜商竞争力指数的核密度分布图，从而观察我国城市宜商情况的大体分布情况。多年的指数分布大体呈现相同的规律：集中分布在左端。以2015年的情况来看，我国城市宜商竞争力得分集中分布在0.15～0.25的区间里，多数城市得分落在了0.6以下，只有少部分城市得分超过了0.6，表明多数城市的宜商竞争力处于“中下”水平。

宜商指数分布呈“尖葫芦”形状。在上述核密度分布图基础上，我们做一点变通从而使规律显现得更加直观：将我国城市宜商竞争力的核密度分布图逆时针旋转90度，并对称地接上另一半形状，由此得到我国城市宜商竞争力的分布形状（见图5－1）。可以发现，我国城市宜商竞争力指数分布呈“尖葫芦”形状：上部尖细，表明少数城市宜商竞争力较强；底部胖大，说明多数

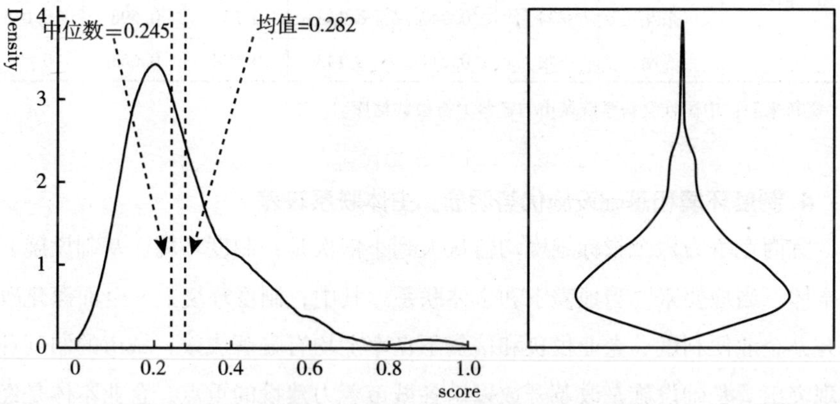

图5－1　我国宜商城市竞争力指数分布及形状示意

资料来源：中国社会科学院城市与竞争力指数数据库。

城市宜商竞争力得分较低。在居民收入分布的研究范畴中，通常认为“橄榄形”社会是理想的稳定状态。假定宜商竞争力的理想目标也是橄榄形分布形状，即呈现“中间大，两头小”的分布形状，那我国城市宜商程度的提升和发展仍任重而道远。

3. 七区域明显分为三大阶梯，西南区域垫底

对各区域均值进行排列，从大到小依次是：港澳、环渤海、东南、西北、中部、东北和西南。对照上年结果可知，西北区域超过了中部和东北，不过这三个区域的得分差别很小。从得分来看，各区域很明显地分为三个阶梯：第一阶梯是港澳区域，得分均值为0.7，一如既往保持遥遥领先态势；第二阶梯是环渤海和东南区域，两区域得分较为接近，分别是0.376和0.372；第三阶梯为其余四个区域，得分落在0.2～0.3之间。

表5－2　分区域宜商竞争力指数描述

	区域	城市数量	平均值	标准差	变异系数	最大值	最小值
第一阶梯	港澳	2	0.700	0.294	0.420	0.908	0.492
第二阶梯	环渤海	30	0.376	0.176	0.468	1	0.205
	东南	55	0.372	0.188	0.505	0.936	0.084
第三阶梯	西北	39	0.251	0.127	0.506	0.596	0.065
	中部	80	0.248	0.116	0.468	0.707	0.101
	东北	34	0.247	0.133	0.538	0.598	0.015
	西南	49	0.211	0.143	0.678	0.663	0

资料来源：中国社会科学院城市与竞争力指数数据库。

4. 制度环境和基础设施优势明显，主体联系较差

宜商竞争力六个指标维度均值从大到小依次是：制度环境、基础设施、企业本体、当地要素、当地需求和主体联系。其中，制度环境上，全面深化改革在开办企业便利度、企业税负和信贷不良率上均有显著成效，城市的制度环境表现突出。基础设施是改革开放以来各城市着力建设的重点，企业本体是经济活力的集中体现，当地要素体现出我国城市的劳动力素质、创新能力、投资准备（储蓄）状况，当地需求则表现为各城市的整体消费需求，这几个维度得

分相当。然而“主体联系”整体较差，表明我国城市与外部的经济交往程度仍有待提升。

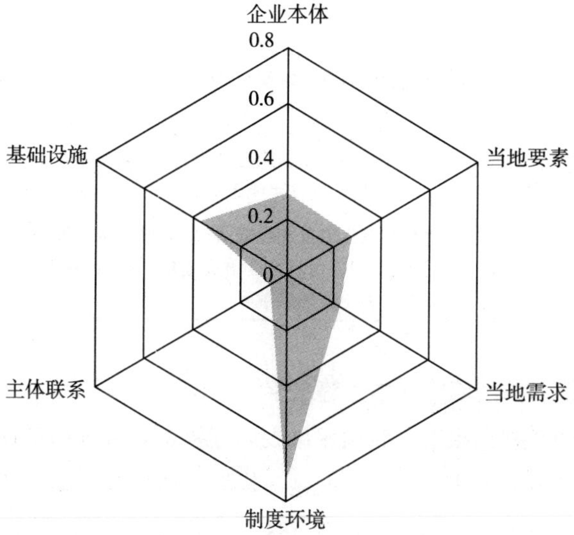

图 5-2　六维度指标得分情况

资料来源：中国社会科学院城市与竞争力指数数据库。

二　单项指标分析：人均存款余额

宜商竞争力指标体系包括六个维度、20 个指标，分别是企业本体、当地要素、当地需求、制度环境、主体联系和基础设施。其中，当地要素维度包括工资、大专以上人口比例、专利指数和人均存款余额四个指标。当地要素很大程度上代表了一个城市的基础条件以及其在人、财、物上的组织能力，这对于城市宜商属性至关重要。人均存款余额指标是当地要素维度的重要组成指标。人均存款余额代表了可运用资金量，是推动城市发展的“财力”，该指标越大，表明城市的融资空间越大，为宜商城市发展的财力支撑也就越大。以下从总体指标得分情况、区域格局和城市排名等方面对该单项指标做出全方位的分析，并对该指标可能展现出的规律特征进行探索。

表 5－3　宜商城市竞争力指标体系：当地要素

一级指标	二级指标	指标内涵说明
当地要素	工资	代表城市劳动力报酬水平,工资水平越高,对人才要素的吸引力越强
	大专以上人口比例	代表人力资本条件,其比重高,说明该城市人力资本更为雄厚,能够支撑更长远的发展
	专利指数	代表知识和创新能力及潜力,专利指数越高,说明城市科技创新属性越强,往往更能聚集宜商要素、塑造宜商环境
	人均存款余额	代表城市储蓄和投资情况,是推动城市发展的"财力",该指标越大,表明城市的可运用资金量和融资空间越大,为宜商城市发展的财力支撑也就越大

1. 得分状况：持续稳定在中上等水平

从近几年的数据结果看，我国城市人均存款余额持续稳定在 0.5 水平，而离散程度也几乎没有发生变化，说明这一指标数值非常平稳。从水平上看，相比近几年的城市宜商竞争力总体指数，这一单项指标的得分大致处于中上等水平，好于不少其他指标，是宜商竞争力指标体系中的提分项。总体判断，我国城市整体可使用资金量是较为丰富的，为宜商城市的建设打下了良好的基础。

表 5－4　近三年人均存款余额指标得分状况

年份	单项指标	均值	标准差	变异系数
2013	人均存款余额	0.501	0.289	0.576
2014	人均存款余额	0.500	0.290	0.580
2015	人均存款余额	0.500	0.290	0.580

资料来源：中国社会科学院城市与竞争力指数数据库。

2. 区域格局：港澳台居首，中部、西南区域拖后腿

从区域格局上看，人均存款余额指标得分排序依次是：港澳、东南、环渤海、东北、西北、中部、西南。其中，港澳遥遥领先于其他区域，反映了香港和澳门资金的丰沛程度。东南和环渤海区域得分分别为 0.649 和 0.624，东北和西北区域在 0.5 以上；而中部区域和西南区域则明显拖了后腿，西南区域得分仅为 0.347，在各区域中垫底。

表 5－5 各区域人均存款余额情况

区域	城市个数	人均存款余额得分均值	标准偏差项	变异系数
港澳	2	0.995	0.007	0.007
东南	55	0.649	0.285	0.439
环渤海	30	0.624	0.212	0.340
东北	34	0.552	0.217	0.394
西北	39	0.507	0.304	0.599
中部	80	0.407	0.257	0.633
西南	49	0.347	0.294	0.848

资料来源：中国社会科学院城市与竞争力指数数据库。

3. 前十名城市：香港稳居第一，前十名城市变化较大

在人均存款余额单项指标上，2015 年的前十位城市分别是：香港、深圳、北京、澳门、上海、东莞、广州、珠海、杭州、厦门。比较近几年的结果来看，香港已经连续三年排在第一位，地位稳固。澳门则每年下滑一个名次，2015 年报告中已经下滑至第 4 位。北京始终徘徊在第 2 和第 3 位，上海在第 4 和第 5 位。相比之下，深圳的变化较大，2013 年排在第 7 位，2014 年却跌出了前十，2015 年又超过北京升到第 2 位。其他前十的城市变动也较大，比如 2013 年报告中排在第 5 位的克拉玛依，近两年的报告中已经不见踪影。这主要是由于这些城市在该项指标的指数得分上相差不大，因而发生较大变化也是比较正常的。

表 5－6 近三年人均存款余额的前十名城市

年份	前十名									
2013	香港	澳门	北京	上海	克拉玛依	杭州	深圳	广州	珠海	太原
2014	香港	北京	澳门	上海	广州	珠海	厦门	杭州	佛山	苏州
2015	香港	深圳	北京	澳门	上海	东莞	广州	珠海	杭州	厦门

资料来源：中国社会科学院城市与竞争力指数数据库。

4. 经济体量与人均存款余额呈微弱正相关关系

经济体量与人均存款余额的关系并不明显。从全体样本来看，随着 GDP 规模增大，人均存款余额在后半段有所上升，而在前半段几乎不受影响。对此，我们以 CDP 规模指数 0.2 为界分为两个样本，分别看二者的关系。可以看出，GDP 指数小于 0.2 的样本中，二者呈相对微弱的正向相关关系，而在 GDP 大于 0.2 的样本中，二者的正向相关关系更为明显。同时，我们还以人均

存款余额指数的均值0.5为界划分两个样本来观察二者关系。在低于均值的样本中，人均存款余额几乎不会受到经济体量的影响，而高于均值的样本中二者正相关关系则变得更为明显。经济体量微弱地正向影响人均存款余额，二者关系并不强。这主要是因为，金融市场日益发达，资金流动障碍逐步减小，经济体量的提升对本地资金潜力的依赖性在逐步下降。

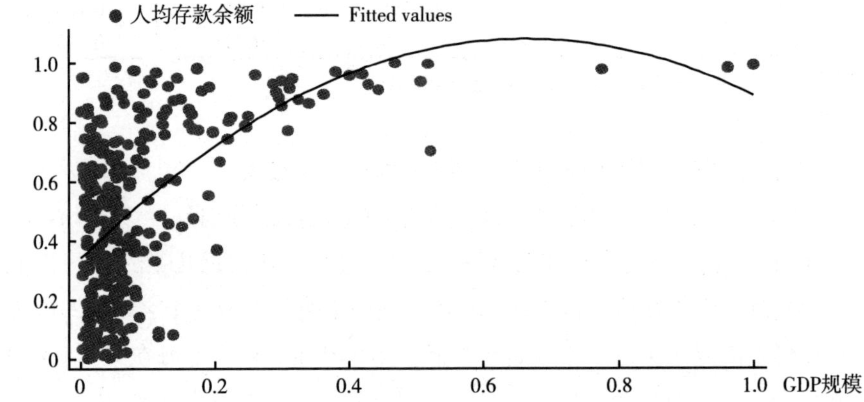

图5-3　GDP与人均存款余额关系

资料来源：中国社会科学院城市与竞争力指数数据库。

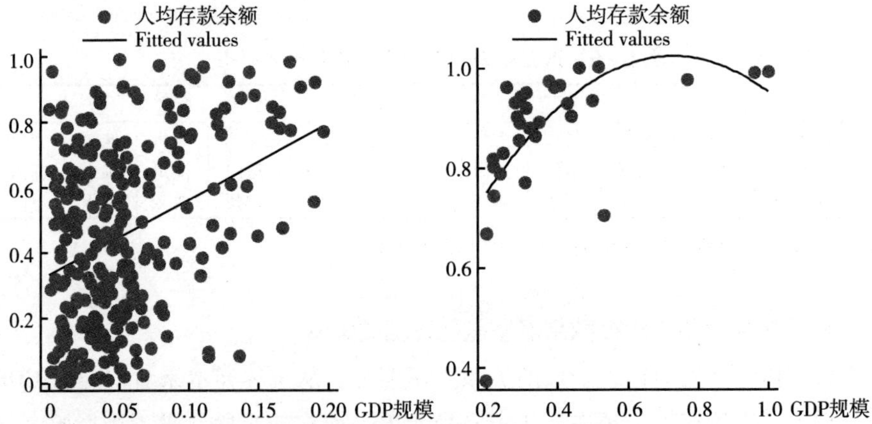

图5-4　GDP与人均存款余额-1

注：以GDP规模=0.2为界限对样本进行了划分。

资料来源：中国社会科学院城市与竞争力指数数据库。

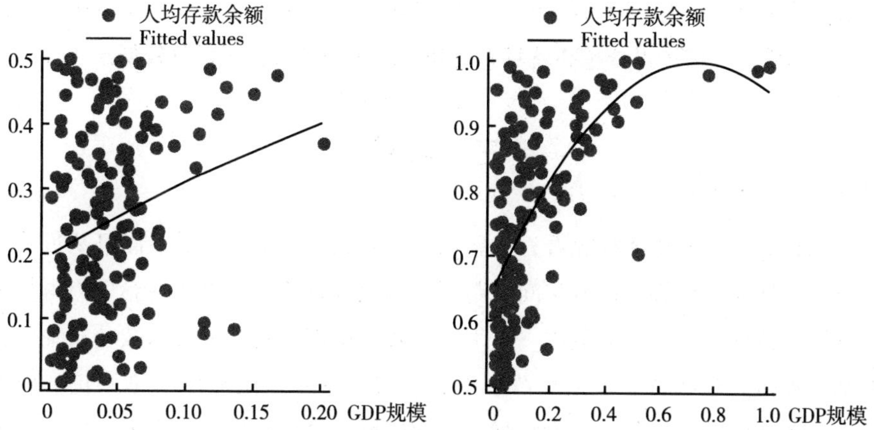

图 5-5　GDP 与人均存款余额-2

注：以人均存款余额=0.5 为界限对样本进行了划分。

资料来源：中国社会科学院城市与竞争力指数数据库。

5. 人均存款余额得分越高，离散程度越低

从数据结果看，人均存款余额得分均值越高，省级区域城市间的离散程度就越低。除几个直辖市以及青海这样仅有 1 个样本城市的省份外，我们绘制了各省人均存款余额得分均值与其离散程度之间的散点图。可以看出，二者呈现明显的负向相关关系，人均存款余额得分均值较低的省份，如贵州、广西、云南等，

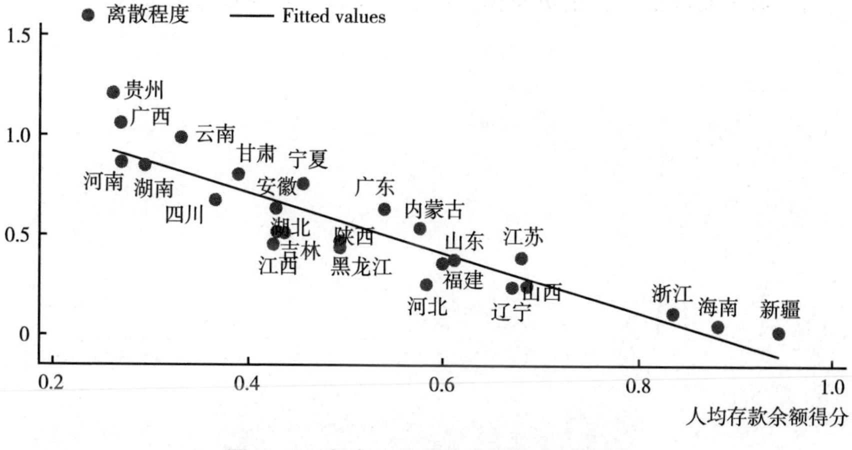

图 5-6　各省人均存款余额与变异系数

资料来源：中国社会科学院城市与竞争力指数数据库。

城市间的差异也越大；而得分较高的省份离散程度也较低。这实际上反映了该指标的外溢效应，指标得分越高就具有更强的区域外溢性，而得分较低则相反。

三　总结

从宜商竞争力总体状况看，我国城市宜商竞争力水平偏低，而且从近几年的数据结果演化趋势看，城市间差距短时期内难收敛，城市宜商竞争力得分也将继续保持低位水平，甚至进一步下滑。我国城市宜商竞争力指数分布集中在左端，大体分布格局呈“尖葫芦”形状，与理想的“橄榄形”格局仍有较大距离。七大区域明显分为三大阶梯，西南区域垫底；在指标维度上，制度环境和基础设施优势明显，而主体联系较差。

从人均存款余额指标看，该指标反映的是城市储蓄和投资情况，代表推动城市发展的财力和资金运用潜力，该指标越大，表明城市的可运用资金量和融资空间越大，为宜商城市发展的财力支撑也就越大。近几年的数据结果都显示该指标大体分布均匀，均值稳定在0.5的水平上。区域格局上，港澳居首，中部、西南区域拖后腿，香港多年稳居第一位，但前十名城市得分指数相差不大。经济体量指标对人均存款余额有正向影响关系，但并不明显，这主要由于经济体量的壮大对本地资金潜力的依赖性逐步降低。从各省情况看，该指标得分均值与城市间离散程度呈负向相关关系，反映出外溢效应的发挥。

B.6

中国知识城市竞争力报告

——迈向创新驱动的知识城市

赵英伟*

一 引言

随着中国经济发展步入新常态，单纯依靠要素递增推动的传统经济受到了来自以互联网为代表的新经济的挑战和压迫，尤其是新型“移动互联”企业的异军突起让资本疯狂追逐“移动互联网+”的模式，使知识的交叉与融合度空前提高，在资本与知识的双重作用下必将诞生出新型知识驱动的创新城市。李克强总理在2015年的政府工作报告中提出了“万众创业、大众创新”施政纲领，提倡全社会来参与知识的创新与产业的升级。然而，众所周知，所有的创业和创新来自知识的外溢所产生的新知识、新科技，知识是这一切创新的基础，城市作为新经济的载体，其知识资本存量的增减、知识传递速度的快慢往往会决定该城市发展潜力的大小与创新的高低。因此，新常态下知识城市对知识传递速度、新知识产生效率提出了更高的要求，寄期望于知识的“跨界”、“重组”，打破原有的旧模式，实现不同知识学科的交叉、不同知识领域的结合，创造出新的技术为城市带来新的活力与增长点，促使城市在知识需求、知识投入、知识产出、知识转化上实现新的跨越。

* 赵英伟，青岛科技大学讲师，经济学博士，研究方向为城市与房地产金融，中国社会科学院城市与竞争力研究中心项目组核心成员。

二　知识城市竞争力的现状①

1. 知识竞争力整体均值下降，城市间的差异缩小

2013～2015年度知识城市竞争力总体上呈现均值逐年下降，标准差、方差也随均值的变化正态分布，总体均值等相关指标的下降代表着我国城市的知识竞争力差距开始缩小。随着我国进入经济转型期，城市对知识需求、投入有明显的增加，2013年“我国科技经费投入继续保持增长，研究与试验发展（R&D）经费投入强度首次突破GDP的2%”② 可以充分地佐证这一点。变异系数的变化起伏较大，2013～2014年度呈现缩小状态，2014～2015年度变异系数出现拉大的趋势，这与专利指数数据来源的变动有直接的关系，因为国际专利替代了原来的国内专利，这一变化更有利于一、二线城市，国际专利的申请难度和费用都远高于国内专利，很多三、四线城市由于技术人才与资金的匮乏很难取得国际专利，使本年度的知识城市竞争力总体的差异系数上升，呈明显离散趋势，见图6－1。

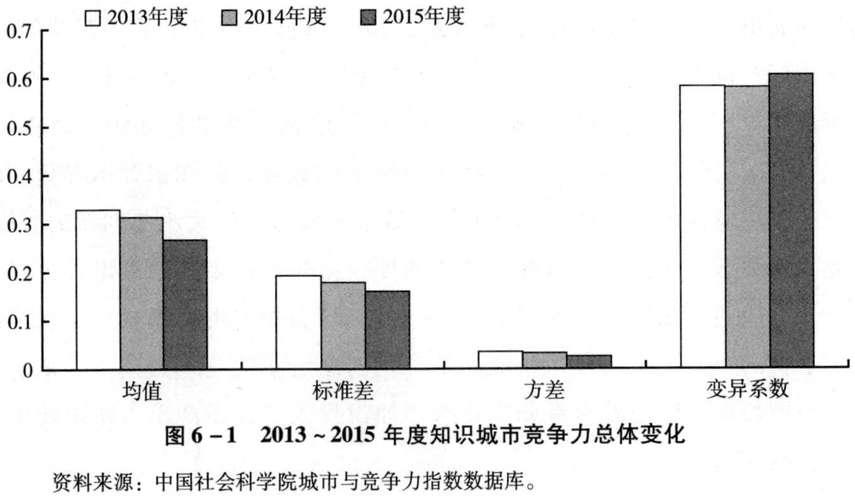

图6－1　2013～2015年度知识城市竞争力总体变化

资料来源：中国社会科学院城市与竞争力指数数据库。

---

① 本报告所用的与知识城市竞争力相关的指数来源于中国社会科学院城市与竞争力指数数据库。

② 国家统计局：《2013年全国科技经费投入统计公报》，2014年10月。

2. 我国知识城市竞争力省级排名的空间格局未变[①]

2015 年我国知识城市竞争力排名的省域分布没有大的变化，依旧是沿海的浙江、江苏、福建、广东、港澳最为强大，最具知识竞争力城市大多分布在长三角和珠三角经济带，由此可见知识城市竞争力与经济发展水平关系密切，也是可持续竞争力的重要组成。西南各省中，重庆的竞争力明显高于周边地区，中部地区的湖北省较为突出，北京、天津所在的环渤海地区的竞争力依然强大，但是向周围外溢不足，对同区位的河北省没有明显的外溢效应。西藏、贵州、云南、宁夏、甘肃、山西依旧是知识竞争力最弱的省份和地区，见图 6－2。

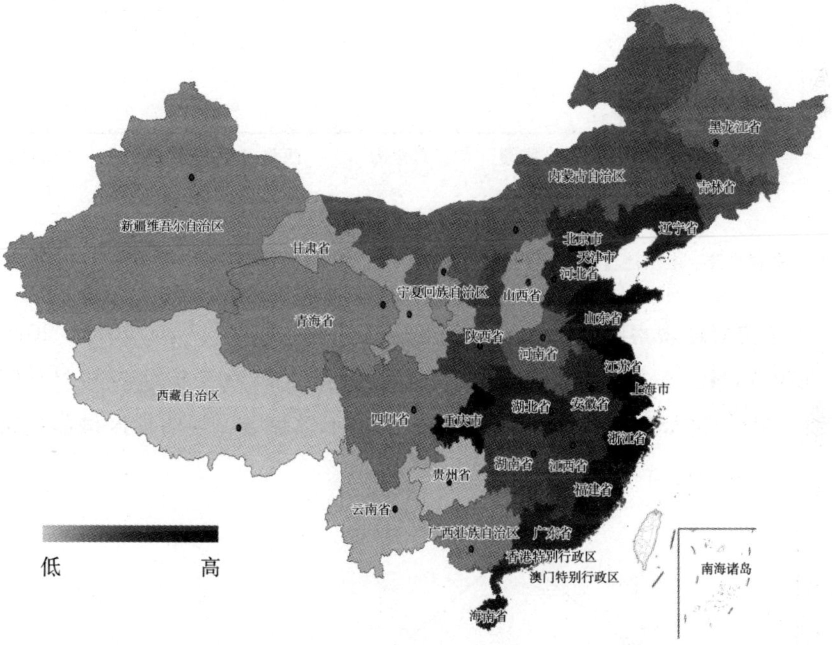

图 6－2　我国知识城市竞争力排名省域分布

资料来源：中国社会科学院城市与竞争力指数数据库。

3. 我国知识城市竞争力区域均值降低、差异缩小

从区域的角度来看，2013～2015 年度港澳地区的知识城市竞争力指数最高，东南紧随其后，并且对港澳地区形成追赶的势头，两者的差距逐年减少。

① 我国台湾地区由于数据统计口径的差异较大未做排名。

随后是环渤海和东北地区，其均值都在全国均值之上。中部、西南、西北地区属于我国知识竞争力较弱的区域，但是可喜的是在全国其他区域均值快速降低时西南、西北地区的降幅很少，说明整体差异出现缩小，见图 6－3。

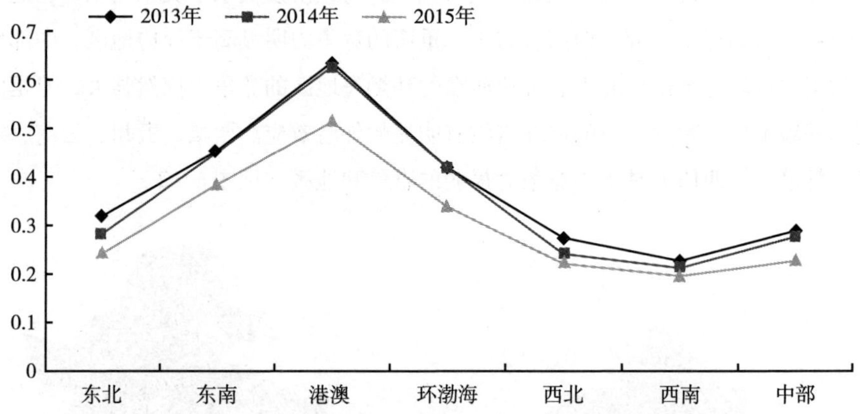

图 6－3　2013～2015 年度知识城市竞争力区域均值

资料来源：中国社会科学院城市与竞争力指数数据库。

为了更好地观察区域内部差异程度的变化，本报告分析了 2013～2015 年各区域的标准差，发现港澳区域的差异波动最大，2015 年度内部差异降至 0.058。另外环渤海、东南地区的差异收敛得不够显著，说明该区域的内部差

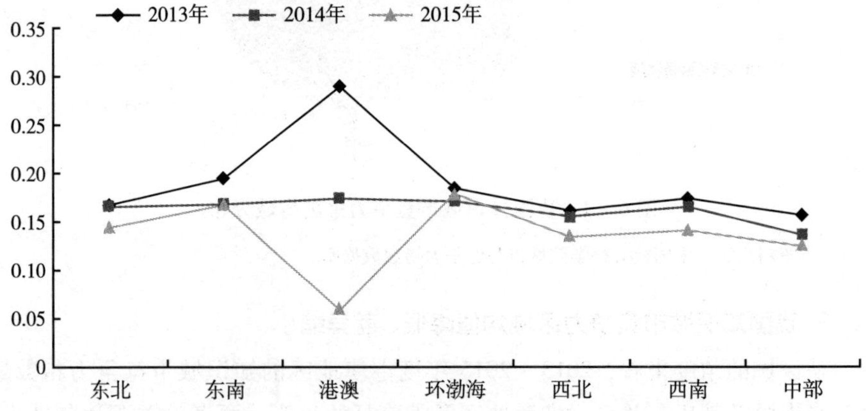

图 6－4　2013～2015 年度知识城市竞争力区域值标准差

资料来源：中国社会科学院城市与竞争力指数数据库。

异依旧存在。最后，东北、西南、西北、中部区域的内部差异开始逐年降低，这点也印证了上文我国知识竞争力指数整体差异缩小的结论。

三　知识城市竞争力单项指标解析——专利指数

2015 年度城市竞争力的指标构成与过去两年相比基本没有变动，见表 6 - 1，以测度城市的知识发展水平为中心展开，从知识需求、知识投入、知识产出和知识经济四个方面来系统测度城市在知识存量、传递、创造、转化方面的发展水平，其核心是通过测度知识驱动对城市发展的贡献来判断知识城市的排名。在知识城市竞争力指标体系中，知识需求代表着城市对获得知识的支付能力，与城市的科技经费支出、人均教育支出密切相关。市民获得知识最普遍的渠道就是国民教育，因此国民教育投入代表着城市的知识投入，人均教育支出成为考量知识需求的重要指标。城市的科技、教育支出比重和教育的水平决定了城市的知识产出，专利指数和论文发表数成为最能说明知识产出水平的指标，从长期来看知识产出的效率代表着城市知识经济的发展潜力，深厚的知识产出积累是城市诞生新经济、新产业的“沃土”，可以最终影响知识驱动城市发展的结果。专利指数能够最直接地体现城市知识创新的水平，其中国际发明专利能全面反映城市知识创新的质量，因此围绕“专利指数”这一核心单项指标进行分析和研究，可以更深层次地说明城市的知识创新效率和质量。

表 6 - 1　2015 年知识城市竞争力指标体系

一级指标	二级指标	三级指标
创新驱动的知识城市	知识需求	科技经费支出额占财政收入比重
		人均教育支出
		每百人公共图书馆藏书
	知识投入	中等以上学生占全部学生比重
		大学指数
	知识产出	专利指数
		论文发表数
	知识经济	每百万人金融、计算机服务和科学研究从业人数
		高科技产品进出口总额

资料来源：中国社会科学院城市与竞争力指数数据库。

（一）专利指数十强城市——小型科技城市异军突起

2015年度专利指数十强城市分别是深圳、北京、上海、长沙、广州、杭州、中山、宿州、南京，见表6－2，其中长沙、中山、宿州是第一次入围专利指数十强城市。本年度的专利指数与往年不同，采取的是国际专利指数，国际专利的申请难度和审查周期都比国内专利要严格和漫长，因此更能代表城市的知识产出水平。长沙、中山、宿州这样的三、四线城市能够进入前十说明我国城市的知识产出进入了一个新的阶段，与2013、2014年度的前十强相比较，由一、二线城市引领的局面被彻底打破，今后必须从新的视角重新认识我国知识城市的创新力，小型科技城市的不断涌现，恰恰说明我国知识创新力正由经济核心城市、大城市向周边扩散。

表6－2　2013～2015年度专利指数排名前十城市

排名	2013		2014		2015	
	城市	指数	城市	指数	城市	指数
1	上海	1	北京	1	深圳	1
2	苏州	0.9965	上海	0.8155	北京	0.6435
3	深圳	0.9930	南京	0.7649	上海	0.4712
4	北京	0.9895	香港	0.7489	长沙	0.2235
5	杭州	0.9860	杭州	0.7422	广州	0.2072
6	无锡	0.9825	广州	0.7411	杭州	0.1999
7	成都	0.9790	深圳	0.7406	中山	0.1780
8	宁波	0.9755	武汉	0.7135	苏州	0.1756
9	南通	0.9720	天津	0.7129	宿州	0.1756
10	东莞	0.9685	大连	0.6684	南京	0.1731

资料来源：中国社会科学院城市与竞争力指数数据库。

（二）专利指数的空间分析——知识创新力的领先是东南地区经济繁荣的基础

因为2015年的专利指标由国内专利修正成国际专利，所以专利指数在时间序列上缺少可比性，因此本报告将重点放在指数排名的空间变化上，见表

6-3。对2013~2015年度我国七大区域专利指数的排名分布进行分析发现，东南沿海地区实力最强，三年连续占据前十的多数席位，作为我国改革开放最早、经济最发达的地区，知识创新力的领先是其经济繁荣的基础。环渤海地区紧随其后，北京、天津等一线城市表现得更为抢眼，个别四线城市有明显退步的迹象。再次是中部地区，近年来知识创新力快速提高，出现了像长沙这样进入前十的城市，中部的城市众多，城市间的知识创新力差距较大，排在200名以后的城市也逐年增加是必须引起重视的大问题。西南和西北是现阶段我国专利指数排名落后的区域，该区域的核心城市退步明显，2014、2015年度无一进入前十。

表6-3　我国城市专利指数排名的空间分布

年度	空间分布	1~10	11~100	101~200	201~289
2013	东北地区	0	6	12	16
2014		1	8	12	13
2015		0	12	13	9
2013	东南地区	8	30	15	2
2014		5	33	13	4
2015		7	29	17	2
2013	港澳地区	0	1	0	1
2014		1	1	0	0
2015		0	1	1	0
2013	环渤海地区	1	24	3	2
2014		2	16	12	0
2015		1	14	14	1
2013	西北地区	0	3	8	28
2014		0	8	11	20
2015		0	5	11	23
2013	西南地区	1	7	12	27
2014		0	9	13	27
2015		0	10	12	27
2013	中部地区	0	19	50	11
2014		1	15	39	25
2015		2	19	32	27

资料来源：中国社会科学院城市与竞争力指数数据库。

（三）城市规模与专利指数——二线城市占主导地位、四线城市快速崛起

为了更好地研究专利指数与城市的关系，本报告以城市规模的大小分析了专利指数的排名，发现一线城市并没有预想得那样强大，2013、2015 年度在十强中仅占两席，就一线城市拥有的知识底蕴和占有的教育资源来说，并没有出现预期的效果，让人不得不担心一线城市知识产出的效率，见表 6－4。二线城市在专利排名中占主导地位，三年间依次占据了 4、6、4 席，成为我国知识创新的核心力量。三线城市是各省（自治区）的省会（首府）城市，在 2015 年仅有一个城市进入前十强，不禁让人疑虑其对知识创新的重视是否落在实处。四线城市基本是小城市，人才相对匮乏资金短缺，但是令人意外的是 2013、2015 年度分别有 4、3 个进入了前十强，由此可见，城市的创新力与城市的规模关系不是特别直接，小城市中也有新型科技城市，其知识创新的发展模式值得本报告继续跟踪与研究。

表 6－4　不同规模城市专利指数排名

年度	城市级别	1～10	11～100	101～200	201～289
2013	一线城市	2	4	0	1
2014		4	2	0	0
2015		2	3	1	0
2013	二线城市	4	11	0	0
2014		6	9	0	0
2015		4	11	0	0
2013	三线城市	0	11	3	1
2014		0	15	0	0
2015		1	8	5	1
2013	四线城市	4	65	97	85
2014		0	64	100	89
2015		3	68	94	88

资料来源：中国社会科学院城市与竞争力指数数据库。

（四）知识城市的专利指数排名变化——四线城市升降波动大、乌鲁木齐跌幅榜首

2015年度的专利指数排名与2013年度相比较（见表6－5），庆阳、保山、宿州、定西、钦州、咸宁、忻州、十堰、安顺、新余成为排名提升最快的城市，这些都是四线的小城市，小城市的知识创新基数较小所以波动较大是可以理解的，但是宿州"惊艳"地进入全国十强，说明小城市在知识创新的发展上也大有可为，不能简单认为小城市没有创新力，只要因地制宜，加大知识、科技投入，小城市也能成为知识创新的排头兵。下跌的排行榜前十为乌鲁木齐、莱芜、攀枝花、濮阳、怀化、三门峡、邵阳、滁州、乐山、宜春，乌鲁木齐作为新疆首府，知识创新力下降得如此之快，让人匪夷所思，以乌鲁木齐的知识科技底蕴来说，完全有能力通过加大科技投入、重视国际专利的申报来改变如此被动的局面。

表6－5　2013～2015年专利指数排名变化

城　市	排名变化	城　市	排名变化
庆　阳	233	乌鲁木齐	－207
保　山	216	莱　芜	－181
宿　州	194	攀枝花	－141
定　西	174	濮　阳	－133
钦　州	155	怀　化	－130
咸　宁	149	三门峡	－112
忻　州	146	邵　阳	－108
十　堰	138	滁　州	－106
安　顺	138	乐　山	－105
新　余	129	宜　春	－103

资料来源：中国社会科学院城市与竞争力指数数据库。

四　总结

对2015年度我国知识城市竞争力的分析、研究发现：我国知识城市竞争

力指数总体呈现下降趋势，知识竞争力前十强城市与全国平均水平的差距出现收敛，随着信息技术的进步，知识传递更容易跨越空间约束，更多地溢出到三、四线城市，让小城市的居民有更多学习、分享知识的途径。经济转型期国家越来越重视知识城市的建设，随着教育均等化政策的实施、科技投入的加大，三、四线城市的教育、科技投入有了长足的进步。在总体排名中香港的下滑、澳门和深圳的快速提升让我们看到城市转型所面临的挑战与机遇。只有以知识创新为驱动力，不断加大科技、教育的投入，才能确保城市的知识创新力长期向上。

从知识城市竞争力单项指标的专利指数分析来看，知识创新与城市的规模大小相关性不显著，2015 年度我国涌现出不少知识创新力强大的小城市，在我国快速城镇化的过程中，小型知识创新城市的出现，为我国今后知识城市发展提供了“绝佳”的研究标的。当然我国的知识城市发展也面临着一线城市知识产出效率不高，传统、资源城市排名下滑，知识经济转化率较低等问题，需要在今后的发展中认真应对和总结。

B.7

中国和谐城市竞争力报告

——迈向公平包容的和谐城市

刘金伟*

一 中国和谐城市竞争力现状分析

（一）和谐竞争力水平不断提高，城市之间的差距缩减

课题组自2013年以来开始对中国和谐城市竞争力现状进行评估，从3年评估的结果来看，中国和谐城市竞争力水平总体偏低，处于从注重经济、物质建设到注重质量、社会建设的转型之中。近年来，随着中国新型城镇化战略的提出，国家更加注重城市化进程中社会问题的解决，比如推进户籍制度改革、调节收入分配、提升城市信息化建设和管理水平、加大对民生社会事业的投入等。这些措施有力地促进了中国城市和谐竞争力水平的提高。我国289个城市和谐竞争力得分的均值，从2013年的2.5217提高到2015年的3.955。增长了57%。从289个城市之间的比较来看，城市之间的差距正在逐渐缩小，不同城市之间和谐城市竞争力综合得分的标准差与方差都持续减小（见表7-1）。

表7-1 2013~2015年中国和谐城市竞争力综合得分情况

年份	极小值	极大值	均值	标准差	方差
2013	0.6231	5.6846	2.5217	0.7801	0.609
2014	1.7577	7.2763	3.6294	0.7691	0.591
2015	2.4077	7.2618	3.9550	0.6870	0.472

资料来源：中国社会科学院城市与竞争力指数数据库。

* 刘金伟，管理学博士，北京工业大学人文社会科学学院副教授，社会调查研究中心副主任，首都社会建设与社会管理协同创新中心副秘书长，北京哲学社会科学研究基地北京社会管理研究基地秘书长。主要研究方向：社会建设与社会管理、城市社会学等。2013年以来参与《中国城市竞争力报告》的撰稿工作。

（二）社会保障和政府治理持续改进，社会公平性和社会治安需要加强

和谐竞争力指数是由政府善治、社会公平、社会保障和社会安定四大指数体系构成的。从这四大指数体系对和谐竞争力指数的贡献来看：2015 年社会保障指数表现得最好，其中社会保障、就业、医疗卫生财政支出标准化指数达到0.5，社会保障程度标准化指数接近0.4，这与近年来国家推进社会保障制度改革和政府扩大对社会保障的投入密切相关。其次是政府善治，其中行政透明度标准化指数为0.43，群众需求关注度标准化指数为0.38，虽然与香港、澳门等城市相比还存在较大差距，但从党的十八届三中、四中全会以来，推进国家治理体系和治理能力现代化、实施依法治国已经成为我国的长期战略，为我国的城市社会治理水平提高提供了有力保障。

从社会公平性来看，无论是户籍公平性标准化指数还是阶层之间公平性标准化指数都偏低，户籍公平性标准化指数为0.28，阶层之间公平性标准化指

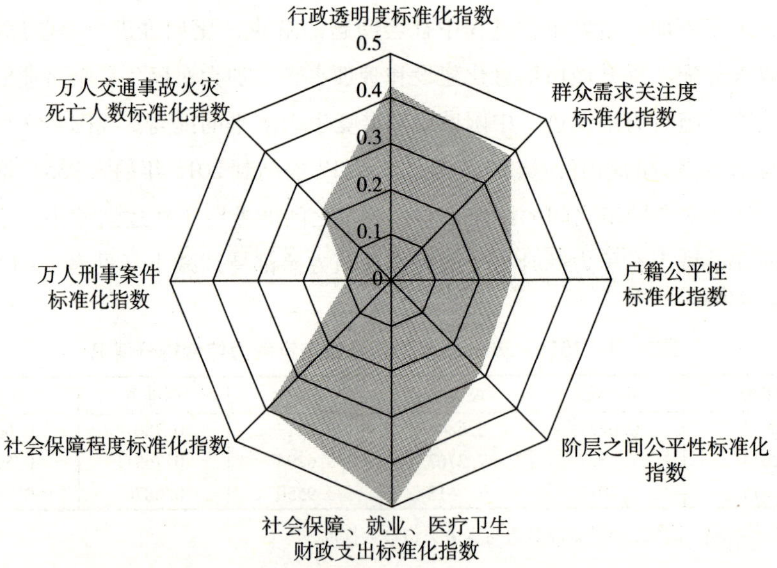

图7-1 和谐城市竞争力分项指标得分情况

说明：万人刑事案件和万人交通事故火灾死亡人数指数属于负向指数，为了一致本图进行了正向化处理。

资料来源：中国社会科学院城市与竞争力指数数据库。

数为0.28。从近几年的实际情况来看，国家和政府虽然在全力推进城乡户籍制度的改革，但没有取得实质性突破；努力推进收入分配制度改革，但不同社会群体之间的差距仍然比较大。从社会安定指数来看，万人刑事案件标准化指数为0.1，万人交通事故火灾死亡人数标准化指数为0.22。从比较的角度看，这两个指数对和谐竞争力的贡献最低，也在一定程度上说明，当前中国社会稳定面临的形势还比较严重，未来需要付出更多努力。

（三）和谐竞争力从东部、中部到西部呈阶梯状递减，东南沿海和东北地区城市之间差距较大

从中国和谐城市竞争力的区域差距来看，港澳地区属于第一集团，均值远远超过内地诸城市。东南沿海地区、东北地区和环渤海地区属于第二集团，特别值得注意的是东北地区城市和谐竞争力水平排在环渤海地区的前面，说明东北地区在经济发展水平整体落后于环渤海地区的情况下，社会建设方面的投入力度比较大。中部地区80个城市属于第三集团，西北、西南88个城市属于第四集团。从整体布局来看，和谐城市竞争力与整个区域的经济发展水平高度相关，从东部地区到中部地区再到西部地区逐渐降低，呈阶梯状分布。

从不同区域内部城市之间的比较来看，除了港澳之外，城市之间差距最大的是东南沿海地区，其区域内部城市之间和谐竞争力综合得分的标准差为0.7409，其次是东北地区，标准差为0.60763。差距比较小的是西南、环渤海和西北地区。

表7-2　2015年中国和谐城市竞争力综合得分的区域比较

区域变量	均值	N	标准差	中值
环渤海	4.1357	30	0.54587	4.0865
东　北	4.1693	34	0.60763	4.1747
中　部	3.9507	80	0.55977	4.0374
东　南	4.2447	55	0.74090	4.1960
西　南	3.4692	49	0.53189	3.3800
西　北	3.7058	39	0.54785	3.5965
港　澳	6.5612	2	0.99076	6.5612
总　计	3.9550	289	0.68698	3.9531

资料来源：中国社会科学院城市与竞争力指数数据库。

（四）东南沿海政府治理优秀，环渤海和东南沿海社会公平性较好，东北、西北社会保障突出，东南、西南和西北社会相对安定

从7个区域分项指数的比较来看，除了香港和澳门外，在内地6个区域中，东南沿海地区政府的治理程度较好，无论是政府的行政透明度还是政府对群众需求的关注度均排在第一，西南和西北地区相对较差。在社会公平性上，环渤海和东南沿海地区比较突出，西北、西南和东北较差。在社会保障方面，东北和西北比较突出，特别是在政府社会保障、就业和医疗的投入上，东北和西北均排在全国的前列，但是在社会保障程度上，东南沿海和东北地区较好。在社会的安定程度上，东南、西南和西北某些方面表现良好，在万人刑事案件上西南、西北和东南表现得比较突出，而在万人交通事故火灾死亡人数方面东南沿海表现最好（见表7-3）。

表7-3 不同区域和谐城市竞争力分项指标得分情况

区域	行政透明度	群众需求关注度	户籍公平性	阶层之间公平性	社会保障、就业、医疗财政支出	社会保障程度	万人刑事案件	万人交通事故火灾死亡人数
环渤海	0.4405	0.3970	0.3303	0.3425	0.3958	0.4578	0.9533	0.8185
东　北	0.4193	0.3145	0.2194	0.2265	0.7456	0.5192	0.9446	0.7802
中　部	0.4426	0.3997	0.3042	0.2837	0.4192	0.3636	0.9115	0.8262
东　南	0.4944	0.4920	0.3115	0.3733	0.4343	0.5466	0.8966	0.6960
西　南	0.3969	0.3159	0.2248	0.2262	0.4067	0.2332	0.8407	0.8247
西　北	0.3398	0.3079	0.2267	0.2052	0.7160	0.2960	0.8827	0.7315
港　澳	1.0000	1.0000	0.6551	1.0000	0.9983	0.6104	0.4290	0.8684
总　计	0.4318	0.3845	0.2768	0.2847	0.5000	0.3970	0.8977	0.7825

说明：万人刑事案件和万人交通事故火灾死亡人数指标得分越高，表示对和谐竞争力指数的贡献越小。

资料来源：中国社会科学院城市与竞争力指数数据库。

二　单项指标分析：人均社会保障、就业和医疗卫生财政支出

在和谐城市竞争力综合指数中，核心指标是政府人均社会保障、就业和医

疗卫生财政支出。从发达国家来看，西方发达国家政府财政支出中的大部分用在社会保障、医疗、教育、就业等社会领域。人均社会保障、就业和医疗卫生财政支出中包括中央级财政支出和地方级财政支出，除了一些贫困地区以外，一般地方性财政支出占主体。

（一）总体状况：政府投入快速增长，但城市之间的差别逐渐拉大

党的十八大以来，国家加大了对民生社会事业的投入力度，从近几年的情况来看，国家的投入力度不断增加，我国人均社会保障、就业和医疗卫生财政支出从 2013 年的 1183.2090 元增加到了 2015 年的 1327.6701 元，增长了 12.2%。但是由于地方政府的投入比例比较高，在我国各地方经济发展不均衡的背景下，不同城市之间政府对社会保障、就业和医疗卫生财政支出的差别日益扩大，反映在统计数据上，标准差从 2013 年的 728.76545 扩大到 2015 年的 1048.73232，也就是说政府在社会保障、就业和医疗卫生财政支出上的增长，可能是由于部分城市的快速增长引起的（见表 7－4）。

表 7－4　2013～2015 年中国城市人均社会保障、就业和医疗卫生财政支出

单位：元

年份	均值	标准差	方差
2013	1183.2090	728.76545	531099.075
2014	1469.6156	974.74845	950134.542
2015	1327.6701	1048.73232	1099839.483

资料来源：中国社会科学院城市与竞争力指数数据库。

（二）排名变化："北上广"一线城市快速上升，东北二、三线城市急速下滑，资源型新兴城市迅速崛起

城市人均社会保障、就业和医疗卫生财政支出排名前 10 的城市，三年来变化非常大。最突出的特征是，以深圳、北京、上海为代表的一线城市排名迅速上升，占据排名的前三。特别是深圳从 2013 年的第六位上升到 2014、2015

年的第一位。而2013年和2014年排名比较靠前的东北老工业基地的一些代表城市，例如阜新、朝阳、抚顺、铁岭、葫芦岛、辽阳等，2015年除了新增的白山外，其余均退出了前10名。另外一个特征是一些新兴的资源型城市，依靠GDP的快速增长，排名比较靠前，例如鄂尔多斯三年一直排在前10名之内，2015年又新增加了石油城市克拉玛依市。

表7-5 人均社会保障、就业和医疗卫生财政支出排名内地前10的城市

年份	前10名城市									
2013	鄂尔多斯	阜新	上海	北京	北海	深圳	朝阳	抚顺	大连	铁岭
2014	深圳	北京	上海	大连	鄂尔多斯	阜新	铁岭	葫芦岛	天津	辽阳
2015	深圳	北京	上海	鄂尔多斯	克拉玛依	天津	厦门	大连	白山	广州

资料来源：中国社会科学院城市与竞争力指数数据库。

（三）区域格局：港澳、东北、西北地区表现优异，中部地区和西南地区相对落后

从区域间的比较来看，政府在社会保障、就业与医疗卫生领域的财政支出，人均值最高是港澳地区，人均社会保障、就业与医疗卫生财政支出为11137.8138元，远远超过了内地城市水平，达到或超过了发达国家的水平。从中国内地6大区域来看，表现最好的并不是经济社会发展水平较高的东南沿海、环渤海地区，而是在中国国有企业比较集中的东北地区和贫困县比较集中的西北地区。东北地区人均社会保障、就业与医疗卫生财政支出为1598.4669元，这与东北地区体制内的职工群体比例较高有着直接的关系。西北地区的人均社会保障、就业与医疗卫生财政支出为1599.0782元，排在第一位。西北地区人均社会保障、就业与医疗卫生财政支出较高的原因，一方面是中央政府对西北地区转移支付的力度比较高；另一方面与本地的职工就业结构有关，特别是国有、集体企业分布比较集中。

中部地区和西南地区政府对社会保障、就业与医疗卫生财政支出最低，

中部地区人均为1055.3436元，西南地区为1048.7303元。中部地区目前处于比较尴尬的地位，近年来虽然发展速度较快，但与东部地区的差距仍然十分明显，地方政府的财政能力相对薄弱，中部地区大部分城市又不属于国家级贫困地区，获得国家财政转移支付的比例比较低。西南地区政府对社会保障、就业与医疗卫生财政支出比较低，与地方政府的财政能力比较弱有直接关系。

表7-6　2015年不同区域人均社会保障、就业与医疗卫生财政支出比较

单位：元

区域变量	均值	N	标准差	分组中值
环渤海	1215.3514	30	902.87178	912.1846
东　北	1598.4669	34	445.84132	1572.8227
中　部	1055.3436	80	275.75439	1053.8510
东　南	1316.9689	55	978.28790	951.7544
西　南	1048.7303	49	291.33564	941.0039
西　北	1599.0782	39	635.49830	1478.3227
港　澳	11137.8138	2	1213.03605	11137.8138
总　计	1327.6701	289	1048.73232	1097.8947

资料来源：中国社会科学院城市与竞争力指数数据库。

（四）人均社会保障、就业和医疗卫生财政支出与经济综合竞争力水平具有较高的相关性

在目前我国的财政支出体制下，地方公共事务的责任主要在地方政府，因此地方经济发展的水平与能力，往往决定了地方政府的财政能力，地方政府的财政能力又决定了本地社会保障、就业和医疗卫生支出的水平。在没有中央政府财政转移支付的情况下，往往经济发展的综合能力决定了当地公共事务发展的水平。从2015年289个城市人均医疗社会保障与就业支出指数和经济综合竞争力指数的相关关系来看，Pearson相关系数达到了0.669，说明两者之间具有非常强的相关关系。

表 7－7　2015 年人均医疗社会保障与就业支出指数和经济综合竞争力指数的相关关系

项目		人均医疗社会保障与就业支出指数	经济综合竞争力指数
人均医疗社会保障与就业支出指数	Pearson 相关性	1	0.669 **
	显著性(双侧)		0.000
	N	289	289
经济综合竞争力指数	Pearson 相关性	0.669 **	1
	显著性(双侧)	0.000	
	N	289	289

注：** 表示在 0.01 水平（双侧）上显著相关。
资料来源：中国社会科学院城市与竞争力指数数据库。

三　总结

2015 年中国和谐城市竞争力相比 2013 年有了很大提升，不同城市之间的差距逐渐缩小，这与我国发展的总体战略和趋势是一致的，说明近年来我国政府开始逐渐把重心向公共领域和社会领域转移，使经济发展的成果更多地服务于民生需求，致力于建设一个更加和谐的社会。但是对近三年数据进行分析与比较，我们也发现了一些问题，应该引起国家和社会的重视。

第一，社会公平和社会安定问题表现不佳。社会公平和社会安定是和谐城市竞争力的关键指标。但是 2015 年的数据表明，我国在推进不同户籍之间居民的公平性和不同社会阶层之间居民的公平性上效果不明显，对和谐竞争力的支撑作用有限。

第二，东北老工业基地和一些新兴资源型城市可持续性不足。东北作为我国的老工业基地，是我国国有企业最集中的地区，社会保障程度一直比较高。但是近几年随着国有企业的改革，面对数量比较大的刚性受保障群体，当地政府在转型中面临的财政压力加大。政府财政对医疗卫生、社会保障与就业的财政支出后劲明显不足。另外，一些新兴资源型城市如鄂尔多斯和克拉玛依等，政府的财政收入来源比较单一，容易受国际和国内形势的影响，波动比较大。

第三，中央政府应该加大对中部地区财政转移支付的力度。目前我国一些中部地区城市，在经济发展水平上与东部地区差距比较大，与西部地区一些城市相比发展水平差不多。但是受区域的影响，在享受中央政府的财政政策上中部地区与西部地区差别比较大，导致中部地区政府对医疗卫生、社会保障与就业的财政投入水平远远低于西部地区，成为真正的洼地。

第四，东南沿海地区和环渤海地区应进一步加大政府对公共事业的投入力度。和谐城市竞争力与经济发展水平有着比较高的相关性，东部沿海地区和环渤海地区经济综合竞争力走在了全国的前列，地方政府的财政能力较强，应该把更多的资源如医疗、教育、社会保障等投向公共社会事业，促进社会和谐竞争力水平的提升。目前来看，无论是东南沿海地区还是环渤海地区，政府在医疗卫生、社会保障与就业的财政支出都与其经济发展水平不相符，甚至落后于东北和西北地区。

参考文献

倪鹏飞主编《中国城市竞争力报告 No. 11——新基准：建设可持续竞争力理想城市》，社会科学文献出版社，2013。

刘金伟：《新型城镇化与社会发展》，广东经济出版社，2014。

刘金伟：《社会建设视角下中国和谐城市评价研究》，《中国名城》2013 年第 10 期。

B.8

中国生态城市竞争力报告

——迈向环境友好的生态城市

魏劭琨*

一 生态城市竞争力的总体分析

（一）总体情况：总体来看整体水平较低，城市分布中低水平为主

通过对中国城市生态竞争力2013、2014、2015三年的对比可以发现，当前中国城市在生态竞争力方面存在以下两个基本特征。

第一，中国城市生态竞争力的整体水平还相对较低。2013年，全国城市生态竞争力的平均值为0.365，尽管2014、2015年都呈现增长趋势，但是增长幅度很小。同时，三年的中位数也都很低（见表8－1）。总体来看，我国城市的生态竞争力水平还很低，处在生态城市的初始阶段。

表8－1 2013～2015年中国城市生态竞争力总体水平对比

项目	2015	2014	2013
均　值	0.456	0.452	0.365
中位数	0.460	0.451	0.366
标准差	0.199	0.198	0.161
方　差	0.040	0.039	0.026
变异系数	0.437	0.438	0.442

资料来源：中国社会科学院城市与竞争力指数数据库。

* 魏劭琨，金融学博士，现任职于国家发展改革委城市和小城镇改革发展中心，主要研究领域为：城市竞争力、城镇化、房地产宏观调控等。

第二，我国城市生态竞争力的分布呈现“两头小、中间大”的格局，且以中低水平分布为主。以2015年为例，生态竞争力指数在0.8以上的城市共有10个，占全部城市数量的3.72%；生态竞争力指数在0.2以下的也只有24个城市，占比为8.92%，绝大多数城市分布在0.2～0.6之间，共有城市数量181个，占所有城市数量的67.3%（见表8－2）。2013、2014年也同样如此。在这样的分布格局下，未来进一步提升我国城市的整体生态竞争力，就不能仅仅关注个别城市的生态建设，需要的是全体城市在生态竞争力方面的提升，这个任务相当艰巨。

表8－2　2015年中国城市生态竞争力分布格局

指数	0.8～1	0.7～0.8	0.6～0.7	0.5～0.6	0.4～0.5	0.3～0.4	0.2～0.3	0～0.2
城市数量(个)	10	25	29	42	48	44	47	24
占比(%)	3.72	9.29	10.78	15.61	17.84	16.36	17.47	8.92

资料来源：中国社会科学院城市与竞争力指数数据库。

（二）十强分布：地域布局分散，年度变化较小

2015年中国城市生态竞争力前10名的城市分别为香港、黄山、澳门、鄂尔多斯、十堰、陇南、南宁、上饶、大连、三明（见表8－3）。这10个城市在地域上分布较为分散。10个城市分布在10个省份（自治区、特别行政区），而且分布在东北、东南、西北、中部、西南、港澳等地区，除了环渤海地区没有之外，其他地区全部都有城市进入前10。此外，从生态竞争力的年度变化来看，2015年度生态竞争力10强中有9个城市2014年度排在前11，只有甘肃的陇南在2014年排在第18位。这表明，生态竞争力较好的城市相对稳定。

表8－3　2015年城市生态竞争力排名前10城市

城　市	省　份	地　区	生态竞争力2015	可持续竞争力2015
香　港	香　港	港　澳	1	1
黄　山	安　徽	中　部	0.975	0.434
澳　门	澳　门	港　澳	0.933	0.822

续表

城　　市	省　　份	地　　区	生态竞争力 2015	可持续竞争力 2015
鄂尔多斯	内 蒙 古	西　　北	0.919	0.441
十　　堰	湖　　北	中　　部	0.907	0.355
陇　　南	甘　　肃	西　　北	0.842	0.123
南　　宁	广　　西	西　　南	0.839	0.439
上　　饶	江　　西	中　　部	0.827	0.330
大　　连	辽　　宁	东　　北	0.814	0.619
三　　明	福　　建	东　　南	0.812	0.351

资料来源：中国社会科学院城市与竞争力指数数据库。

（三）区域分布：东南地区最好，福建生态最优

从各地区的情况来看（见表 8 –4），东南和中部地区是城市生态竞争力水平较高的地区。东南地区在最具生态竞争力①城市中共有 15 个城市，占该地区城市数量的 27%，同时也分别有 15、15 个城市属于较具竞争力和中等偏上竞争力；中部地区最具竞争力的城市有 14 个，占该地区城市数量的 17.5%，较具竞争力的城市有 16 个，占 20%。而西南、西北、环渤海和东北地区大部分城市都在中等以下，其中，西北地区在中等以下②的城市有 17 个，占该地区城市数量的 43.5%，环渤海地区在中等以下城市有 14 个，占比 47%，东北地区在中等以下有 12 个，占比 35.3%。

表 8 –4　2015 年城市生态竞争力区域间分布

水平	中部	西南	西北	环渤海	东南	东北	港澳
最具竞争力	14	8	5	3	15	3	2
较具竞争力	16	7	2	4	15	6	0
中等偏上	6	13	8	2	15	6	0

① 按照生态竞争力指数将所有 289 个样本城市进行分组，前 50 名为最具竞争力，51 ~ 100 名为较具竞争力，101 ~ 150 名为中等偏上水平，151 ~ 200 名为中等偏下水平，201 ~ 250 名为水平较差，250 名以后为水平最差。

② 包括水平较差和水平最差两个分组。

续表

水平	中部	西南	西北	环渤海	东南	东北	港澳
中等偏下	15	6	7	7	8	7	0
水平较差	16	9	9	7	2	7	0
水平最差	13	6	8	7	0	5	0

资料来源：中国社会科学院城市与竞争力指数数据库。

从最具生态竞争力城市的省份分布来看（见图8-1），福建省最多，达到6个，广东、湖北和江西省各有5个，这4个省份城市数量与2014年度一样；广西有3个城市；安徽、内蒙古、山东、陕西、四川、浙江分别有2个城市；其余省份均只有1个城市。其中，最具竞争力的城市集中分布在福建、广东、湖北、江西和广西，这5个省份最具生态竞争力的城市数量合计达到24个，占前50的近一半。

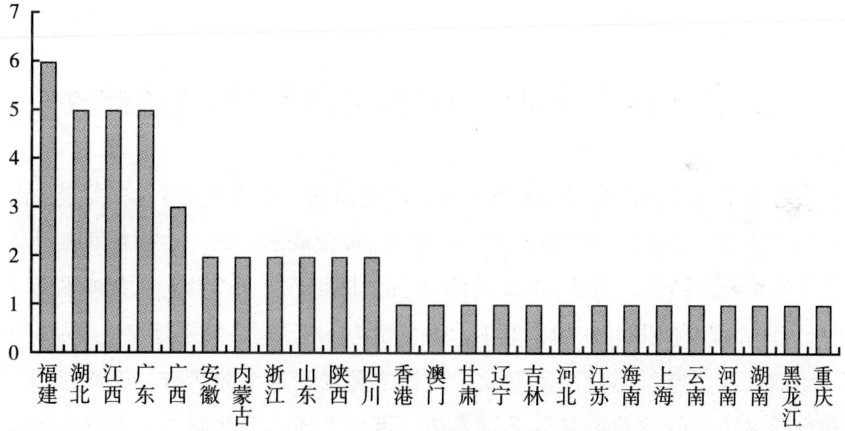

图8-1 2015年最具生态竞争力城市的省份分布

资料来源：中国社会科学院城市与竞争力指数数据库。

（四）具体指标：环境质量相对稍好，资源节约亟待提升

从各分项指标来看，均值高于生态竞争力均值的指标有空气质量、单位GDP二氧化硫排放、地表水水质、人均绿地面积、旅游景区指数5个，而单位

GDP 耗水、单位 GDP 耗电、国家级自然保护区、降水丰沛度等 4 个指标的均值远远低于生态竞争力均值（见表 8－5）。整体情况反映出我国城市在环境质量方面稍好，在资源节约方面则非常落后，也恰恰说明在我国全面建设小康社会的过程中转变经济发展方式的重要性。

表 8－5　生态竞争力分项指标整体情况对比

	资源节约		环境质量			生态状况			
	单位 GDP 耗水	单位 GDP 耗电	空气质量	单位 GDP 二氧化硫排放	地表水水质	人均绿地面积	国家级自然保护区	旅游景区指数	降水丰沛度
均　值	0.18	0.18	0.61	0.50	0.49	0.50	0.13	0.46	0.32
中位数	0.16	0.15	0.66	0.50	0.33	0.50	0.07	0.47	0.26
标准差	0.13	0.12	0.13	0.29	0.37	0.29	0.17	0.31	0.20
方　差	0.02	0.02	0.02	0.08	0.13	0.08	0.03	0.10	0.04
差异系数	0.71	0.69	0.22	0.58	0.74	0.58	1.29	0.68	0.63

资料来源：中国社会科学院城市与竞争力指数数据库。

二　分项指标分析——单位 GDP 二氧化硫排放

生态竞争力指标体系是由资源节约、环境质量、生态状况 3 个一级指标以及单位 GDP 耗水、单位 GDP 耗电等 9 个二级指标构成的。每一个指标都对生态竞争力产生重要的影响，但是不同时期和不同发展阶段，每个指标的影响程度并不相同。当前，影响我国城市生态竞争力的主要是环境质量，特别是空气质量指标。

当前，我国空气质量严重恶化，城市中雾霾现象十分严重。而通过历史文献和当前城市空气质量监测等多种渠道，可以发现一个共同点，那就是造成空气污染非常重要的原因之一就是空气中的二氧化硫浓度较高。从历史上来看，20 世纪 50 年代的伦敦烟雾事件中，空气质量严重恶化就主要表现为二氧化硫及粉尘等的密度非常高，从而带来了严重的环境灾难。当前，根据各种研究发现，造成城市空气质量下降的污染源中，工厂和机动车排放的二氧化硫、二氧化氮和可吸入颗粒物等的危害最大。而且，当前我国气象部门公布的空气质量，也是主要以这三种污染物的检测结果作为依据的，并按照其中含量最高的指标来判定当天的空气质量级别。因此，我们选择单位 GDP 二氧化硫排放这一指标来进行重点分析。

1. 整体水平：水平相对较低，年度没有改善

2013～2015年，单位GDP二氧化硫排放与生态竞争力非常相似，都在0.5左右，这说明，单位GDP二氧化硫排放的整体水平也相对较低；同时单位GDP二氧化硫排放的中位数也是0.5，也要略高于生态竞争力。但是从年度对比来看，生态竞争力呈现略微的升高趋势，而单位GDP二氧化硫则一直保持为0.5，说明这三年来，在二氧化硫排放上，我们整体情况并没有得到改善（见表8－6）。

表8－6　单位GDP二氧化硫排放与生态竞争力指标对比

项目	单位GDP二氧化硫排放			生态竞争力		
	2015	2014	2013	2015	2014	2013
均值	0.5	0.5	0.5	0.456	0.452	0.365
中位数	0.5	0.5	0.5	0.46	0.451	0.366

资料来源：中国社会科学院城市与竞争力指数数据库。

2. 十强分布：珠三角地区表现最好，中小城市变动频繁

2015年单位GDP二氧化硫排放前10名的城市分别是三亚、深圳、香港、海口、澳门、长沙、北京、齐齐哈尔、娄底和武威。从这10个城市的地域分布来看，集中分布在珠三角地区，数量达到5个，这说明，珠三角地区的单位GDP二氧化硫排放非常低；中部地区的长沙和娄底也进入前10，这说明，湖南省在二氧化硫排放控制方面也做得比较好；北京作为我国首都，在二氧化硫排放方面的工作比较到位，二氧化硫对空气质量的影响相对较小；此外，东北和西北地区也分别有1个进入前10（见表8－7）。

表8－7　2013～2015年单位GDP二氧化硫排放前10分布

年份	前10名城市									
2013	三亚	海口	深圳	北京	澳门	香港	南充	广州	黄山	周口
2014	三亚	深圳	海口	澳门	北京	娄底	齐齐哈尔	长沙	香港	广州
2015	三亚	深圳	香港	海口	澳门	长沙	北京	齐齐哈尔	娄底	武威

资料来源：中国社会科学院城市与竞争力指数数据库。

从 2013～2015 年度生态竞争力 10 强的变化情况来看，珠三角地区的三亚、深圳、海口、香港和澳门一直都排在前 10 位，这意味着，珠三角整个地区在二氧化硫排放方面的表现非常稳定，二氧化硫排放值一直都很低；北京也一直居前 10 位，但得分有所下滑，2013 年得分为 0.99，2014 年下滑到 0.986，2015 年又进一步下滑到 0.979，这说明北京市二氧化硫排放的控制有待于加强；此外，其余 4 个城市基本以中小城市为主，而且变化频繁，比如武威是 2015 年新进入，而黄山和周口只在 2013 年出现过一次。

3. 区域分布：东南地区表现优异，西北地区普遍落后

从 2015 年单位 GDP 二氧化硫排放在地区间的分布情况来看（见表 8－8），东南地区单位 GDP 二氧化硫排放表现最好，共有 49 个城市位于前 150 名内，占该地区城市数量的 89%；接下来表现较好的是中部地区和西南地区，其中，中部地区有 40 个城市进入前 150 名，占中部地区城市数量的 50%，西南地区也有 22 个城市进入前 150 名，占该地区城市数量的 45%；环渤海地区和东北地区位于前 150 名的城市数量各有 14 个，分别占该地区城市数量的 47%、41%；表现最差的则是西北地区，只有 9 个城市能进入前 150 名，占比不到该地区城市数量的 1/4，而绝大部分的城市在单位 GDP 二氧化硫排放方面的得分都非常低，基本在 0.4 以下。这意味着，西北地区在二氧化硫排放方面的水平非常低，这是影响该地区空气质量乃至生态竞争力的一个主要因素。

表 8－8　2015 年城市生态竞争力区域间分布

水平	中部地区	西南地区	西北地区	环渤海地区	东南地区	东北地区	港澳地区
1～50	9	13	3	2	17	4	2
51～100	13	1	4	6	20	6	0
101～150	18	8	2	6	12	4	0
151～200	14	9	6	8	4	9	0
201～289	26	18	24	7	2	11	0

资料来源：中国社会科学院城市与竞争力指数数据库。

从单位 GDP 二氧化硫排放前 50 名城市的省份分布来看（见图 8－2），进入城市数量最多的是广东省和四川省，各有 7 个城市入选，其中广东省主要是珠江流域的城市二氧化硫排放得分较高；广西有 4 个城市进入前 50；安徽、福建、黑龙江、江苏和浙江分别有 3 个城市，甘肃、海南、湖北和湖南各有 2 个城市，其余省份分别只有 1 个城市。从这 50 个城市的分布格局来看，广东、四川和广西三个省区合计有 18 个城市，占前 50 名的将近 2/5，这反映出当前单位 GDP 二氧化硫排放较好的城市分布较为集中，呈现小区域范围内的聚集现象。

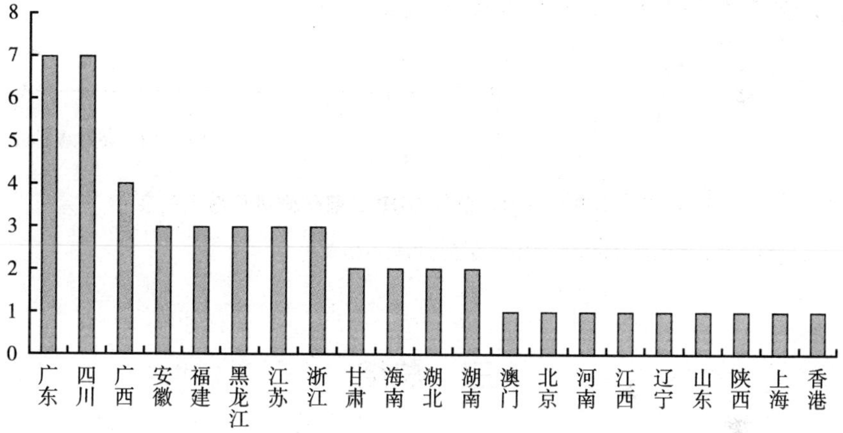

图 8－2　单位 GDP 二氧化硫排放前 50 名城市省份分布

资料来源：中国社会科学院城市与竞争力指数数据库。

4. 单位 GDP 二氧化硫排放与生态竞争力呈现正相关关系

之所以选择对单位 GDP 二氧化硫排放进行重点分析，是因为从指标含义上看，单位 GDP 二氧化硫排放与空气质量的关系非常密切；同时，从实际数据来看，单位 GDP 二氧化硫排放与生态竞争力之间的关系也非常密切。以 2015 年数据为例，就单位 GDP 二氧化硫排放对于生态竞争力进行回归分析，可以发现两者呈现较为显著的正相关关系（见图 8－3），即随着单位 GDP 二氧化硫排放得分上升（即单位 GDP 产生的二氧化硫排放量下降），城市的生态竞争力也会呈现上升趋势。这对我国当前生态城市建设具有非常重要的展示意义。当前，我国各地（特别是环渤海、西北地区）城市要特别重视对单位

GDP 二氧化硫排放的控制，一旦单位 GDP 二氧化硫排放下降，城市的空气质量和生态竞争力都会得到改善。

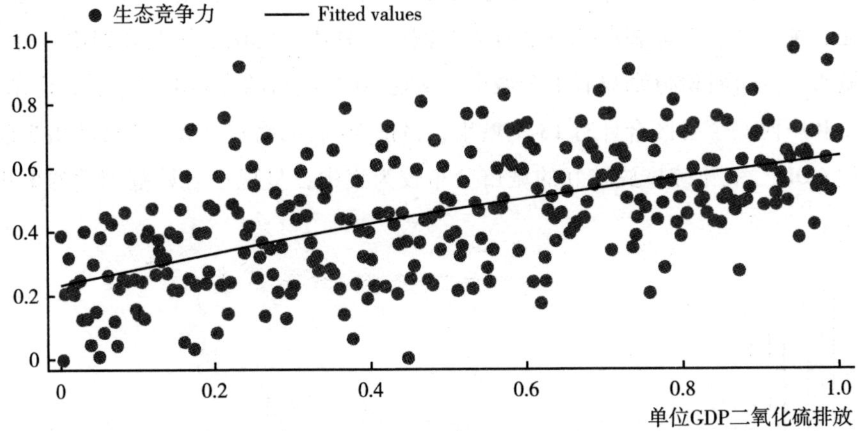

图 8-3　生态竞争力与单位 GDP 二氧化硫排放散点关系

资料来源：中国社会科学院城市与竞争力指数数据库。

三　总结

总体来看，我国城市的生态竞争力还处在初始阶段，整体水平还偏低，而且在分布结构上以中低等水平的城市为主，未来我国城市生态竞争力提升的任务还非常艰巨。从单项指标来看，解决空气质量的关键在控制二氧化硫排放上，降低单位 GDP 的二氧化硫排放量有助于生态竞争力的直接提升。

从区域分布来看，无论是整体生态竞争力，还是单项单位 GDP 二氧化硫排放，东南地区的得分都较高，说明东南地区整体生态质量较好，接下来是中部地区和西南地区。这三个地区是当前我国城市生态竞争力水平较高的地区。与之相比，环渤海、东北和西北地区在生态竞争力和单位 GDP 二氧化硫排放方面都相对较差，这也成为影响这三个地区整体城市竞争力的重要因素。

从具体城市来看，内地城市的生态竞争力与香港、澳门相比还有非常大的差距，对一些目标是国际大都市的城市来讲，提升生态竞争力是不能忽视的任务；在内地城市中，生态竞争力优秀的城市以中小城市为主，比如 2015 年内地城市生态竞争力前三强就分别是黄山、鄂尔多斯和十堰；在单位 GDP 二氧化硫排放方面，则呈现较强的地域分布特征，内地城市最好的分布在珠三角地区（三亚、深圳和海口）。

B.9

中国全域城市竞争力报告

——迈向城乡一体的全域城市

蔡书凯*

一　全域城市竞争力的总体分析

由于中国各城市在资源禀赋、经济基础、地方政府行为等方面存在不同程度差异，全域城市建设表现出多层次性和不平衡性。为了更好量化界定各城市全域城市的发展状况，基于相关文献，本报告构建了全域城市综合评价指标体系（见表9－1），选取4个二级指标和8个三级指标，分别从不同维度对各城市的城乡一体化发展水平进行度量和界定。在指标选取时主要基于以下三点：选择独立性较强的指标，所选指标能够比较典型地反映城乡一体化发展的某一基本特征；数据的可获得性，所选指标必须能够获得权威数据；指标的可操作性，所选指标均是可度量的。

表9－1　全域城市评价指标体系

一级指标	二级指标	三级指标
城乡一体的全域城市	居民收入	城乡人均收入比
		城乡人均支出比
	公共服务	人均教育支出比(全市/市辖区)
		每百人公共图书馆藏书量比(全市/市辖区)
		每万人拥有医生数比(全市/市辖区)
	基础设施	每千人国际互联网用户数比(全市/市辖区)
	结构转换	城市化率(市辖区人口/全市总人口)
		城市化与工业化适应性

资料来源：中国社会科学院城市与竞争力指数数据库。

* 蔡书凯，管理学博士，安徽工程大学副教授，中国社会科学院财经战略研究院应用经济学博士后。

鉴于中国城市的发展历史和所处的发展阶段，在287个大陆城市中，大多数城市的全域城市发展水平较低。城乡要素互动水平较低，忽视农村孤立发展城市的局面在多数城市依然存在，城乡之间缺乏有效、科学、合理的统一规划，城乡网络体系仍在构建之中，城乡隔离现象严重，城乡公共服务、基础设施等方面的差距明显，城乡差距较大，城市化进程难以满足工业化进程要求。

从近几年的发展态势来看，中国城市全域城市稳步发展，正处于全域城市初现阶段向快速发展阶段的转换时期，全域城市发展呈金字塔形、层次性、梯度性分布，但区域内城市发展差距趋向收敛。

1. 全域城市发展呈金字塔形分布

从城市等级的角度来看，一线城市的得分均值最高，为0.7576，二线城市得分均值为0.4063，三线城市得分均值为0.2539，四线城市得分均值为0.1648。全域城市发展程度与城市等级呈明显的层次相关性（见图9－1）。考虑到不同等级城市的数量，大部分城市的得分居全国城市得分均值以下，说明中国城市全域城市发展呈金字塔形分布。

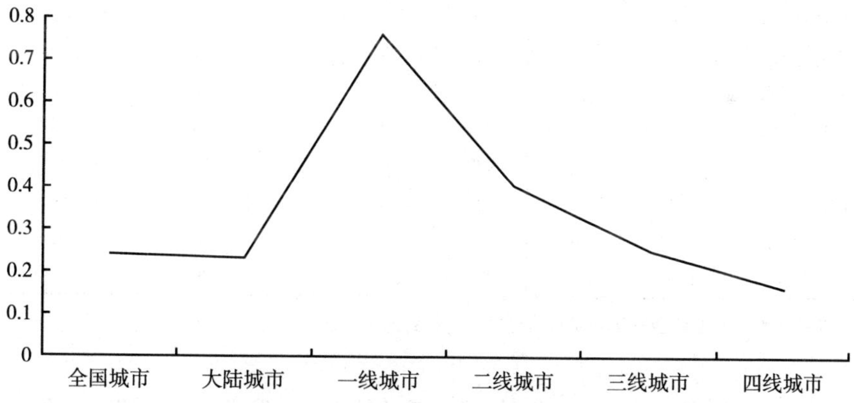

图9－1　分等级城市全域城市得分

资料来源：中国社会科学院城市与竞争力指数数据库。

具体来看，排名前10位城市全域城市化可持续竞争力指数均值为0.7819，排名后10位城市全域城市化可持续竞争力指数均值为0.0493，前者是后者的15倍多；全域城市化可持续竞争力最好（排名前50位的城市）的城市得分均值为0.5730，全域城市化可持续竞争力差（排名250位以后的城市）的城市得分均值为0.1026。这说明城市之间在全域城市发展方面存在很大差异，一线城市全域城市得分为四线城市的4.5971倍，城市之间极度不平衡。

东南沿海城市、主要大中城市在全域城市化方面显示出较强的竞争力，率先突破城乡二元结构瓶颈，在全域城市化方面走在前列；如果以港澳作为标杆，中国部分东南沿海城市、主要大中城市与港澳已经比较接近。但大部分大陆城市的全域城市建设亟待加强，特别是西部地区城市。

2. 区域间全域城市发展呈现梯度性

从区域来看，全域城市得分呈东、中、西和南北梯度分布。东南地区城市的全域城市竞争力指数均值较高，为0.3663，西南地区最低，均值为0.1425。东、中、西部城市在全域城市竞争力方面差距明显，南北城市在全域城市竞争力方面差距也比较显著（见表9-2）。

表9-2　2015年中国城市全域城市竞争力区域比较

地区(城市数)	1~50名	51~100名	101~150名	151~200名	201~250名	251~289名	全域城市竞争力指数均值
东北地区(34)	4	14	9	6	0	1	0.2631
环渤海地区(30)	6	8	6	7	3	0	0.2808
西北地区(39)	8	6	2	6	10	7	0.2195
中部地区(80)	4	8	13	22	23	10	0.1827
西南地区(49)	1	6	5	4	12	21	0.1425
东南地区(55)	25	8	15	5	2	0	0.3663
港澳地区(2)	2	0	0	0	0	0	0.9996
全国(289)	50	50	50	50	50	39	0.2411

资料来源：中国社会科学院城市与竞争力指数数据库。

在2015年全域城市竞争力排名前15的城市中，除北京、天津和乌鲁木齐以外全部来自东南地区；排名前50的城市中，东南地区占了25席；在287个大陆城市中，排名200位之后的城市东南地区只有2个，东南地区排名最差的城市宁德也占据第206位；排名后10的城市西部地区则占了8席。

3. 区域全域城市差距趋向收敛

从近三年的全国城市全域城市得分的变异系数来看（见表9-3），呈逐年缩小趋势，说明全国各区域板块城市间全域城市发展的差异程度在逐渐缩小。

具体从各个区域来看，港澳、东南和西北地区区域内的城市间全域城市发展近几年基本持平，东北地区、中部地区和西南地区区域内的城市间全域城市发展差距在逐渐缩小，而环渤海地区区域城市间全域城市发展差距在逐渐扩大。

表 9－3　区域全域城市得分的变异系数

年份	全国	东北	环渤海	西北	中部	西南	东南	港澳
2013	0.6605	0.2863	0.4312	0.6102	0.4621	0.6873	0.5011	0.0002
2014	0.6205	0.2853	0.4435	0.6191	0.4557	0.6672	0.4917	0.0006
2015	0.6121	0.2788	0.4800	0.6161	0.4435	0.6077	0.5021	0.0005

资料来源：中国社会科学院城市与竞争力指数数据库。

二　城乡收入差距的分析

（一）重点分析城乡收入差距的理由

城乡收入是城乡分割的最主要表征，缩小城乡收入差距也是建设全域城市的重点和难点。城乡收入差距是城乡差距产生的决定性因素。城乡差距表现在诸多方面，但归根结底由收入差距造成，收入高低决定消费水平，消费水平决定了城乡居民的生活水平。理想的城乡一体全域城市应该是城乡收入差距合理的全域城市。从全国来看，2014 年我国城镇居民人均可支配收入 28844 元，农村居民纯收入 9892 元，城乡居民收入比为 2.92，仍超过国际公认的警戒线。

因此，研究城乡居民收入差距对建设城乡平衡的全域城市、完善国民收入分配制度改革、保障公平正义等具有重要的理论和现实意义。这也是我们选择城乡收入差距作为 2015 年中国全域城市竞争力报告单项指标进行专题分析的主要原因。

（二）整体态势：多数城市得分较低

1. 整体水平：多数城市得分较低

如表 9－4 所示，2015 年中国城市城乡收入指数均值为 0.1590，标准差为 0.6668，城市城乡收入指数水平整体较低，城市间差异较大。其中，在该年度有190个城市低于中国城市城乡收入比指数均值，仅有97个城市位于均值之上，且城乡收入比指数均值远低于中位数0.4715。说明中国城市城乡收入比指数除少部分城市表现较好外，多数城市城乡收入比竞争力得分较低，呈金字塔形分布。在居民收入分布的研究中，一般认为“橄榄形”状态是理想的稳定状态。假定城乡收入比分布的理想目标也是橄榄形分布形状，即“中间大、两头小”的分布形状，那么现实情况说明中国城市城乡收入比的改善和发展仍任重而道远。

表9-4　2015年中国城市城乡收入比指数

变量	单位	样本数	平均值	标准差	最小值	最大值	位于平均值以上城市数量	中位数
城乡收入比指数	/	287	0.1590	0.6668	0	0.9431	97	0.4715

资料来源：中国社会科学院城市与竞争力指数数据库。

2. 全国十强：均为东南城市，浙江分享一半席位

2015年，在中国287个大陆城市的城乡收入比指数排名中（见表9-5），东莞、深圳、苏州、嘉兴、无锡、宁波、上海、舟山、绍兴、湖州位居前十。从前十强城市的分布看，均为东南城市，集中分布在广东省、江苏省和浙江省，其中浙江省占据了一半席位，表现抢眼。

表9-5　2015年城乡收入比指数10强

排名	城市	省份	地区	得分值
1	东莞	广东省	东南	0.943052
2	深圳	广东省	东南	0.897818
3	苏州	江苏省	东南	0.71934
4	嘉兴	浙江省	东南	0.683345
5	无锡	江苏省	东南	0.669555
6	宁波	浙江省	东南	0.664829
7	上海	上海市	东南	0.664336
8	舟山	浙江省	东南	0.65013
9	绍兴	浙江省	东南	0.612666
10	湖州	浙江省	东南	0.59348

资料来源：中国社会科学院城市与竞争力指数数据库。

（三）发展态势：城乡收入比呈下降态势，但城乡收入差距绝对值仍在扩大

1. 城乡收入比：波动下行中保持高位

从近三年中国城市的城乡收入比来看（见表9－6），城乡收入比虽然在波动中下降，但仍然保持在高位。从表9－6可以看出，不同组别城市的城乡收入比总体上呈下降趋势，2014年有11座城市的城乡收入比在4以上，2015年减少到6座城市。但从收入落差来看，近三年全国城市的城乡收入比仍维持在3以上。2015年仅宜春一座城市的城乡收入比在1.5以下，城乡收入比最大的10座城市的均值为4.0857，有51座城市的城乡收入比在全国均值3.10以上。我国远高于一般国家1.5左右的城乡收入比和发展中国家2.0左右的城乡收入比。

表9－6　近三年中国城市城乡收入比变动情况

年份	1～50名	51～100名	101～150名	151～200名	200～287名
2015	3.8349	2.9061	2.5889	2.3700	1.6301
2014	3.9534	3.0255	2.6816	2.4314	1.6729
2013	3.9752	2.9231	2.7009	2.4703	2.1654

资料来源：中国社会科学院城市与竞争力指数数据库。

2. 城乡收入差距绝对值：仍在扩大

近三年，中国城市的城乡收入差距绝对值仍在扩大。从城乡收入差距最大的10座城市来看，其近三年的城乡收入差距绝对值全部呈现扩大的趋势（见表9－7）。从表中也可以看出，城乡收入差距绝对值大的城市多为经济强市，这些城市的城乡收入差距绝对值较大，但其城乡收入比均在全国均值以下，城乡收入比并不是很高。其实这些城市的农村居民纯收入并不低（平均为13686元/年），导致城乡收入差距绝对值较大的主要原因是这些城市的城镇居民人均可支配收入较高。

（四）区域比较：东南最强西北最弱

从2015年各区域城市的城乡收入比来看，主要呈现以下格局。

表 9-7　近三年城乡收入差距绝对值最大的 10 座城市

单位：元

城市	上海	厦门	包头	鄂尔多斯	呼和浩特	广州	济南	泉州	南京	温州
2015 年	24643	24121	22067	21724	21285	21266	20784	20368	20306	20101
城市	温州	厦门	包头	鄂尔多斯	泉州	上海	广州	南京	台州	杭州
2014 年	22188	21637	20996	20655	20629	20586	19620	19092	19019	18820
城市	厦门	上海	广州	包头	鄂尔多斯	南京	呼和浩特	杭州	温州	济南
2013 年	21637	20586	19620	19569	19236	19092	18839	18820	18506	18480

资料来源：中国社会科学院城市与竞争力指数数据库。

1. 东南地区最强西北地区最弱

排名前 15 的城市，除北京列第 15 位外，其余的 14 个城市均位于东南地区，分别为东莞、深圳、苏州、嘉兴、无锡、上海、宁波、舟山、绍兴、湖州、杭州、中山、常州、广州。从区域全域城市得分的均值来看（见表 9-8），其排序分别为东南、环渤海、东北、中部、西北、西南。东南地区得分是西南地区的 5.65 倍。

2. 西北区域内最不平衡，东北最均衡

从区域变异系数来看（见表 9-8），区域内部全域城市得分差距最大的是西北地区，最小的是东北地区，说明东北地区城市之间的全域城市发展比较均衡。而区域城市得分最高的东南地区的变异系数高于东北地区和环渤海地区，说明东南地区城市全域城市发展整体状况良好，但城市之间存在较大的不平衡。

表 9-8　分区域全域城市得分

项目	东北地区	东南地区	环渤海地区	西北地区	西南地区	中部地区
均值	0.1685	0.3426	0.2024	0.0850	0.0606	0.1106
方差	0.0098	0.0500	0.0173	0.0072	0.0026	0.0067
变异系数	0.5883	0.6526	0.6498	1.0000	0.8389	0.7386

资料来源：中国社会科学院城市与竞争力指数数据库。

3. 从省份来看，上海、北京、青海最强

分省来看（见图 9-2），城乡收入比得分最高的大陆省份是上海、北京、

青海。和北京与上海不同，青海的城乡收入比得分虽然比较靠前，但其是低水平的城乡收入靠近。

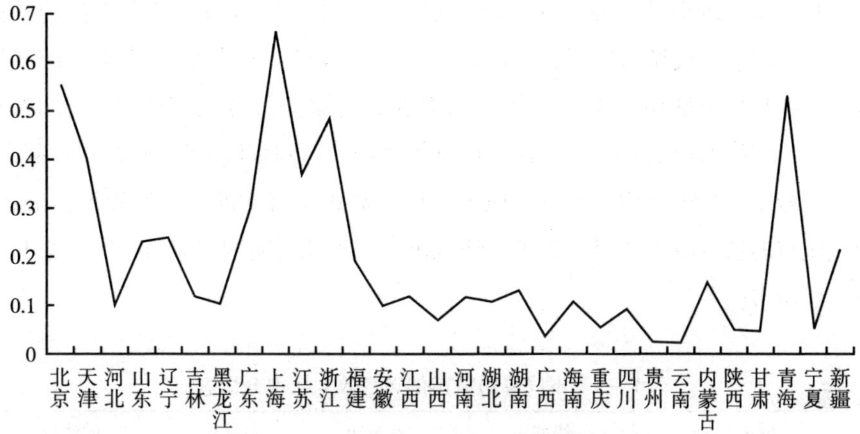

图9-2　分省的城乡收入比得分

资料来源：中国社会科学院城市与竞争力指数数据库。

从变异系数来看（见图9-3），大陆城市变异系数最小的省份分别为福建、海南、吉林，变异系数最大的省份分别为甘肃、贵州和陕西。说明西部地方省份内部城市之间的城乡收入差距呈现较大的不平衡。

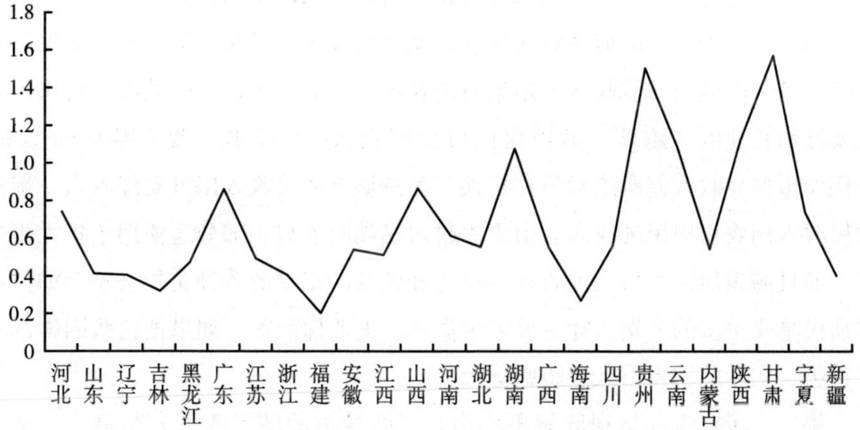

图9-3　分省的城乡收入比变异系数

资料来源：中国社会科学院城市与竞争力指数数据库。

（五）一、二、三、四线城市比较：一线城市优势突出

从城市等级来看（见表 9－9），城乡收入比指数的均值呈现明显的按照一、二、四、三线城市逐渐递减的特征。一二线城市得分显著高于三四线城市。一线城市全域城市得分均值为 0.4736，为得分最低的三线城市的 12.33 倍。三、四线城市的全域城市得分均值都较低，但四线城市的全域城市得分优于三线城市。考虑到四线城市的城镇居民家庭人均可支配收入均较低，因此，四线城市的城乡收入比得分优于三线城市，并不能说明四线城市的市民福利优于三线城市。

表 9－9　不同等级城市的城乡收入比得分情况

城市	一线城市	二线城市	三线城市	四线城市
城乡收入得分均值	0.4736	0.1089	0.0384	0.0646

资料来源：中国社会科学院城市与竞争力指数数据库。

三　总结

从以上的对各城市城乡收入的分析中可以得出以下结论。

第一，从近三年的城乡收入来看，城乡收入比虽然在下降，但仍然保持在高位，且中国城市城乡收入差距绝对值在扩大。近三年，中国城市农村居民收入实际增长速度“跑赢”城镇居民可支配收入，但受城乡收入基数的影响，中国城市城乡收入差距绝对值在扩大。衡量城市居民收入用可支配收入，衡量农民收入用农村居民纯收入。由于农村居民纯收入有一部分还要用于扩大再生产，而且城镇居民的可支配收入并没有涵盖其所享受的各种实物补贴，如比农村居民享受更多的公费医疗、养老金保障、失业保险等，如果把这些因素都考虑进去，实际的城乡收入差距则更大。

第二，城乡收入呈现区域不均衡，三线城市的城乡收入差距最大。整体上，中国城市不仅在城市内部存在城乡收入差距，城市外部相互之间也存在显著的收入差距。三四线城市相比于一二线城市，经济总量较小，城镇产业体系

不健全，城市自身集聚和扩散能力较弱，经济发展缺乏内在活力和带动农村区域发展的能力，农村区域农业现代化水平较低，农村主体能力滞后，农业生产率严重滞后于非农产业生产率，导致三四线城市的城乡收入差距较大。增加三四线城市农民的收入是未来缩小城乡收入差距的重点。

第三，城乡收入差距的焦点是农民收入较低。农民收入最低的10座城市农民平均收入仅为4120元/年，而收入最高的10座城市的城镇居民可支配收入为38937元/年。城乡收入差距有其合理的一面：中国农村居民收入结构单一，主要以农业收入为主，财产性收入较少；而城市居民则有多种收入来源，收入水平远远高于农民；同时，由于集聚效应的存在，优势发展资源向城市单向集中，生产要素更多呈现从农村向城市的流动。城乡收入差距又有其不合理的一面：中国的城乡收入差距更多的是一系列城乡分割政策倾斜的结果，是城乡二元经济结构的产物和最集中表征。因此，增加农民收入需要一系列政策的调整与协同。增加农民收入是未来建设全域城市的重点和难点。

B.10

中国信息城市竞争力报告

——迈向开放便捷的信息城市

刘 艺*

一 总体现状

1. 整体水平：总体提高、集聚显著、差距拉大

2015 年中国信息城市竞争力指数均值为 0.435，标准差为 0.193，城市的信息化指数仍然处于中低水平，城市间竞争力差异很大（见表 10－1）。

表 10－1 2015 年信息城市竞争力指数

变量	单位	样本数	平均值	标准差	最小值	最大值	低于平均值的城市数量	中位数
信息化指数	/	289	0.435	0.193	0	1	156	0.417

资料来源：中国社会科学院城市与竞争力指数数据库。

2015 年信息化指数低于平均值的城市有 156 个，占样本城市比例的 54%，均值高于中位数 0.417，竞争力较低的城市占相当大一部分，信息化水平较高的城市带动了整体平均值的增加，拉高了总体平均分。

从近三年的连续三年信息化指数对比可以看出，全国整体信息化指数水平从 2013 年的均值 0.290 到 2015 年的 0.435，信息化建设发展逐现成效。

当然，数据也证实我国近三年信息城市竞争力提高的速度有所降低（见表 10－2）；从低于平均值的城市数量来看，近两年低于信息化指数平均值的

---

* 刘艺，中国人民公安大学讲师，清华大学博士后，2013 年起连续参与《中国城市竞争力报告》的撰稿，主要研究方向：大数据与决策支持等。

城市数量在增多，信息化指数标准差在逐年增大，不同城市间的信息化水平差异日益显著。

表 10 - 2　连续三年信息化城市指数

年份	变量	样本数	平均值	标准差	最小值	最大值	低于平均值的城市数量
2013	信息化指数	287	0. 290	0. 158	0	1	131
2014	信息化指数	289	0. 419	0. 189	0	1	155
2015	信息化指数	289	0. 435	0. 193	0	1	156

资料来源：中国社会科学院城市与竞争力指数数据库。

从连续三年信息化指数的概率密度分布（见图 10 - 1、图 10 - 2、图 10 - 3）也可以看出，我国近三年信息化水平较高的城市发展较快且数目有所增加，信息化指数的概率密度分布右移，信息化处于中等水平的城市居多，两边的城市相对较少。

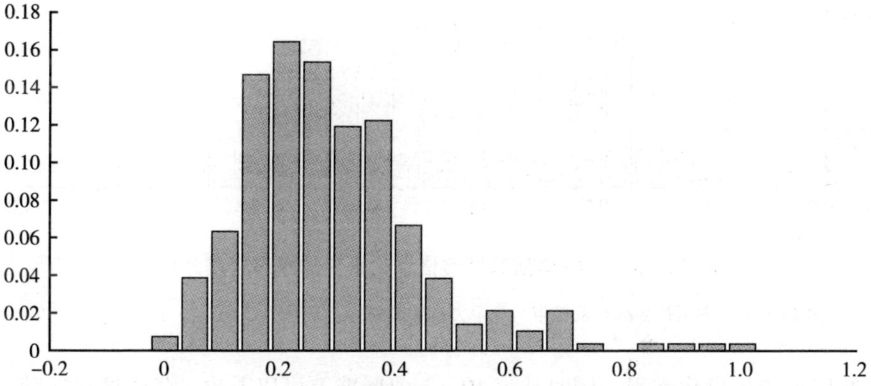

图 10 - 1　2013 年所有城市信息化水平的概率密度分布

2. 一、二、三、四线城市比较：一线城市高居前列，各线都有显著发展

2015 年的信息城市竞争力指数一、二、三、四线城市信息化水平逐次降低。从分值上看（见表 10 - 4）一、二、三、四线城市的平均得分分别为 0. 874、0796、0. 620、0. 391，其中四线城市信息化平均水平低于我国城市信息化平均水平，我国信息化水平较低的城市依然占大多数，四线城市严重拉低

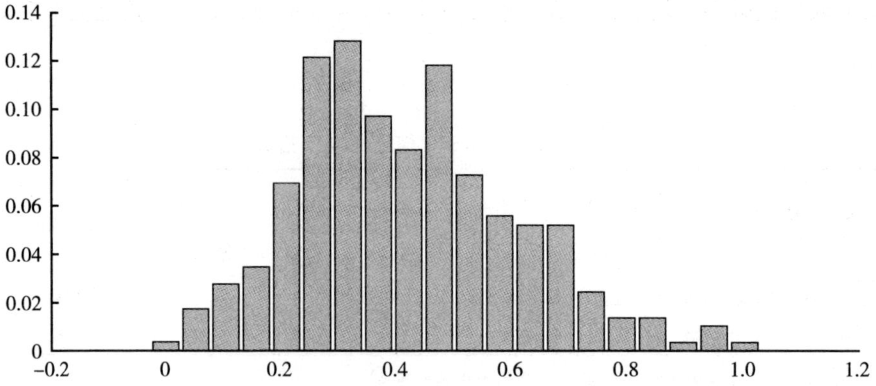

图 10－2　2014 年所有城市信息化水平的概率密度分布

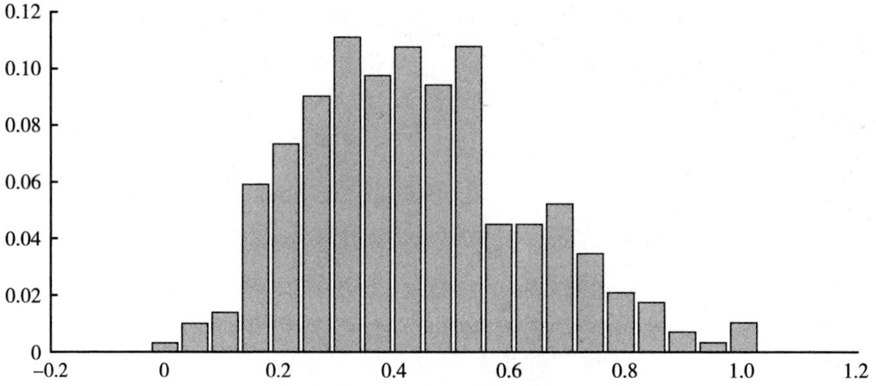

图 10－3　2015 年所有城市信息化水平的概率密度分布

资料来源：中国社会科学院城市与竞争力指数数据库。

了我国城市信息化水平。同时从表 10－3 中标准差可以看出，各线城市间信息化水平排名，一线城市间差距最小，四线城市间差距最大。

表 10－3　2015 年各线城市信息化水平排名分析

各线城市	一线	二线	三线	四线
平均值	9.667	18.33333	56.750	161.365
标准差	7.763	15.17831	36.612	75.879

资料来源：中国社会科学院城市与竞争力指数数据库。

对比连续三年来一、二、三、四各线城市信息化指数的均值，如表 10 - 4 和图 10 - 4 所示，可以看出，我国整体信息化水平呈现增长的趋势，各线城市的信息化水平也呈增长趋势。同时各线城市的最大值（一线除外）和最小值（四线除外）整体呈上升趋势，各线城市信息化水平均在向前发展。

表 10 - 4　连续三年各线城市信息城市竞争力指数分析

各线城市	年份	均值	标准差	最小值	最大值
一线	2013	0.746	0.207	0.432	1
	2014	0.842	0.119	0.670	0.970
	2015	0.874	0.107	0.762	0.999
二线	2013	0.601	0.122	0.399	0.927
	2014	0.768	0.115	0.597	1
	2015	0.796	0.107	0.579	1
三线	2013	0.452	0.077	0.315	0.602
	2014	0.601	0.097	0.418	0.766
	2015	0.620	0.103	0.429	0.780
四线	2013	0.250	0.110	0	0.685
	2014	0.376	0.155	0	0.809
	2015	0.391	0.157	0	0.852

资料来源：中国社会科学院城市与竞争力指数数据库。

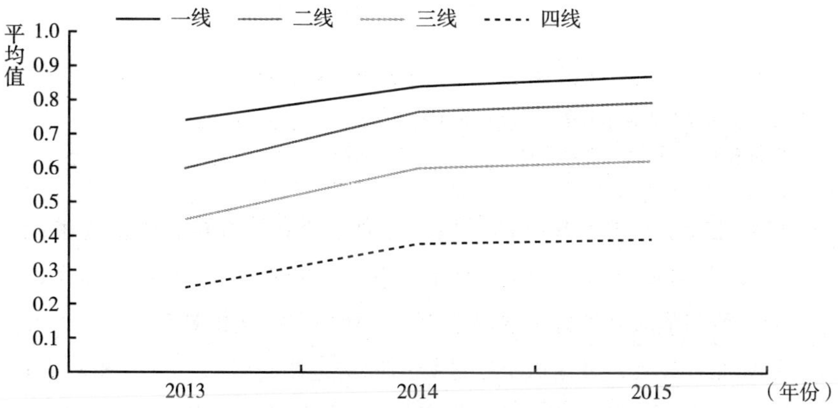

图 10 - 4　连续三年各线城市信息竞争力指数分析（平均值）

资料来源：中国社会科学院城市与竞争力指数数据库。

3. 格局比较：东南沿海领跑，中部、东北、西南、西北落后

在空间布局上，2015 年我国的信息城市竞争力呈现东高西低、南高北低的态势。信息城市竞争力空间分布如图 10－5 所示（其中颜色的深浅代表信息城市得分的高低），颜色比较深的区域基本集中在东南方向的沿海城市。

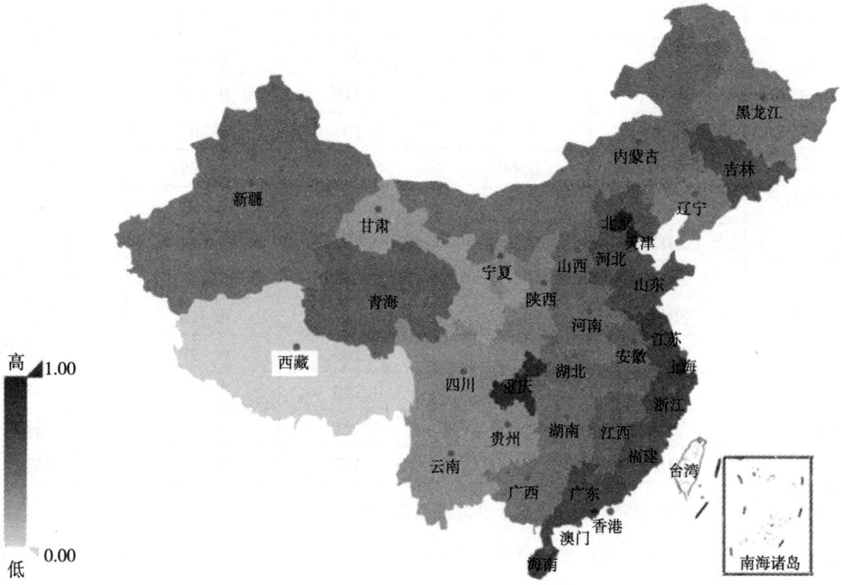

图 10－5　各省信息城市竞争力

注：2015 年信息城市竞争力，颜色从浅到深，竞争力得分越来越高。
资料来源：中国社会科学院城市与竞争力指数数据库。

在区域比较上，2015 年的信息城市竞争力指数区域排名依次为港澳、东南、环渤海、中部、东北、西南、西北。其中，内地城市中东南区域无论从均值还是最小值和最大值来看，均位于前列，而西北区域相对都很低。另外，西南区域的标准差最大，可见这个区域城市间的差距比较大，发展相对不均衡；相反，中部地区的标准差最低，说明该区域发展较均衡，各城市信息化水平整体较低。

表 10－5　2015 年信息城市竞争力指数区域分析

区　域	样本数	均值	标准差	最小值	最大值
环渤海	30	0.543	0.145	0.256	0.919
东　南	55	0.621	0.161	0.326	1.000
中　部	80	0.416	0.117	0.246	0.774
东　北	34	0.408	0.158	0.155	0.765
西　南	49	0.312	0.180	0.076	0.762
西　北	39	0.261	0.155	0.094	0.744
港　澳	2	0.866	0.158	0.978	0.754

资料来源：中国社会科学院城市与竞争力指数数据库。

4. 对外开放交流指数较好，航空、商旅相对薄弱

在信息城市竞争力的客体贸易、主体交流、信息交流与物质交流分项指标的测评上，2015 年中国的信息城市竞争力得分如表 10－6 所示。从客体贸易、主体交流上看，外贸交流在城市的对外发展中占有很大的比重，外资投入在城市的生产、建设中发挥着巨大的作用，但对外信息服务还是偏薄弱，2015 年的国际商旅人员数指数只有 0.013。从物质交流和信息交流上看，我国的信息基础设施目前还稍逊于交通基础设施的发展，信息基础设施的建设并没有有效地同步于城市的发展脚步（信息交流指数平均值 0.145，物质交流指数平均值 0.257）。在交通交流上，由于地理位置和经济发展水平差异，水、陆、空全方位的基础设施建设也存在很大不同，航空交通便利程度处于十分薄弱的地位，2015 年我国航空交通便利指数的均值只有 0.086（满分为 1）。信息城市竞争力四个大维度 12 个指标得分如图 10－6 所示。

表 10－6　主要分项指标得分情况分析

指标	分项	均值	标准差
客体贸易	外贸依存度	0.500	0.290
	当年实际使用外资额占固定资产投资比例	0.499	0.292
主体交流	外资工业企业比重	0.500	0.290
	国际商旅人员数	0.013	0.071
信息交流	千人国际互联网用户数	0.160	0.129
	千人移动电话年末用户数	0.295	0.161

续表

指标	分项	均值	标准差
物质交流	公路交通便利程度	0.472	0.297
	铁路交通便利程度	0.485	0.296
	航空交通便利程度	0.086	0.146
	利用海运便利程度	0.500	0.290

资料来源：中国社会科学院城市与竞争力指数数据库。

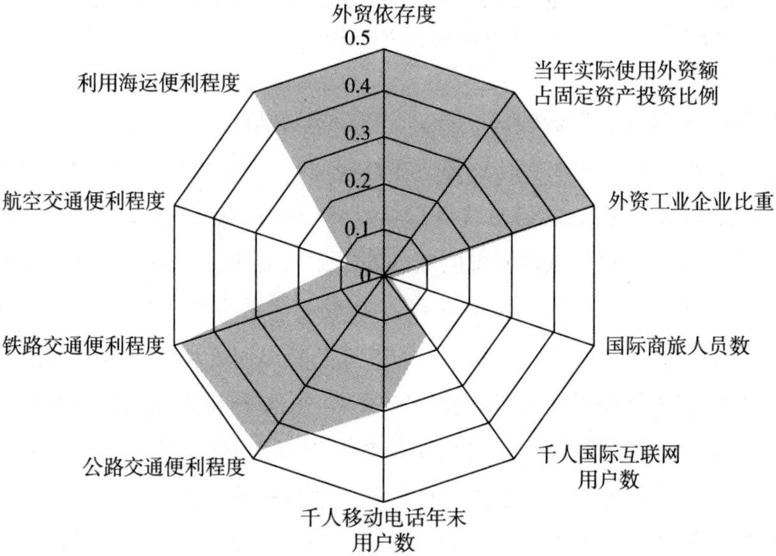

图 10－6　指标得分情况

资料来源：中国社会科学院城市与竞争力指数数据库。

二　外贸依存度指标分析

信息城市竞争力由四个一级指标（客体贸易、主体交流、信息交流和物质交流）构成，每个一级指标又由一定数量的二级指标构成，信息城市竞争力评价的指标体系如表 10－7 所示。

在四个一级指标中，信息交流和物质交流偏向于对信息化具体建设内容的考核，主体交流和客体贸易偏向于对信息化建设结果的考核。对于城市来说，信

表 10-7　信息城市竞争力评价指标体系

一级指标	二级指标	三级指标
客体贸易	外贸依存度	地区生产总值
		进口额
		出口额
	当年实际使用外资金额占固定资产投资比例	当年实际使用外资金额
		全社会固定资产投资总额
主体交流	外资工业企业比重	工业企业数
		港、澳、台商投资企业
		外商投资企业
	国际商旅人员数	国际商旅人数
信息交流	千人国际互联网用户数	国际互联网用户数
		常住人口
	千人移动电话年末用户数	移动电话年末用户数
物质交流	公路交通便利程度	高速公路
		国道
		省道
	铁路交通便利程度	铁路
	航空交通便利程度	飞行区等级
		起降架次
	利用海运便利程度	距海港城市最短距离
		距香港
		距上海
		距天津

资料来源：中国社会科学院城市与竞争力指数数据库。

息化建设加强了城市的交流和联系，提高了城市交流的水平，主、客体交流是重要的信息城市竞争力指标。而且其中，外贸依存度是地区生产总值、进口额和出口额的综合体现，是信息化对城市促进的一个定量体现，有效衡量着一个城市的交流活跃程度和进出口贸易结果，是信息城市竞争力的一个很有代表性的评估指标，我们将它作为二级指标的代表来衡量。

1. 外贸依存度全国现状：水平中等，整体均衡

2015 年城市外贸依存度的均值为 0.500，标准差为 0.290，外贸依存度低于平均值的城市有 144 个（见表 10-8），占样本城市的 49.83%，说明我国城

市的外贸依存度整体仍处于较低水平。从城市外贸依存度的中位数可以看出，均值得分等于中位数得分，说明外贸依存度高的城市和外贸依存度低的城市数量旗鼓相当。

表 10－8　2015 年城市外贸依存度分析

变量	单位	样本数	平均值	标准差	最小值	最大值	低于平均值的城市数量	中位数
信息化指数	/	289	0.500	0.290	0	1	144	0.500

资料来源：中国社会科学院城市与竞争力指数数据库。

对 2014 年及 2015 年数据进行比较分析可以看出，我国城市外贸依存度 2015 年相对 2014 年有所增加，但是标准差也随之增加，说明我国城市外贸依存度水平提高同时城市间差距也变大。

表 10－9　2015 年外贸依存度区域分析

年份	样本数	均值	标准差
2014	289	0.461	0.283
2015	289	0.500	0.290

资料来源：中国社会科学院城市与竞争力指数数据库。

2. 外贸依存度城市排名：香港第一，沿海发达

2015 年城市外贸依存度排名中，排前 10 位的是：香港、深圳、珠海、东莞、厦门、苏州、北京、上海、惠州、日照（见表 10－10）。香港居第 1 位，其他城市，除了一直稳居前列的北、深、广外，东莞、惠州、日照等也因为对外贸易的发达跻身前 10。前 10 名的城市皆集中在我国东南、环渤海及港澳地区的长三角、珠三角及沿海等发达城市。

表 10－10　2015 年外贸依存度城市排名前 10 位

城市	所属省份	所属区域	信息化指数	排名
香港	香港	港　澳	1	1
深圳	广东	东　南	0.996527778	2
珠海	广东	东　南	0.993055556	3

续表

城市	所属省份	所属区域	信息化指数	排名
东莞	广东	东　南	0. 989583333	4
厦门	福建	东　南	0. 986111111	5
苏州	江苏	东　南	0. 982638889	6
北京	北京	环渤海	0. 979166667	7
上海	上海	东　南	0. 975694444	8
惠州	广东	东　南	0. 972222222	9
日照	山东	环渤海	0. 96875	10

资料来源：中国社会科学院城市与竞争力指数数据库。

3. 外贸依存度区域格局比较：东南领先，中西部落后

在区域比较上，按照均值排名，2015 年的城市外贸依存度区域排名依次为东南、港澳、环渤海、西南、东北、中部、西北。从分值上看，东南、港澳、环渤海、西南、东北、中部、西北平均值分别为 0. 841、0817、0. 778、0. 4504、0. 4495、0. 422、0. 345（如表 10 - 11、图 10 - 7 所示）。西南、东北、中部、西北这四个区域的外贸依存度均低于均值，而该四地区的样本数占所有样本数的 69. 90%，说明我国外贸依存度较低的城市依然占大多数。另外，西南和环渤海区域的标准差较大，可见这两个区域的城市间差距比较大，发展相对不均衡；相反，东南地区的标准差最低，说明该区域发展较均衡。

表 10 - 11　2015 年外贸依存度区域分析

区　域	样本数	均值	标准差
东　南	55	0. 840517	0. 084499
港　澳	2	0. 817352	0. 139716
环渤海	30	0. 778015	0. 205701
西　南	49	0. 450385	0. 210959
东　北	34	0. 449549	0. 155994
中　部	80	0. 422014	0. 136324
西　北	39	0. 344799	0. 146715

资料来源：中国社会科学院城市与竞争力指数数据库。

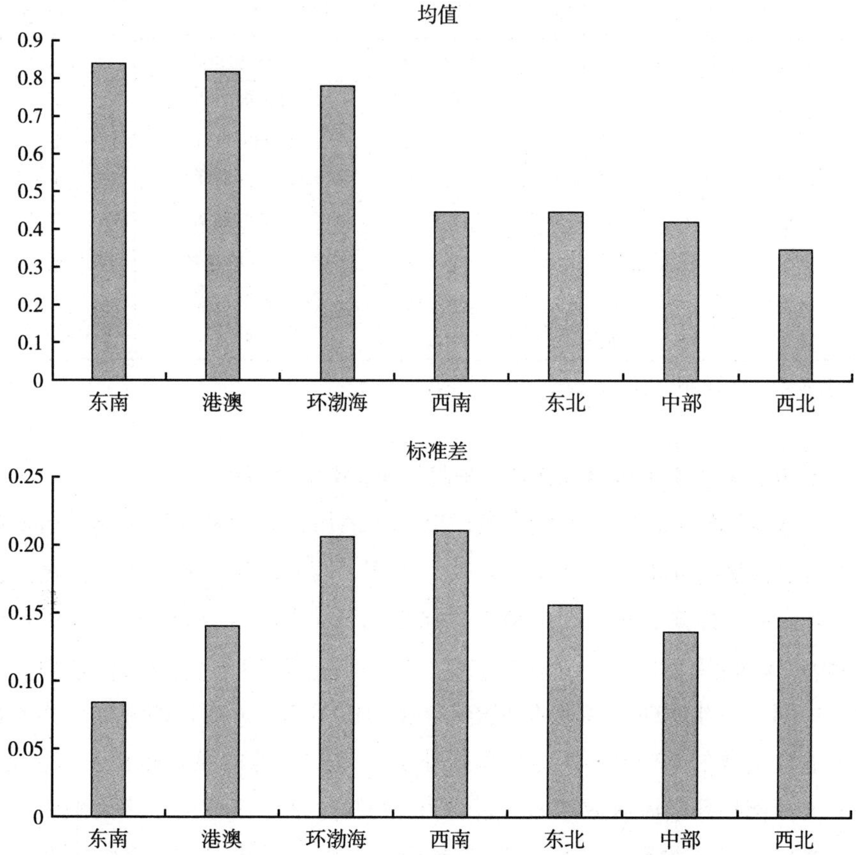

图 10－7　2015 年外贸依存度区域分析（均值与标准差）

资料来源：中国社会科学院城市与竞争力指数数据库。

4. 一、二、三、四线城市比较

从分值上看，如表 10－12 和图 10－8 所示，一、二、三、四线城市的平均得分分别为 0.907、0.816、0.687、0.460，各线城市外贸依存度逐次降低，四线城市的城市信息化平均水平落后于我国城市信息化平均水平。同时从样本数量来看，我国外贸依存度较低的城市依然占大多数，四线城市严重拉低了我国城市外贸依存度。

从各线城市的外贸依存度的最小值和最大值看，一线城市的最大值与最小值相差较小，标准差较小；四线城市则相差较大。

表 10－12　各线城市外贸依存度分析

城市	均值	标准差	最小值	最大值
一线	0.907	0.098	0.760	1
二线	0.816	0.163	0.458	0.997
三线	0.687	0.164	0.365	0.889
四线	0.460	0.282	0.460	0.993

资料来源：中国社会科学院城市与竞争力指数数据库。

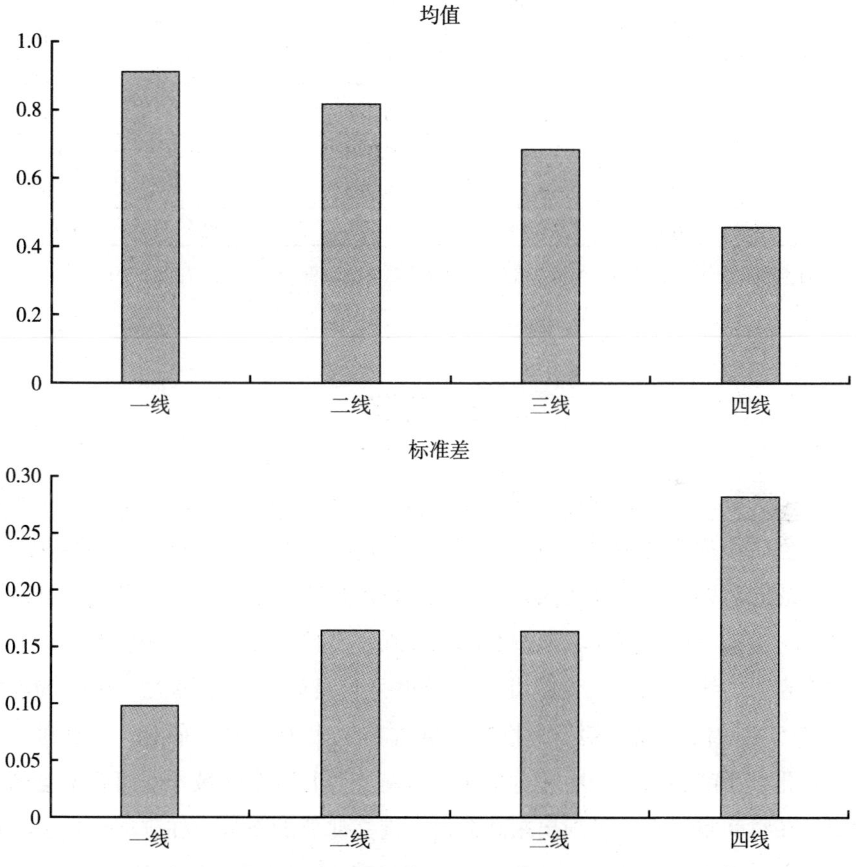

图 10－8　各线城市外贸依存度对比分析（均值与标准差）

资料来源：中国社会科学院城市与竞争力指数数据库。

对比连续两年来一、二、三、四线各线城市的信息化指数均值，由表10－13 可以看出，我国城市外贸依存度没有明显的上升或下降趋势，但各线城市变化有所差别。一线和三线城市外贸依存度有所上升，同时标准差有所下降，说明一线和三线城市内外贸依存度差距变小；二线城市和四线城市依存度稍有下降，但是二线城市标准差上升，四线城市标准差稍下降。

表 10－13 连续两年各线城市外贸依存度分析

各线城市	年份	均值	标准差	最小值	最大值
一线	2014	0.880	0.133	0.691	1
	2015	0.907	0.098	0.760	1
二线	2014	0.818	0.158	0.483	0.993
	2015	0.816	0.163	0.458	0.997
三线	2014	0.677	0.166	0.431	0.903
	2015	0.687	0.164	0.365	0.889
四线	2014	0.461	0.283	0	0.997
	2015	0.460	0.282	0.460	0.993

资料来源：中国社会科学院城市与竞争力指数数据库。

三 总结

总体来看，当前我国信息城市建设水平良好，呈上升发展势头。2015 年中国信息城市竞争力指数均值为 0.435，标准差为 0.193，与近 3 年的数据比，在上升的同时城市间差异增大，竞争力较低的城市占相当大一部分。在城市发展上，一、二、三、四线城市按照城市发展水平信息化竞争力相应增强，其中一线最高、四线最低，一线城市差距最小，四线城市差距最大。在区域竞争上，2015 年的信息城市竞争力指数区域排名依次为港澳、东南、环渤海、中部、东北、西南、西北，中部、东北、西南、西北四个区域均值落后于全国平均值，在空间布局上，呈现出东高西低、南高北低的态势。在分项比较上，对外开放交流指数相对较好，航空、商旅相对薄弱。在外贸依存度重要指标上，全国发展整体均衡，各个城市竞争力呈上升势头，香港外贸依存度一直排名第一，而且沿海高于内陆，一线城市高于二、三、四线城市。

区域报告

Regional Report

BLUE BOOK

B.11 中国（东南地区）城市竞争力报告

邹琳华　夏炎*

一　中国城市竞争力（广东）报告

广东省综合经济竞争力居全国上游水平，且地位相对稳定。可持续竞争力也处全国较好水平，但名次略有下降。省内多个城市的城市竞争力表现夺目。不足之处在于省内板块间发展差异较大。尽管目前广东省产业转型升级压力较大，但近年广东省利用先发优势加大产业转型升级力度，已经取得一定成效，产业结构不断优化。未来通过科技创新驱动、高端服务业带动、粤港澳全面合作和建设珠三角一流城市群带等举措，竞争力优势有望继续保持。

* 邹琳华，经济学博士，现就职于中国社会科学院财经战略研究院，主要从事城市与房地产经济领域的理论研究。夏炎，中国社会科学院研究生院金融学博士研究生。本章报告广东、福建、江苏部分由邹琳华撰写，浙江、上海部分由夏炎撰写。

表 11－1　2014 年广东省省情信息

项目	数据
土地面积	17.97 万平方公里
常住人口	10724 万人
城镇人口占常住人口比重	68%
GDP 及增长率	67792.24 亿元,7.8%
一、二、三产业占 GDP 比重	4.7%、46.2%、49.1%

资料来源：2014 年广东省国民经济和社会发展统计公报。

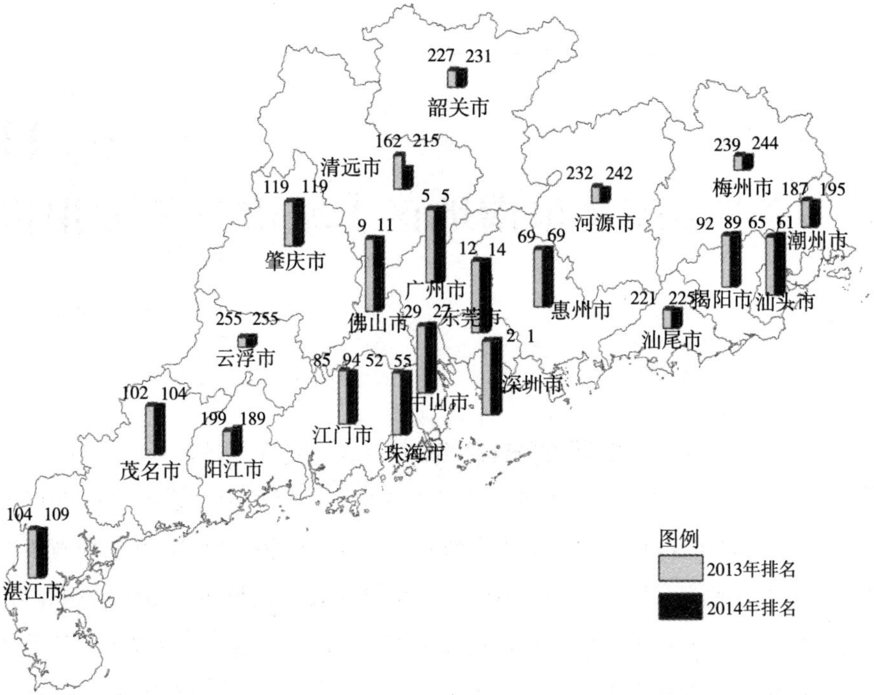

图 11－1　2013 年和 2014 年广东省城市综合经济竞争力排名

资料来源：中国社会科学院城市与竞争力指数数据库。

1. 格局与优势

总体概况：广东省是中国经济改革开放的前沿，先进经济理念的发源地，同时也是中国经济强省之一。省内珠三角城市群是具有世界影响力的城市群带，也是我国三个最大的城市群带之一。近三年来，广东省着力稳增长、促改

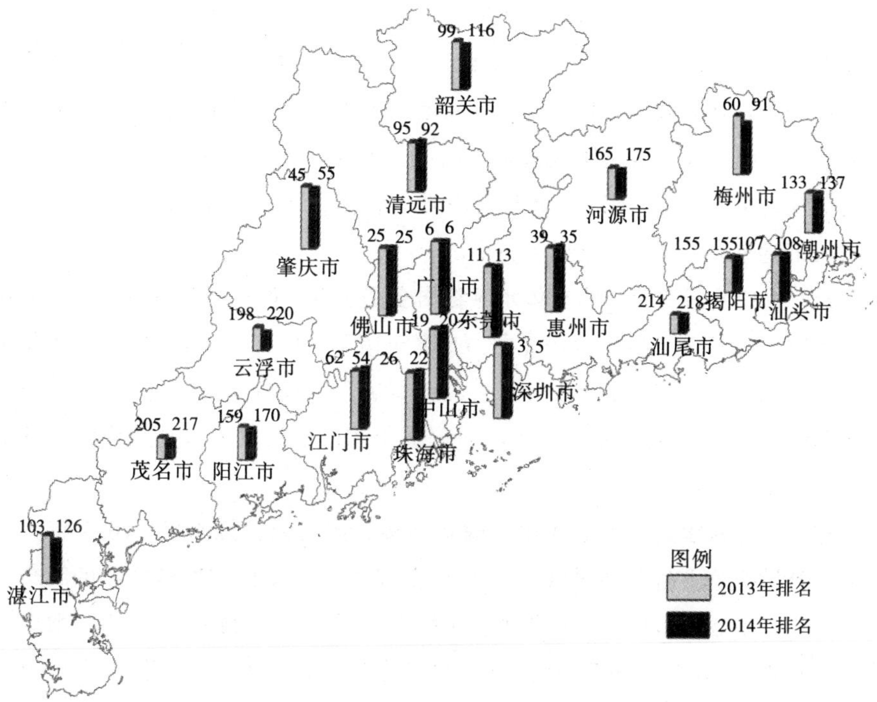

图 11－2　2013 年和 2014 年广东省城市可持续竞争力排名

资料来源：中国社会科学院城市与竞争力指数数据库。

革、调结构，已经取得一定成效。经济增速稳中有降，GDP 增长率从 2012 年的 8.2%，下降至 2014 年的 7.8%。产业结构显著优化，三次产业比例从 2012 年的 5.0∶48.8∶46.2，调整为 2014 年的 4.7∶46.2∶49.1。第三产业比重已经超过第二产业，居区域经济主导地位。区内发展不平衡，省内珠三角地区作为我国最发达的区域之一，其区域生产总值占全省的 78.9%，而粤东、粤西、粤北区域生产总值仅占全省的 21.1%。**总体来看，广东省作为我国改革开放前沿，具有先发优势，珠三角城市群的经济竞争力与可持续竞争力均表现突出。尽管受经济转型的影响，广东省经济增速暂时受到一定制约，但借助其经济实力、创新能力、持续的转型升级努力以及毗邻现代服务业中心香港的优势，广东省有望未来在全国率先转型成功，继续保持其作为中国经济增长重要一极的地位。**

现状格局：2014 年度广东省综合经济竞争力指数均值为 0.183，在全国除西藏外的省级行政区域中排名第9位。其中深圳、广州、佛山、东莞和中山分别排在全国第1位、第5位、第11位、第14位和第27位，均处于全国综合经济竞争力最好的城市之列；但也有汕尾、韶关、河源、梅州、云浮5个城市排名在200位之外，居全国表现最差行列。2014年度广东省可持续竞争力指数均值为0.404，在全国除西藏和台湾外的省级行政区域中排名第11位。广东省城市竞争力总体上呈现以下特征。

第一，综合经济竞争力总体水平稳居全国上游，但省内竞争力水平差异较大。2014年度广东省综合经济竞争力排名全国第9位，与2012年和2013年保持一致，稳定在全国上游水平。综合经济竞争力指数变异系数为1.266，居全国第26位，近三年保持不变，表明省内城市间的经济发展水平差异较大状况基本没有变化。

第二，可持续竞争力总体水平略有下降，但仍处较好水平。2014年度广东省可持续竞争力排名全国第11位，居全国中上游水平，比2012年的第9位下降2位，多数城市可持续竞争力全国排名有所下降。可持续竞争力指数变异系数为0.454，位列全国第20位，表明省内竞争力差距较大。其中居省内第一、第二的深圳和广州分别列全国可持续竞争力第5位和第6位，居省内最末的茂名、汕尾和云浮分别列全国第217位、218位和220位。

第三，从可持续竞争力分项来看，信息城市竞争力和生态城市竞争力优势明显。广东省城市竞争力十项指标均处于全国较好水平。特别是信息城市竞争力和生态城市竞争力水平较高。相对较弱的是文化城市竞争力。在广东省城市竞争力十项之间，各项指数值大体相等，基本上做到了均衡发展。

2. 问题与软肋

一是外贸依存度高，产业转型升级压力巨大。广东省的经济主要靠对外贸易驱动，世界经济不景气和产业新格局变化对其影响很大。2014年全年进出口总额10767.34亿美元，比上年下降1.4%。其中，出口6462.22亿美元，增长1.5%；进口4305.12亿美元，下降5.5%。工业企业库存呈增加态势，生产经营存在隐忧。广东外贸产业还将面临劳动密集型产业向东南亚、印度等发展中国家和国内欠发达省份转移的挑战，调结构转变增长方式的任务十分艰巨。

二是区域发展不平衡现象依然突出，协调发展困难。虽然珠三角城市经济竞争力表现夺目，但粤北及粤西、粤东有些城市经济竞争力不够理想。珠三角地区人均 GDP 早在 2010 年就超过 1 万美元，但粤东、粤西、粤北地区人均 GDP 到目前仍未达到全国平均水平，12 个地级市中只有阳江超过全国平均水平。珠三角的发展，未能很好地带动省内落后县市的发展。在珠三角城市群内部，各城市间的工业基础、创新能力及服务水平都存在较大差距。

三是外来人口规模庞大，但与当地社会未能很好融合。广东省是我国流动人口第一大省，但长期以来，外来人口所能享受的公共服务与当地人口存在较大差距，难以共享当地经济社会发展成果，外来人口对当地社会缺乏认同感。劳资矛盾和社会冲突问题较为普遍，影响社会和谐稳定。

3. 现象与规律

广东省目前正进入产业转型升级的关键期。2014 年广东省人均 GDP 达到 63452 元，折合 10330 美元，成为继天津、北京、上海、江苏、浙江、内蒙古等省区市之后，又一个人均 GDP 超过 1 万美元的省份。按照国际经验，人均 GDP 1 万美元是一个重要的门槛，超过既意味着经济社会发展进入一个新的台阶，也意味着面临新的挑战：转型升级的压力更大，结构调整的难度更高，大城市病更加突出，居民对生态、民生的要求更突出。

转型升级能否成功决定先发优势能否维持。众多国外城市发展经验表明，如果转型升级不成功，先发优势有可能变成先发劣势，阻碍城市经济的可持续发展。广东应充分利用先发优势所形成的资本积累，加大创新和环境投入，吸引高端人才，变先发优势为创新优势、可持续发展优势。

4. 趋势与展望

2014 年，广东人均 GDP 超过 1 万美元、人均预期寿命接近 77 岁、第三产业比重超过第二产业、城镇化率达到 68%，这些成就表明广东正处于“工业化中期”向“工业化后期”转变阶段，开始进入以信息化带动工业化，以国际化促进市场化，以城市化为载体加快经济转型、社会转型，着力向建成全面小康社会、实现基本现代化的新发展阶段。2014 年，全省科学研究与试验发展（R&D）人员 51.1 万人，全省 R&D 经费支出 1627 亿元，占 GDP 的比例达到 2.36%。高技术制造业增加值 7546.10 亿元，增长 11.4%；先进制造业增加值 14103.95 亿元，增长 9.2%；现代服务业增加值 19438.47 亿元，增长 9.0%。三次产业结构调整为 4.7∶46.2∶49.1，第三产业占比继续提高 0.3 个百分点。这表明，广东省的结构转型与产业升级正向积极的方向发展。

5. 战略与政策

战略回顾：广东省近年的发展战略是通过改革创新、先行先试，积极实施扩大内需战略、自主创新战略、人才强省战略、区域协调发展战略、绿色发展战略、和谐共享战略，加快转型升级，建设幸福广东。“十二五”全省人均生产总值实现比2000年翻两番，经济发展方式转变取得显著进展，社会软实力显著提升，民生福祉显著改善，科学发展的体制机制日益完善。

表 11-2　2014 年广东省城市综合经济竞争力、可持续竞争力及其分项

	综合经济竞争力		可持续竞争力		知识城市竞争力	和谐城市竞争力	生态城市竞争力	文化城市竞争力	全域城市竞争力	信息城市竞争力
城　市	指数	排名	指数	排名	等级	等级	等级	等级	等级	等级
广　州	0.578	5	0.763	6	★★★★★	★★★★★	★★★★★	★★★★★	★★★★★	★★★★★
韶　关	0.055	231	0.315	116	★★★★	★	★★★★★	★★	★★★★	★★★★
深　圳	1.000	1	0.816	5	★★★★★	★★★★★	★★★★★	★★★★★	★★★★★	★★★★★
珠　海	0.133	55	0.577	22	★★★★★	★★★★★	★★★★	★★★★	★★★★★	★★★★★
汕　头	0.127	61	0.325	108	★★★★	★★★★	★	★★	★★★★★	★★★★
佛　山	0.407	11	0.553	25	★★★★★	★★★★★	★★★	★★★★★	★★★★★	★★★★★
江　门	0.099	94	0.425	54	★★★★	★★★★	★★★★	★★★	★★★★★	★★★★★
湛　江	0.094	109	0.299	126	★★	★	★★★★	★★	★★★	★★★★
茂　名	0.096	104	0.200	217	★	★	★★	★	★★★	★★
肇　庆	0.083	119	0.423	55	★★★★	★★★★	★★★★★	★★★★	★★★★	★★★★
惠　州	0.121	69	0.478	35	★★★★	★★★★★	★★★★	★★★★	★★★★★	★★★★★
梅　州	0.051	244	0.343	91	★★★	★★	★★★★	★★★★	★★★	★★★
汕　尾	0.057	225	0.200	218	★	★	★★	★	★★★	★★★
河　源	0.051	242	0.240	175	★	★	★★★	★	★★★	★★★★
阳　江	0.066	189	0.249	170	★	★★★	★★★	★	★★★	★★★
清　远	0.060	215	0.342	92	★★	★★★	★★★★★	★★★	★★★	★★★★
东　莞	0.332	14	0.613	13	★★★★★	★★★★★	★★★★	★★★★	★★★★★	★★★★★
中　山	0.220	27	0.579	20	★★★★★	★★★★★	★★★★	★★★★★	★★★★★	★★★★★
潮　州	0.064	195	0.289	137	★★★	★	★★★	★★★	★★★★	★★★
揭　阳	0.104	89	0.265	155	★	★	★★★★	★	★★★	★★★
云　浮	0.047	255	0.199	220	★	★	★★	★	★★★	★★
指数均值	0.183	9	0.404	11	0.330	0.343	0.553	0.245	0.384	0.607
指数方差	0.054	26	0.034	25	0.038	0.028	0.016	0.028	0.047	0.033
变异系数	1.266	26	0.454	20	0.591	0.485	0.227	0.680	0.563	0.300

资料来源：中国社会科学院城市与竞争力指数数据库。

政策建议：充分利用先发优势、创新优势与粤港澳合作优势，一是强化人才战略，进一步加大科技创新投入力度，以科技创新推进产业转型升级；二是充分利用广东自贸区建设、海上丝绸之路建设和粤港澳高端合作的优势，扩大经济影响力，发展高端服务业，升级传统制造业；三是通过珠三角城市群的交通、通信及社会服务的一体化建设，实现珠三角城市间的一体化、同城化，进一步发挥市场规模优势，将珠三角城市群建设成为世界一流的城市群带。

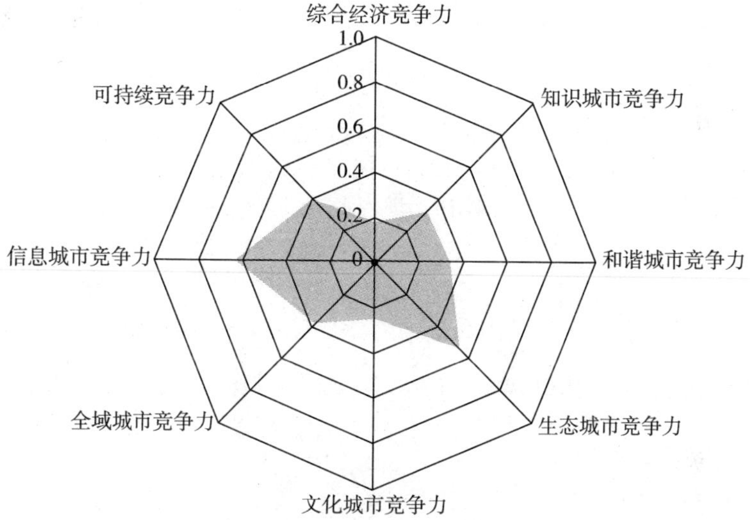

图 11－3　2014 年广东省城市竞争力

资料来源：中国社会科学院城市与竞争力指数数据库。

二　中国城市竞争力（福建）报告

福建省城市综合经济竞争力水平较高，可持续竞争力排名上升较快，生态城市竞争力优势显著。但近年来产业转型进展缓慢，城市发展对房地产的依赖较大。未来通过抓住技术创新、自贸区建设与闽台融合，有望获得新的竞争优势，再次实现跨越式发展。

表 11－3　2014 年福建省省情信息

项目	数据
土地面积	12.4 万平方公里
常住人口	3806 万人
城镇人口占常住人口比重	61.8%
GDP 及增长率	24055.76 亿元,9.9%
一、二、三产业占 GDP 比重	8.4%、52%、39.6%

资料来源：2014 年福建省国民经济和社会发展统计公报。

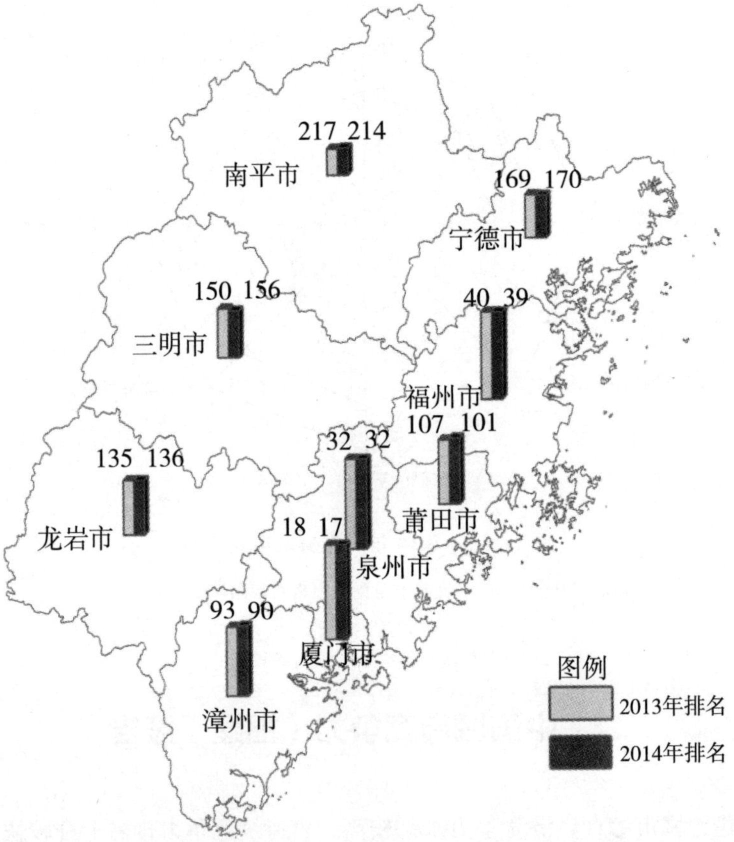

图 11－4　2013 年和 2014 年福建省城市综合经济竞争力排名

资料来源：中国社会科学院城市与竞争力指数数据库。

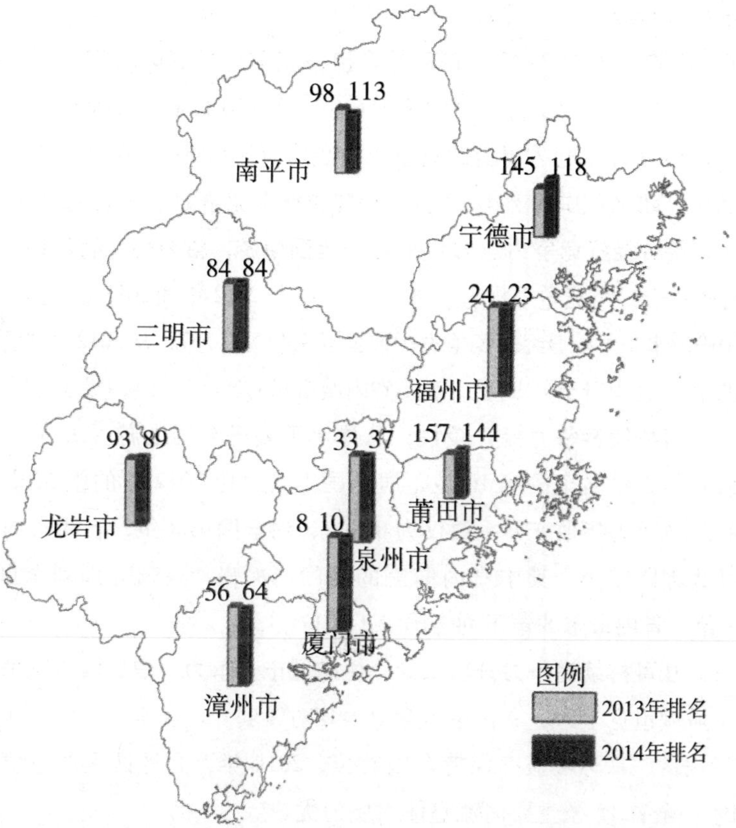

图 11－5　2013 年和 2014 年福建省城市可持续竞争力排名

资料来源：中国社会科学院城市与竞争力指数数据库。

1. 格局与优势

总体概况：福建省城市综合经济竞争力处于全国中游水平，城市可持续竞争力水平上升较快，目前进入全国上游水平。近年来，福建省经济增速有所下降，由 2012 年的 11.4%，降至 2014 年的 9.9%。产业结构调整缓慢，三次产业比例由 2012 年的 9.0∶52.2∶38.8 调整为 2014 年的 8.4∶52∶39.6。**总体来看，福建虽然有厦门、泉州、福州等城市经济竞争力表现优异，但是海峡西岸城市群尚缺乏规模优势，从而在全国的总体影响力不够突出。如果未来抓住自贸区建设、闽台融合及海上丝绸之路战略机遇，福建省城市竞争力水平仍有望提升。**

现状格局：2014 年度福建省综合经济竞争力指数均值为 0.125，在全国除西藏外的省级行政区域中排名第12位。其中厦门、泉州、福州分别排在全国第17位、第32位和第39位，跻身综合经济竞争力最好的城市之列；居省内末位的三明、宁德、南平排名全国第156位、第170位和第214位，表现较差或最差。2014年度福建省可持续竞争力指数均值为0.407，在全国除西藏和台湾外的省级行政区域中排名第10位。福建省城市竞争力总体上呈现以下特征。

第一，综合经济竞争力总体水平处于全国中游，省内差距有所收敛。2014年度福建省综合经济竞争力排名全国第12位，与2012年和2013年保持一致，稳定在全国中游水平。综合经济竞争力指数变异系数为0.587，从2012年的第21位、2013年的第20位上升至第19位，表明省内城市间的经济发展水平差距有所收敛。

第二，可持续竞争力提升较快，总体水平处于全国上游。2014年度福建省可持续竞争力排名全国第10位，居全国上游，比2012年的第12位上升2位。可持续竞争力指数变异系数仅为0.304，列全国第8位，表明省内城市可持续竞争力差距较小。其中省内前三的厦门、福州、泉州分别列全国第10、23和37位，省内最末的莆田列全国第144位。

第三，从可持续竞争力分项来看，生态城市竞争力、信息城市竞争力优势明显。全域城市竞争力、文化城市竞争力相对较弱。地表水、大气、生态环境质量保持优良，森林覆盖率保持全国首位，2014年万元地区生产总值能耗下降1.53%，全省12条主要河流整体水质为优。

2. 问题与软肋

第一，产业转型进展缓慢，新的竞争优势尚未形成。三次产业比例由2012年的9.0∶52.2∶38.8调整为2014年的8.4∶52∶39.6，服务业发展相对缓慢。龙头企业数量偏少，企业创新能力偏弱。城市发展对房地产的依赖较大，房地产市场下滑对区域经济造成较大冲击。

第二，省内发展不平衡，山区与沿海发展水平差距较大。福建的厦门、泉州、福州都跻身于全国城市综合经济竞争力前50名，处于全国城市经济竞争力最好行列。但山区的南平则在200名以外，处于全国较差行列。

第三，人才吸引力相对较弱，创新型和高层次人才缺乏。相对于北京、上海、深圳等，福建城市产业层次较低，对于高端人才、创新人才缺乏足够吸引力。

3. 现象与规律

从产业结构与城市化水平看，福建省目前仍处于工业化中后期阶段。2014

年，第一、第二、第三产业增加值分别比上年增长 4.4%、11.7% 和 8.3%，第二产业增加值增速分别比第一产业和第三产业高 7.3 个和 3.4 个百分点，三次产业比例为 8.4∶52∶39.6，第二产业仍是经济增长的主要支撑。2014 年全年研究与试验发展（R&D）经费支出约 360 亿元，比上年增长 14.6%，占全省生产总值的 1.50%。经济发展阶段要求经济增长驱动因素由要素驱动向技术驱动转变。

福建是我国著名的侨乡，对于扩大中国的海外经济影响力与经济联系具有重要意义。目前旅居海外的闽籍华人、华侨达 1000 多万，分布在世界各大洲，90 多个国家和地区。福建与台湾隔海相望，台湾同胞中 80% 祖籍是福建。“21 世纪海上丝绸之路”战略离不开福建的参与。

4. 趋势与展望

2013 年 9 月和 10 月习近平主席分别提出建设“新丝绸之路经济带”和“21 世纪海上丝绸之路”的战略构想。2014 年，中央同意设立中国（福建）自由贸易试验区。2014 年，福建与东盟贸易额增长 3.3%，对东盟投资增长 93.7%。通过深化福建自贸区建设，积极融入“一带一路”战略，加强闽台经济融合，福建城市有望获得新的经济增长点与竞争优势。

表 11－4　2014 年福建省城市综合经济竞争力、可持续竞争力及其分项

	综合经济竞争力		可持续竞争力		知识城市竞争力	和谐城市竞争力	生态城市竞争力	文化城市竞争力	全域城市竞争力	信息城市竞争力
城　市	指数	排名	指数	排名	等级	等级	等级	等级	等级	等级
福　州	0.175	39	0.572	23	★★★★★	★★★★★	★★★★★	★★★★★	★★★★★	★★★★★
厦　门	0.269	17	0.630	10	★★★★★	★★★★★	★★★★	★★★★	★★★★★	★★★★★
莆　田	0.097	101	0.275	144	★★★	★	★★★	★★	★★	★★★★
三　明	0.072	156	0.351	84	★★★	★★★	★★★★★	★★	★★★	★★
泉　州	0.203	32	0.468	37	★★★★	★★★★	★★★★★	★★★★★	★★★★	★★★★★
漳　州	0.103	90	0.391	64	★★★★	★	★★★★★	★★★★	★★★	★★★★
南　平	0.060	214	0.317	113	★★★	★★	★★★★	★★	★★	★★★
龙　岩	0.076	136	0.346	89	★★★	★★	★★★★★	★★★	★★★	★★★★
宁　德	0.070	170	0.311	118	★★	★★★	★★★★★	★★	★	★★
指数均值	0.125	12	0.407	10	0.330	0.343	0.674	0.266	0.272	0.584
指数方差	0.005	22	0.015	18	0.016	0.023	0.008	0.014	0.014	0.023
变异系数	0.587	19	0.304	8	0.382	0.446	0.135	0.452	0.432	0.261

资料来源：中国社会科学院城市与竞争力指数数据库。

5. 战略与政策

战略回顾：通过全面实施国务院支持福建省加快建设海峡西岸经济区的若干意见，以加快转变、跨越发展为主线，以保障和改善民生为立足点，加快推进改革开放，加快推进农业现代化、新型工业化和城镇化，促进对台交流合作，促进社会和谐稳定，推动又好又快发展，大力提升人民群众的幸福指数，“十二五”全省人均地区生产总值赶超东部地区平均水平，提前三年全面建成小康社会。

政策建议：未来福建省城市的发展，应充分发挥侨乡优势、生态优势，抓住国家新一轮扩大开放重大机遇。积极推进自由贸易试验区建设，加快建立投资贸易便利、金融创新功能突出、服务体系健全、监管高效便捷、法制环境规范的自贸区。建设“海上丝绸之路”核心区，发挥华侨、华人作用，促进与“海上丝绸之路”沿线国家双向投资。发挥闽台合作优势，推动闽台深度融合，推进闽台货物、服务和各类要素自由流动。同时加大科技创新力度，发展高技术制造业与先进制造业，改造升级传统制造业，加快产业升级与结构转型步伐。

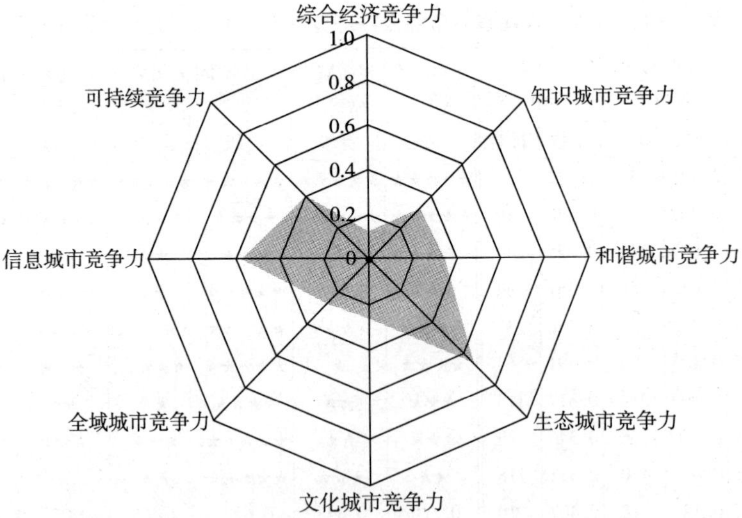

图 11－6　2014 年福建省城市竞争力

资料来源：中国社会科学院城市与竞争力指数数据库。

三　中国城市竞争力（江苏）报告

江苏省城市综合经济竞争力与可持续竞争力均稳居全国上游。区内南北发展水平差距较大，但有不断缩小的趋势。近年结构调整步伐加快，产业结构不断改善。未来通过抓住国家新一轮对外开放与区域布局的契机，推广上海自贸区经验，融入长江经济带，强化长三角区域合作，以开放促改革，以创新促发展，有望完成产业转型，继续保持第一梯队的竞争优势。

表 11－5　2014 年江苏省省情信息

项目	数据
土地面积	10.26 万平方公里
常住人口	7960.06 万人
城镇人口占常住人口比重	65.2%
GDP 及增长率	65088.3 亿元，8.7%
一、二、三产业占 GDP 比重	5.6%、47.7%、46.7%

资料来源：2014 年江苏省国民经济和社会发展统计公报。

1. 格局与优势

总体概况：江苏省作为中国最发达的省份之一，2014 年人均 GDP 居全国各省第一位。近年来，通过稳增长、促改革、调结构，经济社会发展总体稳定、稳中有进，经济增速由 2012 年的 10.1% 降至 2014 年的 8.7%，三次产业比例有 2012 年的 6.3∶50.2∶43.5 调整为 2014 年的 5.6∶47.7∶46.7。**总体来看，江苏各城市综合经济竞争力与可持续竞争力处于全国上游，且可持续竞争力排名要高于综合经济竞争力。但结构调整压力很大，经济面临下行挑战。省内南北发展差距较大，苏南城市群发展程度高而苏北城市相对不发达，未来差距有望缩小。**

现状格局：2014 年度江苏省综合经济竞争力指数均值为 0.216，在全国除西藏外的省级行政区域中排名第 8 位。其中苏州、无锡、南京、常州、南通、徐州、镇江、扬州、泰州分别排在全国第 7、10、13、25、28、36、38、41、45 位，均跻身综合经济竞争力最好的城市之列；但连云港、宿迁排名全国第

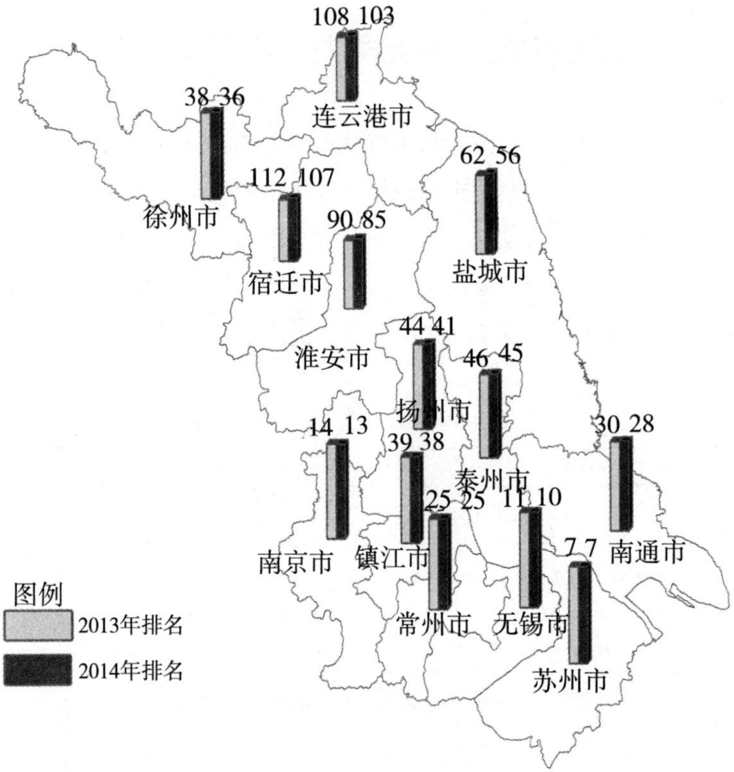

图 11－7　2013 年和 2014 年江苏省城市综合经济竞争力排名

资料来源：中国社会科学院城市与竞争力指数数据库。

103 位和第 107 位，表现一般。2014 年度江苏省可持续竞争力指数均值为 0.459，在全国除西藏和台湾外的省级行政区域中排名第 7。江苏省城市竞争力总体上呈现以下特征。

第一，综合经济竞争力总体水平很高，省内差距有所收敛。2014 年度江苏省综合经济竞争力排名全国第 8 位，与 2012 年和 2013 年保持一致，稳定在全国上游水平。综合经济竞争力指数变异系数为 0.578，从上年的第 19 位上升至第 18 位，表明省内城市间的经济发展水平差距有所收敛。

第二，可持续竞争力总体水平稳居上游，省内差距较小。2014 年度江苏省可持续竞争力排名全国第 7 位，水平很高且与 2012 年的第 7 位持平。可持续竞争力指数变异系数仅为 0.277，列全国第 6 位，表明差距很小，其中省内

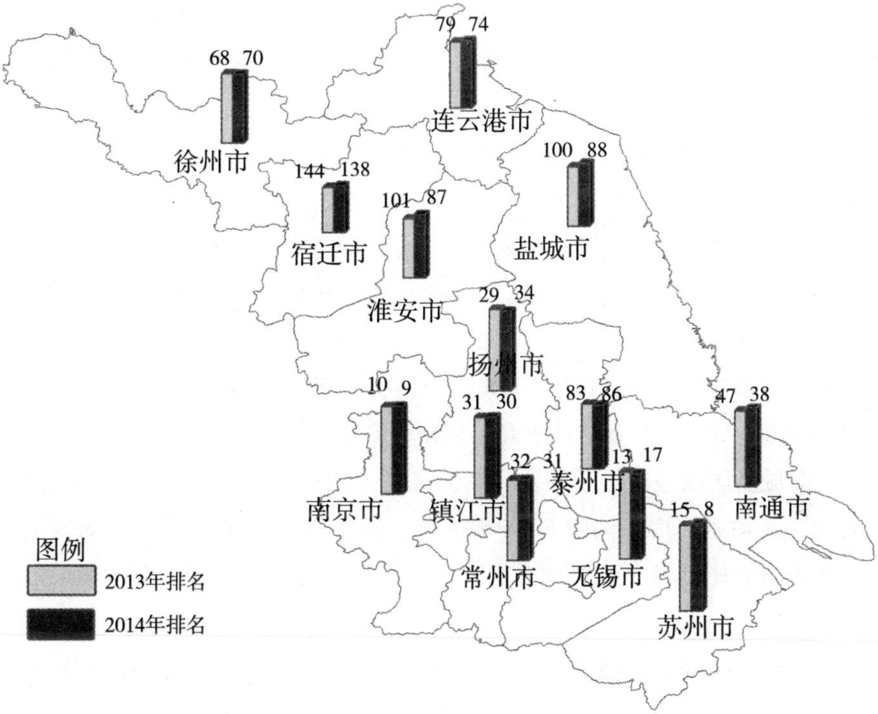

图 11－8　2013 年和 2014 年江苏省城市可持续竞争力排名

资料来源：中国社会科学院城市与竞争力指数数据库。

前三的苏州、南京、无锡位列全国第 8、第 9 和第 17 位，省内最末的宿迁列全国第 138 位。

第三，从可持续竞争力分项来看，信息城市竞争力、生态城市竞争力优势明显。江苏各可持续竞争力分项均处于较好水平，相对来说信息城市竞争力、生态城市竞争力较强，而文化城市竞争力较弱。

2. 问题与软肋

第一，政府在经济发展中的作用过大。江苏主要城市产业导入、布局、发展背后都有明显的政府强力推动的痕迹。政府行为的规范化、法制化，大大限制了地方政府非常规手段的应用，经济增速不可避免要受到影响。

第二，苏南苏北经济分隔明显。苏南处于长江三角洲的核心地带，紧邻经济中心上海，水陆交通便捷，发展非常迅速。而苏北位于苏、鲁、豫、皖四省交界处，长期以来铁路、公路、内河、航运不配套，综合运输能力不强，受经济中心上海的吸引和辐射作用比较弱，与长三角经济圈联系不紧密，发展相对落后。

第三，产能过剩问题突出，经济结构调整压力较大。受经济发展导向、市场需求和前期产业布局等因素影响，江苏省钢铁、水泥、平板玻璃、船舶、光伏等行业出现了不同程度的过剩现象，部分企业生产经营困难较多。需要通过结构调整，化解过剩和低端产能，为经济的更快更好发展腾出空间。

3. 现象与规律

新的发展阶段正在到来。江苏省经济社会发展水平较高，2014 年人均 GDP 达 81874 元，居中国各省首位。城市化率远高于全国平均水平，已经达到 65.2%。城乡居住条件极大改善，城镇居民人均居住房屋面积 44.2 平方米，农村居民人均居住房屋面积 56.8 平方米。综合目前发展状况及一般发展规律，未来投资驱动及土地财政有望淡出，进入消费主导、创新驱动的发展新阶段。

区域经济格局有望发生变化。历史上，由于交通、区位优势的差异等原因，苏南率先崛起，苏中、苏北发展滞后。随着沿海、沿江高铁、高速的修建，以及长江经济带的建设，苏中苏北的交通劣势有望转变为交通优势，从而带来新一轮的经济产业布局变化。部分苏中、苏北城市有望迎来新的发展机遇。

4. 趋势与展望

未来省内发展差距进一步缩小，结构调整步伐将加快。

2014 年，苏中、苏北大部分指标增幅继续高于全省平均水平，经济总量对全省的贡献率达 44.6%，比上年提高 0.4 个百分点。沿海地区实现生产总值 11454.2 亿元，比上年增长 10.6%，对全省经济增长贡献率达 18.5%。未来借沿海开发、一带一路、南北互动等战略，区域协调发展将得到增强。

江苏省区域创新能力连续六年保持全国第一，2014 年全省科技进步贡献率达 59.0%，比上年提高 1.5 个百分点。全社会研究与发展（R&D）活动经费 1630 亿元，占地区生产总值比重为 2.5%，比上年提高 0.05 个百分点。作为民营经济大省，江苏民营经济贡献了全省 54.2% 的 GDP，高新技术企业数占全省的 73%，研发投入约占全省企业的 2/3。未来转型升级步伐将加快，创新发展能力和国际竞争力将进一步增强。

表 11 -6　2014 年江苏省城市综合经济竞争力、可持续竞争力及其分项

	综合经济竞争力		可持续竞争力		知识城市竞争力	和谐城市竞争力	生态城市竞争力	文化城市竞争力	全域城市竞争力	信息城市竞争力
城　　市	指数	排名	指数	排名	等级	等级	等级	等级	等级	等级
南　　京	0. 341	13	0. 652	9	★★★★★	★★★★★	★★★	★★★★★	★★★★★	★★★★★
无　　锡	0. 414	10	0. 605	17	★★★★★	★★★★★	★★★★	★★★★★	★★★★★	★★★★★
徐　　州	0. 180	36	0. 375	70	★★★★	★★★	★★	★★★★	★★	★★★★★
常　　州	0. 240	25	0. 506	31	★★★★★	★★★★★	★★★	★★★★	★★★★★	★★★★★
苏　　州	0. 490	7	0. 672	8	★★★★★	★★★★★	★★★	★★★★★	★★★★★	★★★★★
南　　通	0. 218	28	0. 468	38	★★★★★	★★★★★	★★★	★★★★★	★★★★	★★★★
连 云 港	0. 097	103	0. 363	74	★★★★	★★★	★★★★	★	★★★	★★★★★
淮　　安	0. 105	85	0. 346	87	★★★★	★★★	★★★	★★★★	★★	★★★★
盐　　城	0. 132	56	0. 346	88	★★★★	★★★★	★★★	★★	★★★	★★★★
扬　　州	0. 163	41	0. 490	34	★★★★★	★★	★★★★★	★★★★★	★★★★★	★★★★★
镇　　江	0. 178	38	0. 515	30	★★★★★	★★★★★	★★★★	★★★★★	★★★★★	★★★★★
泰　　州	0. 160	45	0. 348	86	★★★★	★★★★	★★★	★★	★★★★	★★★★
宿　　迁	0. 094	107	0. 287	138	★★	★★★★	★★★★	★	★★★	★★
指数均值	0. 216	8	0. 459	7	0. 428	0. 434	0. 538	0. 341	0. 358	0. 631
指数方差	0. 016	24	0. 016	19	0. 018	0. 010	0. 005	0. 031	0. 026	0. 016
变异系数	0. 578	18	0. 277	6	0. 309	0. 232	0. 137	0. 518	0. 448	0. 201

资料来源：中国社会科学院城市与竞争力指数数据库。

5. 战略与政策

战略回顾：近年来，江苏省大力实施科教与人才强省、创新驱动、城乡发展一体化、经济国际化、区域协调发展、可持续发展战略，以全省综合经济实力、自主创新能力、国际竞争力和可持续发展能力显著增强为目标，提出全面建成更高水平的小康社会，苏南等有条件的地方在巩固全面小康成果基础上率先进入基本现代化，人民群众普遍过上更加宽裕安康的生活。

政策建议：一是抓住国家新一轮扩大开放重大机遇，深入落实国家“一带一路”战略布局，加强与上海自贸区全方位对接互动，推广上海自贸区可复制改革试点经验，将扩大开放与深化改革互动并进，推动内贸和外贸、进口和出口、引进来和走出去有机结合，拓展对内对外开放新空间；二是主动融入长江经济带建设，深化长三角区域城市联动与合作，与上海及其他长三角城市实现经济一体化和功能互补；三是升级传统制造业，发展先进制造业，以智能制造为突破口，深化两化融合，推进“智慧江苏”建设；四是持续提升区域协调发展水平，借助国家新一轮区域发展布局的契机，实现区域互补、跨江融合、南北联动。

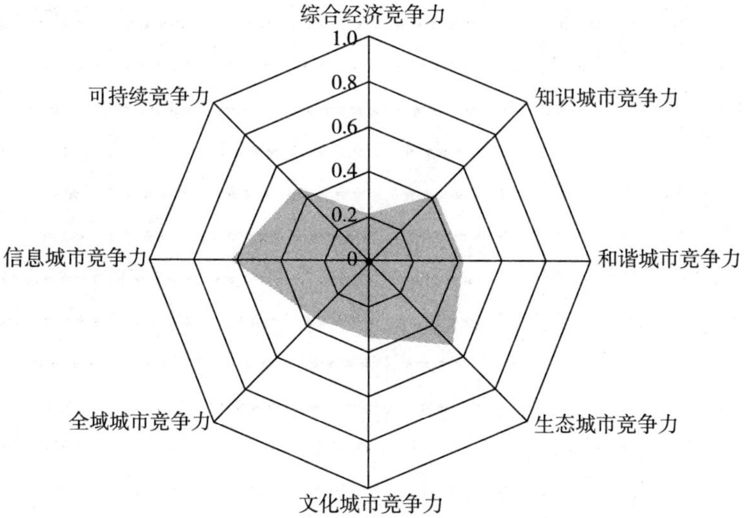

图 11－9　2014 年江苏省城市竞争力

资料来源：中国社会科学院城市与竞争力指数数据库。

四　中国城市竞争力（浙江）报告

2014 年，面对严峻复杂的外部环境和经济下行压力，浙江省突出转型升级主线，着力抓改革、促转型、治环境、惠民生，全年经济运行平稳健康，主要经济指标处于中高速增长合理区间，结构、效益持续向好，民生不断改善，综合经济竞争力和可持续竞争力均稳居全国前列。未来，浙江应当继续推动产业升级转型，不断激发创新发展活力，努力实现发展方式的根本转变，从而达到经济、社会、环境可持续发展的目标。

表 11－7　2014 年浙江省省情信息

项目	数据
土地面积	10.55 万平方公里
常住人口	5508 万
城镇人口占常住人口比重	64.87%
GDP 及增长率	40154 亿元，7.6%
一、二、三产业占 GDP 比重	4.4%、47.7%、47.9%

资料来源：2014 年浙江省国民经济和社会发展统计公报。

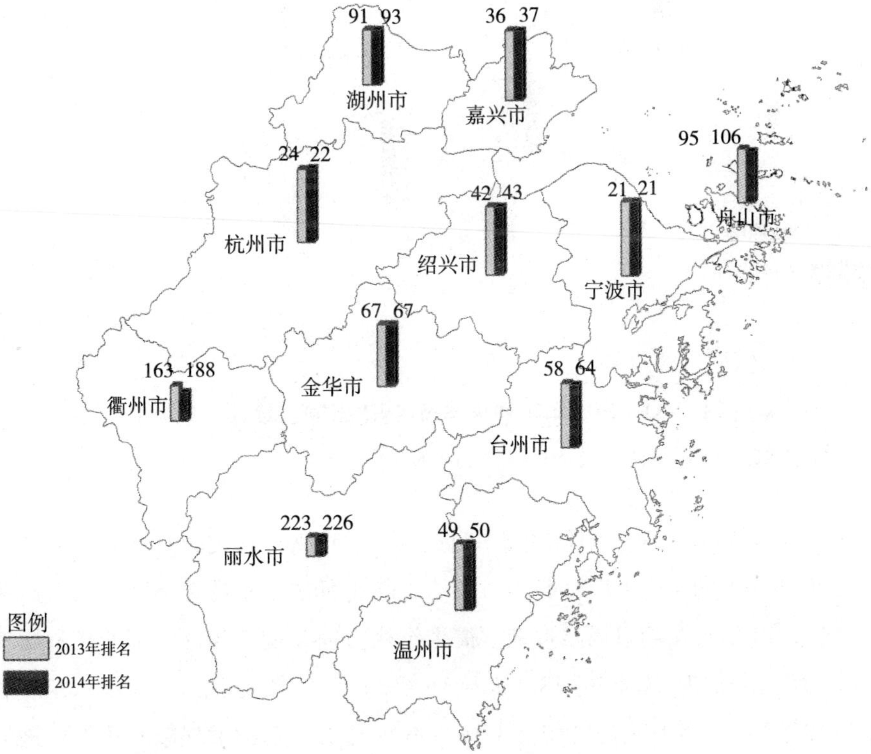

图 11－10　2013 年和 2014 年浙江省城市综合经济竞争力排名

资料来源：中国社会科学院城市与竞争力指数数据库。

1. 格局与优势

总体概况：2014 年，浙江经济平稳运行，发展质量趋于优化，转型升级逐步

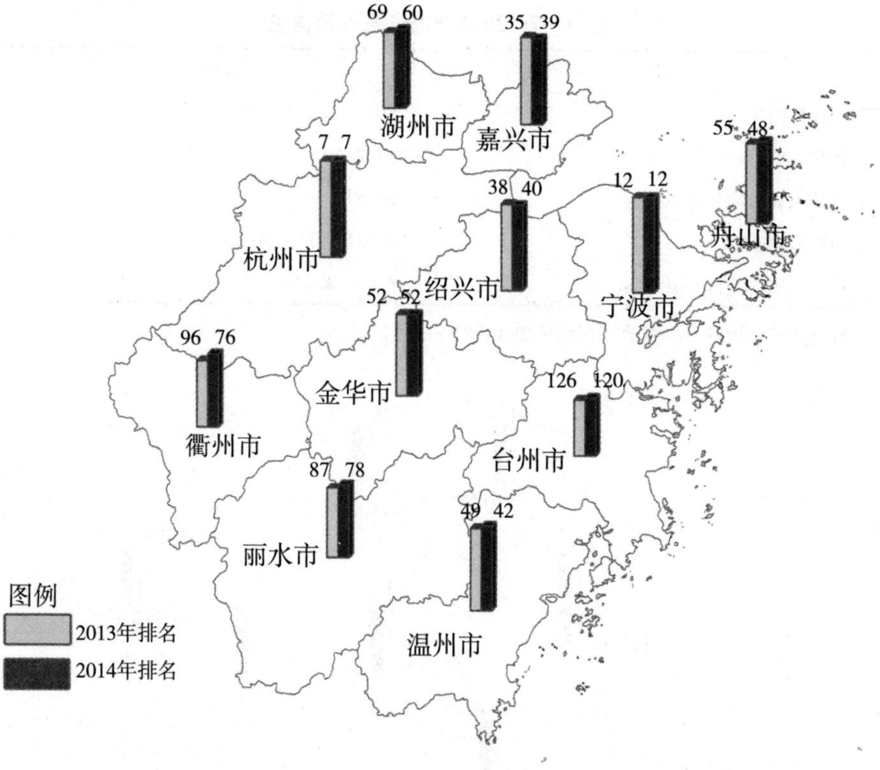

图 11-11 2013 年和 2014 年浙江省城市可持续竞争力排名

资料来源：中国社会科学院城市与竞争力指数数据库。

推进。从产业结构来看，呈现积极改变的态势，已由2012年度的4.8∶50.0∶45.2调整为2014年度的4.4∶47.7∶47.9，一、二产业所占比重持续下降，第三产业占比于2014年首次超过第二产业。需求结构方面，近三年固定资产投资增速连续放缓，分别为21.4%、18.1%和16.6%；全年社会消费品零售总额发展较为稳定，近三年增速均维持在11%左右；进出口总额发展较不平衡，进口总额连续三年下降，出口总额则连续三年上升。要素结构方面，研究和发展经费支出占地区生产总值的比例连续三年提高，体现了创新发展的态势。可持续竞争力方面，浙江省处于全国上游行列，除生态城市竞争力有待进一步提高外，其他各项均表现良好。**总体来看，浙江作为东南沿海省份，经济发展呈现明显的外向型特征，近年来，浙江的经济发展动力已由投资驱动向消费、出口**

驱动转化，产业创新转型升级特征明显，未来需要在维持经济转型增长的同时，对生态环境和自然资源给予重点关注，走可持续发展之路。

现状格局：2014 年度浙江省综合经济竞争力指数均值为 0.140，在全国除西藏外的省级行政区域中排名第 11 位；可持续竞争力指数均值为 0.456，在全国除西藏和台湾外的省级行政区域中排名第 8 位。浙江省城市竞争力总体上呈现以下特征。

第一，综合经济竞争力总体水平较高，省内差距逐步缩小。2014 年，浙江省综合经济竞争力排名全国第 11 位，与 2013 年保持一致，稳定在中游水平。其中，共有宁波、杭州、嘉兴、绍兴和温州 5 个城市入选最具综合经济竞争力之列，仅有丽水排名 200 位以外，表现较差。综合经济竞争力指数变异系数为 0.463，从上年的第 14 位上升至第 10 位，表明省内城市间的经济发展水平差距在逐步缩小。

第二，可持续竞争力总体水平稳定在全国上游。2014 年，浙江省可持续竞争力排名全国第 8 位，与 2013 年保持一致，稳定在全国上游水平。各城市可持续竞争力排名普遍高于其综合经济竞争力排名，仅有嘉兴和台州两座城市除外。可持续竞争力指数变异系数仅为 0.259，列全国第 5 位，与 2013 年排名一致，各城市间差距较小。

第三，从可持续竞争力分项来看，除生态城市竞争力外，其他竞争力均处于全国上游水平。在经济快速发展的同时，浙江在文化、教育、民生保障、交通等各项社会事业的发展方面也是佼佼者。可持续竞争力的五个分项——知识城市竞争力、和谐城市竞争力、文化城市竞争力、全域城市竞争力和信息城市竞争力均处于全国前列。然而在生态城市竞争力这一指标上，除杭州、温州和丽水外，其他 8 座城市的生态城市竞争力均位于全国中下游，反映出经济快速发展下的环境保护缺失。

2. 问题与软肋

第一，各市综合经济发展不平衡，呈现沿海高、内陆低的基本态势。纵观浙江全省，相对于其他长三角地区的城市来说，衢州、丽水等浙西南的内陆城市经济发展水平就远不在同一个水平线上。从近三年的综合经济竞争力来看，这两个城市的排名呈逐年下降趋势，可见地域差距有增无减。

第二，民营企业发展遭遇瓶颈，转型升级迫在眉睫。众所周知，民营企业在浙江经济中占据了举足轻重的地位。随着近年来海外订单锐减、劳动力和原材料价格不断上升、税负重、融资难融资贵等一系列问题的凸显，浙江的民营企业发展呈明显的下行态势，甚至出现了中小企业倒闭浪潮。

3. 现象与规律

近三年浙江生态竞争力数据显示，创造单位 GDP 的用电量和用水量连续三年下降，而与此同时，单位 GDP 所排放的二氧化硫也逐年下降。上述数据有力地证明了浙江“节能减排”的工作成效，也反映出浙江的发展模式由高能耗、高排放的粗放式渐渐向低能耗、低排放的集约式转型的特征。未来应当继续加强“节能减排”力度，努力实现绿色发展、环保发展以及经济社会与环境资源的和谐发展。

4. 趋势与展望

浙江将继续巩固其竞争力的优势地位。纵观近三年的竞争力数据，浙江在综合经济竞争力和可持续竞争力两方面指标的排名上比较稳定，均处于全国上游水平。虽然制造业危机给浙江经济带来不小的冲击，但浙江外向的经济模式、灵活的经济体制以及良好的创业环境决定了其综合经济竞争力和可持续竞争力仍然保持在一个较高水平。在中国经济面临转型的新常态背景下，浙江雄厚的经济实力将为其实现经济和社会的发展转型奠定坚实基础。

表 11－8　2014 年浙江省城市综合经济竞争力、可持续竞争力及其分项

	综合经济竞争力		可持续竞争力		知识城市竞争力	和谐城市竞争力	生态城市竞争力	文化城市竞争力	全域城市竞争力	信息城市竞争力
城　市	指数	排名	指数	排名	等级	等级	等级	等级	等级	等级
杭　州	0.247	22	0.718	7	★★★★★	★★★★★	★★★★★	★★★★★	★★★★★	★★★★★
宁　波	0.249	21	0.614	12	★★★★★	★★★★★	★★	★★★★★	★★★★★	★★★★★
温　州	0.139	50	0.460	42	★★★★	★★★★	★★★★	★★★★	★★★★★	★★★★★
嘉　兴	0.179	37	0.463	39	★★★★★	★★★	★	★★★★★	★★★★★	★★★★★
湖　州	0.100	93	0.400	60	★★★★	★★★★	★★	★★★★	★★★★★	★★★★
绍　兴	0.161	43	0.462	40	★★★★★	★★★★	★★	★★★★★	★★★★★	★★★★★
金　华	0.122	67	0.428	52	★★★★	★★★	★★	★★★★★	★★★★	★★★★
衢　州	0.066	188	0.361	76	★★★★	★★★	★★★	★★★★★	★★	★★★
舟　山	0.094	106	0.441	48	★★★★	★★★★★	★★★	★★★	★★★★★	★★★★
台　州	0.125	64	0.305	120	★★★★	★	★★★	★★★	★★★★	★★★★

续表

	综合经济竞争力		可持续竞争力		知识城市竞争力	和谐城市竞争力	生态城市竞争力	文化城市竞争力	全域城市竞争力	信息城市竞争力
城　市	指数	排名	指数	排名	等级	等级	等级	等级	等级	等级
丽　水	0.057	226	0.360	78	★★★★	★★	★★★★★	★★★★	★	★★★
指数均值	0.140	11	0.456	8	0.430	0.388	0.507	0.378	0.378	0.630
指数方差	0.004	20	0.014	16	0.010	0.026	0.018	0.014	0.019	0.019
变异系数	0.463	10	0.259	5	0.231	0.418	0.267	0.311	0.360	0.218

资料来源：中国社会科学院城市与竞争力指数数据库。

5. 战略与政策

战略回顾：浙江省在“十二五”规划中提出，要坚持转型发展、创新发展、统筹发展、和谐发展，主要目标包括产业升级实现新突破，城乡区域协调发展实现新突破，生态文明建设实现新突破，创业创新环境实现新突破，保障改善民生实现新突破。从目前发展情况来看，产业升级、创新驱动已逐步成为经济增长的新引擎，经济发展呈现良好态势，但与此同时，城乡区域协调发展、环境资源协调发展和社会民生协调发展还有待不断提升。

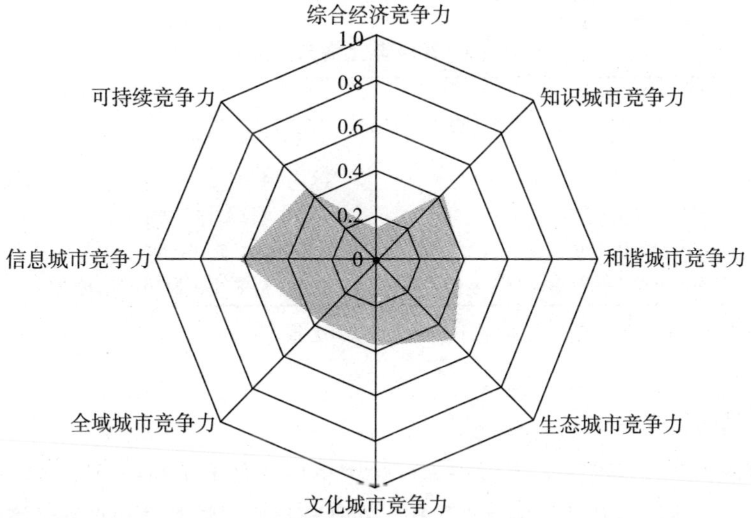

图 11－12　2014 年浙江省城市竞争力

资料来源：中国社会科学院城市与竞争力指数数据库。

政策建议：经济发展模式转变的成效将决定浙江下一步发展方向。通过转型升级、创新发展来挖掘未来新的经济增长潜力，是浙江需要明确的发展战略。落实到具体行动，就要从转变政府职能、优化产业结构、降低企业负担、拓宽融资渠道、保护知识产权等方面着手，激发企业创新活力，加快转型升级，形成新常态下的核心竞争力。

五　中国城市竞争力（上海）报告

近年来，在国内经济下行的大环境下，上海市经济发展在结构调整中加速转型升级，社会发展在改革创新中和谐稳定前进。2014 年，上海市经济增速稳步换挡，抗波动性明显增强，综合经济竞争力稳居全国前三名。自贸区建设引领发展，战略性新兴产业带动发展，现代服务业深化发展，民生与社会治理保障发展，上海经济社会各项发展已步入新常态，转型升级态势凸显，可持续竞争力继续领先。下一步，上海须进一步推进创新驱动发展，努力加快经济转型升级，不断提高城市的核心竞争力，继续激发城市发展活力，实现经济社会与环境资源的协同发展。

表 11－9　2014 年上海市市情信息

项目	数据
土地面积	6340.5 平方公里
常住人口	2425.68 万
GDP 及增长率	23560.94 亿元，7.0%
一、二、三产业占 GDP 比重	0.5%、34.7%、64.8%
城市、农村居民家庭人均可支配收入及增长率	47710 元，8.8%；21192 元，10.3%

资料来源：2014 年上海市国民经济和社会发展统计公报。

1. 格局与优势

总体概况：2014 年，上海市坚持稳中求进、改革创新，全力推进创新驱动发展、经济转型升级各项重点工作，在外部环境严峻复杂和自身经济下行压力加大的背景下，上海市国民经济仍保持平稳增长，经济发展质量和效益进一步提高，各项社会事业全面发展。从综合经济发展来看，产业结构呈现积极的

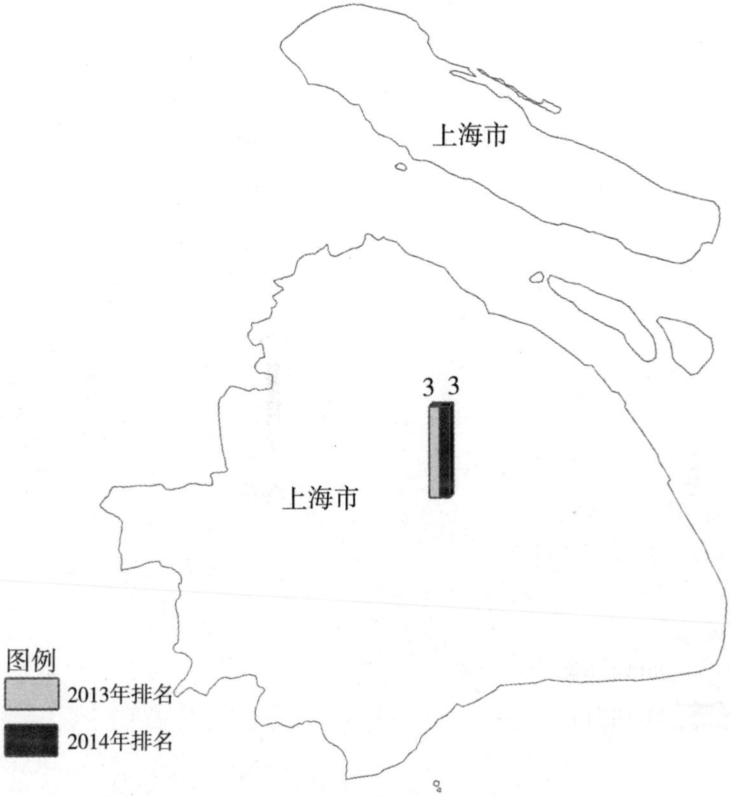

图 11－13　2013 年和 2014 年上海市城市综合经济竞争力排名

资料来源：中国社会科学院城市与竞争力指数数据库。

调整态势，一、二产业所占三次产业比重逐年下降，第三产业所占比重由 2012 年的不足 60% 提升至 2014 年的近 65%；需求结构方面，2014 年，全市商品销售总额增长 11.4%，而固定资产投资总额增长 6.5%，外贸出口增长 3.0%，需求结构逐步由投资、出口拉动向消费驱动转型；要素结构方面，上海呈现欣欣向荣的创新局面，2014 年，上海用于研究与试验发展经费支出 831 亿元，相当于全市生产总值的 3.6%，全市年内认定高新技术成果转化项目 643 项，其中电子信息、生物医药、新材料等重点领域项目占 86.5%。从可持续竞争力来看，上海市在全国处于佼佼者行列，除生态城市竞争力有待进一步提高外，其他各项均表现良好。**总体来看，上海市居我国城市发展的**

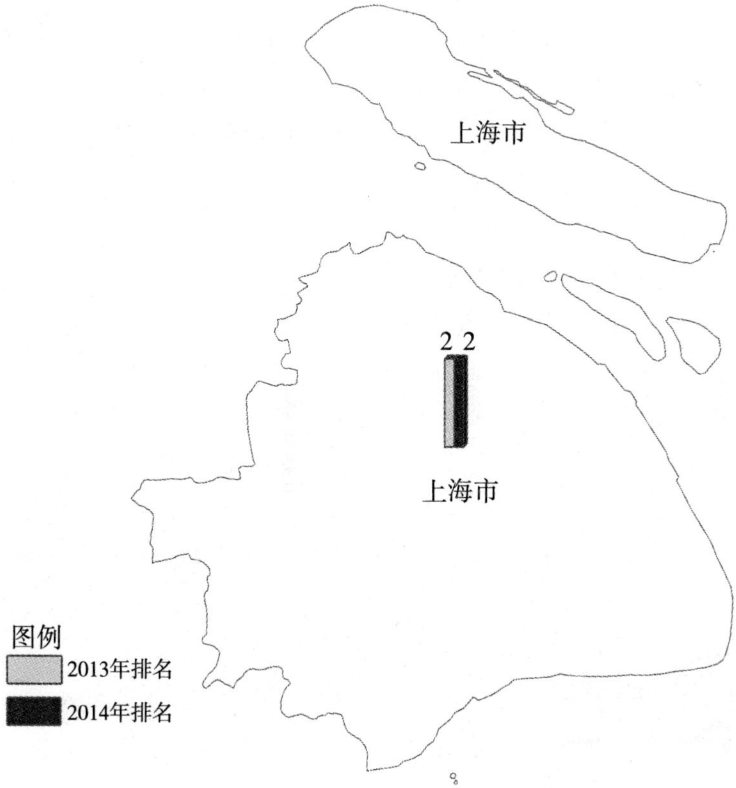

图 11－14　2013 年和 2014 年上海市城市可持续竞争力排名

资料来源：中国社会科学院城市与竞争力指数数据库。

领先地位，经济社会发展综合水平较高，经济转型升级势头良好，创新驱动发展已得到深入贯彻，经济增长更多依赖产业结构的优化，可持续发展竞争力较强。

现状格局：2014 年度上海市综合经济竞争力指数为 0. 801，居全国除西藏外所有省级行政区域第 2 位，在全国所有城市中排名深圳和香港之后，位列第 3；可持续竞争力指数为 0. 887，在全国除西藏和台湾外的省级行政区域中仅次于香港，居第 2 位。上海市城市竞争力总体上呈现以下特征。

第一，综合经济竞争力优势明显。2014 年度上海市综合经济竞争力排名为所有城市第 3 位，与 2012 年和 2013 年保持一致，连续三年居全国前三位。

从综合经济竞争力分项指数来看，上海延续了前两年的优势地位，经济保持了较快的发展速度和较高的发展效率。

第二，可持续竞争力继续领先。2014 年，上海市可持续竞争力排名各省份第 2 位，与上年持平。近年来，上海经济与社会保持积极的发展态势，就业形势基本稳定，人口结构趋于优化，公共服务逐步提升，社会保障不断完善，显示出良好的可持续发展能力。

第三，可持续竞争力各分项均居前列，文化竞争力及信息竞争力优势突出。上海作为我国近现代对外开放的重要窗口城市，其文化是古老与现代、传统与时尚、东方与西方等多元文化的交融，具有开放而又自成一体的独特风格。同时，上海也是外国企业来华设点的首选城市，外贸依存度高，城市通信及交通设施发达。

2. 问题与软肋

随着城市与人口规模的迅速扩张，城市的人口结构和城市吸引力是上海需要关注的重要问题。2014 年，上海常住人口已突破 2400 万，其中，外来常住人口已近千万。随着人口规模的膨胀，各种社会及民生问题也随之而来。如何通过就业、住房等政策来改善人口结构、提高人口质量，从而增强对全国以及全球范围内人才和企业的吸引力，是上海能否成为国际化大都市需要关注的重要一环。

3. 现象与规律

从 2014 年上海经济社会的各项发展数据来看，如果仅看 GDP 表现情况（较 2013 年增长 7.0%），上海并非名列前茅，但综合经济结构、经济质量、社会民生等方面来看，上海的转型升级发展态势已日趋明显，在全国发挥了先锋模范作用。

从经济发展结构来看，一是三产增速快于二产，已成为经济增长的主心骨，服务业的较快发展难以快速反映在 GDP 上，而更多体现为经济结构和城市功能的优化上。二是居民收入持续增长，从而带动消费水平稳步提高，消费已超过投资和出口，成为需求的主要增长点。

从经济发展质量来看，资源更多地配置到效率更高的战略性新兴产业和现代服务业上来，进一步提高了经济发展的质量和效益。战略性新兴产业制造业增加值为 1613.23 亿元，增长 6.3%，增速高于工业 2.0 个百分点；2014 年，全市实现金融业增加值3268.43亿元，比上年增长14.0%，实现信息传输、软件和信息技术服务业增加值1211.83亿元，同比增长12.5%。

从社会民生情况来看，在经济下行态势下，上海仍保证了就业稳定、物价平稳及居民收入增长。全年新增就业岗位59.96万个，与上两个年度基本维持在同一水平；城乡居民收入稳步增长，城乡收入差距逐步缩小；居民消费价格比上年上涨2.7%，涨幅仅同比提高0.4个百分点。

4. 趋势与展望

上海将继续保持综合经济竞争力和可持续竞争力的龙头地位。从近三年的数据观察，上海在综合经济竞争力和可持续竞争力两方面均维持在全国省份前三名的地位，各分项竞争力指标也表现优异。未来上海的发展，经济增速面临新常态下的稳步调整，其深层次内涵将是对经济增长质量和效率的提升，对创新发展、生态文明和可持续发展的追求。

表 11－10　2014 年上海市城市综合经济竞争力、可持续竞争力及其分项

	综合经济竞争力		可持续竞争力		知识城市竞争力	和谐城市竞争力	生态城市竞争力	文化城市竞争力	全域城市竞争力	信息城市竞争力
城　　市	指数	排名	指数	排名	等级	等级	等级	等级	等级	等级
上　　海	0.801	3	0.887	2	★★★★★	★★★★★	★★★★★	★★★★★	★★★★★	★★★★★
指数均值	0.801	2	0.887	2	0.797	0.608	0.695	1.000	0.811	0.999

资料来源：中国社会科学院城市与竞争力指数数据库。

5. 战略与政策

战略回顾：“十二五”期间，上海市提出了建设“四个中心”和社会主义现代化国际大都市的奋斗目标，具体包括经济发展质量和效益明显改善，城市创新活力大幅提升，城市服务功能全面增强，城乡居民生活质量和水平明显提高，生态环境不断优化，改革开放取得新的突破，社会主义民主法制更加健全。从上述奋斗目标可以看出，上海所提出的发展战略涵盖经济、社会、生态、城市、居民等多个方面，是多元化、多维度、多标准的战略目标，也是符合新常态环境下的战略目标。

政策建议：第一，全面转向创新驱动发展，实现经济转型升级，努力实现经济发展与资源环境的和谐共赢。作为中国经济发展的排头兵，上海已完全具备全面转向创新驱动发展的坚实基础。下一步，要把工作重点放到创新产业发展、经济结构转型、提高开放水平上来，深化科技创新体制机制改革，加快推进创新载体和环境建设，布局实施一批重大创新工程和项目，培育壮大战略性新兴产业，深入持续推进落后产能的淘汰。通过创新驱动、经济转型、产业升级，实现经济发展方式的彻底转变，才能做到绿色发展、可持续发展，向生态文明建设要经济增长。

第二，充分发挥政府的服务作用，实现城市、居民与社会的同步发展。上海作为一个特大城市，其发展不仅仅包括经济问题，还有城市人口、社会保障、社会安定、民主法制、收入分配等多方面社会问题。目前，中国经济正处于转型发展期，社会各阶层收入差距较大，造成社会不平等问题凸显。如何才能缓解“摩天大楼下的贫民窟”现象，这就需要政府部门转换角色，由投资型政府向服务型政府转变，以社会公平、社会正义、社会安定为出发点，打造和谐上海、宜居上海、平安上海。

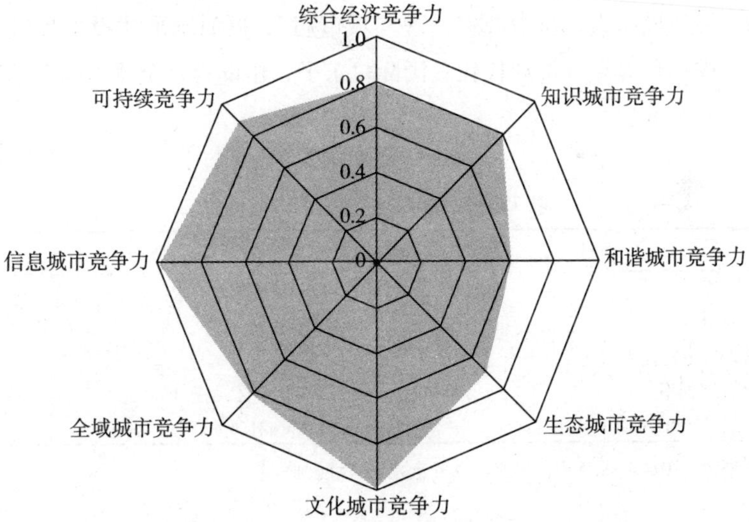

图 11－15　2014 年上海市城市竞争力

资料来源：中国社会科学院城市与竞争力指数数据库。

B.12

中国（环渤海地区）城市竞争力报告

李　冕*

一　中国城市竞争力（北京）报告

最近三年，北京市加快转变发展方式，经济持续平稳运行。目前北京已进入后工业化发展阶段，以知识与技术密集型的现代服务业为主导，正在逐渐迈向创新驱动的知识经济时代。2014 年北京的可持续竞争力首次跻身全国前三名，整体优势逐渐确立，但生态城市竞争力依然是主要短板，空气雾霾与地表水污染等问题突出。北京必须进一步加快疏解非首都核心功能，从根本上缓解首都的资源环境压力，从根源上治理“城市病”，同时瞄准建设世界城市的高端形态，进一步提高首都现代化、国际化水平，建设具有全球影响力的科技创新中心。

表 12-1　2014 年北京市市情信息

项目	数据
土地面积	1.641 万平方千米
常住人口	2151.6 万人
城镇人口占常住人口比重	86.4%
GDP 及增长率	21330.8 亿元,7.3%
一、二、三产业占 GDP 比重	0.7%、21.4%、77.9%

资料来源：2014 年北京市国民经济和社会发展统计公报。

1. 格局与优势

总体概况：近三年来，北京加快转变经济发展方式，全市经济持续健康发展，增长速度稳定在 7.5% 左右，结构不断优化。产业结构方面，北京以服务业为

---

* 李冕，中国社会科学院研究生院财经系金融学博士研究生。

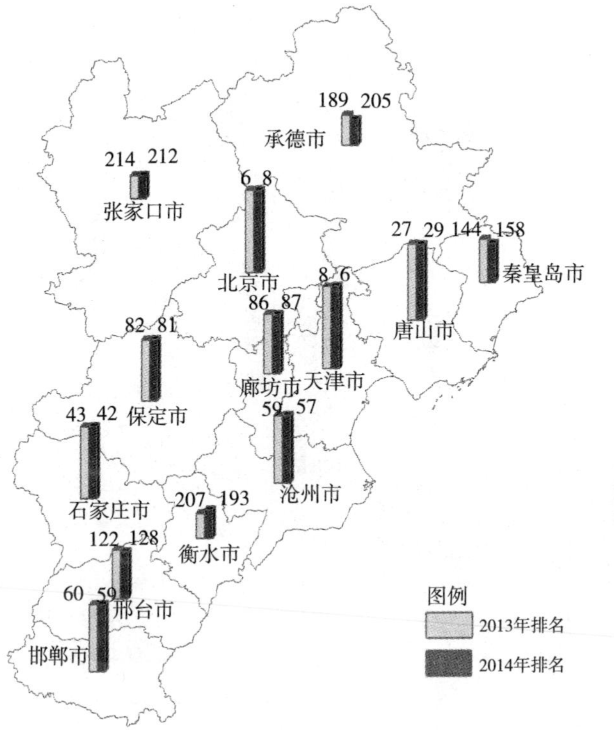

图 12－1　2013 年和 2014 年京津冀城市综合经济竞争力排名

资料来源：中国社会科学院城市与竞争力指数数据库。

主导，三次产业比例由 2012 年的 0.8∶22.7∶76.5 调整为 2013 年的 0.8∶22.3∶76.9，2014 年达到 0.7∶21.4∶77.9，其中生产性服务业实现增加值 11072.5 亿元，增长 9.3%；占地区生产总值的比重已达到 51.9%；需求结构方面，投资冲动有所收敛，固定资产投资增速连续三年下滑，分别为 2012 年 9.3%、2013 年 8.8%、2014 年 7.5%，投资结构向市政设施、公共服务和环保领域倾斜，其中电力、热力、燃气及水生产和供应业为 30.6%，水利、环境和公共设施管理业为 17.1%；要素结构方面，加快推进创新驱动，2014 年研究与试验发展（R&D）经费支出 1286.6 亿元，比上年增长 8.6%，相当于地区生产总值的 6.03%，处于全国领先水平。从可持续竞争力来看，北京首次跻身全国前三名，除生态城市竞争力外，其他分项均处于全国最好之列，整体优势明显。**总体来看，北京已进入后工业化发展阶段，目前以服务业为主导，重点发展高附加值、**

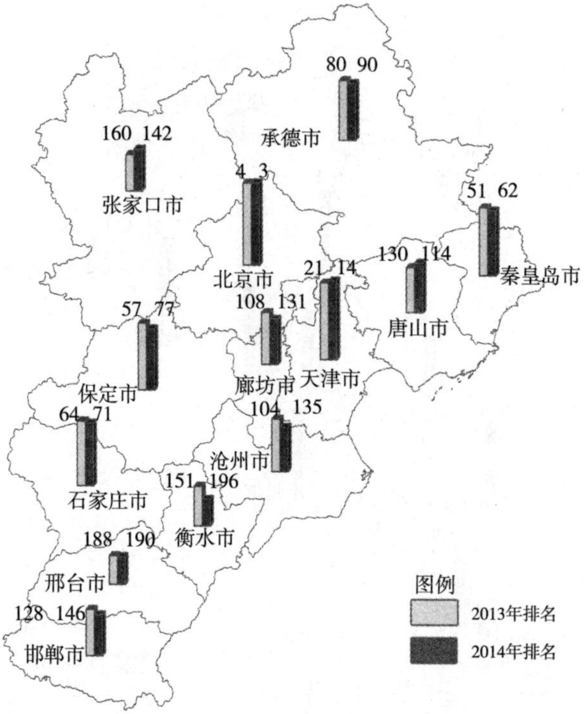

图 12－2　2013 年和 2014 年京津冀城市可持续竞争力排名

资料来源：中国社会科学院城市与竞争力指数数据库。

知识与技术密集型的现代服务业，正在逐渐迈向创新驱动的知识经济时代。

现状格局：2014 年度北京市综合经济竞争力指数为 0.482，排名全国第 8 位，在全国除西藏外的省级行政区域中排名第 4 位，在 4 个直辖市和 2 个特别行政区中排在香港、上海、天津之后。2014 年度北京市可持续竞争力指数为 0.861，排名全国第 3 位，在全国除西藏和台湾外的省级行政区域中排名第 3 位，在 4 个直辖市和 2 个特别行政区中排在香港、上海之后。北京市城市竞争力总体上呈现以下特征。

第一，综合经济竞争力略有下降，但与榜首城市差距缩小。2014 年度北京市综合经济竞争力排名全国第 8 位，与过去两年相比下降了 2 位。但综合经济竞争力指数从上年的 0.443 上升至 0.482，表明北京的综合经济竞争力与榜首城市的差距有所缩小，排名下降主要归因于天津等城市的迅速崛起。

第二，可持续竞争力首次跻身前三，整体优势逐渐确立。北京市过去两年可持续竞争力均排名全国第4位，2014年度可持续竞争力指数为0.861，排名跃升1位，首次跻身前三之列。从分项来看，知识城市竞争力、和谐城市竞争力、文化城市竞争力、全域城市竞争力、信息城市竞争力均处于最好之列。

第三，知识城市竞争力表现突出，稳步迈向知识经济时代。北京既是我国的政治、文化中心，也是科技中心，大学指数和论文发表数均高居全国榜首，每百万人金融业、信息服务和科学研究从业人数达112013人，高科技产品进出口总额高达5174709万美元，知识经济发展层次国内领先。

2. 问题与软肋

第一，生态城市竞争力依然是主要短板，环境质量制约可持续发展。北京的生态城市竞争力是可持续竞争力的主要短板，虽然可持续竞争力首次跻身全国前三，但生态城市竞争力仍然表现欠佳，甚至比上一年下降了7位。集中体现为环境质量堪忧，空气雾霾与地表水污染等问题愈演愈烈，成为制约城市可持续发展的主要瓶颈。

第二，作为国际性大都市，文化多元性与上海、香港差距明显。北京的文化城市竞争力处于最好之列，仅次于上海和香港。作为历史文化名城，北京文化底蕴深厚，历史遗产丰富，与上海、香港的差距主要表现为文化多元性不足，城市国际知名度和语言多国性指数分别仅为0.564和0.538。作为国际性大都市，北京应该更加开放包容，以开放思维推动文化融合。

3. 现象与规律

综合交通便利程度持续提升，国家级综合交通枢纽地位日益巩固。近年来，北京的交通便利度持续上升，2012年公路、铁路、航空交通便利度指数均值为0.896，2013年为0.898，2014年达到0.902，综合交通便利程度仅次于上海，《全国城镇体系规划2015－2030》将北京定位为六大国家级综合交通枢纽之一。2014年北京全年货运量29513.4万吨，比上年增长4.3%，全年客运量71745万人次，比上年增长1.0%，进出口总值4156.5亿美元，接待入境旅游者427.5万人次，成为全国人员、货物、信息交流最开放便捷的城市之一，国家级综合交通枢纽地位日益巩固。

4. 趋势与展望

疏解非首都核心功能将逐渐缓解资源环境压力，改善生态城市竞争力。虽然北京的生态城市竞争力依然是主要短板，但近两年来已经得到了一定的改善，2012年仅排全国第119位，2013年和2014年逐渐进入前100名。在京津冀协同发展的战略背景下，北京将加快疏解非首都核心功能，优化产业特别是工业项目选择，突出高端化、服务化、集聚化、融合化、低碳化，控制人口规模，增强区域人口均衡分布。这将极大缓解北京的资源环境压力，从根本上提高生态城市竞争力。

知识和信息城市竞争力优势能够推动培育“高精尖”的经济结构。北京的知识城市竞争力连续三年高居全国榜首，信息城市竞争力仅次于上海和香港，这种智慧优势有利于推动培育“高精尖”的经济结构。2014年，北京文化创意产业实现增加值2794.3亿元，比上年增长8.4%，信息产业实现增加值3134.4亿元，增长9.8%，生产性服务业实现增加值11072.5亿元，增长9.3%，已经迈出了产业转型升级的坚实步伐。

表12-2　2014年北京市综合经济竞争力、可持续竞争力及其分项

	综合经济竞争力		可持续竞争力		知识城市竞争力	和谐城市竞争力	生态城市竞争力	文化城市竞争力	全域城市竞争力	信息城市竞争力
城　市	指数	排名	指数	排名	等级	等级	等级	等级	等级	等级
北　京	0.482	8	0.861	3	★★★★★	★★★★★	★★★★	★★★★★	★★★★★	★★★★★
指数均值	0.482	4	0.861	3	1.000	0.644	0.544	0.846	0.806	0.919

资料来源：中国社会科学院城市与竞争力指数数据库。

5. 战略与政策

战略回顾：近年来，北京确定了建设“世界城市”的战略目标，规划到2020年左右确立现代国际城市的地位，到2050年左右建设成为经济、社会、生态全面协调可持续发展的世界城市。作为中国的首都，随着国家影响力的不断提高，北京在世界城市体系中的地位日益增强。2014年首都国际机场客运量达到8370万人次，位列全球第二；服务业比重超过75%，达到国际公认的世界城市标准；城市化水平、基础设施水平、信息化水平等也都接近或达到了国际标准，建设世界城市的基础已基本具备。但目前发展中的问题也不少，特别是提高自主创新能力的任务还很艰巨，人口、交通、资源、环境等问题凸显，“城市病”现象严重。

政策建议：第一，北京必须加快疏解非首都核心功能，“瘦身健体”。不应再简单强调和扩大首都的经济中心功能，要敢于做“减法”，逐步压缩直至放弃一批高耗能、高污染的工业和用人多、占地多、附加值低的劳动密集型产业，从根本上缓解首都的资源环境压力，从根源上治理“城市病”。第二，按照“国家首都、国际城市、文化名城、宜居城市”的目标定位，瞄准建设世界城市的高端形态，进一步提高首都现代化、国际化水平。应清醒认识北京所处的发展阶段，以世界城市为标杆，走智慧、低碳的可持续发展之路。北京作为我国的教育中心和科技中心，要充分发挥智慧优势，大力推进科技发展和技术创新，加快知识成果转化，建设具有全球影响力的科技创新中心。

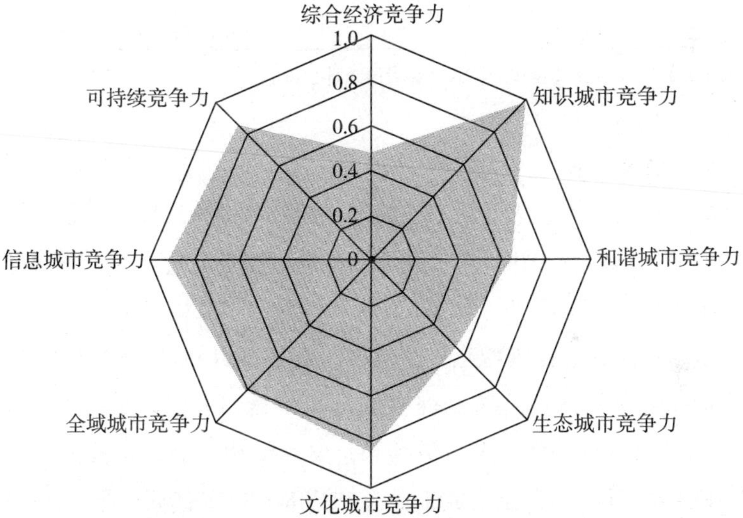

图 12－3　2014 年北京市城市竞争力

资料来源：中国社会科学院城市与竞争力指数数据库。

二　中国城市竞争力（天津）报告

近年来，天津市持续保持两位数的经济增长速度，已经成为名副其实的北方经济中心。目前天津的工业化进程基本完成，已经建立起以制造业为主导的现代工业体系，正在逐步由要素驱动迈向创新驱动。2014 年天津的可持续竞争力进步明显，进入全国省域五强，特别是财政支出向民生领域的倾斜带来了和谐城市竞争力的重大提升，但生态城市竞争力仍然处于全国较差之列，环境质量堪忧。天津应更加重视生态文明，建设一个发展高端产业、集聚高端人才、营造高质量城市生活的“美丽天津”，实现经济和城市两个升级版。

表 12－3　2013 年天津市市情信息

项目	数据
土地面积	1.195 万平方千米
常住人口	1472.21 万人
非农业人口比重	62.97%
GDP 及增长率	14370.16 亿元,12.5%
一、二、三产业占 GDP 比重	1.3%、50.6%、48.1%

资料来源：2013 年天津市国民经济和社会发展统计公报。

1. 格局与优势

总体概况：近年来，天津经济连续保持两位数增长速度，并积极推进转型发展。产业结构方面，天津以加工制造业和港口服务业为主导，三次产业结构分别为 2011 年 1.4∶52.5∶46.1、2012 年 1.3∶51.7∶47.0、2013 年 1.3∶50.6∶48.1。需求结构方面，投资增速明显回落，从 2011 年的 31.1% 降至 2013 年的 14.1%，依托临海的区位优势和完善的港口设施，外需依然保持较高水平，2013 年外贸进出口总额保持两位数增长；要素结构方面，科技创新水平不断提升，2013 年高新技术产业完成工业总产值 8136.02 亿元，增长 16.5%，占规模以上工业的 30.8%，航空航天、新一代信息技术、生物技术与健康、高端装备制造等战略性新兴产业不断发展壮大，国家新型工业化产业示范基地达到 8 家。从可持续竞争力来看，天津进步明显，除生态城市竞争力外，其他各分项均处于全国最好水平。**总体来看，天津的工业化基本完成，已经建立起以制造业为主导的现代工业体系。天津在加快发展现代服务业的同时必须坚持以先进制造业为基础，瞄准发达国家的先进工业发展水平，加强自主创新能力，逐步由要素驱动迈向创新驱动。**

现状格局：2014 年度天津市综合经济竞争力指数为 0.502，排名全国第 6 位，在全国除西藏外的省级行政区域中排名第 3 位，在 4 个直辖市和 2 个特别行政区中仅排在香港、上海之后。2014 年度天津市可持续竞争力指数为 0.608，排名全国第 14 位，在全国除西藏和台湾外的省级行政区域中排名第 5 位，在 4 个直辖市和 2 个特别行政区中仅好于重庆。天津市城市竞争力总体上呈现以下特征。

第一，增量优势带动综合经济竞争力稳步上升并超越北京。天津市连续多年保持两位数的增长速度，增量优势带动综合经济竞争力稳步上升，2014 年度综合增量竞争力排名全国榜首，综合经济竞争力从 2013 年全国第 8 位上升至第 6 位，并超越北京，在省级行政区域中仅次于香港和上海，成为名副其实的北方经济中心。

第二，可持续竞争力进步明显，进入省域五强。2014 年度天津市可持续竞争力上升 7 位，从 2013 年的全国第 21 位升至第 14 位，在省级行政区域中跻身前五强。除生态城市竞争力外，其他各分项均进入全国表现最好之列，整体优势明显，其中知识城市竞争力和信息城市竞争力均跻身全国前 10 位。

第三，和谐城市竞争力连续三年均有重大提升。天津可持续竞争力的不断进步主要得益于和谐城市竞争力的重大提升，在和谐社会构建中取得了重大突破。

2. 问题与软肋

第一，生态城市竞争力处于全国较差之列，环境质量堪忧。天津可持续竞争力各分项均处于表现最好之列，只有生态城市竞争力表现较差，成为最大短板，特别是环境质量每况愈下，空气质量为最差一级，地表水水质为重度污染，市辖区常住人口的人均绿地面积仅为全国均值的一半。在经济发展高歌猛进、社会事业稳步提升的同时，天津也必须加强环境治理，建设生态城市。

第二，信息基础设施水平相对滞后于交通基础设施。天津的信息城市竞争力处于全国最好之列，但从分项指标来看，信息基础设施水平还是相对滞后。从物质交流来看，2014 年度天津公路交通便利度指数为 1.000，铁路交通便利度指数为 0.962，海运便利度指数为 0.917，均达到全国顶尖水平。但从信息交流来看，天津千人国际互联网用户数仅为 151.43 户/万人，略高于全国平均水平（138.78 户/万人），与其他 3 个直辖市和 2 个特别行政区相差甚远。

3. 现象与规律

财政支出向民生领域倾斜是和谐城市竞争力获得重大提升的主要原因。天津的和谐城市竞争力连续3年每年上升近50位，已经跻身全国表现最好之列，这主要归因于在社会保障和民生支出方面的突出表现。其中人均社会保障、就业和医疗卫生财政支出达到5280元/人，全国平均水平仅为1330元/人；社会保障程度指数为0.686，全国均值仅为0.397。

实际上，近几年天津的财政支出不断向民生领域倾斜。以2013年度为例，全年地方一般预算支出2506.25亿元，增长18.7%，其中教育支出增长21.0%，医疗卫生支出增长21.6%，社会保障和就业支出增长19.1%，民生领域的增长均高于总体水平。同时社会保障范围也不断扩大，全市参加基本养老保险达627.1万人，参加医疗保险达1001.5万人，新建保障性住房8万套，新增住房补贴1万户，城镇残疾人新增就业2501人。天津在提升和谐城市竞争力方面的努力为其他城市提供了宝贵经验。加大民生领域的投入力度，能够使更多市民享受经济改革与发展的成果，是构建和谐社会的重要方面。

4. 趋势与展望

第一，在转型中发展，北方经济中心的地位进一步巩固。天津连续多年保持两位数的增长速度，综合经济竞争力稳步提升，2012年和2013年分别排名全国第9位和第8位，2014年再升2位，排名全国第6位，并超越北京，成为名副其实的北方经济中心。在京津冀协同发展的战略背景下，天津打造经济和城市两个升级版，在转型中实现新的发展，增长动力依然强劲，经济结构不断优化，经济质量稳步提高，北方经济中心的地位进一步得到巩固。

第二，"美丽天津"工程弥补生态短板，进而提升可持续竞争力。生态城市竞争力是天津可持续竞争力的最大劣势，也是唯一短板，这也意味着一旦得到弥补将全面提升可持续竞争力。从指标表现来看，天津的环境质量最为堪忧。从2013年开始，天津启动了"美丽天津"一号工程，开展"四清一绿"行动，即清新空气行动、清水河道行动、清洁社区行动、清洁村庄行动和绿化美化行动。随着工程任务的不断落实，以及产业结构的转型升级、增长方式的集约高效，天津生态城市竞争力的短板将逐渐补长。

表 12－4　2014 年天津市综合经济竞争力、可持续竞争力及其分项

	综合经济竞争力		可持续竞争力		知识城市竞争力	和谐城市竞争力	生态城市竞争力	文化城市竞争力	全域城市竞争力	信息城市竞争力
城　　市	指数	排名	指数	排名	等级	等级	等级	等级	等级	等级
天　　津	0.502	6	0.608	14	★★★★★	★★★★★	★★	★★★★★	★★★★★	★★★★★
指数均值	0.502	3	0.608	5	0.643	0.494	0.439	0.525	0.545	0.832

资料来源：中国社会科学院城市与竞争力指数数据库。

5. 战略与政策

战略回顾：近年来，天津启动实施“美丽天津”一号工程，全面推进“四清一绿”行动。全市共建环境监测站 21 个，全年化学需氧量排放 22.15 万吨，比上年下降 3.5%，二氧化硫排放量 21.68 万吨，下降 3.4%，道路交通噪声平均声级 67.6 分贝，中心城区区域环境噪声平均声级 54 分贝，比上年均有所下降。虽然目前已取得了一定成绩，但挑战依然十分严峻，根据环保部发布的直辖市、省会城市及计划单列市共 74 个城市空气质量状况，2014 年天津是全国空气质量最差的十个城市之一，“美丽天津”一号工程仍需要不断深化落实。

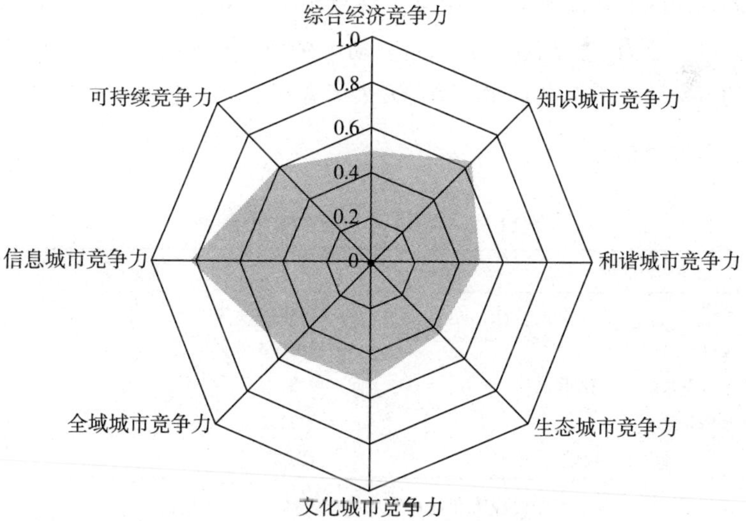

图 12－4　2014 年天津市城市竞争力

资料来源：中国社会科学院城市与竞争力指数数据库。

政策建议：第一，建设美丽天津，实现经济和城市两个升级版。近年来天津经济发展突飞猛进，未来应更加重视经济发展的质量和效益，将知识和信息城市竞争力转化为智慧优势，加快科技成果转化和信息基础设施建设，同时更加重视生态文明，全面推进“四清一绿”行动，建设一个发展高端产业、集聚高端人才、营造高质量城市生活的美丽天津，实现经济和城市两个升级版。第二，作为北方经济中心，加强对河北以及华北地区的辐射带动作用。发挥沿海港口枢纽和现代产业体系完善的优势，利用实施滨海新区开发开放国家战略的机遇，以发展先进制造业和现代服务业为主导，加强对河北以及华北地区经济发展的辐射带动作用。

三　中国城市竞争力（河北）报告

最近三年，河北省经济发展迅速，综合经济竞争力稳定在全国中等偏上水平，但产能过剩、空气污染、资源依赖“三大矛盾”凸显，粗放型经济面临多重瓶颈，可持续竞争力持续下滑，特别是生态城市竞争力形势严峻，雾霾问题亟待治理。要打好“四大攻坚战”，建设好“三个河北”，河北必须把握京津冀协同发展的大势促转型、治污染，主动承接京津产业转移，压缩淘汰落后产能，并以企业为主体加快推进创新驱动。在经济不失速的同时做好调结构、治污染的特殊任务不仅是京津冀协同发展的客观要求，也是河北自身更好更快发展的迫切需要。

表 12－5　2014 年河北省省情信息

项目	数据
土地面积	18.88 万平方千米
常住人口	7383.75 万人
城镇人口占常住人口比重	49.33%
GDP 及增长率	29421.2 亿元,6.5%
一、二、三产业占 GDP 比重	11.7%、51.1%、37.2%

资料来源：2014 年河北省国民经济和社会发展统计公报。

1. 格局与优势

总体概况：近三年来，河北省着力稳增长、调结构、促改革、治污染、惠民生，经济发展缓中趋稳、稳中有进。从综合经济发展来看，产业结构呈现积极变化，三次产业比例由2012年的12.0∶52.7∶35.3调整为2014年的11.7∶51.1∶37.2，服务业发展态势良好；需求结构方面，投资拉动型经济有所收敛，固定资产投资增速连续三年放缓，近三年分别为20.0%、18.0%、15.0%，投资结构有所改善，2014年环保、新能源、电子信息产业的投资增速均超过50%；要素结构方面，科技创新对经济发展的贡献不足，用于研究与发展（R&D）经费支出仅占全省生产总值的1.1%。从可持续竞争力来看，河北省处于全国中游水平，文化城市竞争力表现较好，生态城市竞争力表现不佳，空气污染问题亟待治理，其他分项均表现一般。**总体来看，河北是东部省份、中部水平，目前处于要素驱动的发展阶段，今后一定时期仍需要保持比较高的发展速度，但必须走可持续发展之路，在经济不失速的同时完成调结构、治污染的发展任务。**

现状格局：2014年度河北省综合经济竞争力指数均值为0.109，在全国除西藏外的省级行政区域中排名第13位。其中唐山、石家庄分别排在全国第29位和第42位，跻身综合经济竞争力最好的城市之列；承德、张家口仅仅排名全国第205位和第212位，表现最差。2014年度河北省可持续竞争力指数均值为0.307，在全国除西藏和台湾外的省级行政区域中排名第17位。河北省城市竞争力总体上呈现以下特征。

第一，综合经济竞争力总体水平处于中游，省内差距有所收敛。2014年度河北省综合经济竞争力排名全国第13位，与2012年和2013年保持一致，稳定在全国中等偏上水平。综合经济竞争力指数变异系数为0.454，从上年的第12位上升至第9位，表明省内城市间的经济发展水平有所收敛。

第二，可持续竞争力总体水平居中，省内差距较小，既无最好城市，也无最差城市。2014年度河北省可持续竞争力排名全国第17位，水平居中。可持续竞争力指数变异系数仅为0.184，列全国第3位，表明差距很小，既无城市跻身前50名，也无城市排在200名之后，其中省内第一的秦皇岛列全国第62位，省内最末的衡水列全国第196位。

第三，从可持续竞争力分项来看，文化城市竞争力优势明显。河北省作为中华文明的重要发祥地，文化资源丰富，文化城市竞争力表现突出。其中秦皇岛处于全国最好之列，石家庄、邯郸、保定、承德、沧州均处于较好之列，没有城市处于最差之列。

2. 问题与软肋

第一，可持续竞争力连续三年下滑，短板明显。河北省可持续竞争力过去两年分别排名第13位和第15位，2014年度排名全国第17位，虽然目前仍处于中游水平，但连续三年每年下滑两位，前景堪忧。从分项来看，生态城市竞争力和和谐城市竞争力是主要短板，全省有8个城市的生态城市竞争力处于全国较差和最差之列，有5个城市的和谐城市竞争力处于全国较差和最差之列。

第二，生态城市竞争力形势严峻，雾霾问题亟待治理。生态城市竞争力是河北省的最大短板，生态城市竞争力指数仅为0.376，有6个城市排名位于全国200名之后。河北的雾霾问题亟待治理，环保部2014年公布的空气质量最差的前10位城市中，包括了邢台、石家庄、邯郸、唐山、保定、衡水、廊坊等7个河北城市。

3. 现象与规律

单位GDP耗电量畸高，反映出粗放型经济与生态环境之间的尖锐矛盾。2014年河北省城市单位GDP耗电量均值高达1345.39千瓦时/万元，该指标的指数均值仅为0.092，成为我国单位GDP耗电量最大的省份之一。单位GDP耗电量畸高体现出河北以粗放型经济为主导的产业结构。近年来，河北以钢铁、石化等高能耗、高排放、高污染的产业为支柱，在经济增长的同时对生态环境造成极大破坏，空气质量、地表水水质的不断恶化严重威胁经济社会可持续发展。

从全国一般规律来看，单位GDP耗电量最大的五个省份均面临生态环境恶化的问题。除了河北外，山西、河南、贵州、宁夏的单位GDP耗电量同样很高，经济增长模式粗放，生态城市竞争力均在全国排名倒数。这些省份应加快产业结构调整，迈向集约型经济，才能实现经济、社会、环境的可持续发展。

4. 趋势与展望

可持续竞争力的连续下滑可能降低未来的综合经济竞争力。根据城市竞争力的理论框架，综合经济竞争力是产出的、当前的、短期的城市竞争力，可持续竞争力是投入的、可持续的、长期的竞争力，可持续竞争力将转化为未来的综合经济竞争力。虽然目前河北的综合经济竞争力仍处于全国中等偏上水平，但可持续竞争力连续三年两度下滑，前景堪忧，社会、环境等问题相对突出，需要引起高度警惕。

京津冀协同发展促进区域经济一体化，区域差距趋于收敛。京津冀协同发展为河北带来了千载难逢的发展机遇，北京和天津向河北疏解功能、转移产业、辐射要素，促进了区域经济平衡发展。2014 年度河北省综合经济竞争力变异系数排名全国第 9 位，比上年上升了 3 位，区域差距不断收敛。

表 12－6　2014 年河北省城市综合经济竞争力、可持续竞争力及其分项

	综合经济竞争力		可持续竞争力		知识城市竞争力	和谐城市竞争力	生态城市竞争力	文化城市竞争力	全域城市竞争力	信息城市竞争力
城　　市	指数	排名	指数	排名	等级	等级	等级	等级	等级	等级
石家庄	0.162	42	0.373	71	★★★★★	★★★★	★	★★★★	★★★★	★★★★
唐　山	0.217	29	0.317	114	★★★★	★★★★	★	★★★	★★★★	★★★★
秦皇岛	0.072	158	0.396	62	★★★	★★★	★★★	★★★★★	★★★★	★★★★★
邯　郸	0.130	59	0.275	146	★★★	★★	★	★★★★	★★	★★★
邢　台	0.079	128	0.228	190	★★	★★	★	★★★	★★★	★★★
保　定	0.109	81	0.360	77	★★★★	★★	★★★★	★★★★	★★★	★★★★
张家口	0.061	212	0.279	142	★★★	★★★	★★	★★★	★★	★★★
承　德	0.063	205	0.343	90	★★	★★★★	★★★★★	★★★★	★★★	★
沧　州	0.132	57	0.290	135	★	★★	★★	★★★★	★★★	★★★★
廊　坊	0.104	87	0.295	131	★★★★	★★★	★	★★★	★★★★	★★★
衡　水	0.065	193	0.225	196	★★	★	★	★★	★★	★★★★
指数均值	0.109	13	0.307	17	0.261	0.314	0.376	0.265	0.244	0.499
指数方差	0.002	16	0.003	3	0.008	0.005	0.027	0.005	0.002	0.010
变异系数	0.454	9	0.184	3	0.353	0.222	0.435	0.276	0.163	0.202

资料来源：中国社会科学院城市与竞争力指数数据库。

5. 战略与政策

战略回顾：近年来，河北省提出了建设“三个河北”的战略目标，努力建设全面小康的河北、富裕殷实的河北、山清水秀的河北，这是河北省根据当前的发展态势所做出的战略部署，也是全省在未来较长时期内的发展方向。基于目前经济发展迅速但贫富差距依然严重、生态环境持续恶化以及产能过剩、空气污染严重、过分依赖资源的“三大矛盾”，河北省必须加大改革力度，着力推进经济结构调整，坚持不以环境污染为代价换取经济发展，走可持续发展之路。

政策建议：第一，把握京津冀协同发展的大势促转型、治污染。河北的粗放型经济严重威胁生态环境，雾霾问题亟待治理，必须加快经济结构调整和产业转型升级，把握京津冀协同发展的重大历史机遇，主动面向京津承接产业转移，引入先进的装备制造业和战略性新兴产业，循序渐进地压缩、淘汰落后产能。以经济转型作为治本之策来治理雾霾，逐步实现发展方式的“脱胎换骨”。第二，以企业为主体加快推进创新驱动。目前河北仍处于要素驱动的发展阶段，科技创新对经济发展的贡献不足，但创新是解决目前资源环境与发展矛盾突出、产业升级缓慢、经济发展持续性不强等问题的唯一途径。企业是创新的主体，必须加大投入力度，加快政策落实，大力发展高新技术企业和科技型中小企业，完善以企业为主体、产学研紧密结合的创新体系。

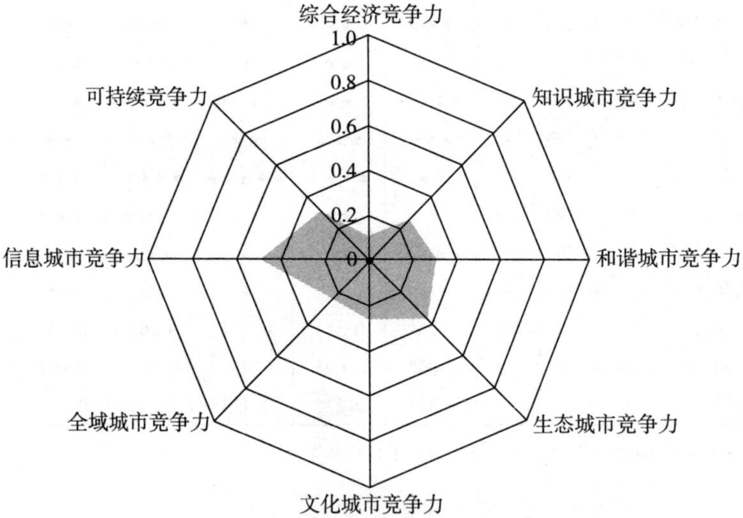

图 12－5　2014 年河北省城市竞争力

资料来源：中国社会科学院城市与竞争力指数数据库。

四　中国城市竞争力（山东）报告

近年来山东经济总体保持平稳发展，投资增速较快，但企业效益低速运营，表明经济提质增效和转型升级的任务仍然较重。山东目前还处于要素驱动阶段，必须加快推进创新驱动，促进知识产业化和科技成果转化，从经济大省和教育大省迈向知识经济大省。2014 年山东可持续竞争力总体水平居中，知识城市竞争力和信息城市竞争力优势明显，但生态城市竞争力表现不佳。在区域结构上，东部沿海地区和鲁中鲁西内陆地区的可持续竞争力差距较大。山东必须加快推进省域一体化发展，总体谋划东部的“蓝黄两区”和中西部的“一圈一带”，实现各大板块的对接与呼应，促进区域协调发展。

表 12－7　2014 年山东省省情信息

项目	数据
土地面积	15.71 万平方千米
常住人口	9789.43 万人
城镇人口占常住人口比重	49.33%
GDP 及增长率	59426.6 亿元,8.7%
一、二、三产业占 GDP 比重	8.1%、48.4%、43.5%

资料来源：2014 年山东省国民经济和社会发展统计公报。

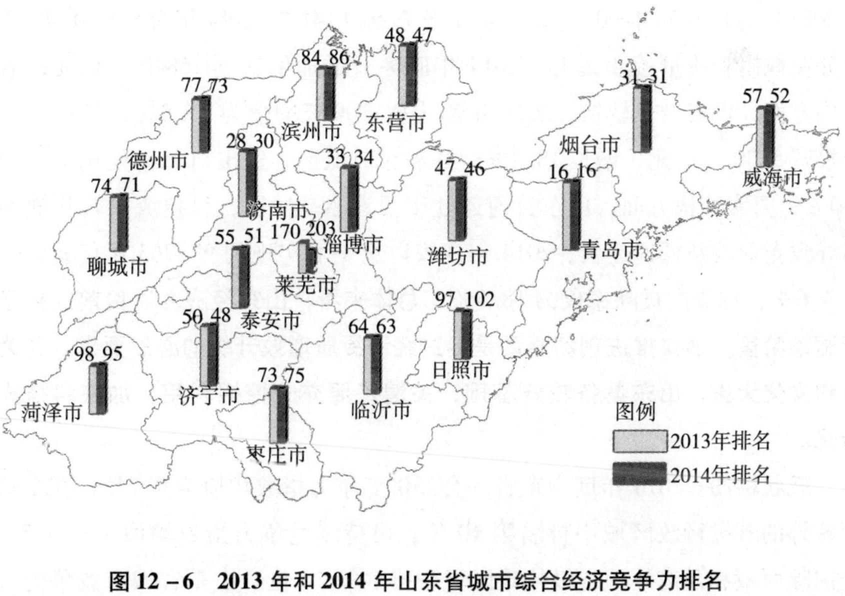

图 12－6　2013 年和 2014 年山东省城市综合经济竞争力排名

资料来源：中国社会科学院城市与竞争力指数数据库。

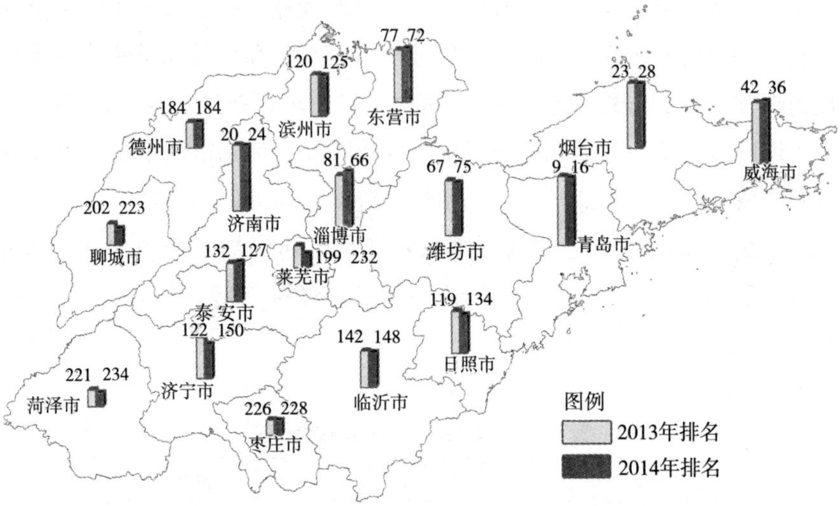

图 12－7　2013 年和 2014 年山东省城市可持续竞争力排名

资料来源：中国社会科学院城市与竞争力指数数据库。

1. 格局与优势

总体概况：近年来，山东经济保持平稳发展。产业结构方面，三次产业结构 2012 年为 8.6∶51.4∶40.0，2013 年为 8.7∶50.1∶41.2，2014 年为 8.1∶48.4∶43.5，服务业规模和质量逐步提升，2014 年服务业增加值达到 25840.1 亿元；需求结构方面，投资增长较快，2014 年固定资产投资增速为 15.8%，其中基础设施投资 5130.7 亿元，增长 18.2%，外需相对低迷，进出口总额仅比上年增长 4.0%；要素结构方面，山东目前还处于要素驱动阶段，科技成果转化效率不高导致企业效益低速运营，2014 年规模以上工业实现利润 8763.4 亿元，仅增长 4.6%，总资产贡献率仅为 18.5%。**总体来看，山东经济发展目前还处于要素驱动阶段，加快推进创新驱动是促进经济提质增效升级的必然要求。作为教育和文化大省，山东具备较好基础，关键是要充分挖掘利用，加快科技成果转化。**

现状格局：2014 年度山东省综合经济竞争力指数均值为 0.145，在全国除西藏外的省级行政区域中排名第 10 位；可持续竞争力指数均值为 0.335，在全国除西藏和台湾外的省级行政区域中排名第 14 位。山东省城市竞争力总体上呈现以下特征。

第一，综合经济竞争力总体水平较好，省内发展均衡。山东是我国经济大省，综合经济竞争力连续三年稳定在全国第10位。综合经济竞争力指数变异系数为0.378，列全国第5位，比上年上升2位，省内发展均衡。其中青岛、济南、烟台、淄博、潍坊、东营、济宁等城市处于全国最好之列，只有莱芜处于最差之列。

第二，可持续竞争力总体水平居中，但省内差距较大。山东可持续竞争力列全国第14位，比上年下降1位，总体水平居中。但省内差距较大，可持续竞争力指数变异系数为0.414，仅列全国第19位。其中青岛、济南、烟台、威海处于全国最好之列，聊城、菏泽、枣庄、莱芜处于最差之列。

第三，从可持续竞争力分项来看，知识城市竞争力和信息城市竞争力优势明显。山东是传统儒家文化发祥地，既是经济大省，又是教育大省，知识城市竞争力和信息城市竞争力表现突出。济南、青岛、烟台、威海的知识城市竞争力处于全国最好之列，还有5个城市处于较好之列；济南、青岛、烟台、潍坊的信息城市竞争力处于全国最好之列，还有5个城市处于较好之列。

2. 问题与软肋

第一，可持续竞争力分化明显，鲁中鲁西内陆城市发展动力不足。山东可持续竞争力指数变异系数仅列全国第19位，与上年相比快速下降了7位，体现出省内城市的可持续发展动力出现分化，这种分化主要发生在鲁东沿海城市和鲁中鲁西内陆城市之间。除济南、淄博表现较好外，鲁中鲁西其他内陆城市均表现不佳，其中聊城、菏泽、枣庄、莱芜4市还处于全国最差之列。

第二，生态城市竞争力表现不佳。生态城市竞争力是山东可持续竞争力的最大短板，从具体指标来看，空气质量、地表水水质和国家级自然保护区指数均表现较差；从城市表现来看，淄博、枣庄、济宁、泰安、莱芜、聊城、滨州、菏泽等8市均处于全国最差之列。

3. 现象与规律

山东作为教育大省，知识经济发展滞后于知识创新水平。山东是我国的教育大省，知识城市竞争力较好，发展知识经济具有一定优势。从知识成果产出来看，2014年山东城市申请专利数均值超过25件，发表论文数均值为3798篇，均位于全国前列。但从知识经济水平来看，山东每百万人金融业、信息服务和科学研究从业人数仅为6582人，在全国除西藏和台湾外的省级行政区域中排名第 21 位，知识经济发展还较为滞后。

创新驱动是我国经济结构调整和产业升级转型的核心战略。创新的目的是为了驱动发展，而不仅是为了发表高水平论文，山东省知识经济发展滞后于知识创新水平的现象具有一定的普遍性，加快科技成果转化是各地需要面对的共同课题。

4. 趋势与展望

蓝色半岛沿海城市将进一步发展壮大。山东半岛蓝色经济区发展态势良好，山东沿海城市除日照和滨州外，其他均跻身全国可持续竞争力前 100 位，这些城市在知识城市竞争力、和谐城市竞争力、全域城市竞争力、信息城市竞争力方面表现优异。其中青岛、烟台、威海分列全国第 16 位、第 28 位、第 36 位，未来将成为带动全省发展的龙头。

鲁中鲁西内陆城市和沿海城市的差距有拉大趋势。虽然目前山东省内综合经济发展均衡，综合经济竞争力指数变异系数高居全国第 5 位，但反映长期表现的可持续竞争力指数变异系数已落至全国第 19 位。随着沿海城市进一步发展壮大，鲁中鲁西内陆城市却面临后续发展动力不足的窘境，这种差距可能会进一步拉大。

表 12－8　2014 年山东省城市综合经济竞争力、可持续竞争力及其分项

	综合经济竞争力		可持续竞争力		知识城市竞争力	和谐城市竞争力	生态城市竞争力	文化城市竞争力	全域城市竞争力	信息城市竞争力
城　市	指数	排名	指数	排名	等级	等级	等级	等级	等级	等级
济　南	0. 217	30	0. 565	24	★★★★★	★★★★★	★★★	★★★★★	★★★★★	★★★★★
青　岛	0. 287	16	0. 606	16	★★★★★	★★★★★	★★★★★	★★★★★	★★★★★	★★★★★
淄　博	0. 192	34	0. 389	66	★★★★	★★★★	★	★★★★★	★★★★	★★★★
枣　庄	0. 111	75	0. 186	228	★★	★★★	★	★	★★	★★
东　营	0. 152	47	0. 366	72	★★★★	★★★	★★	★★★	★★★★	★★★★
烟　台	0. 207	31	0. 538	28	★★★★★	★★★★	★★★★★	★★★★★	★★★★	★★★★★
潍　坊	0. 156	46	0. 363	75	★★★★	★★★	★★	★★★	★★★★★	★★★★★
济　宁	0. 146	48	0. 266	150	★★★	★★	★	★★★★	★★★	★★★
泰　安	0. 137	51	0. 298	127	★★★	★★★★	★	★★★★★	★	★★★
威　海	0. 135	52	0. 470	36	★★★★★	★★★★★	★★★★	★★★	★★★★★	★★★★
日　照	0. 097	102	0. 291	134	★★	★	★★★★	★★	★★	★★★★

续表

城　市	综合经济竞争力 指数	综合经济竞争力 排名	可持续竞争力 指数	可持续竞争力 排名	知识城市竞争力 等级	和谐城市竞争力 等级	生态城市竞争力 等级	文化城市竞争力 等级	全域城市竞争力 等级	信息城市竞争力 等级
莱　芜	0. 063	203	0. 177	232	★★	★★	★	★	★★★	★★★
临　沂	0. 126	63	0. 272	148	★★★	★★	★★	★★	★★	★★★★
德　州	0. 114	73	0. 232	184	★★	★	★★	★	★★	★★★
聊　城	0. 115	71	0. 194	223	★★★★	★★	★	★★★	★	★★
滨　州	0. 105	86	0. 300	125	★★★★	★★★★★	★	★★★	★★★★	★★★
菏　泽	0. 099	95	0. 174	234	★★	★★	★	★★	★	★★★
指数均值	0. 145	10	0. 335	14	0. 261	0. 314	0. 376	0. 265	0. 244	0. 499
指数方差	0. 003	17	0. 019	23	0. 008	0. 005	0. 027	0. 005	0. 002	0. 010
变异系数	0. 378	5	0. 414	19	0. 353	0. 222	0. 435	0. 276	0. 163	0. 202

资料来源：中国社会科学院城市与竞争力指数数据库。

5. 战略与政策

战略回顾：近年来，山东着力打造覆盖全省的“两区一圈一带”发展格局，继黄河三角洲高效生态经济区和山东半岛蓝色经济区（合并简称“蓝黄两区”）上升为国家战略后，又正式启动“一圈一带”战略加速鲁中鲁西崛起，其中“一圈”指中部崛起“省会都市圈”，“一带”指南部建设“鲁南城市带”。该战略的发展意图在于通过四大区域战略板块实现全省覆盖，并紧密衔接，促进东西板块齐头并进，打破区域发展不平衡。从发展现状来看，该战略的实施仍然面临严峻的挑战和考验，山东中西部地区整体实力较弱，特别是资源环境约束趋紧，转型升级任务繁重，亟待提升可持续竞争力。

政策建议：第一，山东省应加快推进东中西部一体化发展。山东省内的区域经济结构与全国类似，东中西部的经济规模和工业化程度发展梯次明显，实现一体化是区域经济协调发展的核心和灵魂。不管是东部的“蓝黄两区”还是中西部的“一圈一带”，都不能“各唱各的戏、各算各的账”，应当形成一体化发展。在推动一体化发展中，关键是要通过顶层设计打破行政壁垒，冲破单一的行政区管理经济，通过体制机制的改革，激活内生动力，搭建市县间的常态化合作平台，实现区域经济的融合。第二，山东应继续转变发展方式，着力改善环境质量，加快推进创新驱动，充分利用山东知识城市竞争力和信息城市竞争力优势，促进知识产业化和科技成果转化，从经济大省和教育大省迈向知识经济大省。

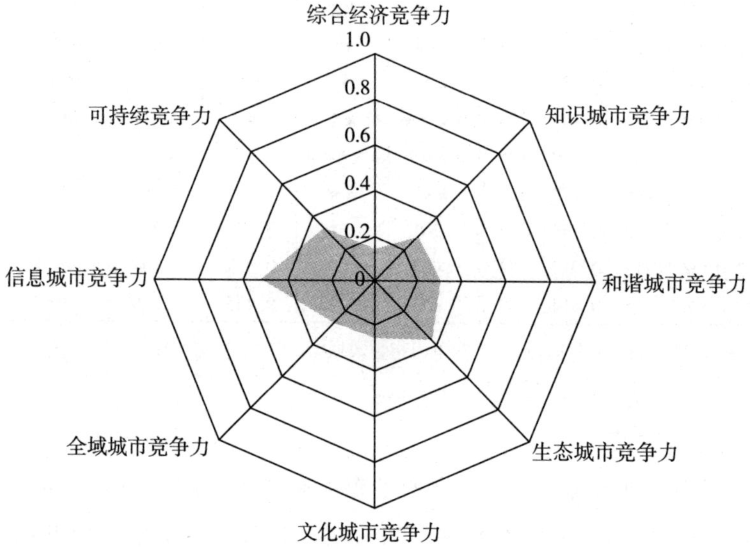

图 12－8　2014 年山东省城市竞争力

资料来源：中国社会科学院城市与竞争力指数数据库。

B.13

中国（东北地区）城市竞争力报告

杨慧　周晓波*

一　中国城市竞争力（辽宁）报告

最近三年，辽宁省经济发展迅速，综合经济竞争力稳定在全国中等偏上水平，但农业现代化发展不足、科技投入不足、产业内部结构发展不平衡，综合竞争力基本维持不变。虽然该省可持续竞争力也稳定维持在全国中等偏上水平，但其生态城市竞争力形势依然严峻，可持续发展问题亟待解决，应抓好“六大体系”，建设“五大工程”，尽快建成生态辽宁，提升全省可持续竞争力。此外，辽宁应当主动融入国家“一带一路”发展战略，利用全域城市竞争力和信息城市竞争力优势，在中蒙俄经济走廊和亚欧通道经济带中成为重要战略支点，让“一带一路”成为老工业基地振兴的新起点。

表 13-1　2014 年辽宁省省情信息

项目	数据
土地面积	14.8 万平方千米
常住人口	4391.4 万人
城镇人口占常住人口比重	67.05%
GDP 及增长率	28626.6 亿元,5.8%
一、二、三产业占 GDP 比重	8.0%、50.2%、41.8%

资料来源：2014 年辽宁省国民经济和社会发展统计公报。

1. 格局与优势

总体概况：2014 年辽宁省积极应对严峻复杂的经济形势和下行压力，统

* 杨慧，中国社会科学院财经战略研究院博士后，研究方向为城市经济、房地产经济。周晓波，南开大学经济学院博士研究生。本章报告辽宁、吉林部林由杨慧撰写，黑龙江部分由周晓波撰写。

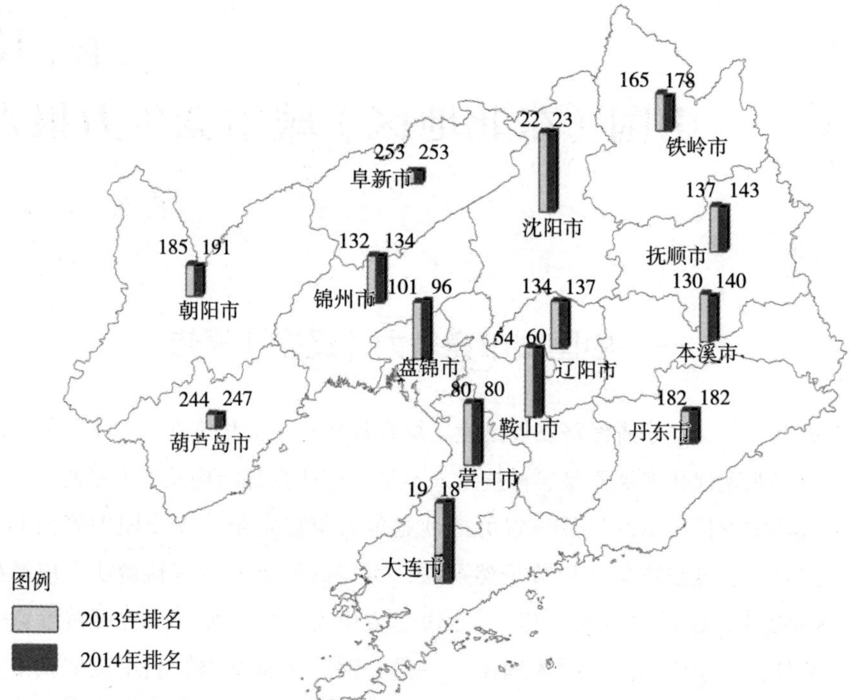

图 13-1　2013 年和 2014 年辽宁省城市综合经济竞争力排名

资料来源：中国社会科学院城市与竞争力指数数据库。

筹稳增长、促改革、调结构、惠民生、防风险，国民经济平稳健康发展，社会事业不断进步，人民生活继续改善。从综合经济发展来看，三次产业增加值占地区生产总值的比重由上年的 8.1∶51.3∶40.6 变为 8.0∶50.2∶41.8，第三产业比重不断上升，产业结构进一步优化。需求结构方面，投资拉动型经济有所收敛，固定资产投资减缓，比上年下降 1.5%，全年第一产业投资比上年增长 6.4%；第二产业投资增长 0.6%；第三产业投资下降 3.2%，固定资产投资三次产业构成比为 2.0∶42.3∶55.7。投资结构有所改善，环境保护、人民生活和劳动就业稳步提升；要素结构方面，科技创新对经济发展的贡献较大，用于研究与发展（R&D）经费支出仅占全省生产总值的 1.74%。从可持续竞争力来看，辽宁省处于全国中上游水平，信息城市竞争力表现较好，文化城市竞争力表现不佳，其他分项均表现一般。**总体来看，受结构性矛盾、周期性波动等宏**

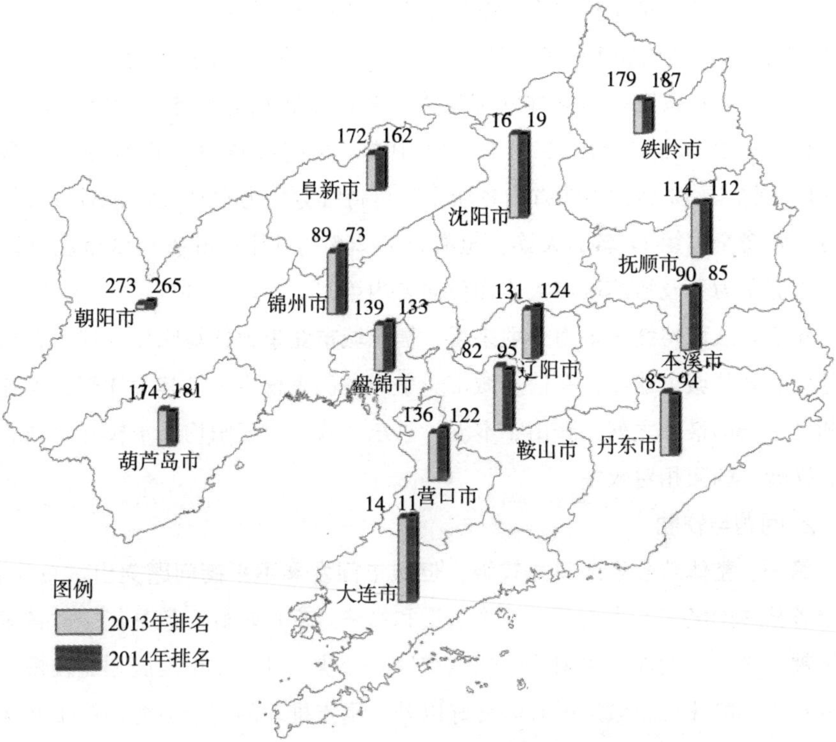

图 13－2　2013 年和 2014 年辽宁省城市可持续竞争力排名

资料来源：中国社会科学院城市与竞争力指数数据库。

观因素综合影响，辽宁省 GDP、固定资产投资、工业、对外经济贸易等经济指标增速放缓或下降。今后一定时期仍需要保持比较高的发展速度，但必须走可持续发展之路，在新常态下进一步进行经济结构调整、发展经济民生。

现状格局：2014 年度辽宁省综合经济竞争力指数均值为 0.104，在全国除西藏外的省级行政区域中排名第 14 位。其中大连、沈阳分别排在全国第 18 位和第 23 位，跻身综合经济竞争力最好的城市之列；葫芦岛、阜新仅仅排名全国第 247 位和第 253 位，表现最差。2014 年度辽宁省可持续竞争力指数均值为 0.333，在全国除西藏和台湾外的省级行政区域中排名第 15 位。辽宁省城市竞争力总体上呈现以下特征。

第一，综合经济竞争力总体水平位居中游水平，省内差距基本稳定。2014 年度辽宁省综合经济竞争力排名全国第 14 位，与上年保持一致，稳定在全国中游水平。综合经济竞争力指数变异系数为0.659，全国排名第22位，与上年保持一致，表明省内城市间的经济发展水平相对关系基本维持不变。

第二，可持续竞争力总体水平居中，省内差距相对稳定。2014年度辽宁省可持续竞争力排名全国第15位，居中游。可持续竞争力指数变异系数为0.391，列全国12名，表明省内各城市间可持续竞争力水平差距相对较大，该省既有跻身全国第11名的大连，也有排名265的朝阳。其省会城市沈阳因生态城市竞争力不及海滨城市大连而位居省内第二。

第三，从可持续竞争力分项来看，信息城市竞争力优势明显。辽宁省重视信息化和智慧城市建设，在信息城市竞争力方面表现突出。其中沈阳、大连和锦州处于全国最好之列，鞍山、本溪、丹东、营口、辽阳均处于较好之列，抚顺、铁岭、朝阳相对较差。

2. 问题与软肋

第一，整体综合经济实力较强，但城市间发展不平衡问题突出。总体看，辽宁省整体的经济实力较强，经济增量和经济效率均较好。但是辽宁省各城市间发展不平衡，大连、沈阳等少数城市发展较快，其他城市发展相对较慢。这主要在于，除沈抚新城发展态势良好以外，重点推动的辽宁沿海经济带和沈阳经济区效果仍未显现，丹东、葫芦岛等沿海城市综合经济竞争力仍较差，阜新等资源枯竭型城市经济转型仍未完成。因此，辽宁省要充分发挥沿海城市的优势，注重区域发展战略，促进区域协调发展，更好地发挥大连、沈阳等城市的辐射带动作用，促进各城市的均衡协调发展。

第二，和谐城市竞争力参差不齐，生态城市竞争力亟待增强。辽宁全省和谐城市竞争力相对很好，但城市之间差距也较大。该省既有沈阳、大连等6个城市具有五星级和谐城市竞争力，也有朝阳、葫芦岛2个城市只有一星级和谐城市竞争力。因而，未来的发展需要进一步完善社会保障体系，进一步打造公平包容的和谐城市。辽宁全省的生态城市竞争力总体较差，城市之间差距也较大。全省只有大连1个环境友好生态典范城市拥有五星级生态城市竞争力，却多达7个城市仅仅具有一星级生态城市竞争力。可见，辽宁省还在受过去老工业基地的影响，一些资源型城市的生态环境以及城市面貌还没有完全恢复，未来要注重完善基础设施以及政府动态的生态调控管理，更多地打造环境友好的生态城市典范。

3. 现象与规律

GDP 增速慢，反映出新常态下产业结构调整问题突出。三次产业结构不合理，重工业占比过高，结构有待优化调整；对外开放程度相对较低，无法充分利用市场优势资源；国有经济占比过大，民营经济不发达；人口老龄化与人力资源流失等是综合经济竞争力停步不前的原因。

生态竞争力相对滞后，是制约可持续竞争力的重要因素。尽管从经济总量上看，辽宁在全国排名靠前，但经济发展方式依然粗放，区域发展很不平衡，资源对发展的制约效应日益突出，环境压力日益增大。建设生态辽宁，走可持续发展道路，是建立与经济总量相匹配的综合经济竞争力和可持续竞争力的必由之路。

4. 趋势与展望

适应经济中高增长新常态、持续优化产业结构，推动战略性新兴产业快速发展，提升综合竞争力。在全国经济发展告别高速发展进入中高速发展的新常态下，产业结构优化调整是提升辽宁省综合经济竞争力的必然选择。从目前辽宁省产业结构存在的主要问题来看，应以加快农业现代化进程、以创新促进产业结构升级、大力发展现代服务业等方面为着眼点，优化辽宁省产业结构。同时，推动战略性新兴产业快速发展，深入实施创新驱动发展战略，全面提升综合经济竞争力。

推动区域协调发展，加强生态文明建设，提升可持续竞争力。辽宁省综合经济竞争力变异系数排名第 22，相对于其排名 14 位的均值比较靠后，表明区域发展差别较大，应在今后一段时间内持续推动区域协调发展。同时，为了提升可持续竞争力，应加强生态文明建设，建设生态辽宁，提升可持续发展能力。

表 13 -2　2014 年辽宁省城市综合经济竞争力、可持续竞争力及其分项

	综合经济竞争力		可持续竞争力		知识城市竞争力	和谐城市竞争力	生态城市竞争力	文化城市竞争力	全域城市竞争力	信息城市竞争力
城市	指数	排名	指数	排名	等级	等级	等级	等级	等级	等级
沈阳	0.246	23	0.583	19	★★★★★	★★★★★	★★★★	★★★★★	★★★★★	★★★★★
大连	0.267	18	0.625	11	★★★★★	★★★★★	★★★★★	★★★★	★★★★★	★★★★★
鞍山	0.129	60	0.338	95	★★★★	★★★★★	★	★★★★	★★★★	★★★★
抚顺	0.075	143	0.319	112	★★★★	★★★★★	★	★★★	★★★★	★★
本溪	0.076	140	0.349	85	★★★	★★★★	★★	★★★	★★★★★	★★★★
丹东	0.067	182	0.339	94	★★★	★★	★★★	★★★	★★★★	★★★★

续表

	综合经济竞争力		可持续竞争力		知识城市竞争力	和谐城市竞争力	生态城市竞争力	文化城市竞争力	全域城市竞争力	信息城市竞争力
城　市	指数	排名	指数	排名	等级	等级	等级	等级	等级	等级
锦　州	0.077	134	0.365	73	★★★★	★★★★★	★	★★★	★★★★	★★★★★
营　口	0.109	80	0.303	122	★★★	★★★	★	★★★	★★★★	★★★★
阜　新	0.047	253	0.261	162	★★★	★★★★★	★	★★★	★★★★	★★★
辽　阳	0.076	137	0.300	124	★★★	★★★★	★	★★★	★★★★	★★★★
盘　锦	0.099	96	0.291	133	★★★	★★	★★	★★★	★★★★★	★★★
铁　岭	0.069	178	0.230	181	★	★★	★★	★★	★★★	★★
朝　阳	0.066	191	0.127	265	★	★	★	★★	★★	★★
葫芦岛	0.050	247	0.233	181	★★	★	★★	★★	★★	★★★
指数均值	0.104	14	0.333	15	0.294	0.396	0.344	0.233	0.305	0.518
指数方差	0.005	21	0.017	21	0.020	0.021	0.039	0.006	0.006	0.017
变异系数	0.659	22	0.391	12	0.486	0.366	0.573	0.336	0.248	0.253

资料来源：中国社会科学院城市与竞争力指数数据库。

5. 战略与政策

战略回顾：近年来，辽宁省提出了“三大战略”格局，即以“一带一区”为主体的城市化战略格局、以“五区”为主体的农业战略格局、以“两屏一带两廊”为主体的生态安全战略格局，这是辽宁省根据当前发展态势所做出的战略部署，也是指导全省今后较长时期国土空间开发和保护的纲领发展方向。基于目前经济发展迅速但区域发展依然不协调、生态环境改善不显著发展以及农业现代化发展不足、科技投入不足、产业内部结构发展不平衡等矛盾，辽宁省应当加大改革力度，持续推动产业结构调整，建设生态辽宁，走可持续发展之路。

政策建议：第一，主动融入“一带一路”发展战略，打造辽宁对外开放新格局。利用独特的区位优势将辽宁打造成中蒙俄经济走廊的重要支撑，持续推动辽宁对外开放，让“一带一路”成为带动老工业基地振兴的新起点。第二，坚持“三大战略”格局，持续推进省内区域协调发展。努力加快沿海经济带建设、加快推进沈阳经济区同城化一体化步伐、强力支持突破辽西北发展，实现省内区域协调发展。第三，狠抓生态建设，发展战略性新兴产业。从根本上遏制环境污染和生态破坏，建设自然资源永续利用、人居环境优美、城乡环境全面改善的生态省，深入实施创新驱动发展战略，加强战略性新兴产业发展，重点在新一代信息与网络技术产业、新能源新材料、节能环保、高端装备、生物产业等方面加强创新发展。

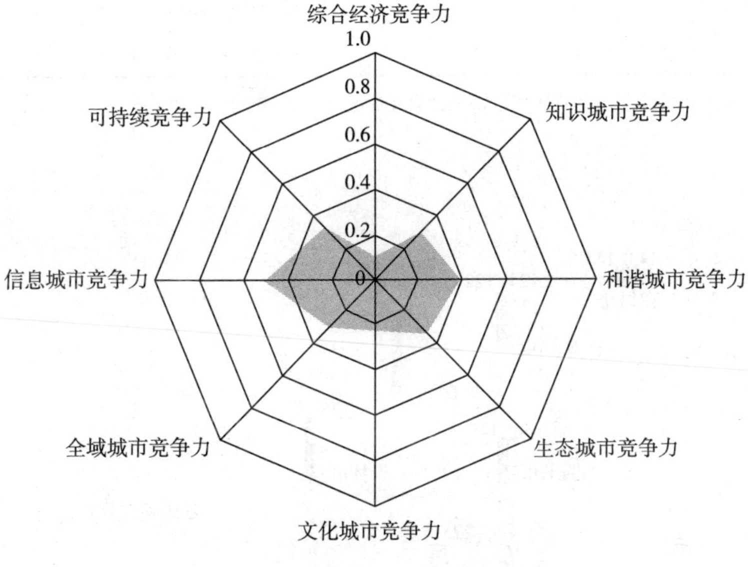

图 13－3　2014 年辽宁省城市竞争力

资料来源：中国社会科学院城市与竞争力指数数据库。

二　中国城市竞争力（吉林）报告

最近几年，吉林省经济发展较快，综合经济竞争力稳定在全国中等偏下水平，可持续竞争力也与之相当，除长春外其他城市综合竞争力和可持续竞争力均较低。在经济中低速增长的新常态下，应抓好“五个发展”和“东中西区域战略”，以创新发展、统筹发展、绿色发展、开放发展、安全发展为引擎统筹全省经济发展，以东部绿色转型发展区、中部创新转型核心区、西部生态经济区为抓手推动产业振兴、优势产业发展、新兴产业培育和服务业提升，抓住“一带一路”发展机遇，为吉林经济社会发展注入强大动力。

表 13－3　2014 年吉林省省情信息

项目	数据
土地面积	18.74 万平方千米
常住人口	2752.38 万人
城镇人口占常住人口比重	54.81%
GDP 及增长率	13803.81 亿元,6.5%
一、二、三产业占 GDP 比重	11.0%、52.8%、36.2%

资料来源：2014 年吉林省国民经济和社会发展统计公报。

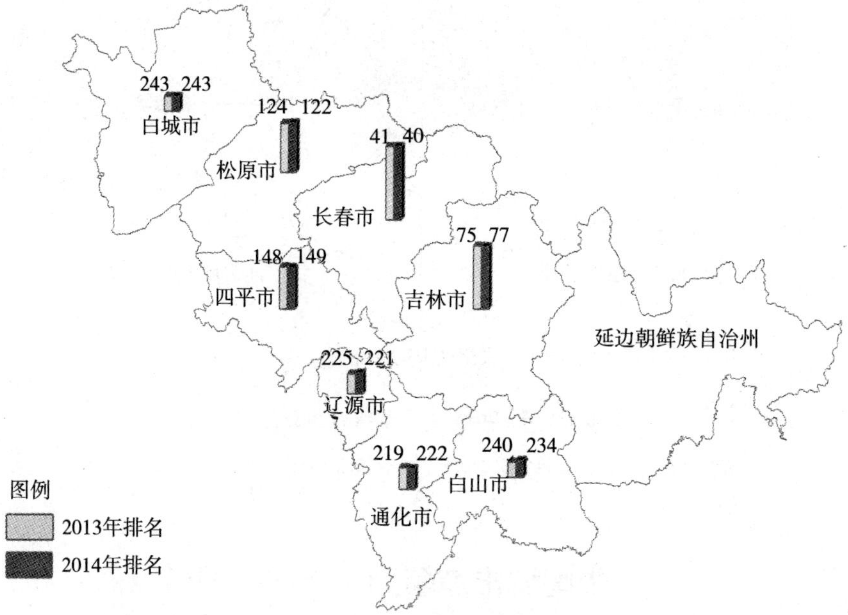

图 13－4　2013 年和 2014 年吉林省城市综合经济竞争力排名

资料来源：中国社会科学院城市与竞争力指数数据库。

1. 格局与优势

总体概况：2014 年在新常态下，吉林省把稳增长、调结构、促改革、惠民生、保稳定、防风险贯穿于经济社会发展的各个方面，全面推进创新发展、统筹发展、绿色发展、开放发展、安全发展，经济发展缓中趋稳、稳中有进。

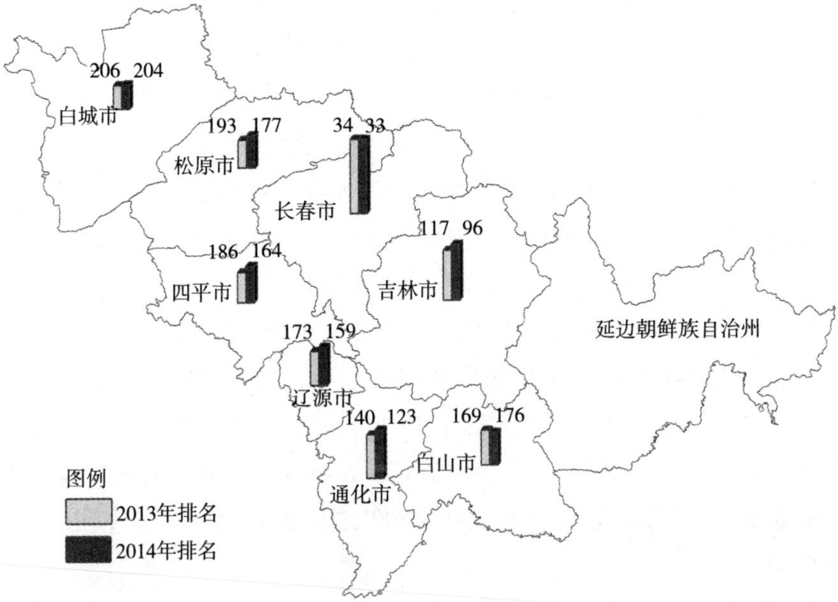

图 13－5　2013 年和 2014 年吉林省城市可持续竞争力排名

资料来源：中国社会科学院城市与竞争力指数数据库。

从综合经济发展来看，三次产业结构比例由 2013 年的 11.6∶52.8∶35.6 变为 2014 年的 11.0∶52.8∶36.2，第三产业比重不断上升，产业结构进一步优化。需求结构方面，投资拉动型经济有所放缓，固定资产投资比上年增加 15.1%，全年第一产业投资比上年增长 4.6%，第二产业投资增长 6.6%，第三产业投资下降 6.9%，投资结构有所改善，环境保护、人民生活和劳动就业稳步提升；要素结构方面，科技创新对经济发展的贡献较大，科学研究和技术服务业比上年增长 15.6%。从可持续竞争力来看，吉林省处于全国中等偏下水平，和谐城市竞争力表现较好，知识城市竞争力和信息城市竞争力表现不佳，其他分项均表现一般。**总体来看，受多重因素综合影响，吉林省 GDP、固定资产投资、工业、对外经济贸易等经济指标增速放缓或下降。新常态下，科学发展，加快振兴，需要着眼长远，夯实基础，攻坚克难，保持经济发展稳中有进、稳中提质的良好态势，迈出了新常态下吉林振兴发展的坚实步伐。**

现状格局：2014 年度吉林省综合经济竞争力指数均值为 0.081，在全国除西藏外的省级行政区域中排名第19位。其中长春排在全国第40位，跻身综合经济竞争力最好的城市之列；白城排名全国第243位，表现最差。2014年度吉林省可持续竞争力指数均值为0.293，在全国除西藏和台湾外的省级行政区域中排名第19位。吉林省城市竞争力总体上呈现以下特征。

第一，综合经济竞争力总体居中等偏下水平，省内差距稍有改善。2014年度吉林省综合经济竞争力排名全国第19位，与上年保持一致，稳定在全国中等偏下水平。综合经济竞争力指数变异系数为0.474，全国排名第13位，比上年提升2位，表明省内城市间的经济发展水平差距稍有收敛。

第二，可持续竞争力总体居中等偏下水平，省内差距大幅降低。2014年度吉林省可持续竞争力排名全国第19位，居中等偏下水平。可持续竞争力指数变异系数为0.311，列全国第7名，表明省内各城市间可持续竞争力水平差距大幅降低，全国排名100~200之间的城市有5个，占总数的62.5%。

2. 问题与软肋

第一，整体综合经济实力不强。总体看，吉林省整体的经济实力中等偏下，省会城市长春综合经济实力在全国排第40位，吉林在全国排77位，其他城市排名在122~243位，区域优势城市的带动力相对较差。

第二，可持续竞争力缺乏后劲。可持续竞争力与综合经济竞争力排名相似，全省除了长春和吉林两座城市外，其他城市可持续竞争力均在全国123~204位，且突出问题是知识城市竞争力、文化城市竞争力和信息城市竞争力均较差，基本上都是一到二星级，缺乏可持续发展潜力。

3. 现象与规律

GDP增速以6.5%位居倒数第四，经济发展经历了比较困难的转型期。重工业占比过高、产业结构不合理、国有经济占比过大、人力资源流失等是综合经济竞争力不高的直接原因。其中产业结构不合理的主要问题表现在三次产业脱节、不协调，没有形成相互促进的作用形式，主要特点是农业机械化程度较低、第三产业发展缓慢，工业脱离第一、第三产业，独立发展。

知识城市竞争力和信息城市竞争力相对滞后，是制约可持续发展的重要因素。吉林经济发展方式依然属粗放式，区域发展不平衡问题突出，科学技术和教育发展水平不高、信息化建设相对滞后，导致其可持续发展竞争力相对滞后，加强知识城市和信息城市建设，是弥补可持续发展的关键所在。

4. 趋势与展望

发挥"五个优势"，稳增长、转方式、调结构。巩固提升三大支柱产业，加快产业转型升级，重点产业核心竞争力显著提升，传统产业新的优势进一步增强。加快培育四个新支柱产业，医药、高端装备制造业发展势头强劲；建筑业、旅游业保持较快增长。大力发展战略性新兴产业，制定了战略性新兴产业九大专项计划，滚动实施了生物基材料、智能制造装备等20项创新发展工程，实现稳增长、转方式、调结构。

"五大发展"成为吉林振兴的总引擎。吉林省围绕"创新发展、统筹发展、绿色发展、开放发展、安全发展"明确了发展思路，勾画了发展蓝图。创新发展提升转型动力、统筹发展补齐城乡"短板"、绿色发展打造生态宝藏、开放发展打开合作大门、安全发展筑牢发展的保障，通过"五大发展"引领吉林振兴。

表13-4　2014年吉林省城市综合经济竞争力、可持续竞争力及其分项

	综合经济竞争力		可持续竞争力		知识城市竞争力	和谐城市竞争力	生态城市竞争力	文化城市竞争力	全域城市竞争力	信息城市竞争力
城　市	指数	排名	指数	排名	等级	等级	等级	等级	等级	等级
长　春	0.164	40	0.498	33	★★★★★	★★★★	★★★★★	★★★★	★★★★	★★★★★
吉　林	0.110	77	0.338	96	★★★★	★★★★	★★★	★★★★	★★★	★★
四　平	0.074	149	0.257	164	★	★★★★★	★	★★	★★★	★
辽　源	0.059	221	0.262	159	★	★★★	★★★★	★★	★★★★	★
通　化	0.059	222	0.300	123	★★★	★★★★	★★★	★★	★★★★	★
白　山	0.053	234	0.238	176	★	★★★	★★	★★★	★★★★	★
松　原	0.082	122	0.237	177	★	★★★★	★★★★	★	★★	★
白　城	0.051	243	0.217	204	★	★★★★★	★	★★	★★	★
指数均值	0.081	19	0.293	19	0.217	0.403	0.498	0.196	0.245	0.334
指数方差	0.001	13	0.008	7	0.019	0.002	0.021	0.005	0.002	0.023
变异系数	0.474	13	0.311	7	0.637	0.117	0.291	0.353	0.171	0.452

资料来源：中国社会科学院城市与竞争力指数数据库。

5. 战略与政策

战略回顾：近年来，吉林省提出了“五大发展”，即创新发展、统筹发展、绿色发展、开放发展和安全发展，及“东中西区域战略”，即东部绿色转型发展区、中部创新转型核心区、西部生态经济区，并通过支柱产业振兴工程、优势产业发展工程、新兴产业培育工程和服务业提升工程来推进落实。这是吉林省根据社会经济新常态所做出的战略部署，也是指导全省今后较长时期的发展方向。

政策建议：第一，把握“一带一路”发展机遇，打造吉林对外开放新格局。利用吉林区位优势打通西伯利亚铁路，形成陆海联运航线，形成丝绸之路经济带的两翼齐飞，为东北老工业基地经济社会发展注入强大动力。第二，坚持“五大发展”和“东中西区域战略”，持续推进省内区域协调发展，将东部绿色转型发展区、中部创新转型核心区和西部生态经济区相结合，统筹协调发展。第三，加强科学技术和教育、信息化和智能城市建设，提升全省知识城市竞争力和信息城市竞争力。

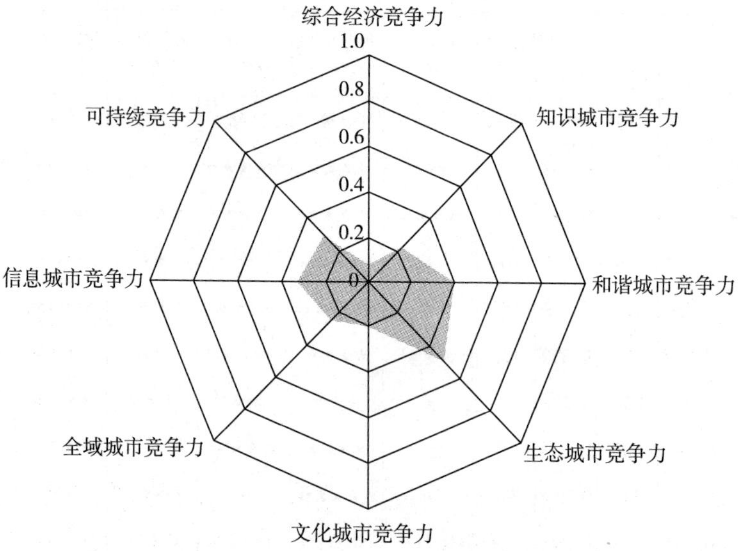

图 13-6　2014 年吉林省城市竞争力

资料来源：中国社会科学院城市与竞争力指数数据库。

皮书数据库

www.pishu.com.cn

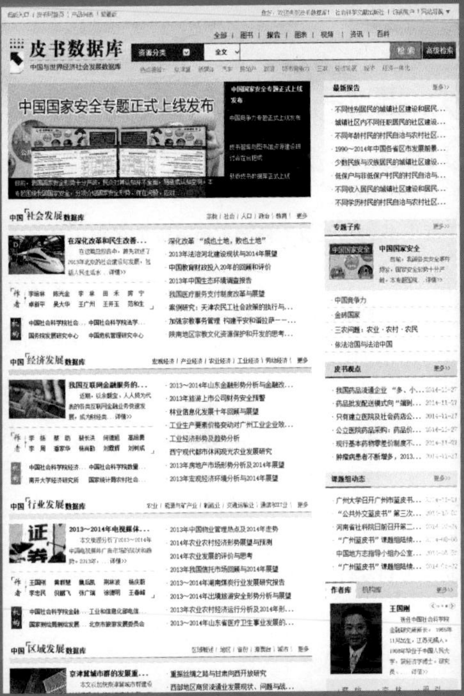

皮书数据库三期

- 皮书数据库（SSDB）是社会科学文献出版社整合现有皮书资源开发的在线数字产品，全面收录“皮书系列”的内容资源，并以此为基础整合大量相关资讯构建而成。

- 皮书数据库现有中国经济发展数据库、中国社会发展数据库、世界经济与国际政治数据库等子库，覆盖经济、社会、文化等多个行业、领域，现有报告30000多篇，总字数超过5亿字，并以每年4000多篇的速度不断更新累积。

- 新版皮书数据库主要围绕存量+增量资源整合、资源编辑标引体系建设、产品架构设置优化、技术平台功能研发等方面开展工作，并将中国皮书网与皮书数据库合二为一联体建设，旨在以“皮书研创出版、信息发布与知识服务平台”为基本功能定位，打造一个全新的皮书品牌综合门户平台，为您提供更优质更到位的服务。

更多信息请登录

中国皮书网 http://www.pishu.cn

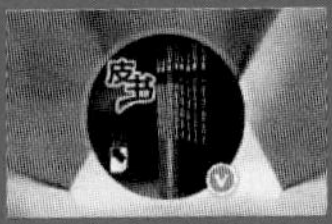

中国皮书网的BLOG [编辑] http://blog.sina.com.cn/pishu

中国皮书网
http://www.pishu.cn

皮书微博
http://weibo.com/pishu

皮书博客
http://blog.sina.com.cn/pishu

皮书微信
皮书说

请到各地书店皮书专架 / 专柜购买，也可办理邮购

咨询 / 邮购电话： 010-59367028　59367070　　**邮　　箱：** duzhe@ssap.cn
邮购地址： 北京市西城区北三环中路甲29号院3号楼华龙大厦13层读者服务中心
邮　　编： 100029
银行户名： 社会科学文献出版社
开户银行： 中国工商银行北京北太平庄支行
账　　号： 0200010019200365434
网上书店： 010-59367070　qq：1265056568
网　　址： www.ssap.com.cn　www.pishu.cn

皮书大事记
（2014）

☆ 2014年10月，中国社会科学院2014年度皮书纳入创新工程学术出版资助名单正式公布，相关资助措施进一步落实。

☆ 2014年8月，由中国社会科学院主办，贵州省社会科学院、社会科学文献出版社承办的“第十五次全国皮书年会（2014）”在贵州贵阳隆重召开。

☆ 2014年8月，第二批淘汰的27种皮书名单公布。

☆ 2014年7月，第五届优秀皮书奖评审会在京召开。本届优秀皮书奖首次同时评选优秀皮书和优秀皮书报告。

☆ 2014年7月，第三届皮书学术评审委员会于北京成立。

☆ 2014年6月，社会科学文献出版社与北京报刊发行局签订合同，将部分重点皮书纳入邮政发行系统。

☆ 2014年6月，《中国社会科学院皮书管理办法》正式颁布实施。

☆ 2014年4月，出台《社会科学文献出版社关于加强皮书编审工作的有关规定》《社会科学文献出版社皮书责任编辑管理规定》《社会科学文献出版社关于皮书准入与退出的若干规定》。

☆ 2014年1月，首批淘汰的44种皮书名单公布。

☆ 2014年1月，“2013(第七届)全国新闻出版业网站年会”在北京举办，中国皮书网被评为“最具商业价值网站”。

☆ 2014年1月,社会科学文献出版社在原皮书评价研究中心的基础上成立了皮书研究院。

社会科学文献出版社成立于1985年，是直属于中国社会科学院的人文社会科学专业学术出版机构。

成立以来，特别是1998年实施第二次创业以来，依托于中国社会科学院丰厚的学术出版和专家学者两大资源，坚持“创社科经典，出传世文献”的出版理念和“权威、前沿、原创”的产品定位，社科文献立足内涵式发展道路，从战略层面推动学术出版五大能力建设，逐步走上了智库产品与专业学术成果系列化、规模化、数字化、国际化、市场化发展的经营道路。

先后策划出版了著名的图书品牌和学术品牌“皮书”系列、“列国志”、“社科文献精品译库”、“全球化译丛”、“全面深化改革研究书系”、“近世中国”、“甲骨文”、“中国史话”等一大批既有学术影响又有市场价值的系列图书，形成了较强的学术出版能力和资源整合能力。2014年社科文献出版社发稿5.5亿字，出版图书1500余种，承印发行中国社科院院属期刊71种，在多项指标上都实现了较大幅度的增长。

凭借着雄厚的出版资源整合能力，社科文献出版社长期以来一直致力于从内容资源和数字平台两个方面实现传统出版的再造，并先后推出了皮书数据库、列国志数据库、中国田野调查数据库等一系列数字产品。数字出版已经初步形成了产品设计、内容开发、编辑标引、产品运营、技术支持、营销推广等全流程体系。

在国内原创著作、国外名家经典著作大量出版，数字出版突飞猛进的同时，社科文献出版社从构建国际话语体系的角度推动学术出版国际化。先后与斯普林格、荷兰博睿、牛津、剑桥等十余家国际出版机构合作面向海外推出了“皮书系列”“改革开放30年研究书系”“中国梦与中国发展道路研究丛书”“全面深化改革研究书系”等一系列在世界范围内引起强烈反响的作品；并持续致力于中国学术出版走出去，组织学者和编辑参加国际书展，筹办国际性学术研讨会，向世界展示中国学者的学术水平和研究成果。

此外，社科文献出版社充分利用网络媒体平台，积极与中央和地方各类媒体合作，并联合大型书店、学术书店、机场书店、网络书店、图书馆，逐步构建起了强大的学术图书内容传播平台。学术图书的媒体曝光率居全国之首，图书馆藏率居于全国出版机构前十位。

上述诸多成绩的取得，有赖于一支以年轻的博士、硕士为主体，一批从中国社科院刚退出科研一线的各学科专家为支撑的300多位高素质的编辑、出版和营销队伍，为我们实现学术立社，以学术品位、学术价值来实现经济效益和社会效益这样一个目标的共同努力。

作为已经开启第三次创业梦想的人文社会科学学术出版机构，2015年的社会科学文献出版社将迎来她30周岁的生日，“三十而立”再出发，我们将以改革发展为动力，以学术资源建设为中心，以构建智慧型出版社为主线，以社庆三十周年系列活动为重要载体，以“整合、专业、分类、协同、持续”为各项工作指导原则，全力推进出版社数字化转型，坚定不移地走专业化、数字化、国际化发展道路，全面提升出版社核心竞争力，为实现“社科文献梦”奠定坚实基础。

社长致辞

我们是图书出版者，更是人文社会科学内容资源供应商；

我们背靠中国社会科学院，面向中国与世界人文社会科学界，坚持为人文社会科学的繁荣与发展服务；

我们精心打造权威信息资源整合平台，坚持为中国经济与社会的繁荣与发展提供决策咨询服务；

我们以读者定位自身，立志让爱书人读到好书，让求知者获得知识；

我们精心编辑、设计每一本好书以形成品牌张力，以优秀的品牌形象服务读者，开拓市场；

我们始终坚持“创社科经典，出传世文献”的经营理念，坚持“权威、前沿、原创”的产品特色；

我们“以人为本”，提倡阳光下创业，员工与企业共享发展之成果；

我们立足于现实，认真对待我们的优势、劣势，我们更着眼于未来，以不断的学习与创新适应不断变化的世界，以不断的努力提升自己的实力；

我们愿与社会各界友好合作，共享人文社会科学发展之成果，共同推动中国学术出版乃至内容产业的繁荣与发展。

社会科学文献出版社社长

中国社会学会秘书长

2015年1月

皮书起源

“皮书”起源于十七、十八世纪的英国，主要指官方或社会组织正式发表的重要文件或报告，多以“白皮书”命名。在中国，“皮书”这一概念被社会广泛接受，并被成功运作、发展成为一种全新的出版形态，则源于中国社会科学院社会科学文献出版社。

皮书定义

皮书是对中国与世界发展状况和热点问题进行年度监测，以专业的角度、专家的视野和实证研究方法，针对某一领域或区域现状与发展态势展开分析和预测，具备权威性、前沿性、原创性、实证性、时效性等特点的连续性公开出版物，由一系列权威研究报告组成。皮书系列是社会科学文献出版社编辑出版的蓝皮书、绿皮书、黄皮书等的统称。

皮书作者

皮书系列的作者以中国社会科学院、著名高校、地方社会科学院的研究人员为主，多为国内一流研究机构的权威专家学者，他们的看法和观点代表了学界对中国与世界的现实和未来最高水平的解读与分析。

皮书荣誉

皮书系列已成为社会科学文献出版社的著名图书品牌和中国社会科学院的知名学术品牌。2011 年，皮书系列正式列入“十二五”国家重点出版规划项目；2012~2014 年，重点皮书列入中国社会科学院承担的国家哲学社会科学创新工程项目；2015 年，41 种院外皮书使用“中国社会科学院创新工程学术出版项目”标识。

经 济 类

经济类皮书涵盖宏观经济、城市经济、大区域经济，
提供权威、前沿的分析与预测

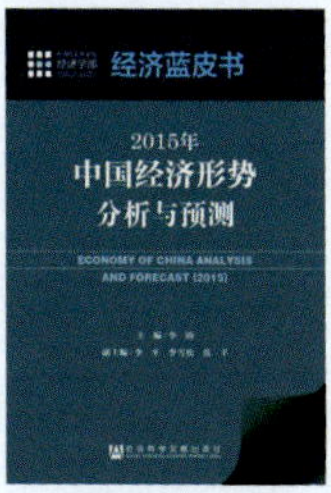

经济蓝皮书

2015 年中国经济形势分析与预测

李　扬 / 主编　　2014 年 12 月出版　　定价 :69.00 元

◆　本书课题为“总理基金项目”，由著名经济学家李扬领衔，联合数十家科研机构、国家部委和高等院校的专家共同撰写，对 2014 年中国宏观及微观经济形势进行了深入分析，并且提出了 2015 年经济走势的预测。

城市竞争力蓝皮书

中国城市竞争力报告 No.13

倪鹏飞 / 主编　　2015 年 5 月出版　　估价 :89.00 元

◆　本书由中国社会科学院城市与竞争力研究中心主任倪鹏飞主持编写，汇集了众多研究城市经济问题的专家学者关于城市竞争力研究的最新成果。本报告构建了一套科学的城市竞争力评价指标体系，采用第一手数据材料，对国内重点城市年度竞争力格局变化进行客观分析和综合比较、排名，对研究城市经济及城市竞争力极具参考价值。

西部蓝皮书

中国西部发展报告（2015）

姚慧琴　徐璋勇 / 主编　　2015 年 7 月出版　　估价 :89.00 元

◆　本书由西北大学中国西部经济发展研究中心主编，汇集了源自西部本土以及国内研究西部问题的权威专家的第一手资料，对国家实施西部大开发战略进行年度动态跟踪，并对 2015 年西部经济、社会发展态势进行预测和展望。

中部蓝皮书

中国中部地区发展报告（2015）

喻新安 / 主编　　2015 年 5 月出版　　估价 :69.00 元

◆　本书敏锐地抓住当前中部地区经济发展中的热点、难点问题，紧密地结合国家和中部经济社会发展的重大战略转变，对中部地区经济发展的各个领域进行了深入、全面的分析研究，并提出了具有理论研究价值和可操作性强的政策建议。

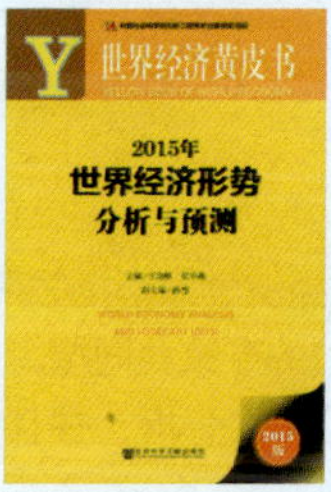

世界经济黄皮书

2015 年世界经济形势分析与预测

王洛林　张宇燕 / 主编　　2015 年 1 月出版　　定价 :69.00 元

◆　本书为“十二五”国家重点图书出版规划项目，中国社会科学院创新工程学术出版资助项目，作者来自中国社会科学院世界经济与政治研究所。该书总结了 2014 年世界经济发展的热点问题，对 2015 年世界经济形势进行了分析与预测。

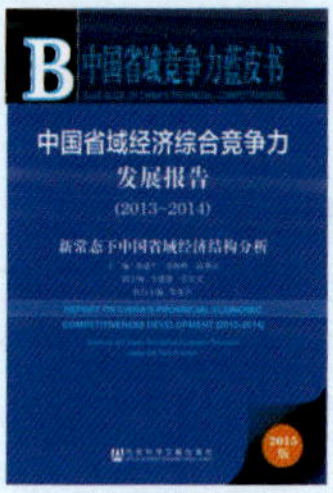

中国省域竞争力蓝皮书

中国省域经济综合竞争力发展报告（2013~2014）

李建平　李闽榕　高燕京 / 主编　　2015 年 2 月出版　定价 :198.00 元

◆　本书充分运用数理分析、空间分析、规范分析与实证分析相结合、定性分析与定量分析相结合的方法，建立起比较科学完善、符合中国国情的省域经济综合竞争力指标评价体系及数学模型，对 2012~2013 年中国内地 31 个省、市、区的经济综合竞争力进行全面、深入、科学的总体评价与比较分析。

城市蓝皮书

中国城市发展报告 No.8

潘家华 魏后凯 / 主编　2015 年 9 月出版　　估价 :69.00 元

◆　本书由中国社会科学院城市发展与环境研究中心编著，从中国城市的科学发展、城市环境可持续发展、城市经济集约发展、城市社会协调发展、城市基础设施与用地管理、城市管理体制改革以及中国城市科学发展实践等多角度、全方位地立体展示了中国城市的发展状况，并对中国城市的未来发展提出了建议。

金融蓝皮书

中国金融发展报告（2015）

李　扬　王国刚 / 主编　2014 年 12 月出版　定价 :75.00 元

◆　由中国社会科学院金融研究所组织编写的《中国金融发展报告（2015）》，概括和分析了 2014 年中国金融发展和运行中的各方面情况，研讨和评论了 2014 年发生的主要金融事件。本书由业内专家和青年精英联合编著，有利于读者了解掌握 2014 年中国的金融状况，把握 2015 年中国金融的走势。

低碳发展蓝皮书

中国低碳发展报告（2015）

齐　晔 / 主编　2015 年 4 月出版　估价 :89.00 元

◆　本书对中国低碳发展的政策、行动和绩效进行科学、系统、全面的分析。重点是通过归纳中国低碳发展的绩效，评估与低碳发展相关的政策和措施，分析政策效应的制度背景和作用机制，为进一步的政策制定、优化和实施提供支持。

经济信息绿皮书

中国与世界经济发展报告（2015）

杜　平 / 主编　2014 年 12 月出版　定价 :79.00 元

◆　本书由国家信息中心继续组织有关专家编撰。由国家信息中心组织专家队伍编撰，对 2014 年国内外经济发展环境、宏观经济发展趋势、经济运行中的主要矛盾、产业经济和区域经济热点、宏观调控政策的取向进行了系统的分析预测。

低碳经济蓝皮书

中国低碳经济发展报告（2015）

薛进军　赵忠秀 / 主编　2015 年 5 月出版　估价 :69.00 元

◆　本书是以低碳经济为主题的系列研究报告，汇集了一批罗马俱乐部核心成员、IPCC 工作组成员、碳排放理论的先驱者、政府气候变化问题顾问、低碳社会和低碳城市计划设计人等世界顶尖学者、对气候变化政策制定、特别是中国的低碳经济经济发展有特别参考意义。

社会政法类

社会政法类皮书聚焦社会发展领域的热点、难点问题，
提供权威、原创的资讯与视点

社会蓝皮书

2015 年中国社会形势分析与预测

李培林　陈光金　张　翼 / 主编　2014 年 12 月出版　定价 :69.00 元

◆　本报告是中国社会科学院“社会形势分析与预测”课题组 2014 年度分析报告，由中国社会科学院社会学研究所组织研究机构专家、高校学者和政府研究人员撰写。对 2014 年中国社会发展的各个方面内容进行了权威解读，同时对 2015 年社会形势发展趋势进行了预测。

法治蓝皮书

中国法治发展报告 No.13（2015）

李　林　田　禾 / 主编　　2015 年 3 月出版　　定价 :105.00 元

◆　本年度法治蓝皮书一如既往秉承关注中国法治发展进程中的焦点问题的特点，回顾总结了 2014 年度中国法治发展取得的成就和存在的不足，并对 2015 年中国法治发展形势进行了预测和展望。

环境绿皮书

中国环境发展报告（2015）

刘鉴强 / 主编　　2015 年 5 月出版　　估价 :79.00 元

◆　本书由民间环保组织“自然之友”组织编写，由特别关注、生态保护、宜居城市、可持续消费以及政策与治理等版块构成，以公共利益的视角记录、审视和思考中国环境状况，呈现 2014 年中国环境与可持续发展领域的全局态势，用深刻的思考、科学的数据分析 2014 年的环境热点事件。

反腐倡廉蓝皮书

中国反腐倡廉建设报告 No.4

李秋芳　张英伟 / 主编　2014 年 12 月出版　　定价 :79.00 元

◆　本书抓住了若干社会热点和焦点问题，全面反映了新时期新阶段中国反腐倡廉面对的严峻局面，以及中国共产党反腐倡廉建设的新实践新成果。根据实地调研、问卷调查和舆情分析，梳理了当下社会普遍关注的与反腐败密切相关的热点问题。

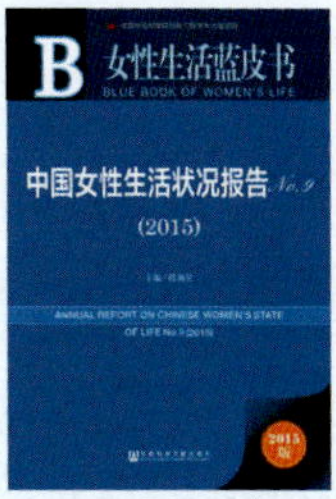

女性生活蓝皮书

中国女性生活状况报告 No.9（2015）

韩湘景 / 主编　2015 年 4 月出版　估价 :79.00 元

◆　本书由中国妇女杂志社、华坤女性生活调查中心和华坤女性消费指导中心组织编写，通过调查获得的大量调查数据，真实展现当年中国城市女性的生活状况、消费状况及对今后的预期。

华侨华人蓝皮书

华侨华人研究报告 (2015)

贾益民 / 主编　2015 年 12 月出版　估价 :118.00 元

◆　本书为中国社会科学院创新工程学术出版资助项目，是华侨大学向世界提供最新涉侨动态、理论研究和政策建议的平台。主要介绍了相关国家华侨华人的规模、分布、结构、发展趋势，以及全球涉侨生存安全环境和华文教育情况等。

政治参与蓝皮书

中国政治参与报告（2015）

房　宁 / 主编　2015 年 7 月出版　估价 :105.00 元

◆　本书作者均来自中国社会科学院政治学研究所，聚焦中国基层群众自治的参与情况介绍了城镇居民的社区建设与居民自治参与和农村居民的村民自治与农村社区建设参与情况。其优势是其指标评估体系的建构和问卷调查的设计专业，数据量丰富，统计结论科学严谨。

行业报告类

行业报告类皮书立足重点行业、新兴行业领域，
提供及时、前瞻的数据与信息

房地产蓝皮书

中国房地产发展报告 No.12（2015）

魏后凯　李景国 / 主编　　2015 年 5 月出版　　估价 :79.00 元

◆　本书汇集了众多研究城市房地产经济问题的专家、学者关于城市房地产方面的最新研究成果。对 2014 年我国房地产经济发展状况进行了回顾，并做出了分析，全面翔实而又客观公正，同时，也对未来我国房地产业的发展形势做出了科学的预测。

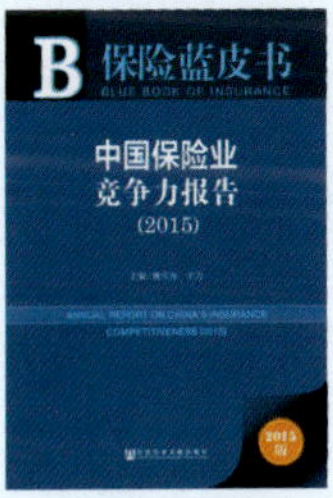

保险蓝皮书

中国保险业竞争力报告（2015）

姚庆海　王　力 / 主编　2015 年 12 出版　　估价 :98.00 元

◆　本皮书主要为监管机构、保险行业和保险学界提供保险市场一年来发展的总体评价，外在因素对保险业竞争力发展的影响研究；国家监管政策、市场主体经营创新及职能发挥、理论界最新研究成果等综述和评论。

企业社会责任蓝皮书

中国企业社会责任研究报告（2015）

黄群慧　彭华岗　钟宏武　张　蒽 / 编著
2015 年 11 月出版　估价 :69.00 元

◆　本书系中国社会科学院经济学部企业社会责任研究中心组织编写的《企业社会责任蓝皮书》2015 年分册。该书在对企业社会责任进行宏观总体研究的基础上，根据 2014 年企业社会责任及相关背景进行了创新研究，在全国企业中观层面对企业健全社会责任管理体系提供了弥足珍贵的丰富信息。

投资蓝皮书

中国投资发展报告（2015）

杨庆蔚 / 主编　　2015 年 4 月出版　　估价 :128.00 元

◆ 本书是中国建银投资有限责任公司在投资实践中对中国投资发展的各方面问题进行深入研究和思考后的成果。投资包括固定资产投资、实业投资、金融产品投资、房地产投资等诸多领域，尝试将投资作为一个整体进行研究，能够较为清晰地展现社会资金流动的特点，为投资者、研究者、甚至政策制定者提供参考。

住房绿皮书

中国住房发展报告（2014~2015）

倪鹏飞 / 主编　　2014 年 12 月出版　　定价 :79.00 元

◆ 本报告从宏观背景、市场主体、市场体系和公共政策四个方面，对中国住宅市场体系做了全面系统的分析、预测与评价，并给出了相关政策建议，并在评述 2013~2014 年住房及相关市场走势的基础上，预测了 2014~2015 年住房及相关市场的发展变化。

人力资源蓝皮书

中国人力资源发展报告（2015）

余兴安 / 主编　　2015 年 9 月出版　　估价 :79.00 元

◆ 本书是在人力资源和社会保障部部领导的支持下，由中国人事科学研究院汇集我国人力资源开发权威研究机构的诸多专家学者的研究成果编写而成。作为关于人力资源的蓝皮书，本书通过充分利用有关研究成果，更广泛、更深入地展示近年来我国人力资源开发重点领域的研究成果。

汽车蓝皮书

中国汽车产业发展报告（2015）

国务院发展研究中心产业经济研究部 中国汽车工程学会

大众汽车集团（中国）/ 主编　　2015 年 7 月出版　　估价 :128.00 元

◆ 本书由国务院发展研究中心产业经济研究部、中国汽车工程学会、大众汽车集团（中国）联合主编，是关于中国汽车产业发展的研究性年度报告，介绍并分析了本年度中国汽车产业发展的形势。

国别与地区类

国别与地区类皮书关注全球重点国家与地区，
提供全面、独特的解读与研究

亚太蓝皮书

亚太地区发展报告（2015）

李向阳 / 主编　　2015 年 1 月出版　　定价 :59.00 元

◆　本书是由中国社会科学院亚太与全球战略研究院精心打造的品牌皮书，关注时下亚太地区局势发展动向里隐藏的中长趋势，剖析亚太地区政治与安全格局下的区域形势最新动向以及地区关系发展的热点问题，并对 2015 年亚太地区重大动态做出前瞻性的分析与预测。

日本蓝皮书

日本研究报告（2015）

李　薇 / 主编　　2015 年 4 月出版　　估价 :69.00 元

◆　本书由中华日本学会、中国社会科学院日本研究所合作推出，是以中国社会科学院日本研究所的研究人员为主完成的研究成果。对 2014 年日本的政治、外交、经济、社会文化作了回顾、分析与展望，并收录了该年度日本大事记。

德国蓝皮书

德国发展报告（2015）

郑春荣　伍慧萍 / 主编　2015 年 6 月出版　估价 :69.00 元

◆　本报告由同济大学德国研究所组织编撰，由该领域的专家学者对德国的政治、经济、社会文化、外交等方面的形势发展情况，进行全面的阐述与分析。德国作为欧洲大陆第一强国，与中国各方面日渐紧密的合作关系，值得国内各界深切关注。

国际形势黄皮书

全球政治与安全报告（2015）

李慎明　张宇燕 / 主编　2015 年 1 月出版　定价 :69.00 元

◆　本书为“十二五”国家重点图书出版规划项目、中国社会科学院创新工程学术出版资助项目，为“国际形势黄皮书”系列年度报告之一。报告旨在对本年度国际政治及安全形势的总体情况和变化进行回顾与分析，并提出一定的预测。

拉美黄皮书

拉丁美洲和加勒比发展报告（2014~2015）

吴白乙 / 主编　2015 年 4 月出版　估价 :89.00 元

◆　本书是中国社会科学院拉丁美洲研究所的第 14 份关于拉丁美洲和加勒比地区发展形势状况的年度报告。 本书对 2014 年拉丁美洲和加勒比地区诸国的政治、经济、社会、外交等方面的发展情况做了系统介绍，对该地区相关国家的热点及焦点问题进行了总结和分析，并在此基础上对该地区各国 2015 年的发展前景做出预测。

美国蓝皮书

美国研究报告（2015）

黄　平　郑秉文 / 主编　2015 年 7 月出版　估价 :89.00 元

◆　本书是由中国社会科学院美国所主持完成的研究成果，它回顾了美国 2014 年的经济、政治形势与外交战略，对 2014 年以来美国内政外交发生的重大事件以及重要政策进行了较为全面的回顾和梳理。

大湄公河次区域蓝皮书

大湄公河次区域合作发展报告（2015）

刘　稚 / 主编　2015 年 9 月出版　估价 :79.00 元

◆　云南大学大湄公河次区域研究中心深入追踪分析该区域发展动向，以把握全面，突出重点为宗旨，系统介绍和研究大湄公河次区域合作的年度热点和重点问题，展望次区域合作的发展趋势，并对新形势下我国推进次区域合作深入发展提出相关对策建议。

地方发展类

地方发展类皮书关注大陆各省份、经济区域，
提供科学、多元的预判与咨政信息

北京蓝皮书

北京公共服务发展报告（2014~2015）

施昌奎 / 主编　　2015 年 1 月出版　定价：69.00 元

◆　本书是由北京市政府职能部门的领导、首都著名高校的教授、知名研究机构的专家共同完成的关于北京市公共服务发展与创新的研究成果。内容涉及了北京市公共服务发展的方方面面，既有综述性的总报告，也有细分的情况介绍，既有对北京各个城区的综合性描述，也有对局部、细部、具体问题的分析，对年度热点问题也都有涉及。

上海蓝皮书

上海经济发展报告（2015）

沈开艳 / 主编　　2015 年 1 月出版　定价 :69.00 元

◆　本书系上海社会科学院系列之一，报告对 2015 年上海经济增长与发展趋势的进行了预测，把握了上海经济发展的脉搏和学术研究的前沿。

广州蓝皮书

广州经济发展报告（2015）

李江涛　朱名宏 / 主编　　2015 年 5 月出版　估价 :69.00 元

◆　本书是由广州市社会科学院主持编写的“广州蓝皮书”系列之一，本报告对广州 2014 年宏观经济运行情况作了深入分析，对 2015 年宏观经济走势进行了合理预测，并在此基础上提出了相应的政策建议。

文化传媒类

文化传媒类皮书透视文化领域、文化产业，
探索文化大繁荣、大发展的路径

新媒体蓝皮书

中国新媒体发展报告 No.5（2015）

唐绪军 / 主编　　2015 年 6 月出版　　估价 :79.00 元

◆　本书由中国社会科学院新闻与传播研究所和上海大学合作编写，在构建新媒体发展研究基本框架的基础上，全面梳理 2014 年中国新媒体发展现状，发表最前沿的网络媒体深度调查数据和研究成果，并对新媒体发展的未来趋势做出预测。

舆情蓝皮书

中国社会舆情与危机管理报告（2015）

谢耘耕 / 主编　　2015 年 8 月出版　　估价 :98.00 元

◆　本书由上海交通大学舆情研究实验室和危机管理研究中心主编，已被列入教育部人文社会科学研究报告培育项目。本书以新媒体环境下的中国社会为立足点，对 2014 年中国社会舆情、分类舆情等进行了深入系统的研究，并预测了 2015 年社会舆情走势。

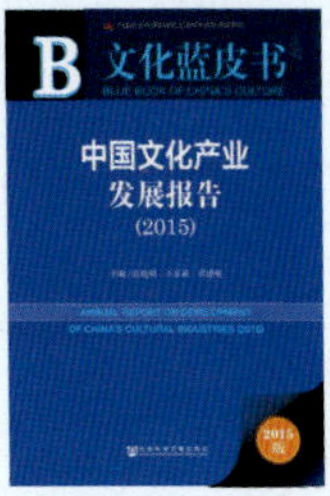

文化蓝皮书

中国文化产业发展报告（2015）

张晓明　王家新　章建刚 / 主编　　2015 年 4 月出版　　估价 :79.00 元

◆　本书由中国社会科学院文化研究中心编写。 从 2012 年开始，中国社会科学院文化研究中心设立了国内首个文化产业的研究类专项资金——“文化产业重大课题研究计划”，开始在全国范围内组织多学科专家学者对我国文化产业发展重大战略问题进行联合攻关研究。本书集中反映了该计划的研究成果。

经济类

G20国家创新竞争力黄皮书
二十国集团（G20）国家创新竞争力发展报告（2015）
著(编)者:黄茂兴 李闽榕 李建平 赵新力
2015年9月出版 / 估价:128.00元

产业蓝皮书
中国产业竞争力报告（2015）
著(编)者:张其仔 2015年5月出版 / 估价:79.00元

长三角蓝皮书
2015年全面深化改革中的长三角
著(编)者:张伟斌 2015年10月出版 / 估价:69.00元

城乡一体化蓝皮书
中国城乡一体化发展报告（2015）
著(编)者:付崇兰 汝信 2015年12月出版 / 估价:79.00元

城市创新蓝皮书
中国城市创新报告（2015）
著(编)者:周天勇 旷建伟 2015年8月出版 / 估价:69.00元

城市竞争力蓝皮书
中国城市竞争力报告（2015）
著(编)者:倪鹏飞 2015年5月出版 / 估价:89.00元

城市蓝皮书
中国城市发展报告NO.8
著(编)者:潘家华 魏后凯 2015年9月出版 / 估价:69.00元

城市群蓝皮书
中国城市群发展指数报告（2015）
著(编)者:刘新静 刘士林 2015年10月出版 / 估价:59.00元

城乡统筹蓝皮书
中国城乡统筹发展报告（2015）
著(编)者:潘晨光 程志强 2015年4月出版 / 估价:59.00元

城镇化蓝皮书
中国新型城镇化健康发展报告（2015）
著(编)者:张占斌 2015年5月出版 / 估价:79.00元

低碳发展蓝皮书
中国低碳发展报告（2015）
著(编)者:齐晔 2015年4月出版 / 估价:89.00元

低碳经济蓝皮书
中国低碳经济发展报告（2015）
著(编)者:薛进军 赵忠秀 2015年5月出版 / 估价:69.00元

东北蓝皮书
中国东北地区发展报告（2015）
著(编)者:马克 黄文艺 2015年8月出版 / 估价:79.00元

发展和改革蓝皮书
中国经济发展和体制改革报告（2015）
著(编)者:邹东涛 2015年11月出版 / 估价:98.00元

工业化蓝皮书
中国工业化进程报告（2015）
著(编)者:黄群慧 吕铁 李晓华 2015年11月出版 / 估价:89.00元

国际城市蓝皮书
国际城市发展报告（2015）
著(编)者:屠启宇 2015年1月出版 / 定价:79.00元

国家创新蓝皮书
中国创新发展报告（2015）
著(编)者:陈劲 2015年6月出版 / 估价:59.00元

环境竞争力绿皮书
中国省域环境竞争力发展报告（2015）
著(编)者:李建平 李闽榕 王金南
2015年12月出版 / 估价:198.00元

金融蓝皮书
中国金融发展报告（2015）
著(编)者:李扬 王国刚 2014年12月出版 / 定价:75.00元

金融信息服务蓝皮书
金融信息服务发展报告（2015）
著(编)者:鲁广锦 殷剑峰 林义相 2015年6月出版 / 估价:89.00元

经济蓝皮书
2015年中国经济形势分析与预测
著(编)者:李扬 2014年12月出版 / 定价:69.00元

经济蓝皮书·春季号
2015年中国经济前景分析
著(编)者:李扬 2015年5月出版 / 估价:79.00元

经济蓝皮书·夏季号
中国经济增长报告（2015）
著(编)者:李扬 2015年7月出版 / 估价:69.00元

经济信息绿皮书
中国与世界经济发展报告（2015）
著(编)者:杜平 2014年12月出版 / 定价:79.00元

就业蓝皮书
2015年中国大学生就业报告
著(编)者:麦可思研究院 2015年6月出版 / 估价:98.00元

临空经济蓝皮书
中国临空经济发展报告（2015）
著(编)者:连玉明 2015年9月出版 / 估价:79.00元

民营经济蓝皮书
中国民营经济发展报告（2015）
著(编)者:王钦敏 2015年12月出版 / 估价:79.00元

农村绿皮书
中国农村经济形势分析与预测（2014~2015）
著(编)者:中国社会科学院农村发展研究所
国家统计局农村社会经济调查司
2015年4月出版 / 估价:69.00元

农业应对气候变化蓝皮书
气候变化对中国农业影响评估报告（2015）
著(编)者:矫梅燕 2015年8月出版 / 估价:98.00元

企业公民蓝皮书
中国企业公民报告（2015）
著(编)者:邹东涛　2015年12月出版 / 估价:79.00元

气候变化绿皮书
应对气候变化报告（2015）
著(编)者:王伟光 郑国光　2015年10月出版 / 估价:79.00元

区域蓝皮书
中国区域经济发展报告（2015）
著(编)者:梁昊光　2015年4月出版 / 估价:79.00元

全球环境竞争力绿皮书
全球环境竞争力报告（2015）
著(编)者:李建建 李闽榕 李建平 王金南
2015年12月出版 / 估价:198.00元

人口与劳动绿皮书
中国人口与劳动问题报告No.15
著(编)者:蔡昉　2015年1月出版 / 定价:59.00元

世界经济黄皮书
2015年世界经济形势分析与预测
著(编)者:王洛林　张宇燕　2015年1月出版 / 定价:69.00元

世界旅游城市绿皮书
世界旅游城市发展报告（2015）
著(编)者:鲁勇 周正宇 宋宇　2015年6月出版 / 估价:88.00元

商务中心区蓝皮书
中国商务中心区发展报告No.1（2014）
著(编)者:魏后凯　李国红　2015年1月出版 / 定价:89.00元

西北蓝皮书
中国西北发展报告（2015）
著(编)者:赵宗福　孙发平　苏海红　鲁顺元　段庆林
2014年12月出版 / 定价:79.00元

西部蓝皮书
中国西部发展报告（2015）
著(编)者:姚慧琴 徐璋勇　2015年7月出版 / 估价:89.00元

新型城镇化蓝皮书
新型城镇化发展报告（2015）
著(编)者:李伟　2015年10月出版 / 估价:89.00元

新兴经济体蓝皮书
金砖国家发展报告（2015）
著(编)者:林跃勤 周文　2015年7月出版 / 估价:79.00元

中部竞争力蓝皮书
中国中部经济社会竞争力报告（2015）
著(编)者:教育部人文社会科学重点研究基地
南昌大学中国中部经济社会发展研究中心
2015年9月出版 / 估价:79.00元

中部蓝皮书
中国中部地区发展报告（2015）
著(编)者:喻新安　2015年5月出版 / 估价:69.00元

中国省域竞争力蓝皮书
中国省域经济综合竞争力发展报告（2013~2014）
著(编)者:李建平 李闽榕 高燕京
2015年2月出版 / 定价:198.00元

中三角蓝皮书
长江中游城市群发展报告（2015）
著(编)者:秦尊文　2015年10月出版 / 估价:69.00元

中小城市绿皮书
中国中小城市发展报告（2015）
著(编)者:中国城市经济学会中小城市经济发展委员会
《中国中小城市发展报告》编纂委员会
中小城市发展战略研究院
2015年10月出版 / 估价:98.00元

中央商务区蓝皮书
中国中央商务区发展报告（2015）
著(编)者:中国商务区联盟
中国社会科学院城市发展与环境研究所
2015年10月出版 / 估价:69.00元

中原蓝皮书
中原经济区发展报告（2015）
著(编)者:李英杰　2015年6月出版 / 估价:88.00元

社会政法类

北京蓝皮书
中国社区发展报告（2015）
著(编)者:于燕燕　2015年6月出版 / 估价:69.00元

殡葬绿皮书
中国殡葬事业发展报告（2015）
著(编)者:李伯森　2015年4月出版 / 估价:59.00元

城市管理蓝皮书
中国城市管理报告（2015）
著(编)者:谭维克 刘林　2015年12月出版 / 估价:158.00元

城市生活质量蓝皮书
中国城市生活质量报告（2015）
著(编)者:中国经济实验研究院　2015年6月出版 / 估价:59.00元

城市政府能力蓝皮书
中国城市政府公共服务能力评估报告（2015）
著(编)者:何艳玲　2015年7月出版 / 估价:59.00元

创新蓝皮书
创新型国家建设报告（2015）
著(编)者:詹正茂　2015年4月出版 / 估价:69.00元

慈善蓝皮书
中国慈善发展报告（2015）
著(编)者:杨团　2015年5月出版 / 估价:79.00元

大学生蓝皮书
中国大学生生活形态研究报告（2015）
著(编)者:张新洲　2015年12月出版 / 估价:69.00元

地方法治蓝皮书
中国地方法治发展报告No.1（2014）
著(编)者:李林　田禾　2015年1月出版 / 定价:98.00元

法治蓝皮书
中国法治发展报告No.13（2015）
著(编)者:李林 田禾　2015年3月出版 / 定价:105.00元

反腐倡廉蓝皮书
中国反腐倡廉建设报告No.4
著(编)者:李秋芳　张英伟　2014年12月出版 / 定价:79.00元

非传统安全蓝皮书
中国非传统安全研究报告（2015）
著(编)者:余潇枫 魏志江　2015年6月出版 / 估价:79.00元

妇女发展蓝皮书
中国妇女发展报告（2015）
著(编)者:王金玲　2015年9月出版 / 估价:148.00元

妇女教育蓝皮书
中国妇女教育发展报告（2015）
著(编)者:张李玺　2015年1月出版 / 估价:78.00元

妇女绿皮书
中国性别平等与妇女发展报告（2015）
著(编)者:谭琳　2015年12月出版 / 估价:99.00元

公共服务蓝皮书
中国城市基本公共服务力评价（2015）
著(编)者:钟君 吴正杲　2015年12月出版 / 估价:79.00元

公共服务满意度蓝皮书
中国城市公共服务评价报告（2015）
著(编)者:胡伟　2015年12月出版 / 估价:69.00元

公民科学素质蓝皮书
中国公民科学素质报告（2015）
著(编)者:李群 许佳军　2015年6月出版 / 估价:79.00元

公益蓝皮书
中国公益发展报告（2015）
著(编)者:朱健刚　2015年5月出版 / 估价:78.00元

管理蓝皮书
中国管理发展报告（2015）
著(编)者:张晓东　2015年9月出版 / 估价:98.00元

国际人才蓝皮书
中国国际移民报告（2015）
著(编)者:王辉耀　2015年2月出版 / 定价:79.00元

国际人才蓝皮书
中国海归发展报告（2015）
著(编)者:王辉耀 苗绿　2015年4月出版 / 估价:69.00元

国际人才蓝皮书
中国留学发展报告（2015）
著(编)者:王辉耀 苗绿　2015年9月出版 / 估价:69.00元

国家安全蓝皮书
中国国家安全研究报告（2015）
著(编)者:刘慧　2015年5月出版 / 估价:98.00元

行政改革蓝皮书
中国行政体制改革报告（2014~2015）
著(编)者:魏礼群　2015年4月出版 / 估价:89.00元

华侨华人蓝皮书
华侨华人研究报告（2015）
著(编)者:贾益民　2015年12月出版 / 估价:118.00元

环境绿皮书
中国环境发展报告（2015）
著(编)者:刘鉴强　2015年5月出版 / 估价:79.00元

基金会蓝皮书
中国基金会发展报告（2015）
著(编)者:刘忠祥　2015年6月出版 / 估价:69.00元

基金会绿皮书
中国基金会发展独立研究报告（2015）
著(编)者:基金会中心网　2015年8月出版 / 估价:88.00元

基金会透明度蓝皮书
中国基金会透明度发展研究报告（2015）
著(编)者:基金会中心网 清华大学廉政与治理研究中心
2015年9月出版 / 估价:78.00元

教师蓝皮书
中国中小学教师发展报告（2015）
著(编)者:曾晓东　2015年7月出版 / 估价:59.00元

教育蓝皮书
中国教育发展报告（2015）
著(编)者:杨东平　2015年5月出版 / 估价:79.00元

科普蓝皮书
中国科普基础设施发展报告（2015）
著(编)者:任福君　2015年6月出版 / 估价:59.00元

劳动保障蓝皮书
中国劳动保障发展报告（2015）
著(编)者:刘燕斌　2015年6月出版 / 估价:89.00元

老龄蓝皮书
中国老年宜居环境发展报告(2015)
著(编)者:吴玉韶　2015年9月出版 / 估价:79.00元

连片特困区蓝皮书
中国连片特困区发展报告（2015）
著(编)者:冷志明 游俊　2015年4月出版 / 估价:79.00元

民间组织蓝皮书
中国民间组织报告(2015)
著(编)者:潘晨光 黄晓勇　2015年8月出版 / 估价:69.00元

民调蓝皮书
中国民生调查报告（2015）
著(编)者:谢耘耕　2015年5月出版 / 估价:128.00元

民族发展蓝皮书
中国民族区域自治发展报告（2015）
著(编)者:王希恩 郝时远　2015年6月出版 / 估价:98.00元

女性生活蓝皮书
中国女性生活状况报告No.9 （2015）
著(编)者:《中国妇女》杂志社 华坤女性生活调查中心
华坤女性消费指导中心
2015年4月出版 / 估价:79.00元

企业公众透明度蓝皮书
中国企业公众透明度报告(2014~2015)No.1
著(编)者:黄速建　王晓光　肖红军
2015年1月出版 / 定价:98.00元

企业国际化蓝皮书
中国企业国际化报告(2015)
著(编)者:王辉耀　2015年10月出版 / 估价:79.00元

汽车社会蓝皮书
中国汽车社会发展报告（2015）
著(编)者:王俊秀　2015年4月出版 / 估价:59.00元

青年蓝皮书
中国青年发展报告No.3
著(编)者:廉思　2015年4月出版 / 估价:59.00元

区域人才蓝皮书
中国区域人才竞争力报告（2015）
著(编)者:桂昭明 王辉耀　2015年6月出版 / 估价:69.00元

群众体育蓝皮书
中国群众体育发展报告（2015）
著(编)者:刘国永 杨桦　2015年8月出版 / 估价:69.00元

人才蓝皮书
中国人才发展报告（2015）
著(编)者:潘晨光　2015年8月出版 / 估价:85.00元

人权蓝皮书
中国人权事业发展报告（2015）
著(编)者:中国人权研究会　2015年8月出版 / 估价:99.00元

森林碳汇绿皮书
中国森林碳汇评估发展报告（2015）
著(编)者:闫文德 胡文臻　2015年9月出版 / 估价:79.00元

社会保障绿皮书
中国社会保障发展报告（2015）
著(编)者:王延中　2015年6月出版 / 估价:79.00元

社会工作蓝皮书
中国社会工作发展报告（2015）
著(编)者:民政部社会工作研究中心
2015年8月出版 / 估价:79.00元

社会管理蓝皮书
中国社会管理创新报告（2015）
著(编)者:连玉明　2015年9月出版 / 估价:89.00元

社会蓝皮书
2015年中国社会形势分析与预测
著(编)者:李培林　陈光金　张　翼
2014年12月出版 / 定价:69.00元

社会体制蓝皮书
中国社会体制改革报告（2015）
著(编)者:龚维斌　2015年5月出版 / 估价:79.00元

社会心态蓝皮书
中国社会心态研究报告（2015）
著(编)者:王俊秀 杨宜音　2015年10月出版 / 估价:69.00元

社会组织蓝皮书
中国社会组织评估发展报告（2015）
著(编)者:徐家良 廖鸿　2015年12月出版 / 估价:69.00元

生态城市绿皮书
中国生态城市建设发展报告（2015）
著(编)者:刘举科 孙伟平 胡文臻
2015年6月出版 / 估价:98.00元

生态文明绿皮书
中国省域生态文明建设评价报告（ECI 2015）
著(编)者:严耕　2015年9月出版 / 估价:85.00元

世界社会主义黄皮书
世界社会主义跟踪研究报告（2015）
著(编)者:李慎明　2015年4月出版 / 估价:198.00元

水与发展蓝皮书
中国水风险评估报告（2015）
著(编)者:王浩　2015年9月出版 / 估价:69.00元

土地整治蓝皮书
中国土地整治发展研究报告No.2
著(编)者:国土资源部土地整治中心　2015年5月出版 / 估价:89.00元

危机管理蓝皮书
中国危机管理报告（2015）
著(编)者:文学国　2015年8月出版 / 估价:89.00元

形象危机应对蓝皮书
形象危机应对研究报告（2015）
著(编)者:唐钧　2015年6月出版 / 估价:149.00元

医改蓝皮书
中国医药卫生体制改革报告（2015～2016）
著(编)者:文学国 房志武　2015年12月出版 / 估价:79.00元

医疗卫生绿皮书
中国医疗卫生发展报告（2015）
著(编)者:申宝忠 韩玉珍　2015年4月出版 / 估价:75.00元

应急管理蓝皮书
中国应急管理报告（2015）
著(编)者:宋英华　2015年10月出版 / 估价:69.00元

政治参与蓝皮书
中国政治参与报告（2015）
著(编)者:房宁　2015年7月出版 / 估价:105.00元

政治发展蓝皮书
中国政治发展报告（2015）
著(编)者:房宁 杨海蛟　2015年5月出版 / 估价:88.00元

中国农村妇女发展蓝皮书
流动女性城市融入发展报告（2015）
著(编)者:谢丽华　2015年11月出版 / 估价:69.00元

宗教蓝皮书
中国宗教报告（2015）
著(编)者:金泽 邱永辉　2015年9月出版 / 估价:59.00元

行业报告类

保险蓝皮书
中国保险业竞争力报告（2015）
著(编)者:王力　2015年12月出版 / 估价:98.00元

彩票蓝皮书
中国彩票发展报告（2015）
著(编)者:益彩基金　2015年10月出版 / 估价:69.00元

餐饮产业蓝皮书
中国餐饮产业发展报告（2015）
著(编)者:邢颖　2015年6月出版 / 估价:69.00元

测绘地理信息蓝皮书
智慧中国地理空间智能体系研究报告（2015）
著(编)者:库热西・买合苏提　2015年12月出版 / 估价:98.00元

茶业蓝皮书
中国茶产业发展报告（2015）
著(编)者:杨江帆 李闽榕　2015年10月出版 / 估价:78.00元

产权市场蓝皮书
中国产权市场发展报告（2015）
著(编)者:曹和平　2015年12月出版 / 估价:79.00元

电子政务蓝皮书
中国电子政务发展报告（2015）
著(编)者:洪毅 杜平　2015年11月出版 / 估价:79.00元

杜仲产业绿皮书
中国杜仲橡胶资源与产业发展报告（2014~2015）
著(编)者:杜红岩 胡文臻 俞锐
2015年1月出版 / 定价:85.00元

房地产蓝皮书
中国房地产发展报告No.12（2015）
著(编)者:魏后凯 李景国　2015年5月出版 / 估价:79.00元

服务外包蓝皮书
中国服务外包产业发展报告（2015）
著(编)者:王晓红 刘德军　2015年6月出版 / 估价:89.00元

工业设计蓝皮书
中国工业设计发展报告（2015）
著(编)者:王晓红 于炜 张立群　2015年9月出版 / 估价:138.00元

互联网金融蓝皮书
中国互联网金融发展报告（2015）
著(编)者:芮晓武 刘烈宏　2015年8月出版 / 估价:79.00元

会展蓝皮书
中外会展业动态评估年度报告（2015）
著(编)者:张敏　2015年1月出版 / 估价:78.00元

金融监管蓝皮书
中国金融监管报告（2015）
著(编)者:胡滨　2015年5月出版 / 估价:69.00元

金融蓝皮书
中国商业银行竞争力报告（2015）
著(编)者:王松奇　2015年12月出版 / 估价:69.00元

客车蓝皮书
中国客车产业发展报告（2014~2015）
著(编)者:姚蔚　2015年2月出版 / 定价:85.00元

老龄蓝皮书
中国老年宜居环境发展报告（2015）
著(编)者:吴玉韶 党俊武　2015年9月出版 / 估价:79.00元

流通蓝皮书
中国商业发展报告（2015）
著(编)者:荆林波　2015年5月出版 / 估价:89.00元

旅游安全蓝皮书
中国旅游安全报告（2015）
著(编)者:郑向敏 谢朝武　2015年5月出版 / 估价:98.00元

旅游景区蓝皮书
中国旅游景区发展报告（2015）
著(编)者:黄安民　2015年7月出版 / 估价:79.00元

旅游绿皮书
2014~2015年中国旅游发展分析与预测
著(编)者:宋瑞　2015年1月出版 / 定价:98.00元

煤炭蓝皮书
中国煤炭工业发展报告（2015）
著(编)者:岳福斌　2015年12月出版 / 估价:79.00元

民营医院蓝皮书
中国民营医院发展报告（2015）
著(编)者:庄一强　2015年10月出版 / 估价:75.00元

闽商蓝皮书
闽商发展报告（2015）
著(编)者:王日根 李闽榕　2015年12月出版 / 估价:69.00元

能源蓝皮书
中国能源发展报告（2015）
著(编)者:崔民选 王军生　2015年8月出版 / 估价:79.00元

农产品流通蓝皮书
中国农产品流通产业发展报告（2015）
著(编)者:贾敬敦 张东科 张玉玺 孔令羽 张鹏毅
2015年9月出版 / 估价:89.00元

企业蓝皮书
中国企业竞争力报告（2015）
著(编)者:金碚　2015年11月出版 / 估价:89.00元

企业社会责任蓝皮书
中国企业社会责任研究报告（2015）
著(编)者:黄群慧 彭华岗 钟宏武 张蒽
2015年11月出版 / 估价:69.00元

汽车安全蓝皮书
中国汽车安全发展报告（2015）
著(编)者:中国汽车技术研究中心　2015年4月出版 / 估价:79.00元

汽车蓝皮书
中国汽车产业发展报告（2015）
著(编)者:国务院发展研究中心产业经济研究部
中国汽车工程学会 大众汽车集团（中国）
2015年7月出版 / 估价:128.00元

清洁能源蓝皮书
国际清洁能源发展报告（2015）
著(编)者:国际清洁能源论坛（澳门）
2015年9月出版 / 估价:89.00元

人力资源蓝皮书
中国人力资源发展报告（2015）
著(编)者:余兴安　2015年9月出版 / 估价:79.00元

融资租赁蓝皮书
中国融资租赁业发展报告（2014~2015）
著(编)者:李光荣 王力　2015年1月出版 / 定价:89.00元

软件和信息服务业蓝皮书
中国软件和信息服务业发展报告（2015）
著(编)者:陈新河 洪京一　2015年12月出版 / 估价:198.00元

上市公司蓝皮书
上市公司质量评价报告（2015）
著(编)者:张跃文 王力　2015年10月出版 / 估价:118.00元

食品药品蓝皮书
食品药品安全与监管政策研究报告（2015）
著(编)者:唐民皓　2015年7月出版 / 估价:69.00元

世界能源蓝皮书
世界能源发展报告（2015）
著(编)者:黄晓勇　2015年6月出版 / 估价:99.00元

碳市场蓝皮书
中国碳市场报告（2015）
著(编)者:低碳发展国际合作联盟
2015年11月出版 / 估价:69.00元

体育蓝皮书
中国体育产业发展报告（2015）
著(编)者:阮伟 钟秉枢　2015年4月出版 / 估价:69.00元

投资蓝皮书
中国投资发展报告（2015）
著(编)者:杨庆蔚　2015年4月出版 / 估价:128.00元

物联网蓝皮书
中国物联网发展报告（2015）
著(编)者:黄桂田　2015年4月出版 / 估价:59.00元

西部工业蓝皮书
中国西部工业发展报告（2015）
著(编)者:方行明 甘犁 刘方健 姜凌 等
2015年9月出版 / 估价:79.00元

西部金融蓝皮书
中国西部金融发展报告（2015）
著(编)者:李忠民　2015年8月出版 / 估价:75.00元

新能源汽车蓝皮书
中国新能源汽车产业发展报告（2015）
著(编)者:中国汽车技术研究中心
日产（中国）投资有限公司 东风汽车有限公司
2015年8月出版 / 估价:69.00元

信托市场蓝皮书
中国信托业市场报告（2014~2015）
著(编)者:用益信托工作室　2015年2月出版 / 定价:198.00元

信息产业蓝皮书
世界软件和信息技术产业发展报告（2015）
著(编)者:洪京一　2015年8月出版 / 估价:79.00元

信息化蓝皮书
中国信息化形势分析与预测（2015）
著(编)者:周宏仁　2015年8月出版 / 估价:98.00元

信用蓝皮书
中国信用发展报告（2015）
著(编)者:田侃　2015年4月出版 / 估价:69.00元

休闲绿皮书
2015年中国休闲发展报告
著(编)者:刘德谦　2015年6月出版 / 估价:59.00元

医药蓝皮书
中国中医药产业园战略发展报告（2015）
著(编)者:裴长洪 房书亭 吴篠心　2015年5月出版 / 估价:89.00元

邮轮绿皮书
中国邮轮产业发展报告（2015）
著(编)者:汪泓　2015年9月出版 / 估价:79.00元

支付清算蓝皮书
中国支付清算发展报告（2015）
著(编)者:杨涛　2015年5月出版 / 估价:45.00元

中国上市公司蓝皮书
中国上市公司发展报告（2015）
著(编)者:许雄斌 张平 2015年9月出版 / 估价:98.00元

中国总部经济蓝皮书
中国总部经济发展报告（2015）
著(编)者:赵弘　2015年5月出版 / 估价:79.00元

住房绿皮书
中国住房发展报告（2014~2015）
著(编)者:倪鹏飞　2014年12月出版 / 定价:79.00元

资本市场蓝皮书
中国场外交易市场发展报告（2015）
著(编)者:高峦　2015年8月出版 / 估价:79.00元

资产管理蓝皮书
中国资产管理行业发展报告（2015）
著(编)者:智信资产管理研究院　2015年7月出版 / 估价:79.00元

文化传媒类

传媒竞争力蓝皮书
中国传媒国际竞争力研究报告（2015）
著(编)者:李本乾　2015年9月出版 / 估价:88.00元

传媒蓝皮书
中国传媒产业发展报告（2015）
著(编)者:崔保国　2015年4月出版 / 估价:98.00元

传媒投资蓝皮书
中国传媒投资发展报告（2015）
著(编)者:张向东　2015年7月出版 / 估价:89.00元

动漫蓝皮书
中国动漫产业发展报告（2015）
著(编)者:卢斌 郑玉明 牛兴侦　2015年7月出版 / 估价:79.00元

非物质文化遗产蓝皮书
中国非物质文化遗产发展报告（2015）
著(编)者:陈平　2015年4月出版 / 估价:79.00元

非物质文化遗产蓝皮书
中国少数民族非物质文化遗产发展报告（2015）
著(编)者:肖远平　柴立　2015年4月出版 / 估价:79.00元

广电蓝皮书
中国广播电影电视发展报告（2015）
著(编)者:杨明品　2015年7月出版 / 估价:98.00元

广告主蓝皮书
中国广告主营销传播趋势报告（2015）
著(编)者:黄升民　2015年5月出版 / 估价:148.00元

国际传播蓝皮书
中国国际传播发展报告（2015）
著(编)者:胡正荣 李继东 姬德强
2015年7月出版 / 估价:89.00元

国家形象蓝皮书
2015年国家形象研究报告
著(编)者:张昆　2015年5月出版 / 估价:79.00元

纪录片蓝皮书
中国纪录片发展报告（2015）
著(编)者:何苏六　2015年9月出版 / 估价:79.00元

科学传播蓝皮书
中国科学传播报告（2015）
著(编)者:詹正茂　2015年4月出版 / 估价:69.00元

两岸文化蓝皮书
两岸文化产业合作发展报告（2015）
著(编)者:胡惠林 李保宗　2015年7月出版 / 估价:79.00元

媒介与女性蓝皮书
中国媒介与女性发展报告（2015）
著(编)者:刘利群　2015年8月出版 / 估价:69.00元

全球传媒蓝皮书
全球传媒发展报告（2015）
著(编)者:胡正荣　2015年12月出版 / 估价:79.00元

世界文化发展蓝皮书
世界文化发展报告（2015）
著(编)者:张庆宗　高乐田　郭熙煌
2015年5月出版 / 估价:89.00元

视听新媒体蓝皮书
中国视听新媒体发展报告（2015）
著(编)者:庞井君　2015年6月出版 / 估价:148.00元

文化创新蓝皮书
中国文化创新报告（2015）
著(编)者:于平 傅才武　2015年4月出版 / 估价:79.00元

文化建设蓝皮书
中国文化发展报告（2015）
著(编)者:江畅 孙伟平 戴茂堂
2015年4月出版 / 估价:138.00元

文化科技蓝皮书
文化科技创新发展报告（2015）
著(编)者:于平 李凤亮　2015年10月出版 / 估价:89.00元

文化蓝皮书
中国文化产业供需协调检测报告（2015）
著(编)者:王亚南 2015年2月出版 / 定价:79.00元

文化蓝皮书
中国文化消费需求景气评价报告（2015）
著(编)者:王亚南 2015年2月出版 / 定价:79.00元

文化蓝皮书
中国文化产业发展报告（2015）
著(编)者:张晓明 王家新 章建刚
2015年4月出版 / 估价:79.00元

文化蓝皮书
中国公共文化投入增长测评报告(2015)
著(编)者:王亚南　2014年12月出版 / 定价:79.00元

文化蓝皮书
中国文化政策发展报告（2015）
著(编)者:傅才武 宋文玉 燕东升　2015年9月出版 / 估价:98.00

文化品牌蓝皮书
中国文化品牌发展报告（2015）
著(编)者:欧阳友权　2015年4月出版 / 估价:79.00元

文化遗产蓝皮书
中国文化遗产事业发展报告（2015）
著(编)者:刘世锦　2015年12月出版 / 估价:89.00元

文学蓝皮书
中国文情报告（2015）
著(编)者:白烨　2015年5月出版 / 估价:49.00元

新媒体蓝皮书
中国新媒体发展报告（2015）
著(编)者:唐绪军　2015年6月出版 / 估价:79.00元

新媒体社会责任蓝皮书
中国新媒体社会责任研究报告（2015）
著(编)者:钟瑛　2015年10月出版 / 估价:79.00元

移动互联网蓝皮书
中国移动互联网发展报告（2015）
著(编)者:官建文　2015年6月出版 / 估价:79.00元

舆情蓝皮书
中国社会舆情与危机管理报告（2015）
著(编)者:谢耘耕　2015年8月出版 / 估价:98.00元

地方发展类

安徽经济蓝皮书
芜湖创新型城市发展报告（2015）
著(编)者:杨少华 王开玉　2015年4月出版 / 估价:69.00元

安徽蓝皮书
安徽社会发展报告（2015）
著(编)者:程桦　2015年4月出版 / 估价:79.00元

安徽社会建设蓝皮书
安徽社会建设分析报告（2015）
著(编)者:黄家海 王开玉 蔡宪　2015年4月出版 / 估价:69.00元

澳门蓝皮书
澳门经济社会发展报告（2015）
著(编)者:吴志良 郝雨凡　2015年4月出版 / 估价:79.00元

北京蓝皮书
北京公共服务发展报告（2014~2015）
著(编)者:施昌奎　2015年1月出版 / 定价:69.00元

北京蓝皮书
北京经济发展报告（2015）
著(编)者:杨松　2015年4月出版 / 估价:79.00元

北京蓝皮书
北京社会治理发展报告（2015）
著(编)者:殷星辰　2015年4月出版 / 估价:79.00元

北京蓝皮书
北京文化发展报告（2015）
著(编)者:李建盛　2015年4月出版 / 估价:79.00元

北京蓝皮书
北京社会发展报告（2015）
著(编)者:缪青　2015年5月出版 / 估价:79.00元

北京蓝皮书
北京社区发展报告（2015）
著(编)者:于燕燕　2015年1月出版 / 定价:79.00元

北京旅游绿皮书
北京旅游发展报告（2015）
著(编)者:北京旅游学会　2015年7月出版 / 估价:88.00元

北京律师蓝皮书
北京律师发展报告（2015）
著(编)者:王隽　2015年12月出版 / 估价:75.00元

北京人才蓝皮书
北京人才发展报告（2015）
著(编)者:于淼　2015年4月出版 / 估价:89.00元

北京社会心态蓝皮书
北京社会心态分析报告（2015）
著(编)者:北京社会心理研究所　2015年4月出版 / 估价:69.00元

北京社会组织蓝皮书
北京社会组织发展研究报告(2015)
著(编)者:李东松 唐军　2015年4月出版 / 估价:79.00元

北京社会组织蓝皮书
北京社会组织发展报告（2015）
著(编)者:温庆云　2015年9月出版 / 估价:69.00元

滨海金融蓝皮书
滨海新区金融发展报告（2015）
著(编)者:王爱俭 张锐钢　2015年9月出版 / 估价:79.00元

城乡一体化蓝皮书
中国城乡一体化发展报告（北京卷）（2015）
著(编)者:张宝秀 黄序　2015年4月出版 / 估价:69.00元

创意城市蓝皮书
北京文化创意产业发展报告（2015）
著(编)者:张京成　2015年11月出版 / 估价:65.00元

创意城市蓝皮书
无锡文化创意产业发展报告（2015）
著(编)者:谭军 张鸣年　2015年10月出版 / 估价:75.00元

创意城市蓝皮书
武汉市文化创意产业发展报告（2015）
著(编)者:袁堃 黄永林　2015年11月出版 / 估价:85.00元

创意城市蓝皮书
重庆创意产业发展报告（2015）
著(编)者:程宇宁　2015年4月出版 / 估价:89.00元

创意城市蓝皮书
青岛文化创意产业发展报告（2015）
著(编)者:马达 张丹妮　2015年6月出版 / 估价:79.00元

福建妇女发展蓝皮书
福建省妇女发展报告（2015）
著(编)者:刘群英　2015年10月出版 / 估价:58.00元

甘肃蓝皮书
甘肃舆情分析与预测（2015）
著(编)者:陈双梅 郝树声 2015年1月出版 / 定价:79.00元

甘肃蓝皮书
甘肃文化发展分析与预测（2015）
著(编)者:安文华 周小华 2015年1月出版 / 定价:79.00元

甘肃蓝皮书
甘肃社会发展分析与预测（2015）
著(编)者:安文华 包晓霞 2015年1月出版 / 定价:79.00元

甘肃蓝皮书
甘肃经济发展分析与预测（2015）
著(编)者:朱智文 罗哲 2015年1月出版 / 定价:79.00元

甘肃蓝皮书
甘肃县域经济综合竞争力评价（2015）
著(编)者:刘进军 2015年4月出版 / 估价:69.00元

甘肃蓝皮书
甘肃县域社会发展评价报告（2015）
著(编)者:刘进军 柳民 王建兵 2015年1月出版 / 定价:79.00元

广东蓝皮书
广东省电子商务发展报告（2015）
著(编)者:程晓 2015年12月出版 / 估价:69.00元

广东蓝皮书
广东社会工作发展报告（2015）
著(编)者:罗观翠 2015年6月出版 / 估价:89.00元

广东社会建设蓝皮书
广东省社会建设发展报告（2015）
著(编)者:广东省社会工作委员会 2015年10月出版 / 估价:89.00元

广东外经贸蓝皮书
广东对外经济贸易发展研究报告（2015）
著(编)者:陈万灵 2015年5月出版 / 估价:79.00元

广西北部湾经济区蓝皮书
广西北部湾经济区开放开发报告（2015）
著(编)者:广西北部湾经济区规划建设管理委员会办公室
广西社会科学院广西北部湾发展研究院
2015年8月出版 / 估价:79.00元

广州蓝皮书
广州社会保障发展报告（2015）
著(编)者:蔡国萱 2015年4月出版 / 估价:65.00元

广州蓝皮书
2015年中国广州社会形势分析与预测
著(编)者:张强 陈怡霓 杨秦 2015年5月出版 / 估价:69.00元

广州蓝皮书
广州经济发展报告（2015）
著(编)者:李江涛 朱名宏 2015年5月出版 / 估价:69.00元

广州蓝皮书
广州商贸业发展报告（2015）
著(编)者:李江涛 王旭东 荀振英 2015年6月出版 / 估价:69.00元

广州蓝皮书
2015年中国广州经济形势分析与预测
著(编)者:庾建设 沈奎 郭志勇 2015年6月出版 / 估价:79.00元

广州蓝皮书
中国广州文化发展报告（2015）
著(编)者:徐俊忠 陆志强 顾涧清 2015年6月出版 / 估价:69.00元

广州蓝皮书
广州农村发展报告（2015）
著(编)者:李江涛 汤锦华 2015年8月出版 / 估价:69.00元

广州蓝皮书
中国广州城市建设与管理发展报告（2015）
著(编)者:董皞 冼伟雄 2015年7月出版 / 估价:69.00元

广州蓝皮书
中国广州科技和信息化发展报告（2015）
著(编)者:邹采荣 马正勇 冯元 2015年7月出版 / 估价:79.00元

广州蓝皮书
广州创新型城市发展报告（2015）
著(编)者:李江涛 2015年7月出版 / 估价:69.00元

广州蓝皮书
广州文化创意产业发展报告（2015）
著(编)者:甘新 2015年8月出版 / 估价:79.00元

广州蓝皮书
广州志愿服务发展报告（2015）
著(编)者:魏国华 张强 2015年9月出版 / 估价:69.00元

广州蓝皮书
广州城市国际化发展报告（2015）
著(编)者:朱名宏 2015年9月出版 / 估价:59.00元

广州蓝皮书
广州汽车产业发展报告（2015）
著(编)者:李江涛 杨再高 2015年9月出版 / 估价:69.00元

贵州房地产蓝皮书
贵州房地产发展报告（2015）
著(编)者:武廷方 2015年10月出版 / 估价:89.00元

贵州蓝皮书
贵州人才发展报告（2015）
著(编)者:于杰 吴大华 2015年4月出版 / 估价:69.00元

贵州蓝皮书
贵州社会发展报告（2015）
著(编)者:王兴骥 2015年4月出版 / 估价:69.00元

贵州蓝皮书
贵州法治发展报告（2015）
著(编)者:吴大华 2015年4月出版 / 估价:69.00元

贵州蓝皮书
贵州国有企业社会责任发展报告（2015）
著(编)者:郭丽 2015年10月出版 / 估价:79.00元

海淀蓝皮书
海淀区文化和科技融合发展报告（2015）
著(编)者:孟景伟 陈名杰 2015年5月出版 / 估价:75.00元

海峡西岸蓝皮书
海峡西岸经济区发展报告（2015）
著(编)者:黄端　2015年9月出版 / 估价:65.00元

杭州都市圈蓝皮书
杭州都市圈发展报告（2015）
著(编)者:董祖德 沈翔　2015年5月出版 / 估价:89.00元

杭州蓝皮书
杭州妇女发展报告（2015）
著(编)者:魏颖　2015年6月出版 / 估价:75.00元

河北经济蓝皮书
河北省经济发展报告（2015）
著(编)者:马树强 金浩 张贵　2015年4月出版 / 估价:79.00元

河北蓝皮书
河北经济社会发展报告（2015）
著(编)者:周文夫　2015年1月出版 / 定价:79.00元

河南经济蓝皮书
2015年河南经济形势分析与预测
著(编)者:胡五岳　2015年2月出版 / 定价:69.00元

河南蓝皮书
河南城市发展报告（2015）
著(编)者:谷建全 王建国　2015年3月出版 / 定价:79.00元

河南蓝皮书
2015年河南社会形势分析与预测
著(编)者:刘道兴 牛苏林　2015年4月出版 / 估价:69.00元

河南蓝皮书
河南工业发展报告（2015）
著(编)者:龚绍东 赵西三　2015年1月出版 / 定价:79.00元

河南蓝皮书
河南文化发展报告（2015）
著(编)者:卫绍生　2015年3月出版 / 定价:79.00元

河南蓝皮书
河南经济发展报告（2015）
著(编)者:喻新安　2014年12月出版 / 定价:79.00元

河南蓝皮书
河南法治发展报告（2015）
著(编)者:丁同民 闫德民　2015年4月出版 / 估价:69.00元

河南蓝皮书
河南金融发展报告（2015）
著(编)者:喻新安 谷建全　2015年4月出版 / 估价:69.00元

河南商务蓝皮书
河南商务发展报告（2015）
著(编)者:焦锦淼 穆荣国　2015年5月出版 / 估价:88.00元

黑龙江产业蓝皮书
黑龙江产业发展报告（2015）
著(编)者:于渤　2015年9月出版 / 估价:79.00元

黑龙江蓝皮书
黑龙江经济发展报告（2015）
著(编)者:曲伟　2015年1月出版 / 定价:79.00元

黑龙江蓝皮书
黑龙江社会发展报告（2015）
著(编)者:张新颖　2015年1月出版 / 定价:79.00元

湖北文化蓝皮书
湖北文化发展报告（2015）
著(编)者:江畅 吴成国　2015年5月出版 / 估价:89.00元

湖南城市蓝皮书
区域城市群整合
著(编)者:童中贤 韩未名　2015年12月出版 / 估价:79.00元

湖南蓝皮书
2015年湖南电子政务发展报告
著(编)者:梁志峰　2015年4月出版 / 估价:128.00元

湖南蓝皮书
2015年湖南社会发展报告
著(编)者:梁志峰　2015年4月出版 / 估价:128.00元

湖南蓝皮书
2015年湖南产业发展报告
著(编)者:梁志峰　2015年4月出版 / 估价:128.00元

湖南蓝皮书
2015年湖南经济展望
著(编)者:梁志峰　2015年4月出版 / 估价:128.00元

湖南蓝皮书
2015年湖南县域经济社会发展报告
著(编)者:梁志峰　2015年4月出版 / 估价:128.00元

湖南蓝皮书
2015年湖南两型社会发展报告
著(编)者:梁志峰　2015年4月出版 / 估价:128.00元

湖南县域绿皮书
湖南县域发展报告No.2
著(编)者:朱有志　2015年4月出版 / 估价:69.00元

沪港蓝皮书
沪港发展报告（2015）
著(编)者:尤安山　2015年9月出版 / 估价:89.00元

吉林蓝皮书
2015年吉林经济社会形势分析与预测
著(编)者:马克　2015年2月出版 / 定价:89.00元

济源蓝皮书
济源经济社会发展报告（2015）
著(编)者:喻新安　2015年4月出版 / 估价:69.00元

健康城市蓝皮书
北京健康城市建设研究报告（2015）
著(编)者:王鸿春　2015年4月出版 / 估价:79.00元

江苏法治蓝皮书
江苏法治发展报告（2015）
著(编)者:李力 龚廷泰　2015年9月出版 / 估价:98.00元

京津冀蓝皮书
京津冀发展报告（2015）
著(编)者:文魁 祝尔娟　2015年4月出版 / 估价:79.00元

经济特区蓝皮书
中国经济特区发展报告（2015）
著(编)者:陶一桃　2015年4月出版 / 估价:89.00元

辽宁蓝皮书
2015年辽宁经济社会形势分析与预测
著(编)者:曹晓峰　张晶　梁启东　2014年12月出版 / 定价:79.00元

南京蓝皮书
南京文化发展报告（2015）
著(编)者:南京文化产业研究中心
2015年12月出版 / 估价:79.00元

内蒙古蓝皮书
内蒙古反腐倡廉建设报告（2015）
著(编)者:张志华　无极　2015年12月出版 / 估价:69.00元

浦东新区蓝皮书
上海浦东经济发展报告（2015）
著(编)者:沈开艳　陆沪根　2015年1月出版 / 定价:69.00元

青海蓝皮书
2015年青海经济社会形势分析与预测
著(编)者:赵宗福　2014年12月出版 / 定价:69.00元

人口与健康蓝皮书
深圳人口与健康发展报告（2015）
著(编)者:曾序春　2015年12月出版 / 估价:89.00元

山东蓝皮书
山东社会形势分析与预测（2015）
著(编)者:张华　唐洲雁　2015年6月出版 / 估价:89.00元

山东蓝皮书
山东经济形势分析与预测（2015）
著(编)者:张华　唐洲雁　2015年6月出版 / 估价:89.00元

山东蓝皮书
山东文化发展报告（2015）
著(编)者:张华　唐洲雁　2015年6月出版 / 估价:98.00元

山西蓝皮书
山西资源型经济转型发展报告（2015）
著(编)者:李志强　2015年5月出版 / 估价:98.00元

陕西蓝皮书
陕西经济发展报告（2015）
著(编)者:任宗哲　白宽犁　裴成荣　2015年1月出版 / 定价:69.00元

陕西蓝皮书
陕西社会发展报告（2015）
著(编)者:任宗哲　白宽犁　牛昉　2015年1月出版 / 定价:69.00元

陕西蓝皮书
陕西文化发展报告（2015）
著(编)者:任宗哲　白宽犁　王长寿　2015年1月出版 / 定价:65.00元

陕西蓝皮书
丝绸之路经济带发展报告（2015）
著(编)者:任宗哲　石英　白宽犁
2015年8月出版 / 估价:79.00元

上海蓝皮书
上海文学发展报告（2015）
著(编)者:陈圣来　2015年1月出版 / 定价:69.00元

上海蓝皮书
上海文化发展报告（2015）
著(编)者:荣跃明　2015年1月出版 / 定价:74.00元

上海蓝皮书
上海资源环境发展报告（2015）
著(编)者:周冯琦　汤庆合　任文伟
2015年1月出版 / 定价:69.00元

上海蓝皮书
上海社会发展报告（2015）
著(编)者:杨雄　周海旺　2015年1月出版 / 定价:69.00元

上海蓝皮书
上海经济发展报告（2015）
著(编)者:沈开艳　2015年1月出版 / 定价:69.00元

上海蓝皮书
上海传媒发展报告（2015）
著(编)者:强荧　焦雨虹　2015年1月出版 / 定价:69.00元

上海蓝皮书
上海法治发展报告（2015）
著(编)者:叶青　2015年4月出版 / 估价:69.00元

上饶蓝皮书
上饶发展报告（2015）
著(编)者:朱寅健　2015年4月出版 / 估价:128.00元

社会建设蓝皮书
2015年北京社会建设分析报告
著(编)者:宋贵伦　冯虹　2015年7月出版 / 估价:79.00元

深圳蓝皮书
深圳劳动关系发展报告（2015）
著(编)者:汤庭芬　2015年6月出版 / 估价:75.00元

深圳蓝皮书
深圳经济发展报告（2015）
著(编)者:张骁儒　2015年7月出版 / 估价:79.00元

深圳蓝皮书
深圳社会发展报告（2015）
著(编)者:叶民辉　张骁儒　2015年7月出版 / 估价:89.00元

深圳蓝皮书
深圳法治发展报告（2015）
著(编)者:张骁儒　2015年4月出版 / 估价:79.00元

四川蓝皮书
四川文化产业发展报告（2015）
著(编)者:侯水平　2015年4月出版 / 估价:69.00元

四川蓝皮书
四川企业社会责任研究报告（2015）
著(编)者:侯水平　盛毅　2015年3月出版 / 定价:79.00元

四川蓝皮书
四川法治发展报告（2015）
著(编)者:郑泰安　2015年1月出版 / 定价:69.00元

四川蓝皮书
2015年四川生态建设报告
著(编)者:四川省社会科学院
2015年4月出版 / 估价:69.00元

四川蓝皮书
四川城镇化发展报告（2015）
著(编)者:四川省城镇发展研究中心
2015年4月出版 / 估价:69.00元

四川蓝皮书
2015年四川社会发展形势分析与预测
著(编)者:郭晓鸣　李羚　2015年5月出版 / 估价:69.00元

四川蓝皮书
2015年四川经济发展形势分析与预测
著(编)者:杨钢　2015年1月出版 / 定价:89.00元

四川法治蓝皮书
四川依法治省年度报告No.1（2015）
著(编)者:李林　杨天宗　田禾　2015年3月出版 / 定价:108.00元

天津金融蓝皮书
天津金融发展报告（2015）
著(编)者:王爱俭　杜强　2015年9月出版 / 估价:89.00元

图们江区域合作蓝皮书
中国图们江区域合作开发发展报告（2015）
著(编)者:李铁　朱显平　吴成章　2015年4月出版 / 估价:79.00元

温州蓝皮书
2015年温州经济社会形势分析与预测
著(编)者:潘忠强　王春光　金浩　2015年4月出版 / 估价:69.00元

扬州蓝皮书
扬州经济社会发展报告（2015）
著(编)者:丁纯　2015年12月出版 / 估价:89.00元

云南蓝皮书
中国面向西南开放重要桥头堡建设发展报告（2015）
著(编)者:刘绍怀　2015年12月出版 / 估价:69.00元

长株潭城市群蓝皮书
长株潭城市群发展报告（2015）
著(编)者:张萍　2015年4月出版 / 估价:69.00元

郑州蓝皮书
2015年郑州文化发展报告
著(编)者:王哲　2015年9月出版 / 估价:65.00元

中医文化蓝皮书
北京中医文化发展报告（2015）
著(编)者:毛嘉陵　2015年4月出版 / 估价:69.00元

珠三角流通蓝皮书
珠三角商圈发展研究报告（2015）
著(编)者:林至颖　王先庆　2015年7月出版 / 估价:98.00元

国别与地区类

阿拉伯黄皮书
阿拉伯发展报告（2015）
著(编)者:马晓霖　2015年4月出版 / 估价:79.00元

北部湾蓝皮书
泛北部湾合作发展报告（2015）
著(编)者:吕余生　2015年8月出版 / 估价:69.00元

大湄公河次区域蓝皮书
大湄公河次区域合作发展报告（2015）
著(编)者:刘稚　2015年9月出版 / 估价:79.00元

大洋洲蓝皮书
大洋洲发展报告（2015）
著(编)者:喻常森　2015年8月出版 / 估价:89.00元

德国蓝皮书
德国发展报告（2015）
著(编)者:郑春荣　伍慧萍　2015年6月出版 / 估价:69.00元

东北亚黄皮书
东北亚地区政治与安全（2015）
著(编)者:黄凤志　刘清才　张慧智
2015年5月出版 / 估价:69.00元

东盟黄皮书
东盟发展报告（2015）
著(编)者:崔晓麟　2015年5月出版 / 估价:75.00元

东南亚蓝皮书
东南亚地区发展报告（2015）
著(编)者:王勤　2015年4月出版 / 估价:79.00元

俄罗斯黄皮书
俄罗斯发展报告（2015）
著(编)者:李永全　2015年7月出版 / 估价:79.00元

非洲黄皮书
非洲发展报告（2015）
著(编)者:张宏明　2015年7月出版 / 估价:79.00元

国际形势黄皮书
全球政治与安全报告（2015）
著(编)者:李慎明 张宇燕 2015年1月出版 / 定价:69.00元

韩国蓝皮书
韩国发展报告（2015）
著(编)者:刘宝全 牛林杰 2015年8月出版 / 估价:79.00元

加拿大蓝皮书
加拿大发展报告（2015）
著(编)者:仲伟合 2015年4月出版 / 估价:89.00元

拉美黄皮书
拉丁美洲和加勒比发展报告（2014~2015）
著(编)者:吴白乙 2015年4月出版 / 估价:89.00元

美国蓝皮书
美国研究报告（2015）
著(编)者:黄平 郑秉文 2015年7月出版 / 估价:89.00元

缅甸蓝皮书
缅甸国情报告（2015）
著(编)者:李晨阳 2015年8月出版 / 估价:79.00元

欧洲蓝皮书
欧洲发展报告（2015）
著(编)者:周弘 2015年6月出版 / 估价:89.00元

葡语国家蓝皮书
葡语国家发展报告（2015）
著(编)者:对外经济贸易大学区域国别研究所 葡语国家研究中心
2015年4月出版 / 估价:89.00元

葡语国家蓝皮书
中国与葡语国家关系发展报告·巴西（2014）
著(编)者:澳门科技大学 2015年4月出版 / 估价:89.00元

日本经济蓝皮书
日本经济与中日经贸关系研究报告（2015）
著(编)者:王洛林 张季风 2015年5月出版 / 估价:79.00元

日本蓝皮书
日本研究报告（2015）
著(编)者:李薇 2015年4月出版 / 估价:69.00元

上海合作组织黄皮书
上海合作组织发展报告（2015）
著(编)者:李进峰 吴宏伟 李伟
2015年9月出版 / 估价:89.00元

世界创新竞争力黄皮书
世界创新竞争力发展报告（2015）
著(编)者:李闽榕 李建平 赵新力
2015年12月出版 / 估价:148.00元

土耳其蓝皮书
土耳其发展报告（2015）
著(编)者:郭长刚 刘义 2015年7月出版 / 估价:89.00元

亚太蓝皮书
亚太地区发展报告（2015）
著(编)者:李向阳 2015年1月出版 / 定价:59.00元

印度蓝皮书
印度国情报告（2015）
著(编)者:吕昭义 2015年5月出版 / 估价:89.00元

印度洋地区蓝皮书
印度洋地区发展报告（2015）
著(编)者:汪戎 2015年4月出版 / 估价:79.00元

中东黄皮书
中东发展报告（2015）
著(编)者:杨光 2015年11月出版 / 估价:89.00元

中欧关系蓝皮书
中欧关系研究报告（2015）
著(编)者:周弘 2015年12月出版 / 估价:98.00元

中亚黄皮书
中亚国家发展报告（2015）
著(编)者:孙力 吴宏伟 2015年9月出版 / 估价:89.00元

三　中国城市竞争力（黑龙江）报告

黑龙江省是我国最东和最北的省份，共有13个地市。北部和东部与俄罗斯接壤，是中国沿边开放的重要窗口。2014年黑龙江省作为我国对俄贸易的桥头堡取得新进展，开辟了一批新的贸易窗口和贸易平台，同时哈尔滨市被国家定位为对俄合作的中心城市，“哈洽会”也升级为“中国－俄罗斯博览会”。当前，在全国经济运行进入新常态的背景下，黑龙江省由于能源原材料产业和重化工业比重大，受国际市场变化和国内需求不足影响较为明显，加上体制机制改革滞后和一些内在因素，经济下行压力较大。

表13－5　2014年黑龙江省省情信息

项目	数据
土地面积	47.3万平方千米
常住人口	3835万人
城镇人口占常住人口比重	57.39%
GDP及增长率	15264.4亿元,5.6%
一、二、三产业占GDP比重	17.1%、40.5%、42.4%

资料来源：2014年黑龙江省国民经济和社会发展统计公报。

1. 格局与优势

总体概况：全省地区生产总值增长5.6%，其中，第一产业增加值增长5.6%，高于全国平均水平1.5个百分点；第二产业增加值增长2.8%，低于全国平均水平4.5个百分点；第三产业增加值增长9%，高于全国平均水平0.9个百分点。从综合经济竞争力来看，省内各城市2014年排名依次是：大庆、哈尔滨、齐齐哈尔、绥化、牡丹江、佳木斯、双鸭山、鸡西、七台河、鹤岗、黑河、伊春。与2013年相比，哈尔滨、大庆、绥化、鸡西的城市竞争力有所上升，其中绥化全国排名提升较为显著，上升7名；而齐齐哈尔、佳木斯、七台河和牡丹江的全国排名有所下降，其中七台河下降了8名。从可持续竞争力看，哈尔滨、大庆进入前100位，分列43位、79位，而牡丹江由上年的94位跌到111位，另外有4个城市排名在200名以后。

现状格局：2014年度黑龙江省综合经济竞争力指数均值为0.063，在全国

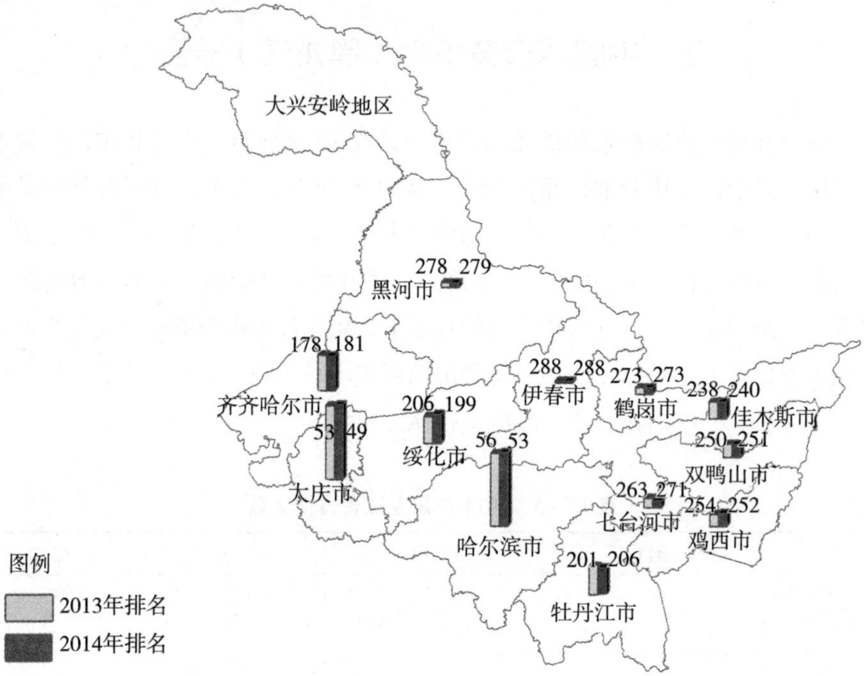

图 13 -7　2013 年和 2014 年黑龙江省城市综合竞争力排名

资料来源：中国社会科学院城市与竞争力指数数据库。

除西藏外的省级行政区域中排名第 28 位。其中哈尔滨、大庆分别排在全国第 53 位和第 49 位，比较接近综合经济竞争力最好的城市行列；黑河、伊春仅仅排名全国第 279 位和第 288 位，表现最差。2014 年度黑龙江省可持续竞争力指数均值为 0. 252，在全国除西藏和台湾外的省级行政区域中排名第 24 位。具体来看，黑龙江省城市竞争力总体上呈现以下特征。

第一，综合经济竞争力总体水平居下游，省内城市差距较大。2014 年度黑龙江省综合经济竞争力排名全国第 28 位，与上年保持一致，继续在全国下游水平徘徊。综合经济竞争力指数变异系数为 0. 573，全国排名第 17 位，与上年基本保持一致，表明省内城市间的经济发展水平维持相对不变的格局。

第二，可持续竞争力总体水平居下游，省内差距相对稳定。2014 年度黑龙江省可持续竞争力排名全国第 24 位，位居下游。可持续竞争力指数变异系数为 0. 420，列全国 15 名，表明省内各城市间可持续竞争力水平差距相对较

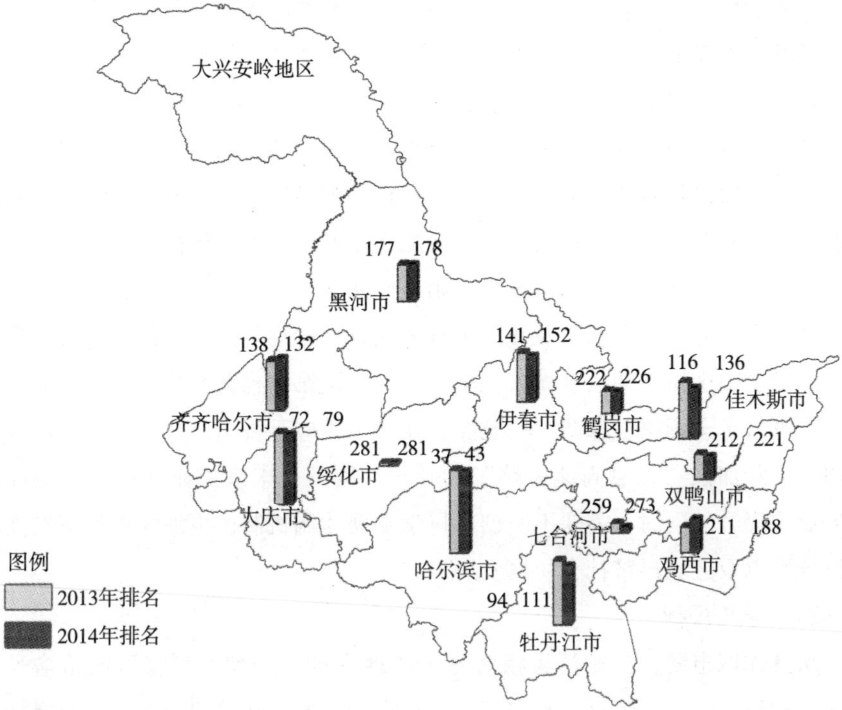

图 13-8　2013 年和 2014 年黑龙江城市可持续竞争力排名

资料来源：中国社会科学院城市与竞争力指数数据库。

大，该省既有跻身全国第 43 名的哈尔滨，也有排名 281 的绥化。

第三，从可持续竞争力分项来看，黑龙江省整体上各竞争力方面离理想城市还有不小的差距。在创新驱动的知识城市方面，黑龙江省内城市分化严重，一半城市排名在 200 名以下，城市间差距比较大。在公平包容的和谐城市方面，黑龙江省总体表现一般，但各城市间发展较不均衡。生态城市竞争力方面总体处于较差的水平。文化竞争力除了哈尔滨市外，其他城市均处于全国中等偏下的水平。在城乡一体的全域城市方面，黑龙江省处于全国的中游水平，但各城市全域竞争力指数之间的状况差距较小。在交流便捷的信息城市方面，黑龙江省也是处于全国的下游水平。

2. 问题与软肋

第一，黑龙江总体经济实力较差，结构性、体制性和市场化程度不高等深

层次矛盾仍比较突出。上年经济增速回落的主要原因还是工业结构不合理。因此，黑龙江省在未来的经济发展中，要以加快转变经济发展方式为主线，推进结构调整，提升产业核心竞争力。同时发挥哈尔滨、大庆等城市的增长极作用，带动周围区域发展，促进全省综合经济竞争力的提高。

第二，黑龙江省的可持续竞争力处于全国的下游水平，省内各城市之间也存在较大的差距。黑龙江省的开放多元的文化城市指数总体排名表现一般，只有哈尔滨进入了全国文化城市竞争力第一梯队，可见，黑龙江省各城市作为内陆城市，在对外开放方面以及突出自身个性方面远远不足。从信息城市竞争力来看，没有一个城市的信息城市竞争力进入全国第一梯队，只有哈尔滨的信息竞争力进入了全国第二梯队，黑龙江省在未来更应重视信息化在城市发展中的作用，不断加强“信息高速公路”的建设。因此，未来黑龙江省在推动经济发展稳步提升的同时，需要不断创新科学发展体制机制，更加注重经济发展的可持续性以及区域经济社会协调发展。

3. 现象与规律

从具体城市看，产业门类相对齐全的地市增长较快，资源型城市增长回落。所有地市中，有绥化、哈尔滨、牡丹江、佳木斯和黑河 5 个市工业增加值增速高于全省，绥化增长最快，增长 8.8%，哈尔滨、牡丹江、佳木斯和黑河分别增长 7.7%、7.7%、4.7% 和 4.6%，成为全省工业增长的主要拉动力量。齐齐哈尔和大庆小幅增长，分别增长 2.6% 和 2.3%。鸡西、鹤岗、双鸭山、七台河、伊春增速明显下降，七台河和鸡西分别下降 0.1% 和 11.3%，其他城市下降 30% 以上。

经济总量大的哈尔滨和大庆工业增速稳步回升，为全省工业稳增长发挥了重要的支撑作用。黑龙江省在创新驱动城市发展方面总体上处于下游水平，将来发展要更加注重科技创新对经济发展的推动作用，考虑到哈尔滨和大庆这两个城市有较好的工业基础，在创新驱动城市发展方面有较大的潜力，未来应该更好地发挥哈尔滨和大庆的排头兵示范作用以及区域带动作用。

4. 趋势与展望

适应经济中高增长新常态、以促改革调结构促进经济稳定运行，靠改革增动力、开放拓空间，提升综合竞争力和可持续竞争力。一是继续推进“两大平原”现代农业综合配套改革，加快建成“现代化大农业示范区”，不断巩固国家重要商品粮生产基地和国家重要绿色食品产业基地。二是实行资源配置市场化改革，全面推进重大项目公开招标，推进资源开采与深加工产业一体化发展。三是加快国有企业改革，全面启动厂办大集体改革，同时推动试点部分国有企业的混合所有制改革。

与此同时，以对俄交流合作为重点扩大对外开放，推动对俄交流合作向全方位转变。继续加强与俄远东开发战略对接，尽快与俄方协调建设黑龙江大桥，降低边境贸易的交通成本和交易成本，提高沿边经贸合作的广度和深度。

表 13－6　黑龙江省城市综合经济竞争力、可持续竞争力及其分项

	综合经济竞争力		可持续竞争力		知识城市竞争力	和谐城市竞争力	生态城市竞争力	文化城市竞争力	全域城市竞争力	信息城市竞争力
城市	指数	排名	指数	排名	等级	等级	等级	等级	等级	等级
哈尔滨	0.134	53	0.458	43	★★★★★	★★★★	★★★	★★★★★	★★★	★★★★
齐齐哈尔	0.067	181	0.294	132	★★★	★★★★	★★★★	★★	★★	★
鸡西	0.048	252	0.230	188	★	★★★	★★	★★★	★★★	★
鹤岗	0.038	273	0.191	226	★	★★★	★	★	★★★★	★
双鸭山	0.048	251	0.197	221	★	★★★	★★	★★	★★★	★
大庆	0.139	49	0.358	79	★★★★	★★★★	★★★	★★★	★★★★	★★
伊春	0.030	288	0.266	152	★★	★★★	★★★★	★	★★★	★★
佳木斯	0.052	240	0.290	136	★★★	★★	★★★★	★★	★★	★★★
七台河	0.039	271	0.102	273	★	★	★	★	★★★	★
牡丹江	0.062	206	0.321	111	★★★★	★	★★★★★	★★	★★★	★★★
黑河	0.037	279	0.237	178	★	★★	★★★	★	★★★★	★★
绥化	0.064	199	0.076	281	★	★	★	★	★	★
指数均值	0.063	28	0.252	24	0.201	0.297	0.453	0.177	0.226	0.328
指数方差	0.001	11	0.011	10	0.020	0.014	0.018	0.008	0.004	0.014
变异系数	0.573	17	0.420	15	0.704	0.391	0.295	0.499	0.291	0.358

资料来源：中国社会科学院城市与竞争力指数数据库。

5. 战略与政策

战略回顾：2014 年黑龙江省由于实施了“五大规划”发展战略和十大重点产业建设，并及时出台促进经济稳增长“65 条措施”，深入挖掘经济增长潜力，有效遏制了煤炭等行业回落势头，全省工业经济在逆境中实现了平稳增长。

政策建议： 在未来发展中，黑龙江省应进一步深化改革，促进开放，激发经济社会发展的活力。基于黑龙江省的资源禀赋结构和特殊的沿边地理位置，发挥比较优势；继续巩固和拓展传统的资源红利基础，不断挖掘和释放改革和开放的双重红利空间，实现后发优势。针对束缚发展的体制机制障碍，通过全面深化改革，以释放市场活力对冲经济下行压力。

具体来说，未来要突出抓好几件大事。一是尽快启动一批可以增强发展后劲的重大基础设施项目，二是着力扩大消费，三是加快棚户区改造等重大民生工程。

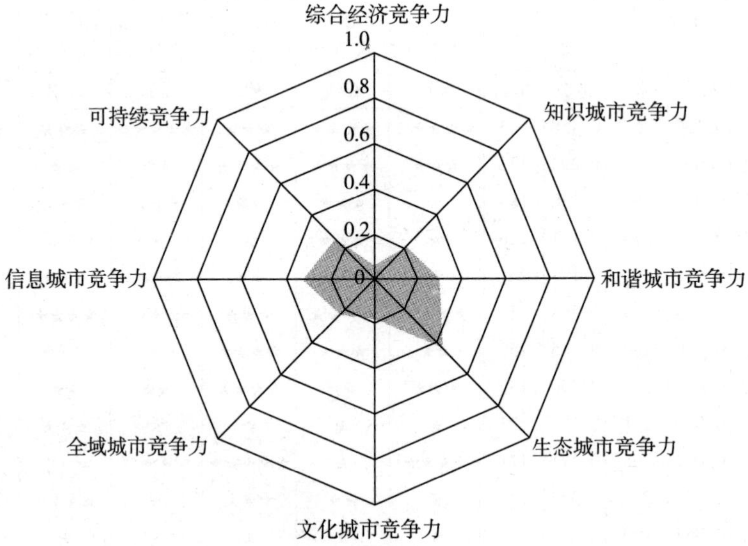

图 13－9　2014 年黑龙江省城市竞争力

资料来源：中国社会科学院城市与竞争力指数数据库。

B.14

中国（中部地区）城市竞争力报告

毛丰付 郭晗*

一 中国城市竞争力（湖北）报告

近三年湖北省经济社会发展保持了“稳中有进、高于全国、中部靠前”的发展势头。湖北目前处于要素驱动增长阶段，在经济结构调整同时仍需要保持一定的经济增长速度。湖北省城市发展中武汉一枝独秀，襄阳和宜昌是第二梯队。湖北省城市生态竞争力整体水平较高，全域城市化和和谐城市得分表现不佳。地理位置和交通枢纽位置是湖北城市发展的优势，借力长江经济带发展和长江中游城市群建设东风，打造长江中游黄金三角带是湖北城市发展的良好契机。

表 14－1 2014 年湖北省省情信息

项目	数据
土地面积	18.59 万平方千米
常住人口	5816 万人
城镇人口占常住人口比重	55.67%
GDP 及增长率	27367.04 亿元，9.7%
一、二、三产业占 GDP 比重	11.6%、46.9%、41.5%

资料来源：2014 年湖北省国民经济和社会发展统计公报。

1. 格局与优势

总体概况：近三年来，湖北省着力稳增长、调结构、促改革、治污染、惠民生，经济发展缓中趋稳、稳中有进。从综合经济发展来看，产业结构呈现积极变

* 毛丰付，浙江工商大学经济学院教授，中国社会科学院财经战略研究院博士后。郭晗，西北大学经济管理学院博士研究生。本章报告河南、湖北、湖南部分由毛丰付撰写，安徽、江西、山西部分由郭晗撰写。

化，三次产业比例由2012年的12.8∶50.3∶36.9调整为2014年的11.6∶46.9∶41.5，服务业发展态势良好；需求结构方面，投资拉动型经济有所收敛，固定资产投资增速连续三年放缓，近三年分别为27.6%、25.8%、20.4%；要素结构方面，科技创新对经济发展的贡献不足，用于研究与发展（R&D）经费支出仅占全省生产总值的1.7%。从可持续竞争力来看，湖北省处于全国中游水平，生态城市竞争力表现较好，全域城市竞争力和和谐城市竞争力表现不佳，其他分项均表现一般。**总体来看，湖北省目前处于要素驱动的发展阶段，今后一定时期仍需要保持比较高的发展速度，但必须走可持续发展之路，在经济增速的同时完成调结构、促改革的发展任务。**

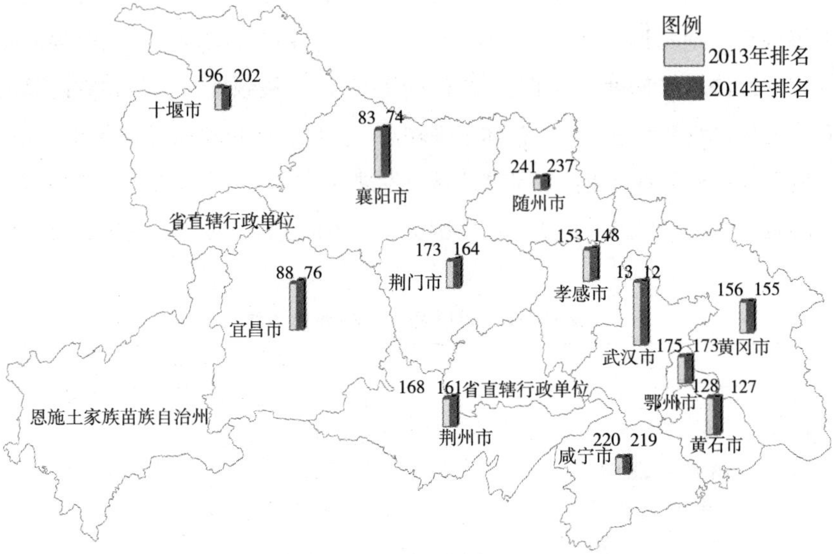

图14－1　2013年和2014年湖北省城市综合经济竞争力排名

资料来源：中国社会科学院城市与竞争力指数数据库。

现状格局：2014年，湖北省综合竞争力全国排名第15位，综合增量竞争力全国排名第14位，在中部地区各省排名均居前列。湖北省城市发展整体上呈现不均衡态势，省会武汉在全省城市中一家独大，优势明显。

2014年度湖北省综合经济竞争力指数均值为0.099，在全国除西藏外的省级行政区域中排名第15位。其中武汉排在全国第12位，跻身综合经济竞争力最好的城市之列；十堰、咸宁和随州仅仅排名全国第202位、第219位和237位，表现最差。2014年度湖北省可持续竞争力指数均值为0.304，在全国除西藏和台湾外的省级行政区域中排名第18位。湖北省城市竞争力总体上呈现以下特征。

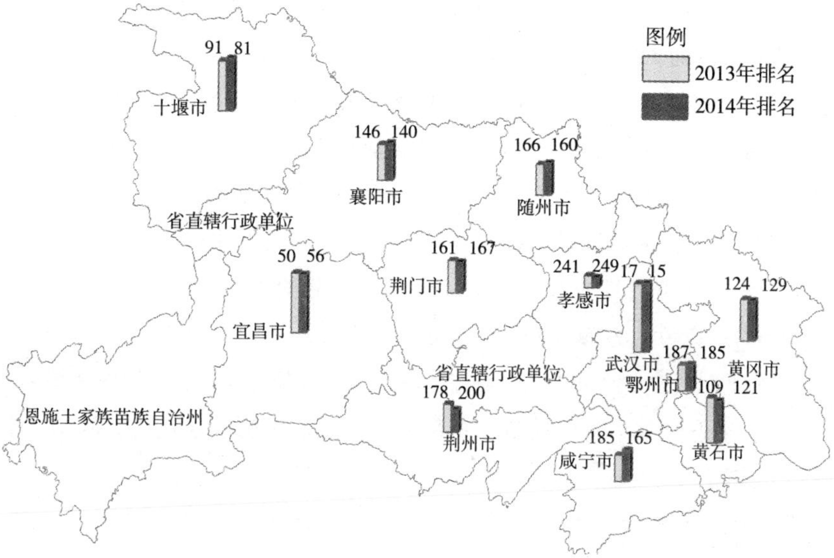

图14－2　2013年和2014年湖北省城市可持续竞争力排名

资料来源：中国社会科学院城市与竞争力指数数据库。

第一，武汉优势明显，一枝独秀。武汉下辖7个中心城区，2013年常住人口1022万，2014年完成地区生产总值10069.48亿元，是中部地区最大的城市。武汉市综合经济竞争力全国排名为12，可持续竞争力全国排名为15，与前两年相比，稳中有升。武汉的优势主要体现在三个方面：其一，武汉处于长江和汉水交汇处，是全国重要的内河港口；武汉同时亦是全国铁路大型中转站，高铁网络覆盖大半个中国。武汉历来有“九省通衢”之称，是中国承东启西、俯南控北的经济地理中心，是全国重要的水陆空综合交通枢纽。其二，武汉是中国重要的科研教育基地，高等院校、科研院所的数量位居全国第三，在校大学生数量居全国之首。其三，武汉工业基础雄厚、历史悠久，经济一直强劲增长。2014年，武汉市11大工业行业除钢铁、能源外均实现两位数增长。汽车及零部件、电子信息、装备制造、能源环保、食品烟草等5个行业板块过千亿元。

第二，襄阳、宜昌为湖北省第二梯队城市，其中宜昌更具有可持续竞争力。

湖北省除了省会城市武汉一家独大之外，没有城市进入全国前50名，第二梯队城市是襄阳和宜昌。从综合经济竞争力看，襄阳和宜昌近年在全国的排名都有较大幅度的提高，襄阳从2012年的100名，提升到2013年的83名，进而提升到2014年的74名；宜昌从2012年的101名，提升到2013年的88名和2014年的76名。襄阳和宜昌两个城市一直不乏“瑜亮情结”，襄阳在经济总量上多年来是湖北省的第二大城市，宜昌由于辖区的三峡大坝和葛洲坝水利设施以及长江航道和铁路交会的独特位置，一直定位在湖北省域副中心城市。基于可持续竞争力排名看，宜昌比襄阳有更大的发展空间，宜昌市的可持续竞争力在过去三年的排名依次为61、50、56，襄阳市的可持续竞争力在过去三年的排名分别为107、146、140。从可持续竞争力的分项指标看，宜昌在和谐竞争力（4星）、全域竞争力（2星）和信息竞争力方面（3星）与襄阳持平，在知识竞争力和文化竞争力方面略强于襄阳（4星对3星），在生态竞争力方面远超过襄阳（5星对2星）。

第三，生态竞争力整体较好，竞争力最好城市比例明显较高。从湖北全省情况看，因为三面环山，长江汉水流过，因此整体生态竞争力较强。在湖北12个城市中，生态竞争力最好（5星）的城市有5个，分别是十堰、宜昌、黄冈、咸宁、随州，武汉和荆门生态竞争力中等（3星），在中部地区几个省份中，仅次于江西省。

2. 问题与软肋

第一，总体经济水平处于中等，但区域分化严重。虽然湖北省综合经济竞争力在全国排名居中等位置，在中部各省居于前列，但是湖北省综合经济竞争力方差全国排名23位，综合经济增量竞争力方差全国排名第24位，这两个指标都位于中部地区各省的末位，说明湖北省域内部城市间综合竞争力差距较大，区域分化严重，比如随州、咸宁和十堰的综合经济竞争力排名都在200名之后，特别是随州和咸宁，可持续竞争力分项指标中绝大多数都属于较差（2星）和最差（1星）之列，城市可持续发展压力较大。

第二，文化竞争力、全域竞争力和信息竞争力均呈现“一强多弱”格局。文化城市竞争力，湖北省内城市分化严重，其中武汉在文化交流、人才引进和管理创新等方面具有很强竞争力，宜昌表现也较优异，其他城市均属中等或差。湖北在加大对外开放力度的同时，要发挥武汉的文化辐射作用，促进周边地区文化软实力建设。

全域城市竞争力，在全国处于下游水平，且内部差异相对不大。除省会武汉外，其余城市均属中等或较差。在新型城镇化战略大背景下，应走适合湖北发展的城镇化道路，不断加快基本公共服务均等化，最终实现城乡发展一体化。

信息城市竞争力，从排名情况来看，湖北在全国处于中等水平，内部差异在全国处于中游水平。省会武汉表现优异，其余城市均属中等或较差。

3. 现象与规律

湖北省地处中国中南部，长江中游，也是中部各省的中心位置，兼有天下之中的区位优势和山川地理之利。**湖北城市发展较好的都是全国性或区域性枢纽城市，可谓得交通者得发展。**

武汉是中国重要的交通枢纽。武汉天河国际机场是中部地区首个4F级机场，**也是国家公共航空运输体系确定的全国八大区域性枢纽机场之一，**拥有定期通航点76个，可直飞20余个国际城市。**武汉是中国高铁客运专线网主枢纽，**中国四大铁路枢纽、六大铁路客运中心、四大机车检修基地之一，是京广高铁、沪汉蓉高铁的交汇地。2013年，武汉的铁路客运量首次超越北京，成为中国铁路运输的最大中转站。武汉公路路网密集，拥有16条省道、5条国道和5条国家高速公路。**武汉是中国内河的重要港口，是长江中游航运中心和水铁联运主枢纽港，武汉还是中国内河通往沿海、近洋最大的启运港和到达港，是中国内陆最大的船舶生产基地。**

襄阳西接川陕，东临江汉，南通湘粤，北达中原，是鄂、豫、渝、陕四省市毗邻地区的交通枢纽，素有“南船北马、七省通衢”之称，区位优越，交通便捷。航空上，襄阳拥有刘集机场和老河口机场，已经开通13条航线，旅客吞吐量超过60万人次。除了汉丹线和襄渝线外，郑万高铁和西武高铁也经过襄阳，此外襄渝线蒙西至华中地区铁路煤运通道经过襄阳，襄阳成为“北煤南运”新的国家战略运输通道上的重要枢纽。截至2013年，襄阳市公路里程26247.3公里，全市公路货物周转量221.9亿吨公里，公路旅客周转量89.9亿人公里，形成了向东北经南阳至北京，向东南经孝感至武汉和华东地区，向南经荆门至长沙，向西北经十堰至西安的四大骨干高速公路。长江最大的支流汉江，穿境襄阳而过。襄阳港是中国第二十大内河港口，国家“西煤东调、北煤南运”的主要中转港口，是汉江流域港口服务武汉长江中游航运中心的核心组成部分。

宜昌是全国重要的区域性铁路枢纽之一。宜昌三峡国际机场作为三峡区域唯一的一类航空口岸，按 4E 级标准规划。宜昌境内拥有焦柳铁路、宜万铁路、汉宜铁路、鸦宜铁路，形成南北畅连、东西贯通的铁路枢纽格局。宜昌构建“六线三环公路主骨架”，即宜张、宜巴、保宜、汉宜、荆宜、沪渝六条高速公路。宜昌的港口航道范围涉及一干（长江）、二支（清江、香溪河）、四库（三峡水库、葛洲坝水库、隔河岩水库和高坝洲水库），宜昌境内航道里程为 678.44 公里，其中可通航里程达到 598.1 公里。

应该说，在全国城市竞争中，武汉市优势地位的保持和襄阳、宜昌两市的跨越式发展，无不得益于交通优势的发挥。**如何进一步利用和发挥区域枢纽地位，带动周边城市发展，是未来湖北省城市发展的关键。**湖北在实施“两圈一带”发展战略过程中，需要进一步充分发挥武汉城市圈作用，促进区域不同地区经济协调发展。如何平衡武汉城市圈和鄂西生态文化圈的“两圈”发展战略，特别是如何借力武汉城市圈发展战略，充分利用武汉特大城市的影响力辐射周边城市群是值得深入研究的问题。

4. 趋势与展望

可持续竞争力的连续下滑可能降低未来的综合经济竞争力。根据城市竞争力的理论框架，综合经济竞争力是产出的、当前的、短期的城市竞争力，可持续竞争力是投入的、可持续的、长期的竞争力，可持续竞争力将转化为未来的综合经济竞争力。虽然目前湖北的综合经济竞争力仍处于全国中等水平，但可持续竞争力连续三年下滑，前景堪忧，需要引起高度警惕。

可持续竞争力变异系数小于综合竞争力变异系数，区域差距呈现收敛趋势。根据竞争力变异系数的含义可知其主要用于衡量区域经济发展的收敛情况，变异系数越大说明区域内不同城市之间的竞争力差异越大。湖北的综合经济竞争力变异系数排名处于全国下游，其可持续竞争力变异系数排名处于全国中游，说明虽然湖北省城市之间综合经济竞争力差异较大，但在可持续竞争力上具有较明显的收敛潜力。

5. 战略与政策

战略回顾：在国家依托“黄金水道”打造长江经济带、促进中部崛起和发展，以及“一路一带”大战略的背景下，湖北省城市发展需要有更大的战略布局，

表 14－2　2014 年湖北省城市综合经济竞争力、可持续竞争力及其分项

	综合经济竞争力		可持续竞争力		知识城市竞争力	和谐城市竞争力	生态城市竞争力	文化城市竞争力	全域城市竞争力	信息城市竞争力
城　　市	指数	排名	指数	排名	等级	等级	等级	等级	等级	等级
武　　汉	0.348	12	0.607	15	★★★★★	★★★★★	★★★	★★★★★	★★★★★	★★★★★
黄　　石	0.079	127	0.305	121	★★★	★★★★	★★	★★	★★★	★★★
十　　堰	0.063	202	0.355	81	★★★	★★★	★★★★★	★★★	★★★	★
宜　　昌	0.110	76	0.421	56	★★★★	★★★★	★★★★★	★★★★	★★	★★★
襄　　阳	0.112	74	0.284	140	★★★	★★★★	★★	★★★	★★	★★★
鄂　　州	0.070	173	0.232	185	★	★★★	★	★★	★★	★★★
荆　　门	0.071	164	0.255	167	★★	★★★	★★★	★★	★★	★★
孝　　感	0.074	148	0.151	249	★★	★	★	★★	★	★★
荆　　州	0.071	161	0.222	200	★★★	★	★★	★★	★	★★
黄　　冈	0.072	155	0.297	129	★★★	★★	★★★★★	★★★	★★	★
咸　　宁	0.059	219	0.256	165	★★	★	★★★★★	★	★	★
随　　州	0.052	237	0.262	160	★★★	★	★★★★★	★★	★	★★
指数均值	0.099	15	0.304	18	0.271	0.310	0.544	0.212	0.198	0.408
指数方差	0.0065	23	0.014	13	0.017	0.018	0.047	0.015	0.006	0.018
变异系数	0.820	24	0.385	12	0.488	0.438	0.400	0.573	0.398	0.328

资料来源：中国社会科学院城市与竞争力指数数据库。

只有充分发挥湖北省的经济地理中心的优势地位，才能使湖北省在中部崛起发展中起到重要支撑作用，才有助于实现“发挥长江三角洲地区对外开放引领作用，建设向西开放的国际大通道，加强与东南亚、南亚、中亚等国家的经济合作”。

政策建议：武汉市应该联手长沙和南昌打造“长江中游金三角”。从空间距离看，武汉至长沙、武汉至南昌和长沙至南昌的空间距离都在 300 公里以内，目前武汉至长沙，长沙至南昌的高铁都在 1.5 小时之内可以到达，武汉至九江段高铁建成通车后，武汉至南昌也将进入 1.5 小时城市圈内。

三个城市之间的密切合作将会形成沿江发展、襟带两湖（洞庭湖、鄱阳湖）的长江中游三角区域。湖北南部城市，如咸宁、黄冈等将会获得更大收益。

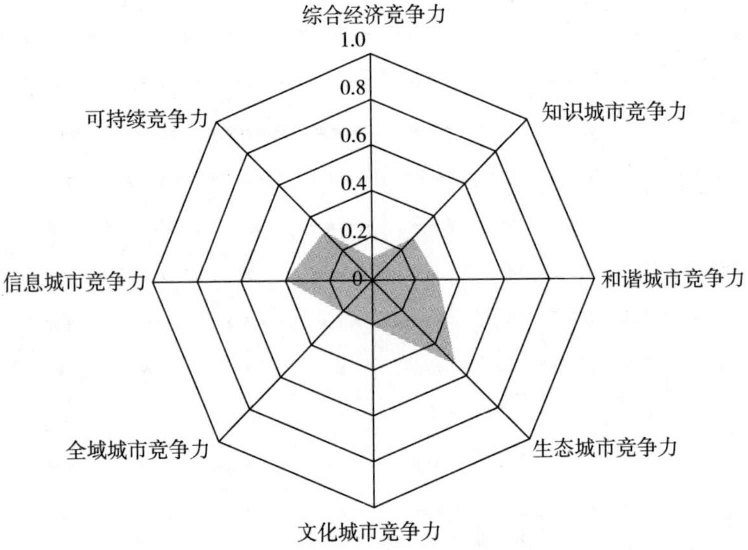

图 14－3　2014 年湖北省城市竞争力

资料来源：中国社会科学院城市与竞争力指数数据库。

二　中国城市竞争力（湖南）报告

近三年湖南省以建设资源节约型、环境友好型的“两型社会”作为加快经济发展方式转变的目标和着力点，经济社会发展稳中提质。湖南目前处于要素驱动阶段，保持战略性新兴产业快速发展仍是湖南城市发展的首要任务。湖南城市竞争力整体处于全国中游，近几年环洞庭湖区域城市排名上升。长株潭城市群发展加快，区域一体化效果初显。湖南城市发展呈东北强西南弱的格局未得到根本改变，城市可持续竞争力较弱。用好文化产业的引领作用，提升城市品质，有助于湖南城市可持续竞争力的提高。

表 14－3　2014 年湖南省省情信息

项目	数据
土地面积	21.18 万平方千米
常住人口	6690.6 万人
城镇人口占常住人口比重	47.96%
GDP 及增长率	24501.7 亿元，10.1%
一、二、三产业占 GDP 比重	11.6%、46.2%、42.2%

资料来源：2014 年湖南省国民经济和社会发展统计公报。

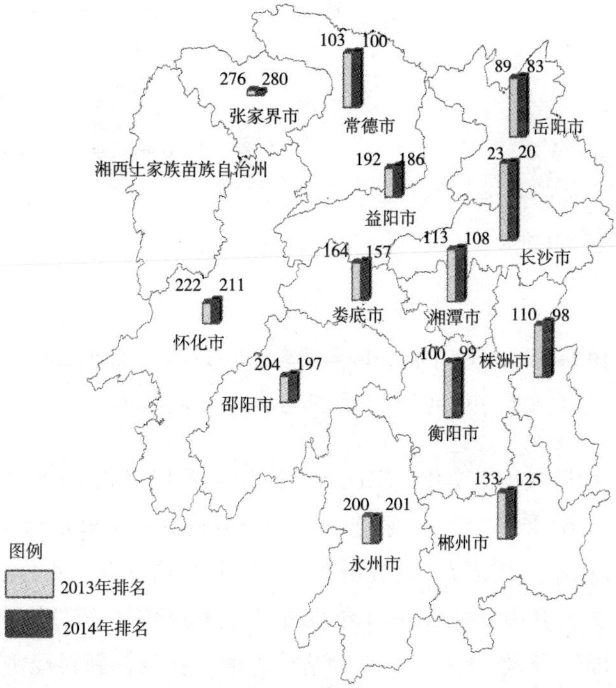

图 14－4　2013 年和 2014 年湖南省城市综合经济竞争力排名

资料来源：中国社会科学院城市与竞争力指数数据库。

1. 格局与优势

总体概况：近三年来，湖南省主动适应新常态，积极作为，大力促进“三量齐升”，有效推进“四化两型”，全面深化改革，全面推进小康社会建设，全省经济社会发展呈现稳中有进、稳中提质的良好局面。从综合经济发展

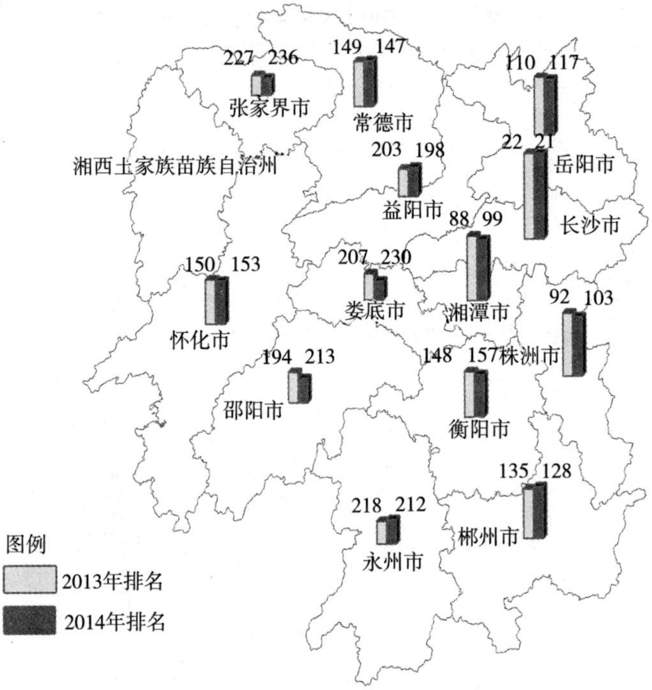

图 14-5　2013 年和 2014 年湖南省城市可持续竞争力排名

资料来源：中国社会科学院城市与竞争力指数数据库。

来看，产业结构呈现积极变化，三次产业比例由 2012 年的 13.6∶47.4∶39 调整为 2014 年的 11.6∶46.2∶42.2，服务业发展态势良好；需求结构方面，投资拉动型经济依然显著，固定资产投资增速连续三年递增，近三年分别为 19.4%、26.1%、27.5%，其中金融业 2014 年投资增速达 140%，信息传输、计算机服务和软件业却同期下降 18.7%；要素结构方面，科技创新对经济发展的贡献突出，七大战略性新兴产业连续三年增速达到 10% 以上。从可持续竞争力来看，湖南省处于全国中游水平，生态城市竞争力表现较好，文化城市竞争力表现不佳，其他分项均表现一般。**总体来看，湖南目前处于要素驱动的发展阶段，今后一定时期仍需要保持比较高的发展速度，但必须走可持续发展之路。**

现状格局：2014 年度湖南省综合经济竞争力指数均值为 0.092，在全国除西藏外的省级行政区域中排名第 17 位。其中长沙排在全国第 20 位，跻身综合经济竞争力最好的城市之列；永州、怀化和张家界仅仅排名全国第 201 位、第

211位和第280位，表现最差。2014年度湖南可持续竞争力指数均值为0.281，在全国除西藏和台湾外的省级行政区域中排名第21位。湖南省城市竞争力总体上呈现以下特征。

第一，湖南省综合竞争力水平居于中游，发展态势平稳。湖南省综合经济竞争力排名全国17位，综合经济竞争力指数方差全国排名18位，可持续竞争力全国排名21位，可持续竞争力指数方差全国排名第9位，总体位居全国中游水平，与前两年情况基本持平。省内分城市的分析也表明，近几年湖南省各城市排名总体变化不大，发展均相对比较平稳。

第二，环洞庭湖区域和娄底排名有较明显提升。在全省各城市走势比较平稳的情况下，环洞庭湖区域城市排名有较为明显的提升。得益于洞庭湖生态经济区的规划和推进，岳阳市过去三年的综合经济竞争力排名依次为93、89和83，在较好城市中排名稳步上升。益阳市从199名提升到192名，并进一步提升到186名。常德市的排名也有小幅攀升，从两年前的105位上升到100位。

除此之外，娄底市得益于交通条件改善，城市综合经济竞争力提升也较为迅速，从两年前的198位，提升到157位。上瑞高速公路潭邵段全线贯通后，娄底进入以省城长沙为中心的1小时经济圈。洛湛铁路、娄涟高等级公路、太澳高速、宁太高等级公路的先后投入和建成使娄底的交通面貌有极大改变，带动了娄底的经济发展。

第三，长株潭地区保持较快增长水平，区域一体化进程初见成效。长沙作为湖南省的省会，综合经济竞争力发展平稳，全国城市排名20，处于最具竞争力之列。与长沙毗邻的株洲和湘潭，在长株潭两型社会综合配套改革试验区政策的推动下，区域一体化进程逐步加快，综合经济竞争力稳中有升，株洲从上一年度的110位，进入到98位，湘潭从上一年度的113位，前进到108位。

2. 问题与软肋

第一，发展状态不平衡，东北强西南弱格局未能改变。从湖南全省看，省域内各城市发展不平衡态势依然明显，基本呈现全省发展东北部强、西南部弱的格局。排名在100名左右以前的城市都集中于东部和北部，排名在150名以后和200名左右的城市都分布在西部和南部。经济较发达的城市基本上是京广铁路沿线城市，再一次佐证了交通干线对区域和城市经济发展的推动作用。

第二，可持续发展竞争力较差，主要体现在城市文化竞争力、全域竞争力和信息竞争力等几个方面。湖南全省13个城市中，有5个城市的可持续发展竞争力处于最差或接近最差行列，分别是益阳（198）、永州（212）、邵阳（213）、娄底（230）和张家界（236）。湖南省城市可持续竞争力得分较低的指标主要集中在文化城市竞争力、全域城市竞争力和信息城市竞争力三个方面。具体来说，文化城市竞争力方面，最具竞争力的城市（5星）只有长沙，竞争力一般（3星）的是岳阳市，竞争力较差（2星）的是株洲、湘潭和怀化，其他8城市属于最差行列。全域城市竞争力方面，竞争力最好的城市是长沙，竞争力较好的城市是株洲，竞争力一般的城市是湘潭，竞争力较差的城市是衡阳、岳阳和常德，其他7个城市属于竞争力最差行列。在信息城市竞争力方面，竞争力最好的城市是长沙，竞争力较好的城市是株洲和衡阳，竞争力一般的城市是湘潭、郴州和永州，竞争力较差的是娄底，其他6个城市属于最差行列。

3. 现象与规律

文化产业是湖南省城市发展建设中具有特色的重点产业，为湖南推动城市发展、提升城市品质起到积极的引领作用。2006年，湖南就提出建设文化强省目标。之后，湖南先后制定了《湖南省文化强省战略实施纲要（2010－2015）》和《大湘西生态文化旅游发展规划（2011－2020）》，积极推动湖南由文化大省向文化强省的转变，形成强大的文化凝聚力、文化创新力、文化传播力、文化保障和文化竞争力。2009年文化产业成为湖南省第六个超千亿元产业。2013年全省文化、体育和娱乐业固定资产投资200.6亿元，比上一年增加68%。长沙市文化、体育和娱乐业从业人员数达到2.12万人。2013年末湖南全省有艺术表演团体93个，群众艺术馆、文化馆142个，公共图书馆134个，博物馆、纪念馆96个。广播电台13座，电视台15座。国家级非物质文化遗产保护目录项目99个，省级非物质文化遗产保护目录项目220个。出版图书9771种、报纸87种、期刊247种。图书出版量2.8亿册，报纸出版量10.5亿份，期刊出版量1.3亿册。《体坛周报》、《潇湘晨报》、《三湘都市报》等报纸以及湖南卫视芒果台在全国有较高的文化品牌影响力。

4. 趋势与展望

可持续竞争力指数均值和方差的连续下滑可能降低未来的综合经济竞争

力。根据城市竞争力的理论框架，综合经济竞争力是产出的、当前的、短期的城市竞争力，可持续竞争力是投入的、可持续的、长期的竞争力，可持续竞争力将转化为未来的综合经济竞争力。虽然目前湖南的综合经济竞争力仍处于全国中等水平，但可持续竞争力指数均值连续三年下滑，前景堪忧。同时，可持续竞争力指数方差表明了区域内不同地区之间发展的收敛趋势，虽然湖南的可持续竞争力指数排名没有出现变化，但方差连续三年下滑，说明湖南省各城市之间未来发展收敛性堪忧。

表 14-4　2014 年湖南省城市综合经济竞争力、可持续竞争力及其分项

	综合经济竞争力		可持续竞争力		知识城市竞争力	和谐城市竞争力	生态城市竞争力	文化城市竞争力	全域城市竞争力	信息城市竞争力
城　市	指数	排名	指数	排名	等级	等级	等级	等级	等级	等级
长　沙	0.261	20	0.578	21	★★★★★	★★★★★	★★★★	★★★★★	★★★★★	★★★★★
株　洲	0.098	98	0.332	103	★★★★	★★★★	★★	★★	★★★★	★★★★
湘　潭	0.094	108	0.335	99	★★★★	★★★★★	★★	★★	★★★	★★★
衡　阳	0.097	99	0.264	157	★★	★★	★★	★	★★	★★★★
邵　阳	0.064	197	0.205	213	★	★★	★★★★	★	★	★
岳　阳	0.106	83	0.314	117	★★★	★★★★	★★★★	★★★	★★	★
常　德	0.097	100	0.273	147	★★	★★★	★★★★	★	★★	★
张家界	0.036	280	0.174	236	★	★	★★★★	★	★	★
益　阳	0.066	186	0.224	198	★★	★★★★	★★	★	★	★
郴　州	0.079	125	0.298	128	★★	★★★★	★★★★	★	★	★★★
永　州	0.064	201	0.205	212	★	★	★★★	★	★	★★★
怀　化	0.061	211	0.266	153	★	★★★	★★★★★	★★	★	★
娄　底	0.072	157	0.182	230	★	★	★★★★	★	★	★★
指数均值	0.092	17	0.281	21	0.218	0.342	0.546	0.150	0.181	0.390
指数方差	0.0030	18	0.011	9	0.020	0.018	0.010	0.011	0.009	0.013
变异系数	0.594	20	0.373	10	0.651	0.388	0.186	0.696	0.537	0.294

资料来源：中国社会科学院城市与竞争力指数数据库。

5. 战略与政策

战略回顾：湖南省提出“两型社会”作为加快经济发展方式转变的目标和着力点，以新型工业化、农业现代化、新型城镇化、信息化为基本途径，以结构调整、自主创新、节能环保、民生改善和制度建设为着力点，促进经济总量、运行质量和人均产值同步提升，初步形成现代产业体系、科技创新体系、可持续发展体系、民生保障体系和制度支撑体系，实现经济发展方式转变、人民物质文化生活明显改善等目标。

政策建议：湖南省应继续发挥在公平包容的和谐城市和环境友好的生态城市方面的优势，缩小在城市文化竞争力、城乡一体的全域城市和交流便捷的信息城市等方面的差距，构建区域协调发展新格局。应加大基础设施建设，助力长株潭一体化加速发展，发挥长株潭城市群的辐射作用；利用长江经济带和黄金水道发展契机，加快环洞庭湖生态规划区发展；加大湘南、湘西投入与扶持，走新型城镇化道路，把新型城镇化与边远地区扶贫和生态文化保护发展相结合，缩小区域差异，促进城市健康发展。

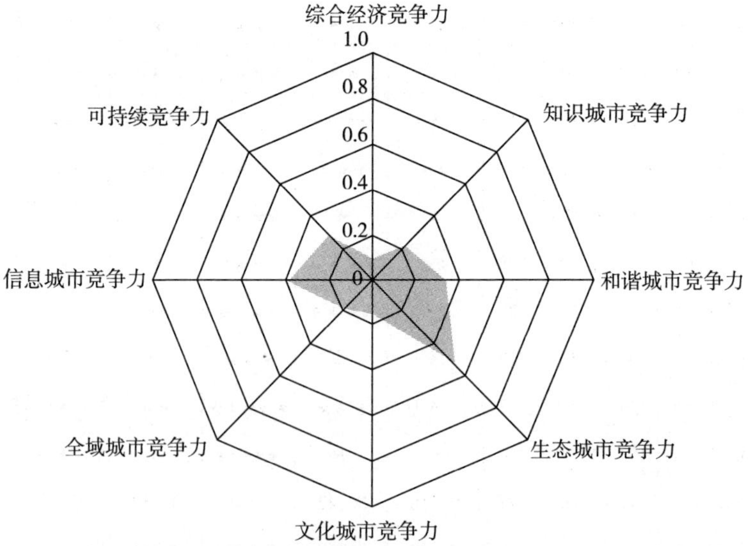

图 14－6　2014 年湖南省城市竞争力

资料来源：中国社会科学院城市与竞争力指数数据库。

三　中国城市竞争力（河南）报告

河南省在过去三年中经济发展稳中趋缓，产业结构调整呈现积极态势。河南是我国农业大省，目前处于要素驱动的发展阶段，未来较长一段时间，加大投资力度，增强科技投入比例，保持经济较快增速仍是十分必要的。河南省城市综合竞争力处于全国中等水平，城市整体发展较为均衡。由于生态环境恶化、区域发展不平衡，河南省可持续竞争力较弱，数城市排名持续下滑。加大生态建设投入，推进新型城镇化建设，实现农业转移人口有序流动是河南省未来城市发展亟待解决的课题。

表 14－5　2014 年河南省省情信息

项目	数据
土地面积	16.7 万平方千米
常住人口	9436 万人
城镇人口占常住人口比重	45.2%
GDP 及增长率	34939.38 亿元,8.9%
一、二、三产业占 GDP 比重	11.9%、51.2%、36.9%

资料来源：2014 年河南省国民经济和社会发展统计公报。

1. 格局与优势

总体概况：近三年来，河南省着力稳增长、调结构、促改革、治污染、惠民生，经济发展缓中趋稳、稳中有进。从综合经济发展来看，产业结构呈现积极变化，三次产业比例由 2012 年的 12.7∶57.1∶30.2 调整为 2014 年的 11.9∶51.2∶36.9，服务业发展态势良好；需求结构方面，投资拉动型经济有所收敛，固定资产投资增速连续三年放缓，近三年分别为 22.5%、22.2%、18.0%，投资结构有所改善，第二产业投资增速连续三年放缓，近三年分别为 23.1%、19.5%、17.1%，第三产业中的租赁和商务服务业投资连续三年超过 50%；要素结构方面，科技创新对经济发展的贡献不足，用于研究与发展（R&D）经费支出仅占全省生产总值的 1.1%。从可持续竞争力来看，河南省处于全国下游水平，文化城市竞争力表现较好，生态城市竞争力表现不佳，环境污染问题亟待

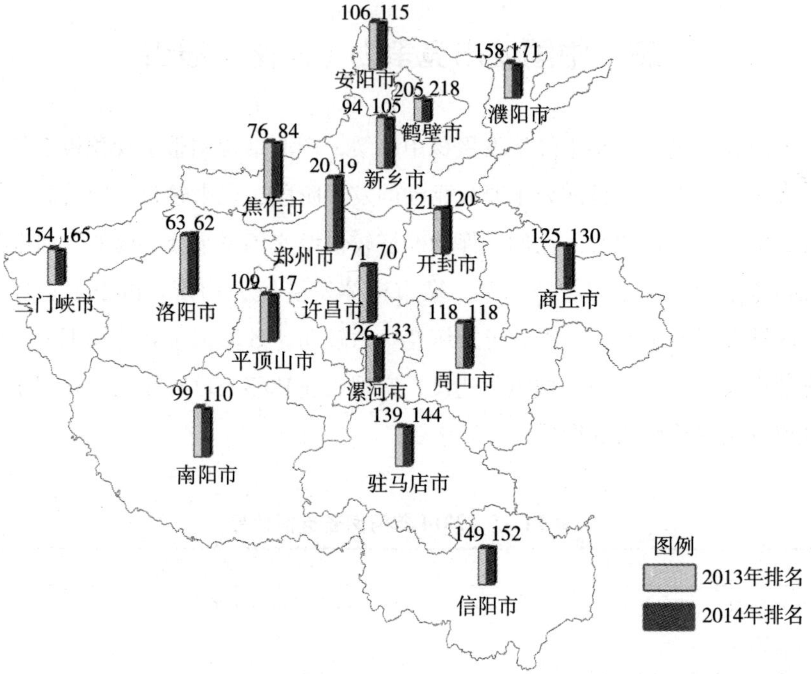

图 14－7　2013 年和 2014 年河南省城市综合经济竞争力排名

资料来源：中国社会科学院城市与竞争力指数数据库。

治理，其他分项均表现一般。**总体来看，河南是我国农业大省，目前处于要素驱动的发展阶段，今后一定时期仍需要保持比较高的发展速度，但必须走可持续发展之路。**

现状格局：2014 年度河南省综合经济竞争力指数均值为 0.097，在全国除西藏外的省级行政区域中排名第 16 位。其中郑州排在全国第 19 位，跻身综合经济竞争力最好的城市之列；鹤壁仅仅排名全国第 218 位，表现最差。2014 年度河南省可持续竞争力指数均值为 0.227，在全国除西藏和台湾外的省级行政区域中排名第 25 位。河南省城市竞争力总体上呈现以下特征。

第一，河南省综合经济竞争力居全国中游水平，可持续竞争力位于全国下游。2014 年，河南省在全国综合经济竞争力中排名为 16 位，仅次于湖北，位居中部地区第二。可持续竞争力排在 25 位，仅高于山西的 26 位，无论在全国还是中部六省中均位于后列。

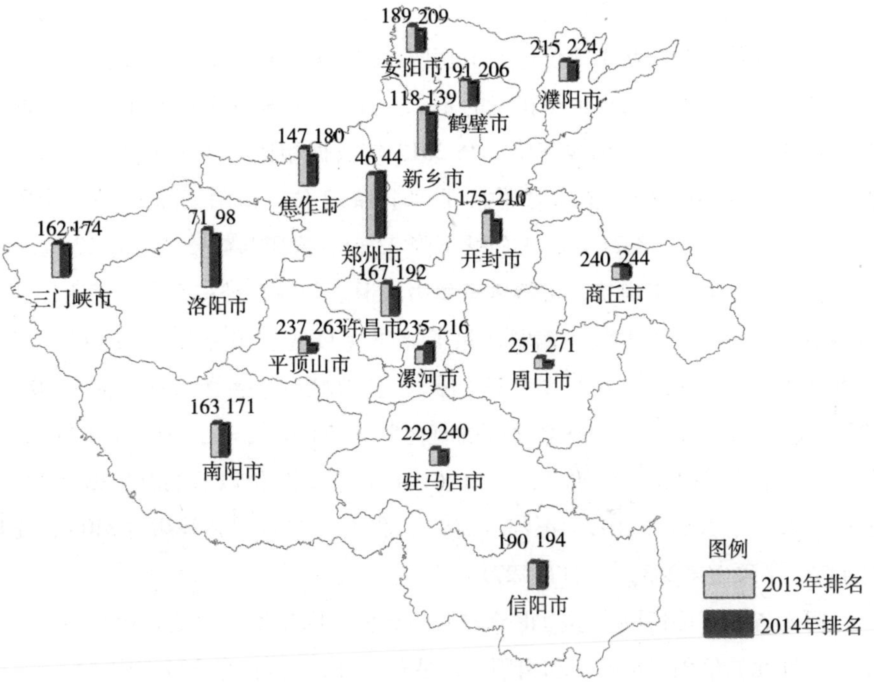

图 14-8　2013 年和 2014 年河南省城市可持续竞争力排名

资料来源：中国社会科学院城市与竞争力指数数据库。

第二，各地市发展相对均衡。河南各地级市发展水平相对均衡，17 个地级市当中除了排名 19 位的省会郑州市和排名 218 位的鹤壁市之外，其余 15 个地级市的排名多数处于 50～150 名，整体上较为均衡。

第三，郑州和开封发展势头较好。受益于郑汴一体化的推进，郑州市和开封市的综合经济竞争力排名在过去的三年中逐渐提高。郑州从 2012 年的 22 位，提高到 2013 年的 20 位和 2014 年的 19 位，开封从原来的 126 位也提升到 120 位。

2. 问题与软肋

第一，多数地市排名退步较大。总体上看，在综合经济竞争力排名中，河南城市排名有一定的退步。与前一年相比，全部 17 个城市中只有 4 个城市排名略有提升，一个持平，其他 12 个城市排名均呈现不同程度地下降。具体来说，平顶山从 109 位退到 117 位，安阳从 106 位退到 115 位，鹤壁从 205 位退到 218 位，新乡从 94 位退到 105 位，焦作从 76 位退到 84 位，濮阳从 158 位退到171位，三门峡从154位退到165位，南阳从99位退到110位，漯河从126位退到133位，商丘从125位退到130位，信阳从149位退到152位，驻马店从139位退到144位。更值得担忧的是，上述12个城市除新乡外，剩下的11个城市排名已经是连续两年下降，与2012年数据相比，两年内排名下降幅度在10位以上的有，商丘下降10位，漯河下降12位，信阳下降14位，南阳下降18位，平顶山下降21位，三门峡下降23位，安阳与鹤壁各下降27位。

第二，生态环境堪忧，可持续竞争力减退。与综合经济竞争力相比，河南省各城市可持续竞争力整体偏弱，除了郑州（44位）和洛阳（98位）以外，排名在150位之前的只有新乡（139位），多数城市排名在150名甚至200名之外。具体而言，150~200名之间的有南阳（171位）、三门峡（174位）、焦作（180位）、许昌（192位）、信阳（194位），200位以后的有鹤壁（206）、安阳（209）、开封（210）、漯河（216）、濮阳（224）、驻马店（240）、商丘（244）、平顶山（263）、周口（271）。

河南省各市可持续竞争力得分较低的重要原因是生态竞争力状况堪忧。除了临近湖北的信阳（5星）和南阳（3星）以外，剩余15个城市中，5个城市的生态竞争力较差（2星），分别是新乡、许昌、三门峡、周口、驻马店，10个城市的生态竞争力处于最差之列，分别是郑州、开封、洛阳、平顶山、安阳、鹤壁、焦作、濮阳、漯河、商丘。

第三，区域发展不平衡，西北强东南弱。河南省是传统农业大省，在工业化和城市化进程中也呈现较大的区域分化现象，具体来说，以郑州和洛阳为中心的西北部地区工业化和城市化水平相对较强，区域经济社会发展较好，东南方向的地级市由于工业化进程相对迟缓，区域发展出现相对停滞状态。根据第六次全国人口普查的数据计算，全国人口净流出比最高的15个城市中，有5个属于河南省，分别是南阳、周口、商丘、驻马店和信阳，全部属于河南省东南部区域。

3. 现象与规律

河南省作为我国第一人口大省，在对外劳务输出规模和管理方面存在诸多问题。目前，河南省劳务输出无法妥善针对各地区不同需求有区别地输入相应的人才，加上政府法治及管理的不完善、企业竞争力不强、国际政治环境等因素，导致河南对外劳务输出的供给出现结构性失衡。

怎样将人口压力转换为人口红利，从而成为未来经济发展的亮点是河南省目前面对的主要问题。近些年，沿海国内外大批制造业开始向内陆转移，给河南省带来了更多的发展资金和机会。在外部条件已经出现之时，河南省必须整合内部资源，发挥以郑州市为核心的运输优势，联动全省协调发展。加强政府法治和管理，努力为企业提高竞争力开辟有利条件，进而促进河南对外劳务输出的供求均衡发展。

4. 趋势与展望

第一，可持续竞争力的连续下滑可能降低未来的综合经济竞争力。根据城市竞争力的理论框架，综合经济竞争力是产出的、当前的、短期的城市竞争力，可持续竞争力是投入的、可持续的、长期的竞争力，可持续竞争力将转化为未来的综合经济竞争力。虽然目前河南的综合经济竞争力呈现上升趋势，但可持续竞争力连续三年下滑，前景堪忧，社会、环境等问题相对突出，需要引起高度警惕。

第二，信息城市竞争力连续提升有助于进一步提升河南省交通枢纽的地位。根据城市竞争力各分项数据连续三年均值，河南省在信息城市竞争力上的提升较为明显，加上省会城市郑州市全方位的发展，河南未来在中原地区交通枢纽的地位有希望进一步得到加强，为河南省未来的经济发展提供更多的资源和机会。

表 14－6　2014 年河南省城市综合经济竞争力、可持续竞争力及其分项

	综合经济竞争力		可持续竞争力		知识城市竞争力	和谐城市竞争力	生态城市竞争力	文化城市竞争力	全域城市竞争力	信息城市竞争力
城　市	指数	排名	指数	排名	等级	等级	等级	等级	等级	等级
郑　州	0.264	19	0.454	44	★★★★★	★★★★	★	★★★★★	★★★★★	★★★★★
开　封	0.082	120	0.212	210	★★	★	★	★★★★	★★	★
洛　阳	0.127	62	0.335	98	★★★★	★★★	★	★★★★★	★★★	★★★★
平顶山	0.084	117	0.129	263	★	★★	★	★★	★★	★
安　阳	0.088	115	0.213	209	★★★	★★	★	★★★★	★★	★★
鹤　壁	0.059	218	0.215	206	★	★★★★	★	★	★★★	★★
新　乡	0.096	105	0.287	139	★★★	★★★★	★★	★	★★★	★★★
焦　作	0.106	84	0.234	180	★★★	★	★	★★★	★★★	★★
濮　阳	0.070	171	0.193	224	★	★★★★	★	★★	★	★

续表

	综合经济竞争力		可持续竞争力		知识城市竞争力	和谐城市竞争力	生态城市竞争力	文化城市竞争力	全域城市竞争力	信息城市竞争力
城市	指数	排名	指数	排名	等级	等级	等级	等级	等级	等级
许昌	0.117	70	0.227	192	★★	★	★★	★	★★★★	★★
漯河	0.077	133	0.202	216	★	★★★	★	★	★	★★★
三门峡	0.070	165	0.244	174	★★	★★	★★	★★	★★★	★★
南阳	0.094	110	0.249	171	★★	★	★★★	★★★★	★	★★
商丘	0.079	130	0.160	244	★	★	★	★★★	★	★★
信阳	0.074	152	0.226	194	★	★	★★★★★	★	★	★★
周口	0.084	118	0.113	271	★	★	★★	★	★	★
驻马店	0.075	144	0.168	240	★	★	★★	★	★	★
指数均值	0.097	16	0.227	25	0.208	0.274	0.307	0.202	0.178	0.381
指数方差	0.002	14	0.006	5	0.010	0.010	0.024	0.013	0.006	0.012
变异系数	0.480	14	0.349	9	0.474	0.367	0.508	0.571	0.421	0.286

资料来源：中国社会科学院城市与竞争力指数数据库。

5. 战略与政策

战略回顾：2003 年，河南省出台《河南省全面建设小康社会规划纲要》，提出以郑州为中心，实施区域性中心城市带动战略、加快中原城市群发展。在探索郑（州）洛（阳）一体化未果之后，郑汴一体化提上议事日程。2005 年，中原城市群规划提出将开封纳入郑州城市功能圈，郑州东扩，将教育功能向开封分散，开封也提出向西发展，打造郑州后花园。

政策建议：河南省在城乡一体的全域城市、环境友好的生态城市等方面还存在不足。在建设中原经济区过程中，应加快转变经济发展方式，不断调整产业结构，改变北强南弱的不平衡格局，减少资源环境代价，走工业化、信息化、城镇化和农业现代化协调发展道路。在区域中心城市建设方面要充分考虑各地利益关系，比如后郑汴一体化时代洛阳等西部地区城市的发展道路和方向。在郑汴一体化过程中要处理好郑州的极化和辐射作用，逐步改变郑州强开封弱的基本格局，推进郑州和开封两城的顺利融合。

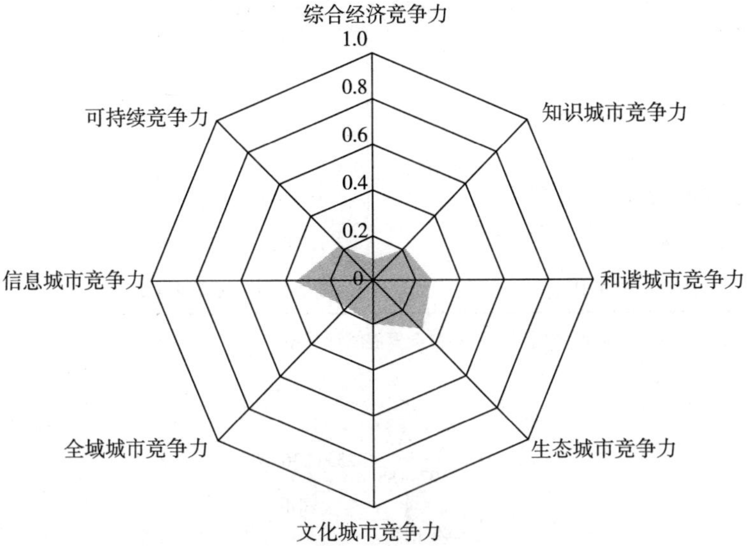

图 14－9　2014 年河南省城市竞争力

资料来源：中国社会科学院城市与竞争力指数数据库。

四　中国城市竞争力（山西）报告

最近三年，山西省经济发展状况良好，综合经济竞争力始终处于全国下游水平，可持续竞争力出现下降，也处于下游水平。作为中国的煤炭之乡，近年来山西受到行业发展减缓的影响，综合经济竞争力提升受到限制，而在可持续竞争力方面，虽然近年来煤炭产业投资减少，但空气污染和资源依赖等现象依然广泛存在，粗放型经济面临多重瓶颈，生态城市竞争力形势严峻。未来要进一步压缩和淘汰落后产能，并以企业为主体加快推进创新驱动。在经济不失速的同时做好调结构、治污染的特殊任务，实现资源型地区的产业升级和转型，实现从要素驱动向创新驱动的增长动力转换。

1. 格局与优势

总体概况：近三年来，山西省着力稳增长、调结构、促改革、治污染、惠

表 14 -7　2014 年山西省省情信息

项目	数据
土地面积	15.67 万平方千米
常住人口	3647.96 万人
城镇人口占常住人口比重	53.79%
GDP 及增长率	12759.4 亿元,4.9%
一、二、三产业占 GDP 比重	6.2%,49.7%,44.1%

资料来源：2014 年山西省国民经济和社会发展统计公报。

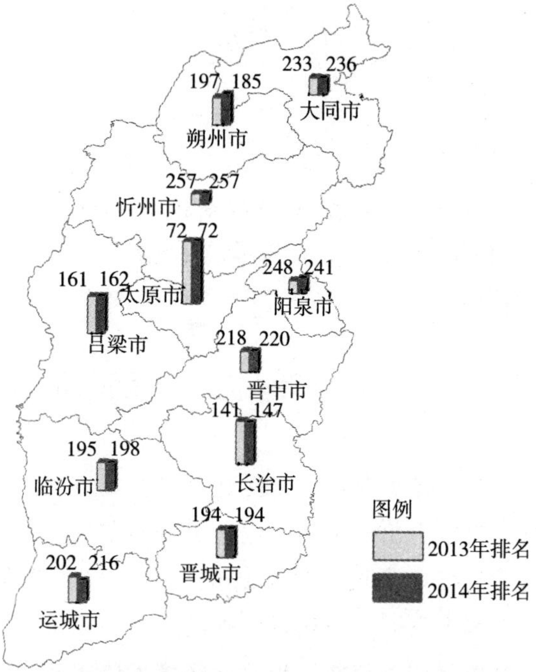

图 14 -10　2013 年和 2014 年山西省城市综合经济竞争力排名

资料来源：中国社会科学院城市与竞争力指数数据库。

民生，经济发展缓中趋稳、稳中有进。从综合经济发展来看，产业结构呈现积极变化，三次产业比例由 2012 年的 6.0∶57.8∶36.4 调整为 2014 年的 6.2∶49.7∶44.1，服务业发展态势良好；需求结构方面，投资拉动型经济有所收敛，固定资产

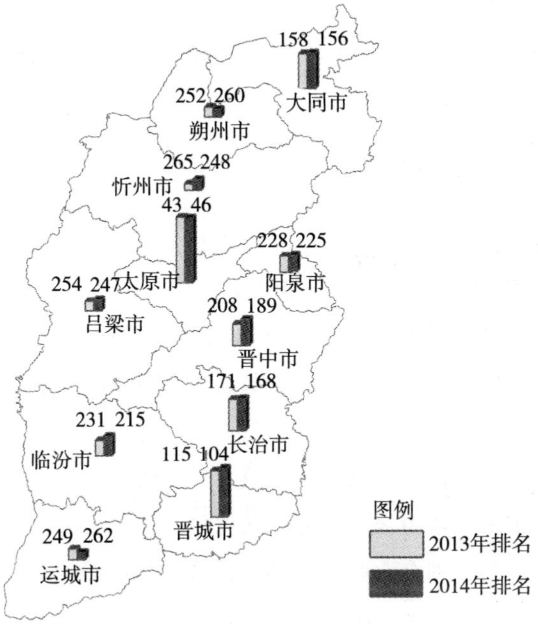

图 14－11　2013 年和 2014 年山西省城市可持续竞争力排名

资料来源：中国社会科学院城市与竞争力指数数据库。

投资增速连续三年放缓，近三年分别为 24.5%、12.1%、11.5%，投资结构有所改善，2014 年全省工业投资 5054.0 亿元，增长 7.5%，其中，煤炭工业投资 1088.1 亿元，下降 6.0%，非煤产业投资 3965.8 亿元，增长 12.0%；传统产业（煤炭、焦炭、冶金、电力）投资合计 2303.9 亿元，增长 4.0%，非传统产业投资合计 2750.1 亿元，增长 10.6%；要素结构方面，科技创新对经济发展的贡献有所改善，但仍显不足，发明专利申请量与授权量分别为 6107 件和 1559 件，分别增长 1.4% 和 17.0%。从可持续竞争力来看，山西省处于全国下游水平，文化城市竞争力表现较好，生态城市竞争力表现不佳，其他分项均表现一般。**总体来看，山西目前处于要素驱动的发展阶段，今后必须走可持续发展之路，在经济不失速的同时完成调结构、治污染的发展任务。**

现状格局：2014 年山西城市平均综合经济竞争力均值为 0.066，在全国除西藏外的省级行政区域中排第 27 位。同时可持续竞争力均值为

0.226，排在全国除西藏和台湾外的省级行政区域第26位。总体来看，山西省可持续竞争力和综合经济竞争力发展较差，但从变异系数来看，山西可持续竞争力变异系数排名13位，相对2013年进步3位，这表明山西省内部各城市之间的可持续竞争力差距有所缩小。山西省城市竞争力总体呈现以下特征。

第一，太原综合发展领先，长治和晋城具备特色优势。太原的综合经济竞争力和可持续竞争力均排在前100位，也分别是山西省唯一进入100名的城市，在知识城市、文化城市、全域城市和信息城市等4个方面都是5星城市，相对其他城市而言发展优势明显。而地处山西东南部的长治和晋城两个城市，其发展状况类似，都属于具备特色优势型，在和谐城市和文化城市方面具备一定优势，而在生态城市和知识城市方面具有一定短板。

第二，文化城市竞争力表现较好。从可持续竞争力的分项来看，山西省的文化城市竞争力较高，拥有太原、大同、晋城和晋中等4个5星城市，没有1星城市，仅有1个2星城市。山西是中国北方文化最发达的地区之一，在历史上曾经产生过深远影响，留下众多文物古迹，这也成为山西除了煤炭等自然资源之外的另一种产业发展的重要资源。文化产业也成为实现山西从人文资源大省向经济强省和文化强省跨越的希望。

第三，知识竞争力和信息竞争力发展不平衡。山西在知识竞争力和信息竞争力方面，都是太原一枝独秀的格局。虽然省会太原在这两方面都是5星城市，但其余城市均在3星城市及以下。知识竞争力和信息竞争力本身具有较强的传播效应和扩散效应，但太原在这两方面的优势并没有对省内其他城市形成积极影响，这说明山西省在知识竞争力和信息竞争力的城市分布格局不平衡。在将来的发展过程中需要进一步发挥太原的科技优势和交通优势，对周边城市可持续竞争力的提高产生积极影响。

2. 问题与软肋

第一，生态环境水平很差，制约了可持续竞争力提升。山西各城市在分项竞争力比较中，生态城市竞争力方面全部为1星城市。这说明山西省生态环境水平很差，过低的生态城市竞争力成为制约山西城市可持续竞争力提升的瓶颈。

第二，内部发展差距较大，部分城市发展落后。山西各城市间发展差距较大，太原作为省会其综合经济竞争力和可持续竞争力均处在全国前100名，但其他城市发展落后，尤其是阳泉、忻州和运城三个城市的综合经济竞争力和可持续竞争力均处在200名以后。忻州除文化城市竞争力分项外，其余分项均为1星城市。这表明山西除太原之外，还有很多城市发展滞后。

表14－8　2014年山西省城市综合经济竞争力、可持续竞争力及其分项

	综合经济竞争力		可持续竞争力		知识城市竞争力	和谐城市竞争力	生态城市竞争力	文化城市竞争力	全域城市竞争力	信息城市竞争力
城　市	指数	排名	指数	排名	等级	等级	等级	等级	等级	等级
太　原	0.115	72	0.444	46	★★★★★	★★★★	★	★★★★★	★★★★★	★★★★★
大　同	0.052	236	0.264	156	★★★	★★	★	★★★★★	★★★	★★★
阳　泉	0.051	241	0.191	225	★	★★	★	★★	★★★★	★★★
长　治	0.074	147	0.254	168	★★	★★★★★	★	★★★★	★★★	★★★
晋　城	0.064	194	0.331	104	★	★★★★★	★	★★★★★	★★★	★★★
朔　州	0.066	185	0.134	260	★	★★	★	★★★	★★	★
晋　中	0.059	220	0.228	189	★	★	★	★★★★★	★★	★★★
运　城	0.060	216	0.133	262	★★	★	★	★★★★	★★	★
忻　州	0.046	257	0.153	248	★	★	★	★★★	★	★
临　汾	0.064	198	0.203	215	★★	★★	★	★★★★	★	★★
吕　梁	0.071	162	0.153	247	★	★	★	★★★	★★	★★
指数均值	0.066	27	0.226	26	0.189	0.279	0.171	0.294	0.213	0.402
指数方差	0.0003	2	0.009	8	0.017	0.012	0.007	0.010	0.008	0.018
变异系数	0.279	1	0.421	13	0.690	0.387	0.505	0.347	0.418	0.334

资料来源：中国社会科学院城市与竞争力指数数据库。

3. 现象与规律

人均绿地面积过低，水污染严重，粗放增长模式与生态环境之间的矛盾尖锐。2014年山西省城市层面的每万人人均绿地面积仅24.26公顷，该指标在全国处于最低的省份之一，在水污染方面，有太原、大同、阳泉、朔州和运城五个城市的地表水水质属重度污染。近些年来，山西以煤炭行业等高污染产业为产业支柱，在经济增长的同时对生态环境造成极大破坏，空气质量、地表水水质的不断恶化严重威胁了经济社会可持续发展。

从全国一般规律来看，绿地面积低和水污染严重的省份均面临生态环境恶化问题，可持续竞争力的提升受到制约。除了山西外，河北、河南、辽宁、宁夏等省份的地表水水质同样出现比较严重的污染，陕西、甘肃等省份的人均绿地面积也较低，这些地区的生态城市竞争力均在全国排名倒数，也都不同程度存在经济增长模式粗放的问题。这些省份应加快产业结构调整，加快实现从粗放增长模式转型为经济与环境协调发展的增长模式。

4. 趋势与展望

山西各城市在文化竞争力方面发展优势相对明显，但生态环境水平很差。在城市格局上，省会太原优势明显，但省内大部分城市的综合经济竞争力和可持续竞争力还处于较差水平。**未来山西各城市要继续探索资源型经济转型的路径，实现资源节约型和环境友好型发展。**

5. 战略与政策

战略回顾：近年来，山西省按照以煤为基、多元发展的思路，提出通过“七条路径”改造提升传统产业，培育壮大新兴产业，加快发展现代服务业，发展现代产业体系。这是基于山西省当前的发展态势所做出的战略部署，也是全省在未来较长时期内的发展方向。但从目前的发展状态来看，山西省生态环境形势依然严峻，需要进一步推进经济结构调整，走资源型地区产业转型的新路，促进经济与环境协调发展。

政策建议：总体来说，未来各城市发展过程中，要以修复生态环境、改善民生、统筹城乡发展为重点，加快产业结构调整，促进经济增长方式转型，推动资源型城市经济发展、生态环境、城市功能和社会支撑的全面转型。一是以“黑色能源绿色发展、高碳能源低碳发展”为原则，扎实推进山西国家综合能源基地建设，加快能源供应能力，优化能源供应和外输结构，不断提升非化石能源比重。以提质增效为核心，转变能源消费方式和消费理念，建立健全能源消费强度和消费总量“双控”机制，推动能源消费结构优化。二是通过调整转移支付和实施重点项目等政策措施，加大对山西省内落后地区的发展支持，从而实现区域内各城市的协调发展。

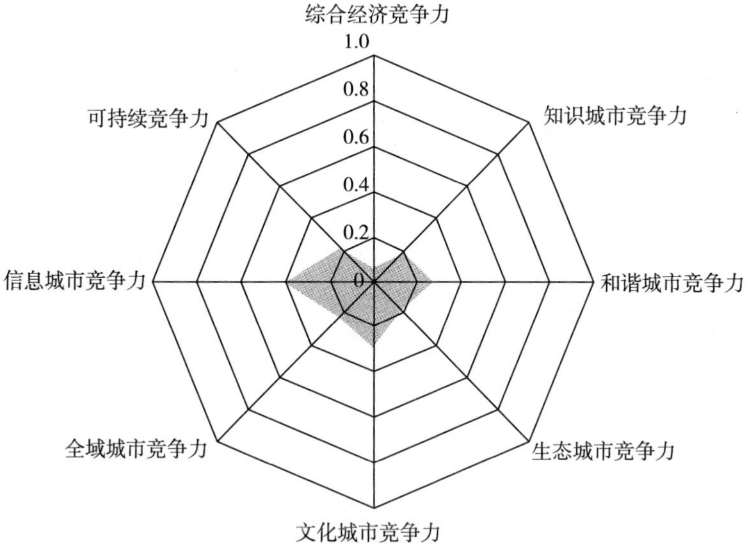

图 14-12　2014 年山西省城市竞争力

资料来源：中国社会科学院城市与竞争力指数数据库。

五　中国城市竞争力（江西）报告

最近三年，江西省综合经济竞争力处于全国下游水平，而可持续竞争力持续提升，目前处于中游水平。特别是生态城市竞争力及和谐城市竞争力优势明显。但江西省内各个城市发展不均衡，且城乡一体化水平比较低。总体来看，江西省近几年可持续竞争力的不断提升证明，其走出了一条具有江西特色的绿色崛起之路，未来要以可持续竞争力的优势促进综合经济竞争力的提升，将从要素驱动向创新驱动的转变形成经济增长的核心动力。

表 14-9　2014 年江西省省情信息

项目	数据
土地面积	16.69 万平方千米
常住人口	4542.16 万人
城镇人口占常住人口比重	50.2%
GDP 及增长率	15708.6 亿元,9.7%
一、二、三产业占 GDP 比重	10.7%,53.4%,35.9%

资料来源：2014 年江西省国民经济和社会发展统计公报。

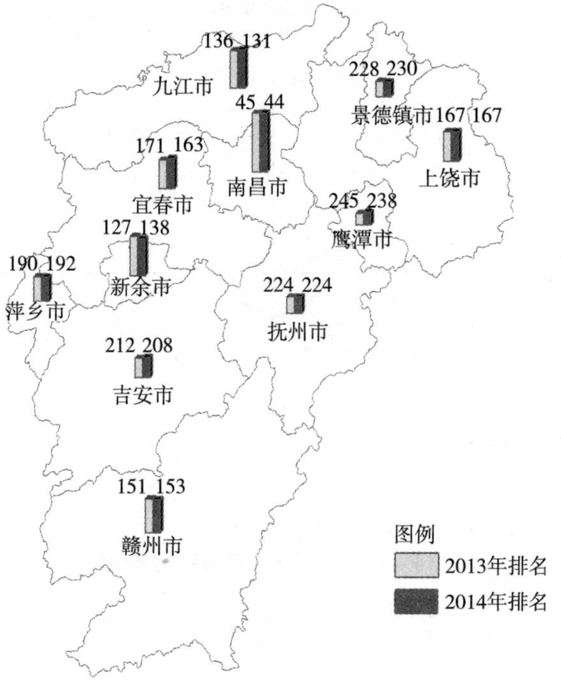

图 14－13　2013 年和 2014 年江西省城市综合经济竞争力排名

资料来源：中国社会科学院城市与竞争力指数数据库。

1. 格局与优势

总体概况：近三年来，江西省着力稳增长、调结构，经济发展保持稳定。从综合经济发展来看，产业结构呈现积极变化，三次产业比例从 2012 年的 11.5∶53.8∶34.5 调整为 2014 年的 10.7∶53.4∶35.9，服务业发展态势良好；需求结构方面，投资拉动型经济有所收敛，固定资产投资增速连续三年放缓，近三年分别为 30.1%、19.4%、17.6%，投资结构也有所改善，2014 年第三产业投资 6361.5 亿元，增长 28.1%，远远高于第二产业 11.2% 的增长；要素结构方面，科技创新对增长的贡献有所提升，但并不明显，全年 R&D 经费支出 157 亿元，占 GDP 的比重为 1.0%，比上年提高 0.05 个百分点。从可持续竞争力来看，江西省已处于全国中游靠前水平，生态城市竞争力及和谐城市竞争力表现较好，全域城市竞争力表现不佳，其他分项均表现一般。**总体来看，江西目前处于要素驱动向创新驱动开始转型的阶段，但在未来发展过程中要注**

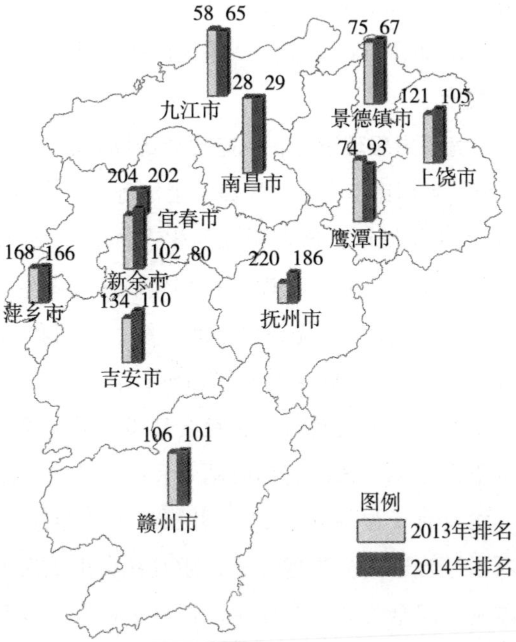

图 14－14　2013 年和 2014 年江西省城市可持续竞争力排名

资料来源：中国社会科学院城市与竞争力指数数据库。

重加强城乡协调发展和促进区域协调发展。

现状格局：2014 年江西城市平均综合经济竞争力均值为 0.075，在全国除西藏外的省级行政区域中排第 24 位。而可持续竞争力均值为 0.335，排在全国除西藏和台湾外的省级行政区域中第 13 位。可持续竞争力明显好于综合经济竞争力，2014 年综合经济竞争力在前 100 名的仅有南昌 1 个城市，而可持续竞争力在前 100 名的有 5 个城市，除宜春外，所有城市的可持续竞争力排名都高于本市的综合竞争力排名。从变异系数来看，江西综合经济竞争力和可持续竞争力变异系数排名分别居 7 位和 4 位，分别相对 2013 年进步 1 位和 2 位，这表明江西省内部各城市之间的综合经济竞争力差距和可持续竞争力差距有所缩小。江西省城市竞争力总体呈现以下特征。

第一，南昌发展一枝独秀，可持续竞争力赣北强于赣南。总体来看，南昌作为江西省的省会，无论是综合经济竞争力还是可持续竞争力，都是省内唯一进入前 50 名的城市，因此发展情况要明显好于其他城市。从综合经济竞争力来看，除去南昌外，其余城市都属于中等或较差。而从可持续竞争力来看，进入前100名的5个城市都分布在赣北，从整体的排名状况来说，赣北的可持续竞争力要明显强于赣南。

第二，生态城市竞争力表现很好，生态优势继续巩固。在生态城市竞争力分项，江西省拥有南昌、景德镇、九江、鹰潭、上饶等5个5星城市，同时还拥有3个4星城市，而没有1星城市，这表明江西生态优势继续巩固提升。近年来，从“山江湖工程”到“生态立省”战略，再到建设鄱阳湖生态经济区，江西不仅实现了经济社会快速发展，生态优势也不断延续、巩固和提升。从80年代初期以来，全省森林覆盖率从31.5%上升到63.1%，居全国前列。

第三，和谐城市竞争力表现较好，在社会建设和社会治理方面取得较好成绩。在和谐城市竞争力分项，江西省拥有新余和鹰潭2个5星城市，同时还拥有6个4星城市，而没有1星城市，这表明江西在社会建设方面取得较好成绩。近年来，江西通过改进社会治理方式，激发社会组织活力，创新有效预防和化解社会矛盾体制，健全公共安全体系，提升了社会建设和社会治理的整体水平，取得了一定成绩。

2. 问题与软肋

第一，城乡一体化水平较低制约了可持续竞争力提升。江西各城市在分项竞争力比较中，全域城市竞争力方面是唯一没有5星城市的分项，除了南昌和景德镇外，其余城市均属于1星城市和2星城市。这说明全域竞争力是江西省的短板，城乡一体化发展水平较低成为制约江西城市可持续竞争力提升的瓶颈。

第二，文化竞争力和知识竞争力相对较差。江西各城市在文化城市竞争力方面和知识城市竞争力方面比较类似，都是仅有南昌一个5星城市，具有2个4星城市、2个3星城市、2个2星城市和4个1星城市。从总体情况来看，属于发展相对较差的分项，也说明南昌对其他城市的文化传播和知识扩散相对不足。

3. 现象与规律

科技经费占财政收入比重明显偏低，形成了江西走向创新驱动的制约。2014年江西省城市科技经费占财政收入比重相较于其他城市明显偏低，该指标的均值仅为1.5%，成为我国科技经费占财政收入比重最低的省份之一。过低的科技投入使江西省难以从要素驱动向创新驱动转换。近年来，江西省虽然生态环境较好，但综合经济竞争力一直落后于可持续竞争力，主要就是由于在要素禀赋条件变化的情况下，又无法通过创新形成增长的核心动力。

从全国一般规律来看，科技经费支出较低的城市普遍知识竞争力较低，而综合经济竞争力也较低。通过城市层面的相关性分析发现，城市科技经费支出和知识竞争力的相关系数为 0.5924，和综合经济竞争力的相关系数高达 0.7685。除去江西外，这一指标较低的省份还有甘肃、贵州和云南，这些均为经济落后省份。这就说明，加大科技投入，形成创新驱动的增长模式，是保持长期可持续发展的必由之路。

表 14－10　2014 年江西省城市综合经济竞争力、可持续竞争力及其分项

	综合经济竞争力		可持续竞争力		知识城市竞争力	和谐城市竞争力	生态城市竞争力	文化城市竞争力	全域城市竞争力	信息城市竞争力
城　　市	指数	排名	指数	排名	等级	等级	等级	等级	等级	等级
南　　昌	0.160	44	0.520	29	★★★★★	★★★★	★★★★★	★★★★★	★★★★	★★★★★
景 德 镇	0.056	230	0.384	67	★★★	★★★★	★★★★★	★★★★	★★★	★★
萍　　乡	0.065	192	0.255	166	★★	★★★★	★★	★	★★	★
九　　江	0.077	131	0.389	65	★★★★	★★★★	★★★★★	★★	★★	★★★★
新　　余	0.076	138	0.356	80	★★★★	★★★★★	★★★★	★	★★	★★★★
鹰　　潭	0.052	238	0.341	93	★	★★★★★	★★★★★	★	★★	★★★★
赣　　州	0.073	153	0.333	101	★★★	★★	★★★★	★★★★	★	★★★★
吉　　安	0.062	208	0.322	110	★★	★★★★	★★★★	★★★	★	★★★★
宜　　春	0.071	163	0.220	202	★	★★★	★★★	★	★	★★
抚　　州	0.057	224	0.231	186	★	★★★★	★★	★★	★	★★
上　　饶	0.070	167	0.331	105	★	★★★	★★★★★	★★★	★	★★★
指数均值	0.075	24	0.335	13	0.230	0.388	0.635	0.200	0.169	0.476
指数方差	0.0009	7	0.007	6	0.013	0.005	0.022	0.013	0.003	0.014
变异系数	0.399	7	0.251	4	0.494	0.189	0.232	0.574	0.339	0.245

资料来源：中国社会科学院城市与竞争力指数数据库。

4. 趋势与展望

江西各城市在社会治理和生态环境改善等方面发展优势相对明显，但城乡一体化水平较低是其发展短板，同时知识竞争力和文化竞争力发展较为不足。在城市格局上，省会南昌发展优势明显，但对周边城市的扩散效应和溢出效应还有所不足。**江西作为革命老区，未来的发展还是要以绿色发展为主导，充分发挥生态优势，并进一步加强科技投入，加快形成创新驱动的增长动力，促进综合经济竞争力和可持续竞争力提升。**

5. 战略与政策

战略回顾：近年来，江西省提出以鄱阳湖生态经济区建设为龙头，加速推进新型工业化，加速推进城镇化，加速推进农业现代化，着力提高生态文明水平，着力提高社会文明程度，着力提高人民群众幸福指数，努力实现科学发展、进位赶超、绿色崛起。但从目前情况来看，虽然生态环境保护较好，社会治理取得一定成效，但经济欠发达地位没有根本改变，并且面临加快发展和加速转型的双重压力，要素成本进入上升期，科技对产业发展和经济增长的贡献还有所不足，产业结构调整升级的内在要求更加迫切。未来需要加快向创新驱动的转换，形成经济增长的核心动力。

政策建议：综上所述，江西存在的问题是知识文化竞争力较差和较低的城乡一体化水平。未来各城市发展过程中，第一，各城市要充分发挥南昌的带动作用，加大科技投入和文化投入，促进全省文化竞争力和知识竞争力的提高，形成创新驱动型的增长模式。第二，要进一步统筹城乡经济社会发展，提高城乡一体化水平，进一步提升城市本身的可持续竞争力。第三，以鄱阳湖生态经济区建设为龙头，进一步发挥江西的生态优势，走出一条绿色崛起之路。

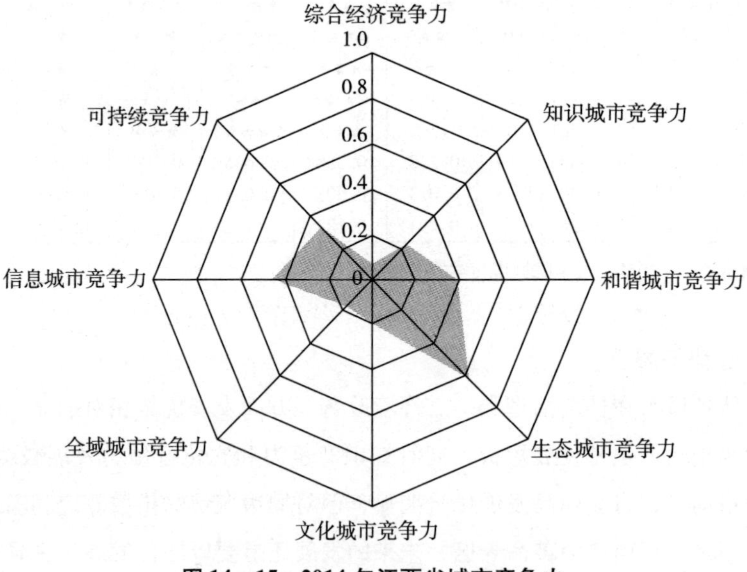

图 14－15　2014 年江西省城市竞争力

资料来源：中国社会科学院城市与竞争力指数数据库。

六　中国城市竞争力（安徽）报告

最近三年，安徽省可持续竞争力稳定在全国中等水平，综合经济竞争力下降至全国中等靠后。总体看来，安徽省生态环境发展较好，社会治理成效显著。但由于省内经济发展不均衡的情况比较明显，同时城乡发展一体化水平较低，从而形成了经济增长动力的制约因素。未来安徽各城市应充分发挥靠近长三角的区域优势，充分发挥合肥和芜湖的带动作用，统筹城乡经济社会发展，进一步提升城市本身的可持续竞争力和综合经济竞争力。

表 14－11　2014 年安徽省省情信息

项目	数据
土地面积	13.96 万平方千米
常住人口	6082.9 万人
城镇人口占常住人口比重	49.2%
GDP 及增长率	20848.8 亿元,9.2%
一、二、三产业占 GDP 比重	11.5%,53.7%,34.8%

资料来源：2014 年安徽省国民经济和社会发展统计公报。

1. 格局与优势

总体概况：近三年来，安徽省着力稳增长、调结构，经济发展保持稳定。从综合经济发展来看，产业结构呈现积极变化，三次产业比例从 2012 年的 12.7∶54.6∶32.7 调整为 2014 年的 11.5∶53.7∶34.8，服务业发展态势良好；需求结构方面，投资拉动型经济有所收敛，固定资产投资增速连续三年放缓，近三年分别为 24.2%、21.2%、16.5%，从投资结构来看，2014 年建筑业投资增速仍高达 83.4%，其次是批发零售业、租赁和商务服务业，分别达到 67.4%和 65.4%；要素结构方面，科技创新对增长的贡献有所提升，R&D 经费支出 408.7 亿元，增长 16.1%，相当于全省生产总值的 1.96%，比上年提高 0.13 个百分点。从可持续竞争力来看，安徽省处于全国中游水平，生态城市竞争力及和谐城市竞争力表现较好，全域城市竞争力表现不佳，其他分项均表现一般。**总体来看，安徽目前处于要素驱动向创新驱动开始转型的阶段，但在未来发展过程中要注重加强城乡协调发展和促进区域协调发展。**

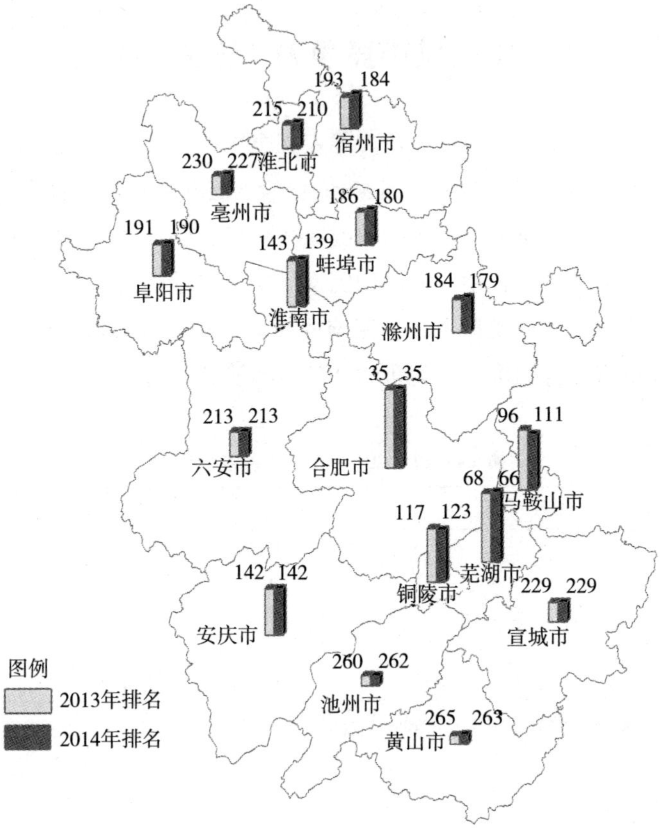

图 14－16　2013 年和 2014 年安徽省城市综合经济竞争力排名

资料来源：中国社会科学院城市与竞争力指数数据库。

现状格局：2014 年安徽城市平均综合经济竞争力均值为 0.077，排在全国除西藏外的省级行政区域第 22 位。可持续竞争力均值为 0.286，排在全国除西藏和台湾外的省级行政区域第 20 位。总体来看，安徽省可持续竞争力要好于综合经济竞争力，2014 年综合经济竞争力在前 100 名的仅有 2 个城市，而可持续竞争力在前 100 名的有 4 个城市。从变异系数来看，安徽综合经济竞争力和可持续竞争力变异系数排名分别居 12 位和 16 位，分别相对 2013 年退步一位，这表明安徽省内部各城市之间的差距略有扩大。安徽省城市竞争力总体上呈现以下特征。

第一，合肥和芜湖优势明显，部分城市发展不平衡。合肥和芜湖综合经济

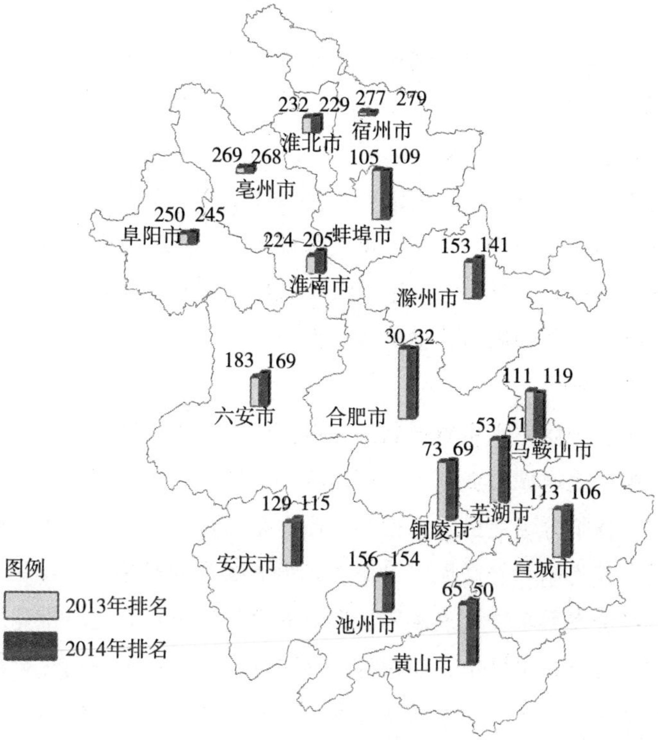

图 14－17　2013 年和 2014 年安徽省城市可持续竞争力排名

资料来源：中国社会科学院城市与竞争力指数数据库。

竞争力明显好于其他城市，均排在前 100 位，可持续竞争力也都排在前列，相对其他城市而言发展优势明显。有部分城市综合经济竞争力与可持续竞争力发展不平衡，其中最有代表性的是黄山，其综合经济竞争力位居全省倒数第一，而可持续竞争力居全省第二。此外蚌埠、铜陵、池州和宣城可持续竞争力明显好于综合经济竞争力，而淮南、宿州和阜阳综合经济竞争力要好于可持续竞争力。

第二，和谐城市竞争力表现较好，社会治理成效显著。安徽省拥有合肥、马鞍山、铜陵 3 个 5 星城市，而仅有宿州和宣城 2 个 1 星城市，整体看来，和谐城市竞争力表现较好。近年来，安徽积极创新社会治理，探索建立科学有效的社会治理体制，将美好乡村建设作为惠及千万农民的最大民生工程，以“三线三边”为突破口开展城乡环境整治，深入推进“抓金寨、促全省”扶贫开发战略，使广大群众幸福指数不断提高，减少了许多社会矛盾，确保了社会和谐稳定。

第三，生态城市竞争力表现较好，但城市之间差距较大。安徽在生态城市竞争力方面成绩较好，4 星以上城市有 8 个，其中黄山和宣城为 5 星城市。但与此同时，2 星和 3 星城市仅各有 1 个，而 1 星城市达到 6 个。这说明城市间生态城市竞争力差距较大，还需进一步协调和提升。安徽省通过全面落实推进大气污染防治的各项措施，建立了重点区域大气污染联防联控机制，推进了千家企业节能低碳行动，有力推动了安徽生态环境的改善。未来需要进一步重点治理生态环境还较差的城市，推进协调发展。

2. 问题与软肋

第一，城乡一体化水平较低制约了可持续竞争力提升。安徽各城市在分项竞争力比较中，全域城市竞争力方面是唯一没有 5 星城市的分项，而有 8 个一星城市也成为各个分项之最。这说明安徽省全域竞争力是其短板，城乡一体化发展水平较低成为制约安徽城市可持续竞争力提升的瓶颈。

第二，经济发展与文化发展不协调。安徽各城市在文化城市竞争力方面仅有黄山和宣城两个 5 星城市，而这两个城市综合经济竞争力均在全国 200 名以后。其余城市大多属于 1 星城市和 2 星城市，而综合经济竞争力表现较好的合肥和芜湖，文化城市竞争力并不理想。这说明安徽省各城市经济发展与文化发展并不协调。

3. 现象与规律

城市化与工业化适应性低，影响了全域城市竞争力提升。2014 年安徽省城镇化率为 49.2%，在全国处于相对较低水平。而其城市化与工业化适应性指标的水平标准化均值仅为 0.84，成为我国这一指标最低的省份之一。城市化与工业化适应性指标较低体现出安徽城市化发展不足。特别是宿州、六安、亳州、池州、宣城等城市，城市化与工业化发展的不协调制约了全域城市竞争力提升。

从全国一般规律来看，城市化与工业化适应性较低的城市普遍全域竞争力较低，而其可持续竞争力也较低。通过城市层面的相关性分析发现，城市化与工业化适应性这一指标和全域竞争力的相关系数为 0.6587，和可持续竞争力的相关系数也达到 0.5217。除去安徽外，这一指标较低的省份还有山西、甘肃和宁夏，这些也都是可持续竞争力较低的省份。这就说明，加快推进新型城镇化，形成城市化与工业化协调发展的态势，是提升可持续竞争力的重要途径。

表 14 －12　2014 年安徽省城市综合经济竞争力、可持续竞争力及其分项

	综合经济竞争力		可持续竞争力		知识城市竞争力	和谐城市竞争力	生态城市竞争力	文化城市竞争力	全域城市竞争力	信息城市竞争力
城　　市	指数	排名	指数	排名	等级	等级	等级	等级	等级	等级
合　　肥	0. 191	35	0. 502	32	★★★★★	★★★★★	★★★★	★★★★	★★★★	★★★★★
芜　　湖	0. 123	66	0. 432	51	★★★★★	★★★★	★★★★	★★	★★★★	★★★★
蚌　　埠	0. 068	180	0. 325	109	★★★	★★★	★★★★	★	★★★	★★★★
淮　　南	0. 076	139	0. 215	205	★★★	★★★	★	★	★★	★★
马 鞍 山	0. 094	111	0. 307	119	★★★	★★★★★	★	★★	★★★★	★★★
淮　　北	0. 062	210	0. 185	229	★★	★★★	★	★	★★	★★
铜　　陵	0. 080	123	0. 376	69	★★★★	★★★★★	★★	★★	★★★★	★★★★
安　　庆	0. 076	142	0. 315	115	★★★	★★★	★★★★	★★★	★	★★
黄　　山	0. 042	263	0. 436	50	★★★★	★★★	★★★★★	★★★★★	★★	★★★
滁　　州	0. 068	179	0. 281	141	★★★	★★★	★★★	★	★	★★★
阜　　阳	0. 066	190	0. 159	245	★	★★	★	★	★	★★
宿　　州	0. 067	184	0. 082	279	★	★	★	★	★	★★
六　　安	0. 060	213	0. 251	169	★	★★★	★★★★	★★	★	★★
亳　　州	0. 056	227	0. 119	268	★	★★	★	★★	★	★
池　　州	0. 043	262	0. 265	154	★	★★	★★★★	★★★★	★	★★
宣　　城	0. 056	229	0. 327	106	★★	★	★★★★★	★★★★★	★	★★★
指数均值	0. 077	22	0. 286	20	0. 250	0. 329	0. 487	0. 178	0. 167	0. 438
指数方差	0. 0013	10	0. 014	14	0. 019	0. 013	0. 048	0. 013	0. 008	0. 011
变异系数	0. 471	12	0. 409	16	0. 556	0. 342	0. 448	0. 639	0. 528	0. 243

资料来源：中国社会科学院城市与竞争力指数数据库。

4. 趋势与展望

安徽各城市在社会治理和生态环境改善等方面发展优势相对明显，但城乡一体化水平还有所不足，同时存在经济发展与文化发展不平衡的问题。在城市格局上，合肥和芜湖发展优势明显，但省内大部分城市的综合经济竞争力和可持续竞争力还处于较差水平。**未来安徽各城市应充分发挥靠近长三角的区域优势，充分发挥合肥和芜湖的带动作用，统筹城乡经济社会发展，进一步提升城市本身的可持续竞争力。**

5. 战略与政策

战略回顾：近年来，安徽省提出了统筹区域发展的战略，提出推动皖江城市带率先崛起，形成“一轴双核两翼”的战略布局，支持皖北地区加快发展，推进合肥经济圈一体化发展。同时还提出了稳步推进城乡发展一体化的战略，提出要率先在城乡规划、产业发展、基础设施、公共服务等方面实现一体化发展，促进土地向规模经营集中、工业向园区集中、人口向城镇集中。但从目前的情况来看，安徽省城乡发展一体化水平仍然不高，合肥经济圈还未完全实现一体化，未来要进一步统筹区域发展和统筹城乡发展，促进经济发展更加协调可持续。

政策建议：安徽存在的问题是较低的城乡一体化水平、区域内城市发展的不均衡，经济与文化的不协调。未来在各城市发展过程中，一是要通过推进城乡基本公共服务均等化等一系列政策措施提升城乡一体化水平，更要加快推进新型城镇化，积极提升全域城市竞争力；二是要进一步统筹区域内发展，优化资源配置，聚合发展能量，形成整体优势，把合肥经济圈建成接轨长三角、在全国有影响力的城市经济圈；三是要重点推进部分经济发展较好地区的文化建设，同时充分发挥黄山和宣城等城市的文化价值，以促进落后地区的经济发展，促进经济与文化协调发展。

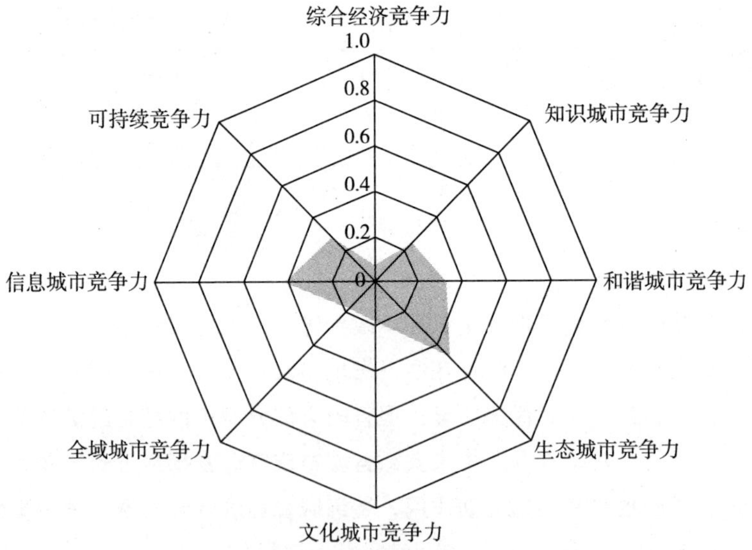

图 14－18　2014 年安徽省城市竞争力

资料来源：中国社会科学院城市与竞争力指数数据库。

B.15

中国（西南地区）城市竞争力报告

董杨 张安全*

一 中国城市竞争力（四川）报告

2012～2014年，四川省经济总体保持平稳较快发展，趋势向好，综合增量和效率都有所提升，但综合经济竞争力仍处于全国中等偏下水平，可持续竞争力水平仍然亟待提高，尤其是文化城市竞争力的排名与四川巴蜀文明渊源深厚的历史地位极不匹配。省会成都表现依旧抢眼，但其他大部分城市与之差距太大，并且差距有进一步拉大的趋势。要实现综合经济竞争力水平的提升，四川必须重视可持续竞争力的健康发展，在“一带一路”和长江经济带建设等多重战略刺激下，进一步调整结构和转变发展方式，要充分发挥成都的辐射和带动作用，优化全省经济空间格局，促进各城市均衡健康发展，全面提高竞争力。

表15－1 2014年四川省省情信息

项目	数据
土地面积	48.5万平方千米
常住人口	8140.2万人
城镇人口占常住人口比重	46.3%
GDP及增长率	28536.7亿元,8.5%
一、二、三产业占GDP比重	12.4%、50.9%、36.7%

资料来源：2014年四川省国民经济和社会发展统计公报。

1. 格局与优势

总体概况：综合实力依然较弱，仍处于要素驱动发展阶段，可持续发展能

* 董杨，西南财经大学西方经济学博士研究生。张安全，西南财经大学经济学院师资博士后。本章报告广西、海南、重庆部分由张安全撰写，四川、贵州、云南部分由董杨撰写。

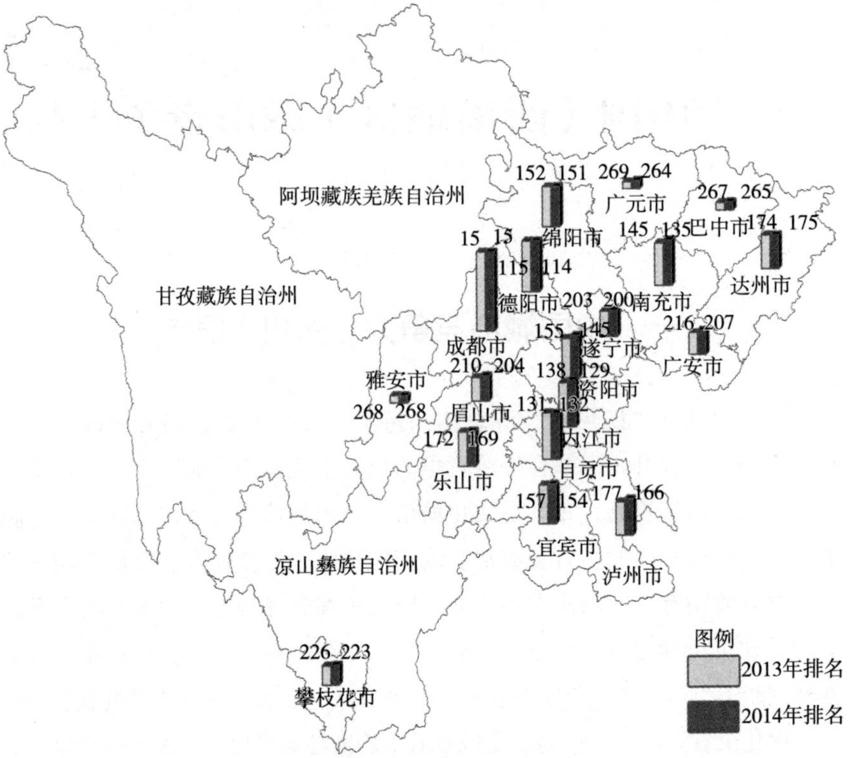

图 15－1　2013 年和 2014 年四川省城市综合经济竞争力排名

资料来源：中国社会科学院城市与竞争力指数数据库。

力亟待提高。近三年来，四川省在经济下行压力持续加大的形势下，始终坚持“稳中求进”的总基调，加快实施一系列夯基础、增后劲、惠民生的重大项目，收到不错的成效，仍保持高于全国水平的 GDP 增长率。从综合经济发展来看，产业结构呈现积极变化，三次产业比例由 2012 年的 13.8∶52.8∶33.4 调整为 2014 年的 12.4∶50.9∶36.7，由工业主导向服务业主导加快转变；需求结构方面，固定资产投资增速三年来持续放缓，分别为 19.3%、16.7%、12.0%，并且投资结构明显由第二产业向第三、一产业调整，民间投资步伐也有所放缓，但仍高于全社会固定资产投资；要素结构方面，科技经费支出占财政收入的比重逐年上升但幅度较小，由 2012 年的 2.2% 升至 2014 年的 2.7%。从可持续竞争力来看，四川总体水平处于全国最差之列，生态城市竞争力表现

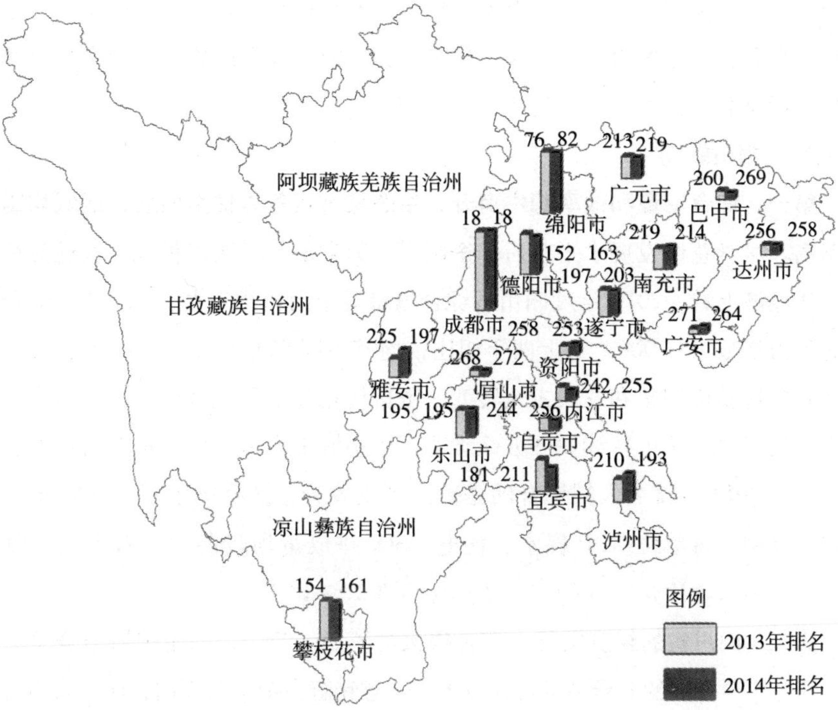

图 15－2　2013 年和 2014 年四川省各城市可持续竞争力排名

资料来源：中国社会科学院城市与竞争力指数数据库

较好，文化和全域城市竞争力表现最差。**总体来看，四川在西南省份中处于较好的水平，但仍处于依靠要素驱动、投资驱动的发展阶段，未来必须更加注重走可持续发展之路，促进经济又好又快发展。**

现状格局：2014 年度四川省综合经济竞争力指数均值为 0.080，在全国除西藏外的省级行政区域中排名第 20 位，较 2013 年并无提升，在全国仍处于中等水平。其中，省会成都排名保持在全国第 15 位，依然属最具竞争力之列；广元、巴中、雅安的排名均在 250 位以外，表现最差。得益于打造成渝经济区和建设天府新区等重大项目工程，该区域范围内的城市综合经济竞争力均有不同程度的提升。

2014 年度四川省可持续竞争力指数均值为 0.217，排名全国除西藏和台湾外的省级行政区域第 27 位，较 2012、2013 年不变，总体水平依旧处于最差之列。其中，成都排名第 18 位，最具竞争力；绵阳排名第 82 位，较具竞争力；

其余城市大多数排名在200位以外，导致全省平均水平较低。从具体六个分项指标上来看，生态城市竞争力指数排名较为靠前，在全国处于中等水平，其余五项指标排名变化不大，均处于最差之列。

2. 问题与软肋

第一，综合增量和效率稳中有升，生态城市竞争力优势明显，区域均衡程度不高。尽管总体发展水平落后于全国大多数省份，但四川仍有一些优势和潜力。从经济上看，2014 年度四川省综合增量竞争力指数均值为 0.085，综合效率竞争力指数为 0.006，与上两年相比，均有不同程度的提升。四川省一直提倡必须坚持结构调整和发展方式转变，坚持优化存量和做大增量两手抓，长期看来必见成效。从可持续发展方面来看，生态城市竞争力分项是四川省的优势所在，在 2013 年排名大幅提升的基础上再度攀升，严格的节能减排措施值得肯定。其中，每单位 GDP 耗水、耗电、SO_2 排放量均较前两年有不同程度的降低，地表水水质达到优的城市依然保持在 70% 以上。

第二，四川省的经济发展也存在很大的不足。第一，除生态城市竞争力以外，其余各项指数的变异系数都比较大，这意味着在全国范围内，四川省内各城市发展的不均衡程度总体很高，城市间差异较大，并且差距有进一步拉大的趋势。除生态城市竞争力外，成都的各项城市竞争力指数均处于最好之列，一城独大，而省内仍有不少城市几乎是各项垫底。第二，可持续竞争力指数排名三年没有得到改善，各分项的排名变化也不大，其中文化与和谐城市竞争力指数排名均较前两年有较大幅度的下跌，全域和信息城市竞争力三年均接近全国垫底。

3. 现象与规律

文化城市竞争力与巴蜀文明渊源深厚的历史地位不匹配。四川是中国文明的重要起源地之一，其悠久的历史、丰厚的人文积淀以及鲜明、多元的地方特色在中国文化体系中占有重要地位，如成都的织锦文化、宜宾的酒文化和自贡的盐文化等。然而，这样一个文化大省的文化城市竞争力连续三年在全国排名几乎垫底。造成这一现象的主要原因可能包括：全省平均每百万人中从事文化、体育和娱乐业的人数较少，文化产业发展还比较落后；历史文化、非物质文化的保护比较到位，但知名度还不够高；由文化艺术场所数量代表的现代文化艺术指数较低，每万人剧场、影剧院数量较排名靠前的省份也存在较大的差距。

4. 趋势与展望

借国家战略的“东风”，自2012年GDP增速跌破8%以来，我国已暂时告别过去30年的高速增长阶段。四川近几年的GDP增速也开始放缓，但始终高于全国平均增速。在国家深入推进“一带一路”和长江经济带建设等多重战略刺激下，2015年，四川有条件继续保持发展速度，抓住机遇促进产业结构调整和增长动力转换，稳定经济增长。同时，**考虑到四川省可持续竞争力完善和进步的空间较大，在创业创新政策的驱动和新型城镇化的深入推进下，未来值得期待。**

表15-2 2014年四川省各城市综合经济竞争力、可持续竞争力及其分项

	综合经济竞争力		可持续竞争力		知识城市竞争力	和谐城市竞争力	生态城市竞争力	文化城市竞争力	全域城市竞争力	信息城市竞争力
城市	指数	排名	指数	排名	等级	等级	等级	等级	等级	等级
成都	0.318	15	0.604	18	★★★★★	★★★★★	★★★★	★★★★★	★★★★★	★★★★★
自贡	0.077	132	0.141	256	★★	★	★	★★★	★	★
攀枝花	0.059	223	0.261	161	★★★	★★★★	★	★★	★★★★	★
泸州	0.070	166	0.227	193	★★	★★★	★★★★	★★★	★	★
德阳	0.091	114	0.257	163	★★★	★★★	★★★	★	★★	★★
绵阳	0.074	151	0.353	82	★★★★★	★★★	★★★★★	★	★★	★★
广元	0.042	264	0.200	219	★	★	★★★	★	★	★★
遂宁	0.064	200	0.220	203	★	★	★★★★★	★	★	★
内江	0.079	129	0.143	255	★	★	★★	★	★	★
乐山	0.070	169	0.225	195	★★★	★★	★★★	★★★	★	★
南充	0.077	135	0.204	214	★	★	★★★★	★★	★	★
眉山	0.063	204	0.104	272	★	★★	★	★	★	★
宜宾	0.073	154	0.210	211	★★	★★	★★★	★★★	★	★
广安	0.062	207	0.129	264	★	★	★★★	★	★	★
达州	0.069	175	0.137	258	★	★	★★	★	★	★
雅安	0.041	268	0.224	197	★★★★	★★	★★★	★	★★	★
巴中	0.042	265	0.118	269	★	★	★★★★	★	★	★
资阳	0.075	145	0.145	253	★	★	★★★★	★	★	★
指数均值	0.080	20	0.217	27	0.199	0.255	0.501	0.143	0.146	0.257
指数方差	0.0037	19	0.013	12	0.019	0.011	0.022	0.016	0.007	0.020
变异系数	0.757	23	0.532	21	0.685	0.418	0.293	0.885	0.584	0.552

资料来源：中国社会科学院城市与竞争力指数数据库。

5. 战略与政策

战略回顾：近年来，四川全面实施“三大战略”，奋力推进“两个跨越”，即实施多点多极支撑发展战略，“两化”互动、城乡统筹发展战略，创新驱动发展战略，推动四川由经济大省向经济强省跨越、由总体小康向全面小康跨越。在战略目标指引下，四川全省经济保持平稳较快发展，各方面建设取得新的成就，正由要素驱动向创新驱动转轨。

政策建议：成都的发展在四川省内是一枝独秀，成都经济区同城化发展步伐也明显加快。除了享受到的政策支持和资源支撑以外，其发展的路径选择和改革的举措实施也不容忽视。随着天府新区正式获批国家级新区，以及成绵乐城际铁路等建成通车，成都经济区的辐射范围不断扩大，其示范效应在全省范围内值得进一步推广。例如，成都城乡统筹的改革在全国都常被用为经典案例，要提高全域城市竞争力则有必要借鉴其成功经验。四川应继续扎实推进多点多极支撑发展，不断创新区域协调发展机制。同时，四川也应当鼓励省内其他城市发挥比较优势，进一步优化经济空间格局，促进省内各城市均衡健康发展，全面提高竞争力。

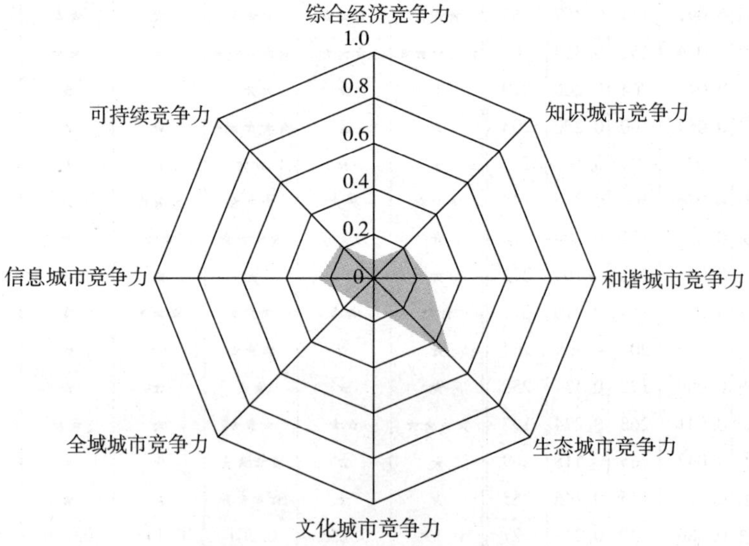

图 15－3　2014 年四川省城市竞争力

资料来源：中国社会科学院城市与竞争力指数数据库。

二　中国城市竞争力（云南）报告

2012～2014 年，云南省经济社会总体保持平稳健康发展，但综合经济竞争力水平仍处于全国最差之列，在西南地区垫底，可持续竞争力水平仅提升一名，依旧处于全国最差之列，其中生态城市竞争力表现相对较好，处于全国中等偏下水平，其余分项均处于最差之列，知识、和谐、全域和信息城市竞争力水平几乎是全国垫底。云南整体发展水平落后，但潜力巨大，近三年来不少城市发展有所进步，但城市间发展不均衡现象严重。面临国内经济下行的压力，云南省应着力深化改革，积极落实转方式、调结构、稳增长、惠民生等措施，高度重视可持续发展，保持全省经济平稳发展、社会和谐稳定。

表 15－3　2014 年云南省省情信息

项目	数据
土地面积	39.4 万平方千米
常住人口	4715.7 万人
城镇人口占常住人口比重	42.0%
GDP 及增长率	12814.6 亿元，8.1%
一、二、三产业占 GDP 比重	15.5%、41.2%、43.3%

资料来源：云南省统计局相关网站。

1. 格局与优势

总体概况：处于要素驱动阶段，整体水平在西南垫底，多项指标排名没有变化。近三年来，云南省坚持统筹稳增长、调结构、促改革，坚持宏观政策要稳、微观政策要活、社会政策要托底有机统一，经济总量突破万亿大关，2014 年还实现了 GDP 在全国位次的首次提升。从综合经济发展来看，三次产业稳步发展，比例由 2012 年的 16.0∶42.9∶41.1 调整为 2014 年的 15.5∶41.2∶43.3；需求结构方面，受宏观经济下行影响，2014 年投资增长乏力，固定资产投资仅增长 15.1%，而前两年增速分别达到 27.3% 和 27.4%，其中第一、二产业的固定资产投资增速放缓，而第三产业增速稳步提高，出口贸易总额波动较大，三年分别较上年增长 5.8%、59.3% 和 19.2%；要素结构方面，科技经费支出占财政收入的比重三年变化不大，分别为 2.4%、2.4% 和 2.0%，人均教育支出

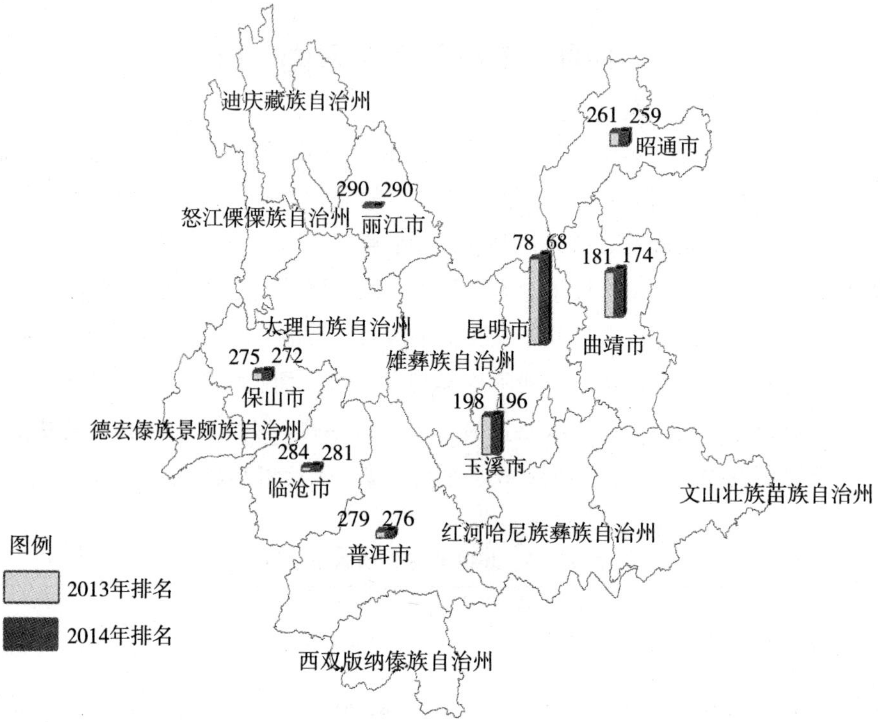

图 15－4　2013 年和 2014 年云南省各城市综合经济竞争力排名

资料来源：中国社会科学院城市与竞争力指数数据库。

则由 652.3 元提升至 1235.0 元。从可持续竞争力来看，云南总体水平在全国倒数第二，生态城市竞争力表现相对较好，知识、和谐、全域和信息城市竞争力水平几乎是全国垫底。**总体来看，云南的竞争力在西南省份中属最差水平，仍处于要素驱动的发展阶段，今后在经济总量保持较高速度增长的同时，也要坚持推动提高发展质量和增加效益。**

现状格局：2014 年度云南省综合经济竞争力指数均值为 0.055，在全国除西藏外的省级行政区域中排名第 31 位，较前两年没有发生变化，仍处于竞争力水平最差之列，在整个西南地区排名最后。其中，省会昆明全国排名第 68 位，较 2013 年提升 10 位，处于较具竞争力之列；临沧、丽江全国排名接近垫底，表现最差。综合增量和综合效率竞争力指数分别为 0.052 和 0.002，排名分列第 29 和 32 位，与上一年保持一致。

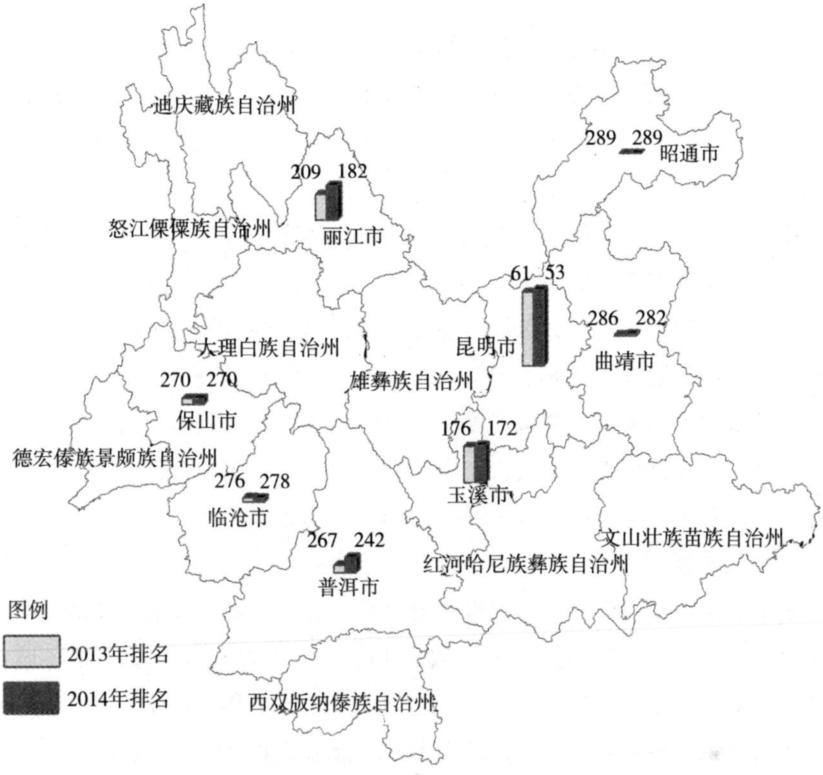

图 15－5　2013 年和 2014 年云南省各城市可持续竞争力排名

资料来源：中国社会科学院城市与竞争力指数数据库。

2014 年度云南省可持续经济竞争力指数均值为 0.168，排名全国除西藏和台湾外的省级行政区域第 31 位，与前两年排名几乎一样，总体水平依旧处于最差之列。其中，昆明全国排名第 53 位，处于较具竞争力之列；除竞争力水平中等偏下的玉溪和丽江外，其余城市排名均在 240 位以后，竞争力水平处于最差之列。从分项指标上看，生态城市竞争力表现相对较好；文化城市竞争力排名有小幅提升，但仍与其他几个分项竞争力同处于最差之列。

2. 问题与软肋

第一，绝大多数城市均有所进步，但城市间发展严重不均衡。尽管云南省整体发展水平落后，但发展潜力还是很大的。通过与上一年的竞争力排名相比较，可以发现：除丽江排名保持不变外，其余城市与昆明保持一致的势头，综合经济竞争力排名均有不同程度的提升；而可持续竞争力方面，除临沧后退2位、保山和昭通保持不变外，其余城市排名也都提前数位，其中丽江提升幅度最大。此外，云南的优势还体现在个别城市的分项竞争力表现上。其中，昆明在知识、文化、信息城市指标等方面在全国均处于最具竞争力之列，丽江在生态城市竞争力分项上也处于全国最具竞争力之列。

第二，云南省的竞争力排名也反映出不少问题。首先，从全省总体水平上看，近三年来各项竞争力指标均没有较大提升，除生态外，其余所有竞争力指标几乎处于全国倒数水平，长期落后而不求改变本身就是一种问题；其次，云南省内各城市发展极不均衡，城市综合经济发展的均衡程度已属中等偏下水平，而城市间可持续发展的偏离度更是全国倒数，尤其是体现在除生态与和谐以外的其他四个分项上；最后，省会昆明在两项核心竞争力指标上均未排进最好之列，这对于一个西部大省来说，影响力还不够。

3. 现象与规律

建设和谐城市，还须大力促进社会公平。近三年来，云南省和谐城市竞争力指数均值都处于全国最差之列。从表15－4中可以看出，2014年各城市和谐城市竞争力也分别处于较差和最差之列，省会昆明甚至不如玉溪、临沧等城市。从构建和谐城市的角度来讲，大力发展社会公共事业，加强社会保障体系建设，让居民享受到基本公共服务，是促进社会公平的基本途径。但是，从指标构建的原始数据上来看，昆明仅医疗服务指数在全省范围内排在前面，而玉溪的教育、社保、住房和交通服务指数均为全省最高，昭通的就业服务指数最高。这些指标能够在一定程度上反映出社会各阶层之间的公平性，也就解释了不同城市和谐竞争力排名上的差异。

4. 趋势与展望

发展潜力巨大，中高速增长有望持续。云南省在国家发展战略中的定位十分重要，有着民族和边疆地区等政策的叠加效应，是我国面向南亚、东南亚的开放前沿和辐射中心。尽管受经济大环境影响，2014年云南省GDP、城乡居民收入等主要经济指标增速并未达到预期目标。但是，建设“两强一堡”的动力尚未消退，加之云南主动服务和融入“一带一路”、长江经济带等国家战略，通过重大项目建设拉动内需，充分调动多个领域的发展动力，经济稳定增长有望持续。

表 15 –4　2014 年云南省各城市综合经济竞争力、可持续竞争力及其分项

	综合经济竞争力		可持续竞争力		知识城市竞争力	和谐城市竞争力	生态城市竞争力	文化城市竞争力	全域城市竞争力	信息城市竞争力
城　　市	指数	排名	指数	排名	等级	等级	等级	等级	等级	等级
昆　　明	0.122	68	0.426	53	★★★★★	★	★★★	★★★★★	★★★★	★★★★★
曲　　靖	0.070	174	0.075	282	★	★	★	★	★	★
玉　　溪	0.064	196	0.246	172	★★★	★★	★★★	★★★★	★	★
保　　山	0.038	272	0.118	270	★	★	★★	★	★	★
昭　　通	0.045	259	0.000	289	★	★	★	★	★	★
丽　　江	0.030	290	0.233	182	★	★	★★★★★	★★★★	★	★
普　　洱	0.037	276	0.162	242	★	★	★★★★	★	★	★
临　　沧	0.036	281	0.083	278	★	★★	★	★	★	★
指数均值	0.055	31	0.168	31	0.154	0.189	0.423	0.154	0.100	0.234
指数方差	0.0009	9	0.018	22	0.021	0.006	0.032	0.029	0.007	0.034
变异系数	0.547	16	0.791	24	0.940	0.409	0.423	1.110	0.822	0.791

资料来源：中国社会科学院城市与竞争力指数数据库。

5. 战略与政策

战略回顾：保持增长势头，高度重视可持续均衡发展。过去几年，云南省结合独特的气候资源和丰富的自然资源、多民族的文化资源以及与东南亚、南亚国家天然的地缘联系，提出了三个具有云南特色经济体系的战略目标，即建设绿色经济强省、民族文化强省和中国面向西南开放的桥头堡（“两强一堡”）。在国家继续深入实施西部大开发战略的背景下，云南充分利用国家对边疆民族贫困地区发展的扶持，取得了显著的发展成绩。

政策建议：尽管云南的整体发展水平过低，但也要看到不少城市的发展都有向好的方向转变的趋势。未来，云南把握各项重大战略机遇，加快基础设施建设步伐，不断改善发展条件，更要做到推进互联互通，扩大对内对外的开放，全力保持经济平稳增长。同时，也应当重视民生保障和改善，促进社会稳定和谐，要继续推动新型城镇化建设，加快昆明区域性国际城市建设和滇中城市经济圈一体化步伐，综合提高可持续竞争力。

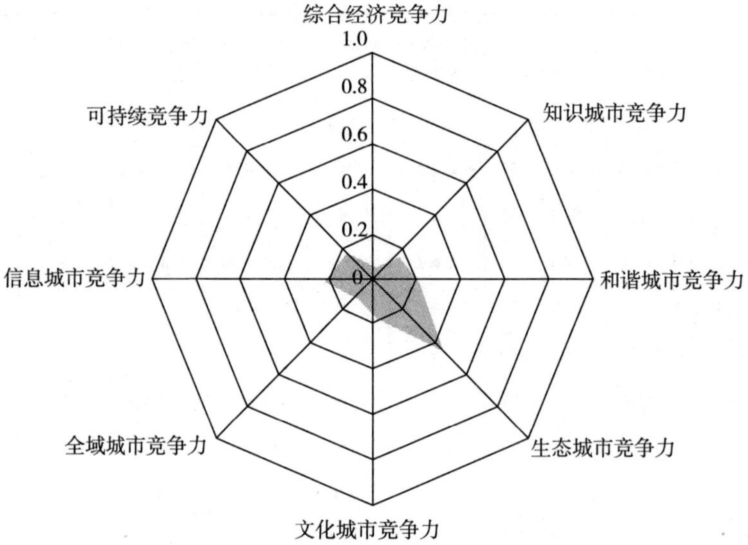

图 15－6　2014 年云南省城市竞争力

资料来源：中国社会科学院城市与竞争力指数数据库。

三　中国城市竞争力（贵州）报告

近三年来，贵州省经济社会发展稳中有进、稳中向好，经济增速连续居全国前列，但综合经济竞争力水平仍然偏弱，处于全国最差之列，在西南地区居中，较前两年略有提高，其中增量和效率竞争力水平也有不同程度的提高，展现明显的后发赶超优势。可持续竞争力水平及六个分项指标几乎都为全国垫底，且区域发展的协同性不高，两极分化现象严重。未来几年，贵州的经济增长势头有望延续，但发展的不可持续可能会成为综合实力提升的负担。进入增速阶段性回落的经济新常态，贵州更应该坚持以提高经济发展质量和效益为中心，坚守发展和生态两条底线，努力促进综合经济实力跃上新台阶。

表 15－5　2014 年贵州省省情信息

项目	数据
土地面积	17.6 万平方千米
常住人口	3508.0 万人
城镇人口占常住人口比重	40.0%
GDP 及增长率	9251.0 亿元，10.8%
一、二、三产业占 GDP 比重	13.8%、41.6%、44.6%

资料来源：2014 年贵州省国民经济和社会发展统计公报。

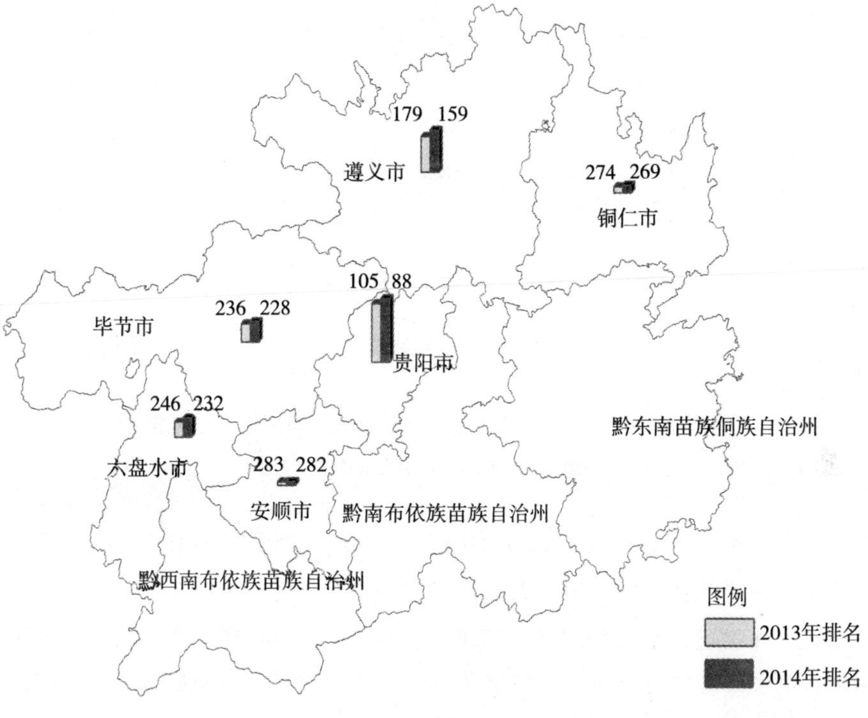

图 15－7　2013 年和 2014 年贵州省各城市综合经济竞争力排名

资料来源：中国社会科学院城市与竞争力指数数据库。

1. 格局与优势

总体概况：综合实力仍然偏弱，依赖要素驱动，可持续发展竞争力全国垫底。近三年来，贵州省坚持发展为要、民生为本、企业为基、环境为重的理念，经济社会发展站上了新的起点。从综合经济发展来看，产业结构调整继续推进，三

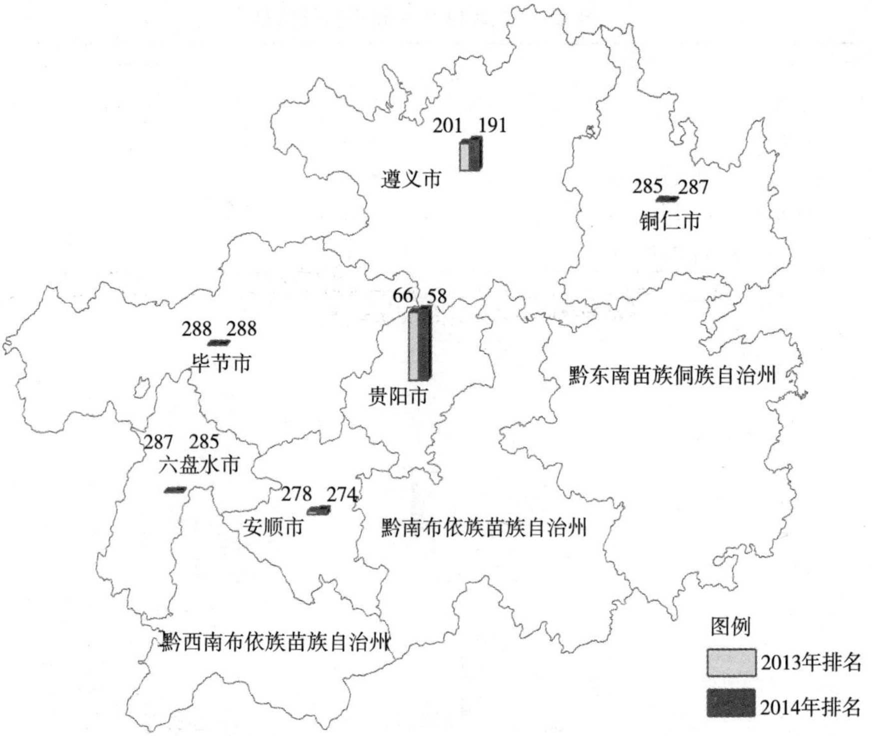

图 15－8　2013 年和 2014 年贵州省各城市可持续竞争力排名

资料来源：中国社会科学院城市与竞争力指数数据库。

次产业比例由 2012 年的 13.1∶39.0∶47.9 调整为 2014 年的 13.8∶41.6∶44.6，第三产业比重呈下降趋势；需求结构方面，固定资产投资规模继续扩大，但增速有所放缓，三年增速分别为 53.1%、29.0%、23.6%，其中第一产业增速放缓幅度最大，第二产业幅度最小，市场消费总体平稳，三年来社会消费品零售总额分别增加 16.0%、14.0% 和 12.9%，对外贸易出口额仍保持快速增长，三年分别较上年增长 65.9%、39.1% 和 36.5%；要素结构方面，三年来就业人数持续增加，城镇新增就业分别为 42.23 万、55.49 万和 68.37 万人，科技经费支出占财政收入的比重略有降低，由 2012 年的 2.3% 降至 2014 年的 2.1%。从可持续竞争力来看，贵州总体水平为全国垫底，六个分项指标均处于全国最差之列。**总体来看，贵州的综合实力在西南省份中处于中等水平，但经济发展仍依赖要素驱动，可持续发展前景堪忧，这制约了贵州综合发展的进一步提高。**

现状格局：2014年度贵州省综合经济竞争力指数均值为0.061，在全国除西藏外的省级行政区域中排名第29位，较前两年上升1位，但仍处于竞争力水平最差之列。其中，省会贵阳全国排名第88位，较2013年提升17位，处于较具竞争力之列；安顺在省内各城市中排名最低，在全国也属竞争力最差之列。综合增量竞争力指数均值为0.056，较上一年上升4位，综合效率竞争力指数均值为0.003，较上一年提升1位。

2014年度贵州省可持续经济竞争力指数均值为0.139，排名全国除西藏和台湾外的省级行政区域第32位，与2013年一致，较2012年下滑5位，总体竞争力水平为全国最差。其中，贵阳全国排名第58位，处于较具竞争力之列；遵义排名有所提升，但仅进入竞争力水平中等偏下之列；其余城市排名均在270名以外。此外，贵州省六个分项指标的排名均接近全国垫底，可持续发展状况堪忧。

2. 问题与软肋

第一，后发赶超优势明显。贵州省经济总量小，人均水平低，发展水平落后，但具有十分巨大的发展潜力。从总体格局的描述中可以发现，不论是总体水平还是增量和效率水平，近年来贵州都展现出了后发赶超的优势。其中，在综合经济竞争力上，贵州所有城市的排名较2013年均有不同程度的提升，其中遵义的排名上升了20位；在可持续竞争力上，除毕节和铜仁外，其余城市的排名也都有提升，但幅度太小，未来要延续并扩大这种向好的趋势。

第二，可持续竞争力太差，且两极分化现象严重。贵州省可持续竞争力全国最差是其最主要的劣势所在，总体水平以及各分项几乎都为全国倒数。首先，省内各城市的表现不甚理想，除贵阳外，贵州省其余城市的各项竞争力水平在全国均在中等偏下以及更低的范围内。即使是省会贵阳，也只有知识分项处于全国最具竞争力之列。其次，省内各城市间不均衡程度尤为严重，可持续竞争力的变异系数为1.095，排名最后，而各分项的变异系数也几乎都是排名最末，省内两极分化现象十分严重。

3. 现象与规律

经济增长“有量无质”，可持续竞争力不足拖累综合经济竞争力。尽管近年来贵州省的经济总量节节攀升，增速位于全国前列，单位GDP能耗下的综合经济竞争力水平进步却不是很大。一个很重要的原因便是可持续竞争力发展太差，资源利用效率不高，社会、环境等问题相对突出，影响了综合经济发展的质量。例如，在可持续竞争力明显不足的情况下，为了达到设定的 GDP 目标，可能需要花更大的成本去治理污染，这反而成了综合经济竞争力提升的拖累。同时，贵州省各城市的综合经济竞争力发展较为均衡，但可持续竞争力的发展极不均衡，也削减了区域内均衡推动整体向好的程度。

4. 趋势与展望

经济增长势头有望延续，但发展不可持续可能进一步导致全面落后。近三年来，贵州省内各城市的综合经济竞争力水平均有不少提升，并且发展比较均衡，促使总体水平有一定提高。2015 年是“十二五”规划收官之年，也要为“十三五”的良好开局打下坚实基础，这意味着全国范围内都会为保持经济平稳增长而发力，贵州也不例外，因此，经济增长势头有望延续。但是，贵州省可持续竞争力及其六个分项的均值和变异系数都有着不同程度的下滑，使得再好的增长势头也有被浇灭的可能。如果可持续发展持续弱化，并且城市间的差距不断拉大，这可能进一步导致贵州全面落后。

表 15－6　2014 年贵州省各城市综合经济竞争力、可持续竞争力及其分项

	综合经济竞争力		可持续竞争力		知识城市竞争力	和谐城市竞争力	生态城市竞争力	文化城市竞争力	全域城市竞争力	信息城市竞争力
城市	指数	排名	指数	排名	等级	等级	等级	等级	等级	等级
贵阳	0.104	88	0.409	58	★★★★★	★★★★	★★	★★★★	★★★★	★★★★
六盘水	0.055	232	0.045	285	★	★	★	★	★★★	★
遵义	0.072	159	0.227	191	★★★	★★★	★★★	★★★	★	★
安顺	0.035	282	0.100	274	★	★	★	★	★	★
毕节	0.056	228	0.025	288	★	★	★	★	★	★
铜仁	0.040	269	0.029	287	★	★	★	★	★★	★
指数均值	0.061	29	0.139	32	0.135	0.198	0.263	0.121	0.151	0.243
指数方差	0.0006	6	0.023	24	0.030	0.026	0.032	0.011	0.009	0.033
变异系数	0.415	8	1.095	25	1.282	0.814	0.685	0.858	0.631	0.748

资料来源：中国社会科学院城市与竞争力指数数据库。

5. 战略与政策

战略回顾：2012 年以来，贵州省提出构筑“精神高地”、冲出“经济洼地”，集中释放资源、市场、劳动力、政策等四大改革开放的红利，如此强劲的动力也给予贵州实现后发赶超、推动跨越以充分的支撑，多项工作取得重大突破，不少重要经济指标均提前一年实现“十二五”规划翻番目标。

政策建议：尽管趋势向好，但贵州经济社会发展的任务还很艰巨。面临经济快速增长和可持续发展的结构性、体制性矛盾，贵州要抓住新一轮改革开放的重大机遇，发挥投资的关键作用，并推动创业创新发展，做到开放带动、投资拉动、创新驱动的共同推动，加快经济发展方式的转变，调整产业结构，完善空间布局，注重生态环境的保护，继续深入推进新型城镇化建设，扎实抓好民生工程和民生实事，进一步简政放权，平衡社会利益、调节社会关系，从多个方面努力提升可持续竞争力，确保经济的健康良好发展。

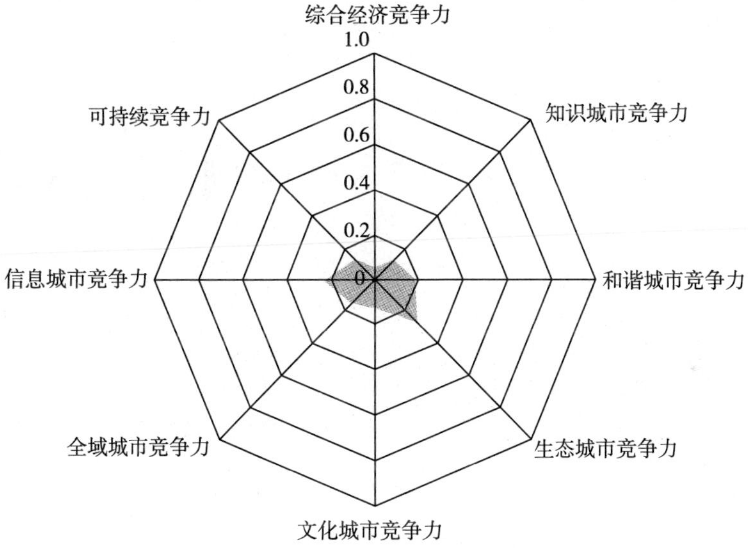

图 15-9　2014 年贵州省城市竞争力

资料来源：中国社会科学院城市与竞争力指数数据库。

四　中国城市竞争力（海南）报告

近年来，海南省经济运行保持平稳增长，发展质量继续提升，物价保持稳定，民生继续得到改善，各项社会事业全面进步。但是，“三低一小”经济社会状况还并未得到彻底的改善。要实现海南省经济可持续发展，需要优化产业结构，在充分利用生态旅游资源发展旅游业的同时，要推进第二产业的发展，为三次产业结构层次提升奠定基础。

表 15－7　2014 年海南省省情信息

项目	数据
土地面积	3.54 万平方千米
常住人口	903.48 万人
城镇人口占常住人口比重	53.76%
GDP 及增长率	3500.7 亿元,8.5%
一、二、三产业占 GDP 比重	23.1%、25.0%、51.9%

资料来源：2014 年海南省国民经济和社会发展统计公报。

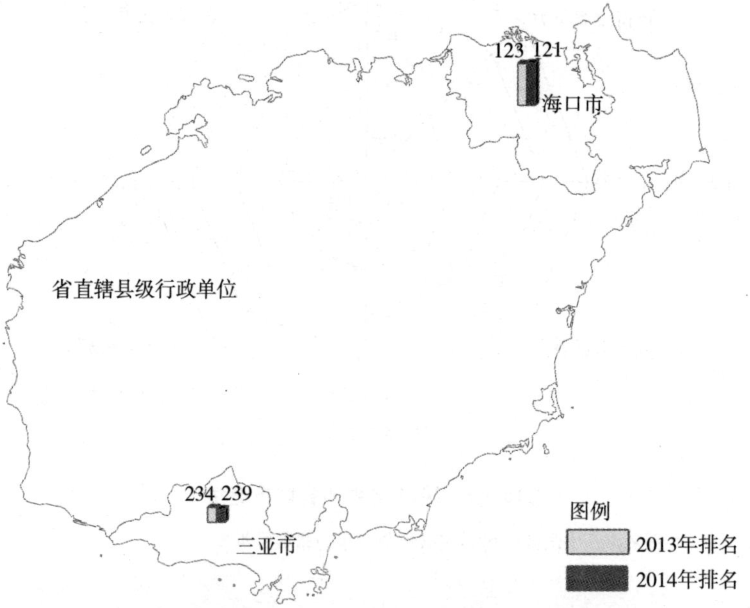

图 15－10　2013 年和 2014 年海南省城市综合经济竞争力排名

资料来源：中国社会科学院城市与竞争力指数数据库。

1. 格局与优势

总体概况：近年来，海南省经济运行保持平稳增长，发展质量继续提升，物价保持稳定，经济转型取得扎实进展，民生继续得到改善，各项社会事业全

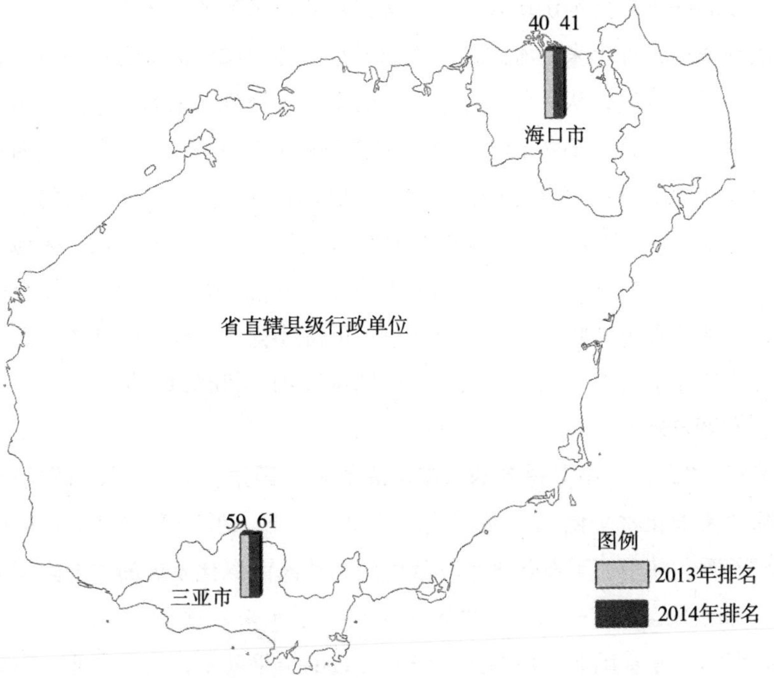

图 15－11　2013 年和 2014 年海南省城市可持续竞争力排名

资料来源：中国社会科学院城市与竞争力指数数据库。

面进步。2014 年全省地区生产总值 0. 35 万亿元，比上年增长 8. 5%，其综合经济竞争力稳中有进。从综合经济发展来看，首先是产业结构逐渐优化，第三产业对经济增长的贡献越来越占主导地位，三次产业增加值占地区生产总值的比重由 2012 年的 24. 92∶28. 15∶46. 93 调整为 2014 年的 23. 1∶25. 0∶51. 9；其次从需求结构来看，固定资产投资为 0. 30 万亿元，比上年增长 13. 2%，对经济的拉动作用较强，且其中房地产投资占到固定资产投资的半数；最后从要素结构来看，科技人才缺乏、科技创新能力不足，目前海南的经济增长主要依赖于良好的生态旅游资源。从可持续竞争力指标来看，海南省位于全国中上游水平，而且在知识城市竞争力、和谐城市竞争力、生态城市竞争力、文化城市竞争力、全域城市竞争力和信息城市竞争力等各个方面都表现较好。**总体来看，海南良好的旅游生态资源和较强的可持续竞争力为其今后一段时期的持续增长提供了良好的保障，但是海南经济创新驱动不足，还处于要素驱动的经济发展**

阶段，今后必须转变经济增长方式，重视高新技术产业的培育。

现状格局：近年来，海南经济平稳增长，各个城市的综合经济竞争力指数均逐步提升。然而，从综合经济竞争力的全国省级排名来看，海南的名次并不靠前。2014 年度海南省综合经济竞争力指数均值为 0.067，在全国除西藏外的省级行政区域中排第 25 位。其中，海口的综合经济竞争力相对较强，在全国地级城市中排第 121 位，而三亚的综合经济竞争力相对较弱，在全国地级城市中排第 239 位。2014 年度海南省可持续竞争力指数均值为 0.429，在全国除西藏和台湾外的省级行政区域中排第 9 位，可持续竞争力较强。其中，海口和三亚的可持续竞争力在全国地级城市中分别排第 41 位和第 61 位。

2. 问题与软肋

第一，“三低一小”是制约海南发展的重要因素。目前，海南省的经济发展面临“工业化水平低”、“城镇化水平低”、“收入低”和“经济总量小”四个主要矛盾。其中，工业化水平较低成为制约海南深化发展的主要因素。长期以来，海南都是“三一二”型的产值结构，近年来才逐渐向“三二一”型转变。海南的工业基础非常薄弱的省情所导致的结果就是，第三产业在没有经过工业化和农业现代化的条件下很难达到更高层次的产业结构，最终使得经济总量上不去，人均收入偏低。

第二，创新驱动是短板。海南的高校院所较少、自主创新能力不强，这也是海南经济发展过程中所遇到的一个重要阻力因素。虽然，政府投入不少科研经费，但是由于校企对接断层，高校科研成果存在转化率低等问题。

3. 现象与规律

是资源贡献，还是资源诅咒？一般来说，拥有丰富的港口资源和海洋资源的地区都是经济发达的地区，海南却是例外，其综合经济竞争力指数在所有省份的排名中十分靠后，居第 25 位。海南是一个旅游业发达的省份，旅游业作为海南的支柱产业，是其核心竞争力所在，对地区经济发展做出了重要的贡献。但是，海南的高端人才缺乏、科技创新能力不足，作为经济发展引擎的工业也相对落后。从理论上讲，旅游产业的发展既会带来收入效应促进工业发展，也会带来资源转移效应而对工业发展产生挤出效应，具有促工业化和去工业化的双重机制。那么海南作为一个旅游资源丰富的地区，其整体经济发展水平较低，工业基础薄弱，综合经济竞争力不强，难道是因为旅游资源作为一种特殊的资源，也存在类似于煤炭、石油等自然资源的“资源诅咒”命题？

4. 趋势与展望

发掘海南核心竞争力，实现低碳可持续增长。城市的发展要遵循一定的规律，充分利用自身的优势条件来发展经济。毫无疑问，海南拥有独特的热带海岸线和独一无二的生态旅游资源，在生态旅游资源价值方面有着显而易见的核心竞争力，将海南建设成为国际旅游岛是一个正确的定位。并且，海南的可持续竞争力较强，知识城市竞争力、和谐城市竞争力、生态城市竞争力、文化城市竞争力、全域城市竞争力和信息城市竞争力等方面均表现较好，通过旅游业的发展，实施“请进来，走出去”旅游营销措施，可以促进地区间、国家间的经济文化交流，吸引各地区的优秀人才集聚海南，将资源优势转化为产业优势，最终将海南建设成为更具发展潜力的经济特区。

表 15－8　2014 年海南省城市综合经济竞争力、可持续竞争力及其分项

	综合经济竞争力		可持续竞争力		知识城市竞争力	和谐城市竞争力	生态城市竞争力	文化城市竞争力	全域城市竞争力	信息城市竞争力
城　　市	指数	排名	指数	排名	等级	等级	等级	等级	等级	等级
海　　口	0.082	121	0.460	41	★★★★	★★★★	★★★	★★★★★	★★★★	★★★★★
三　　亚	0.052	239	0.398	61	★★★★	★★★	★★★★★	★★★★	★★★	★★★★
指数均值	0.067	25	0.429	9	0.347	0.347	0.621	0.358	0.267	0.636
指数方差	0.0004	4	0.002	1	0.002	0.001	0.017	0.006	0.002	0.023
变异系数	0.316	2	0.102	1	0.142	0.077	0.211	0.225	0.156	0.239

资料来源：中国社会科学院城市与竞争力指数数据库。

5. 战略与政策

战略回顾：近年来，海南省做出国际旅游岛建设的战略决策，明确提出要大力发展以旅游业为龙头的现代服务业，提高旅游业国际化程度；把建设国际旅游岛作为深化改革开放、促进经济增长的制高点和突破口。但是，针对目前海南经济基础薄弱、生态旅游资源较好的现状，我们认为既要守住青山绿水，又要通过产业之间以及旅游产业内部的平衡发展来提升城市的产业结构，以实现综合经济竞争力和可持续竞争力的进一步提升。

政策建议：以平衡的发展提升城市产业结构。第一，优化旅游产业结构。

将单一的滨海观光旅游向复合型的休闲度假转变，形成观光、度假和特色旅游互促共进的产品结构。第二，旅游产业加速发展的同时也不能忽视其他产业。在新常态下要优化产业结构，培育新的经济增长点，比如加快热带特色农业产业化发展、扶持工业和现代服务业、加大战略性新兴产业的投资等，通过产业协调发展，增强经济发展后劲。

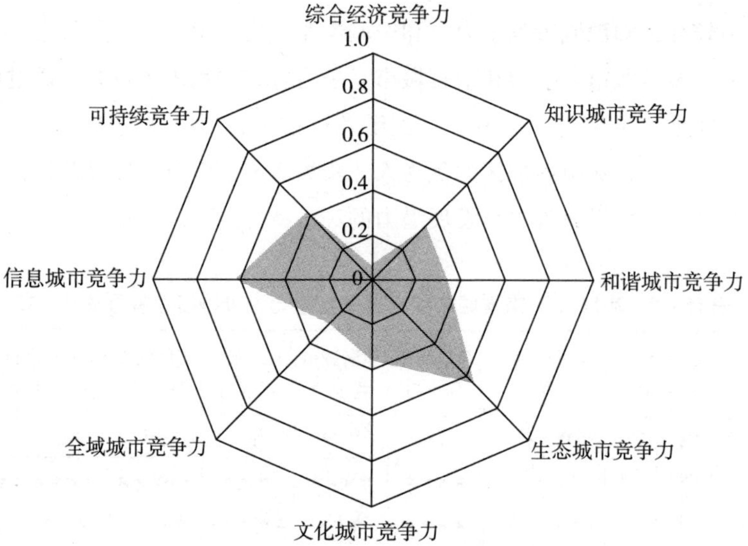

图 15－12　2014 年海南省城市竞争力

资料来源：中国社会科学院城市与竞争力指数数据库。

五　中国城市竞争力（广西）报告

近三年来，广西壮族自治区经济社会发展总体平稳，并且在结构优化、提质增效和民生改善等方面都取得了一些成效。但是，广西壮族自治区的总体发展水平较为落后，结构调整阵痛加重，投资增长后劲乏力，市场需求持续低迷，第三产业增速缓慢，新增长点亟待培育。而且，各城市之间发展差距较大，地区发展不平衡问题严重。因此，广西壮族自治区要实现经济社会的可持续发展，还需要积极应对各种问题和挑战。

表 15－9　2014 年广西壮族自治区区情信息

项目	数据
土地面积	23.67 万平方千米
常住人口	4754 万人
城镇人口占常住人口比重	46.01%
GDP 及增长率	15672.97 亿元，8.5%
一、二、三产业占 GDP 比重	6.4%、60.2%、33.4%

资料来源：2014 年广西壮族自治区国民经济和社会发展统计公报。

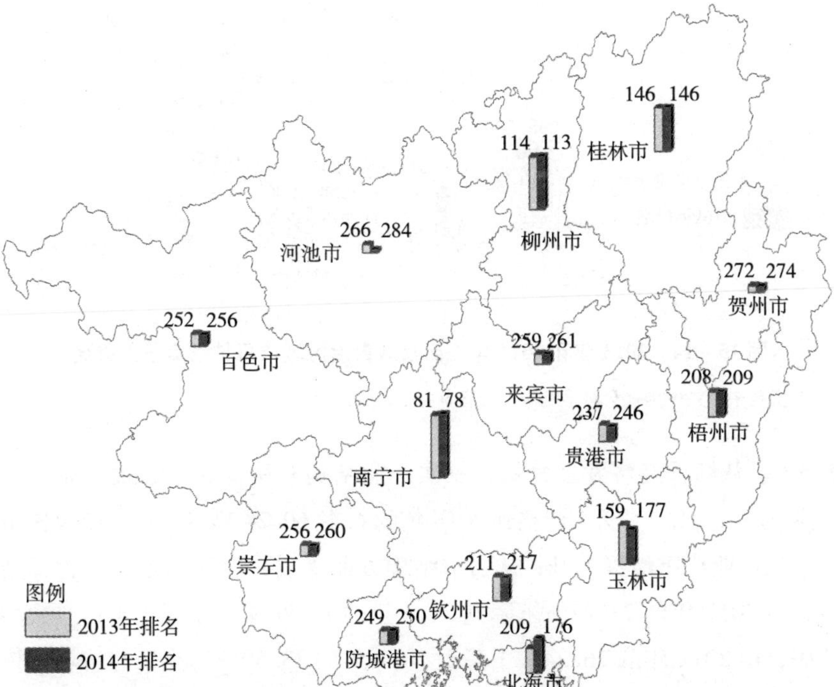

图 15－13　2013 年和 2014 年广西壮族自治区城市综合经济竞争力排名

资料来源：中国社会科学院城市与竞争力指数数据库。

1. 格局与优势

总体概况：近年来，广西壮族自治区通过深化体制机制改革、调整产业结构、加强基础设施建设、拓展内外合作空间等一系列的政策措施，实现了全区经济社会发展稳中向好，2014 年地区生产总值达到 1.57 万亿元，比上一年增

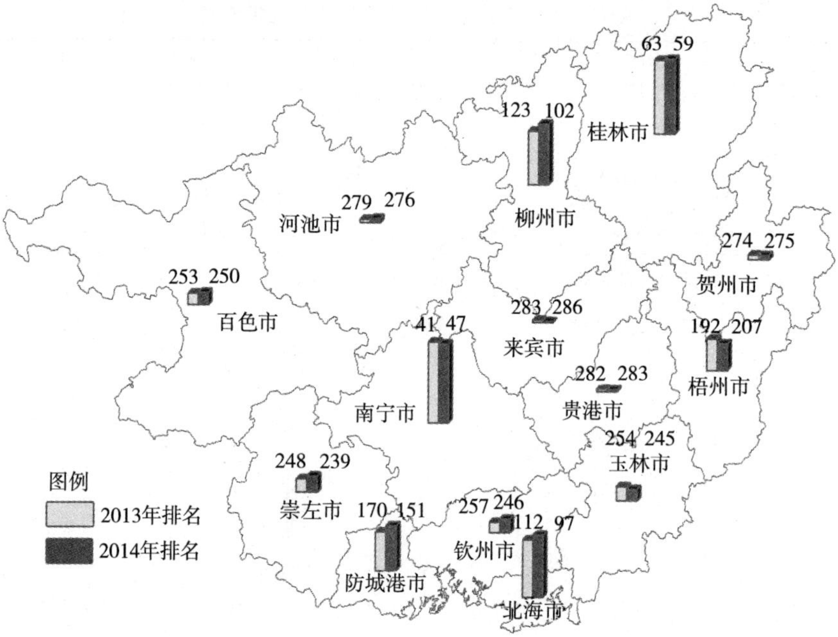

图 15－14 2013 年和 2014 年广西壮族自治区城市可持续竞争力排名

资料来源：中国社会科学院城市与竞争力指数数据库。

长 8.5%。从综合经济发展来看，三次产业结构有所优化，三次产业比例由 2012 年的 8.1∶62.5∶29.4 调整到 2014 年的 6.4∶60.2∶33.4，一二产业比重下降，第三产业比重缓慢上升；从需求结构方面来看，全区固定资产投资增速放缓，由 2012 年的 23.27% 下降到 2014 年的 16.70%，全区进出口总额增速也放缓，由 2012 年的 26.24% 下降到 2014 年的 23.50%，全区经济增长依然是投资需求拉动为主，外需拉动作用不强；从要素结构来看，科技创新投入不足，创新驱动能力不强，增长方式不够集约。从可持续竞争力来看，近年来，广西通过采取加快淘汰落后产能、严控高耗能行业过快增长、加强对重点能耗企业的监测、加快转型升级步伐、开展全民节能行动等措施，节能降耗成效明显，因此生态城市竞争力表现较好，但是可持续竞争力的其他分项指标表现较差。**总体来看，广西作为一个西部欠发达地区，综合经济竞争力和可持续竞争力都还较弱，经济增长处于要素驱动的发展阶段，要实现经济可持续发展就必须继续深化改革、转变经济增长方式，实现创新驱动。**

现状格局：2014 年度广西壮族自治区的综合经济竞争力指数均值为 0.060，在全国除西藏外的省级行政区域中排名第 30 位。全区 14 个地级城市的综合经济竞争力排名也相对落后，其中排名最为靠前的南宁也仅排在第 78 位，除了柳州、桂林、北海和玉林外，其余 9 个城市的排名均在 200 名之后。2014 年度全区可持续竞争力指数均值为 0.208，在全国除西藏和台湾外的省级行政区域中排名第 28 位。各个地级城市可持续竞争力的排名情况与综合经济竞争力的排名情况非常相似，其中可持续竞争力排名相对靠前的有南宁市、桂林市、北海市和柳州市，而其余城市的可持续竞争力排名多数非常靠后。

2. 问题与软肋

第一，综合经济竞争力较弱，竞争力提升不大。2014 年度广西壮族自治区的综合经济竞争力指数均值为 0.060，综合经济竞争力指数变异系数为 0.353，列全国第 3 位。这表明区域内各城市的综合经济竞争力普遍较低。近年来，各城市综合经济竞争力的排名一直徘徊不前。

第二，可持续竞争力较弱，区域发展不协调。一方面，从可持续竞争力的各个分项指标来看，大多数城市的竞争力指数得分较低，这说明广西经济社会的发展受到多方面的制约，发展后劲不足，难以在短期内快速提升其经济社会发展水平，其前景较为堪忧。另一方面，2014 年度可持续竞争力指数变异系数为 0.619，居全国第 22 位，说明各城市可持续竞争力存在两极分化，区内核心城市对于周围城市的辐射和带动作用不强，这也是制约广西全区整体发展的一个因素。

3. 现象与规律

地区发展不平衡可能会加剧。区内经济基础较好，综合经济竞争力较强的城市的可持续竞争力也较强，可持续竞争力较弱的城市的综合经济竞争力则也较弱。这说明可持续竞争力是经济社会稳步发展的重要保障，也说明综合经济竞争力越强的城市越能聚集资源和要素，实现可持续竞争力的提升。因此，对于综合经济竞争力和可持续竞争力均较强的城市可能存在两者的良性循环，而对于综合经济竞争力和可持续竞争力均较弱的城市可能存在两者的恶性循环，最终使得区域内城市之间的发展差距越来越大。

交通作为可持续竞争力的构成要素，对于地区经济社会的发展不仅具有服

务和支撑作用，还具有引领和先导作用。便利的交通可以提高城市之间或区域之间经济主体的往来速度，让城市经济在快速的流动中提升活力。钦州和防城港两个城市，在知识城市竞争力、和谐城市竞争力、文化城市竞争力和全域城市竞争力等方面均表现不佳或较差，但是其综合经济竞争力不断快速提升，一个重要的原因就是这两个城市在优良深水港带来便捷的货物海上运输条件下，正逐渐成为经济区域内重要的工业发展基地。

4. 趋势与展望

全区面临重要的发展机遇。全区经济发展既面临着新常态的趋势性变化，又有着后发展欠发达地区的差异性特征，因此在经济发展过程中，各种矛盾还会不断突出。但是，广西壮族自治区也处于经济发展的重要战略机遇期。随着国家“一带一路”开放战略的实施和对中西部地区基础设施建设的支持，广西作为“一带一路”有机衔接重要门户，其政策效应必然显现，全区经济增长活力将会得到全面驱动。

北部湾经济区可能成为重要的经济增长极。广西壮族自治区的发展优势主要体现在区位条件和环境资源等方面。虽然身处西部，但是它位于中国珠三角经济圈、西南经济圈与东盟经济圈的结合部，具有良好的区位条件，加之矿产、旅游资源丰富，其发展潜能巨大。尤其是北部湾经济区作为西南地区最便捷的出海口，近年来其综合经济竞争力和可持续竞争力提升速度较快，将可能成为重要的经济增长极。

表 15－10　2014 年广西壮族自治区城市综合经济竞争力、可持续竞争力及其分项

	综合经济竞争力		可持续竞争力		知识城市竞争力	和谐城市竞争力	生态城市竞争力	文化城市竞争力	全域城市竞争力	信息城市竞争力
城　市	指数	排名	指数	排名	等级	等级	等级	等级	等级	等级
南　宁	0.109	78	0.441	47	★★★★	★	★★★★★	★★★★	★★★★	★★★★★
柳　州	0.091	113	0.333	102	★★★★	★★	★★★	★★★★	★★★	★★★
桂　林	0.075	146	0.404	59	★★★★	★	★★★★★	★★★★★	★★★	★★★
梧　州	0.062	209	0.215	207	★★	★	★★★	★	★	★★
北　海	0.069	176	0.337	97	★★★	★★	★★★★★	★★★	★	★★★
防城港	0.048	250	0.266	151	★	★★★	★★★★	★	★★★	★★★

续表

	综合经济竞争力		可持续竞争力		知识城市竞争力	和谐城市竞争力	生态城市竞争力	文化城市竞争力	全域城市竞争力	信息城市竞争力
城　市	指数	排名	指数	排名	等级	等级	等级	等级	等级	等级
钦　州	0.059	217	0.155	246	★	★	★	★	★	★★★★
贵　港	0.050	246	0.066	283	★	★	★	★	★	★
玉　林	0.069	177	0.144	254	★	★	★★	★	★	★★
百　色	0.046	256	0.149	250	★★	★	★★	★	★	★
贺　州	0.038	274	0.097	275	★	★	★	★	★	★
河　池	0.035	284	0.088	276	★★	★	★	★	★	★
来　宾	0.044	261	0.043	286	★	★	★	★	★	★
崇　左	0.045	260	0.169	239	★★	★	★★★	★	★	★★
指数均值	0.060	30	0.208	28	0.198	0.171	0.456	0.121	0.132	0.379
指数方差	0.0004	5	0.017	20	0.014	0.008	0.048	0.021	0.006	0.014
变异系数	0.353	3	0.619	22	0.599	0.508	0.480	1.193	0.585	0.314

资料来源：中国社会科学院城市与竞争力指数数据库。

5. 战略与政策

战略回顾：近年来，广西壮族自治区以科学发展为主题，以加快转变经济发展方式为主线，围绕实现“富民强桂”新跨越做出了重大部署，提出了要在坚持完善“两区一带”区域发展战略布局中，实施“双核驱动”。但是，基于目前第三产业发展仍严重滞后、城市可持续竞争力较弱和地区间发展不平衡的现状，广西需要继续深化改革、调整结构，走可持续发展道路。

政策建议：第一，在推进“双核驱动”、“一带一路”、“西南中南开放发展新的战略支点”等一系列重大战略过程中，加快推进物流、通信、金融、知识密集型服务业等的发展，优化第三产业内部结构。第二，适当扩大公共投资，尤其是要围绕中西部铁路、城市基础设施、通用航空机场、水利工程环保等方面进行投资，全面提升城市可持续竞争力。第三，加强城市之间的经济社会交往，实现城市之间的功能分化与协作，最终形成区域内各城市共同发展的局面。

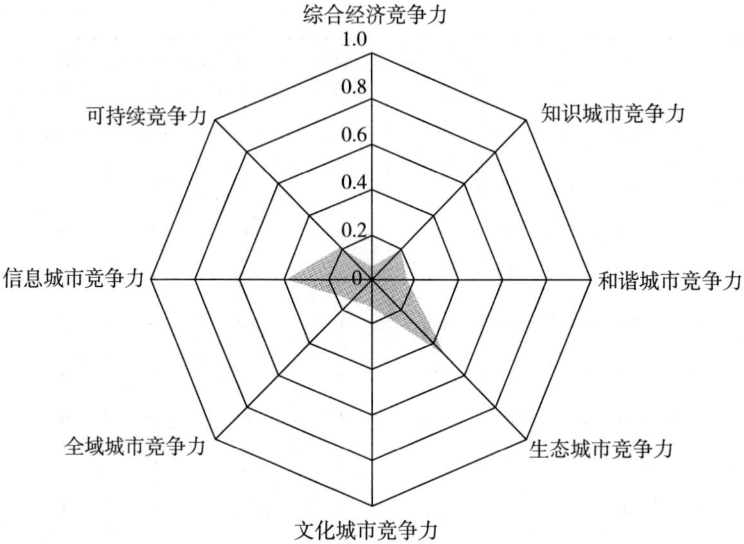

图 15－15　2014 年广西壮族自治区城市竞争力

资料来源：中国社会科学院城市与竞争力指数数据库。

六　中国城市竞争力（重庆）报告

近年来，重庆的发展速度较快，经济增长速度远远高于全国平均水平。同时，产业结构也在经济发展过程中不断优化，区域发展也逐渐协调，综合经济竞争力和可持续竞争力都稳步提升。但是，在新常态下，资源环境约束趋紧，重庆必须继续优化产业结构，推进高新技术产业的发展，实现经济增长的创新驱动。

表 15－11　2014 年重庆市市情信息

项目	数据
土地面积	8.24 万平方千米
常住人口	2991.40 万人
城镇人口占常住人口比重	59.6%
GDP 及增长率	14265.40 亿元,10.9%
一、二、三产业占 GDP 比重	7.4%、45.8%、46.8%

数据来源：2014 年重庆市国民经济和社会发展统计公报。

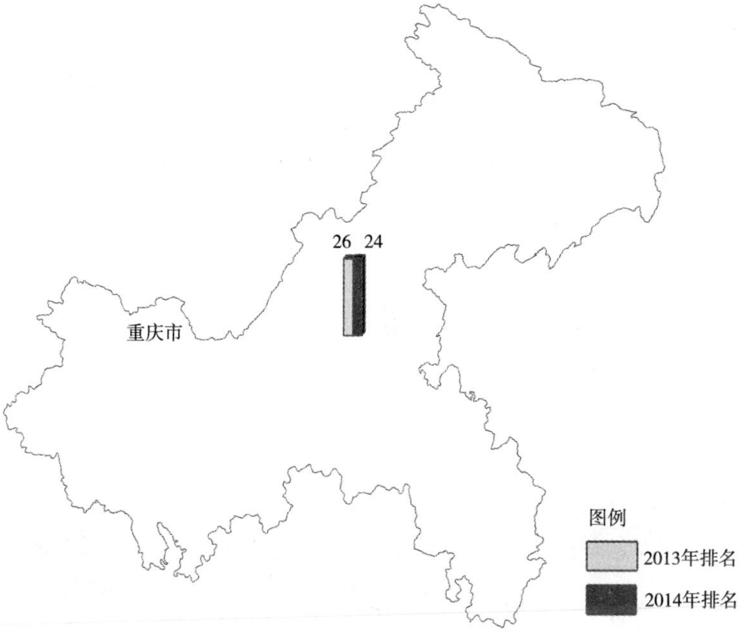

图 15－16　2013 年和 2014 年重庆市城市综合经济竞争力排名

资料来源：中国社会科学院城市与竞争力指数数据库。

1. 格局与优势

总体概况： 近年来，重庆市的经济社会发展水平逐步提高，2014 年重庆市生产总值达到 1.4 万亿元，比上年增长 10.8%，远远高于全国平均增长水平。虽然与其他三个直辖市相比，重庆市在经济社会发展方面还存在一定的差距，但是重庆市已然处于最具竞争力之列。从综合经济发展来看，产业结构方面更趋优化，三次产业比由 2012 年的 8.2∶53.9∶37.9 调整为 2014 年的 7.4∶45.8∶46.8，第三产业快速发展，并超过第二产业；需求结构方面，"三驾马车"协同发力，2014 年社会消费品零售总额达到 5096 亿元、增长 13%，完成固定资产投资 1.32 万亿元、增长 18%，实现进出口总额 955 亿美元、增长 39%，动力结构更趋协调；要素结构方面，重庆在自主创新和技术进步上狠下工夫，政府对科技创新的投入每年保持较高的增长速度。从可持续竞争力来看，重庆市除了和谐城市竞争力和全域城市竞争力表现较差以外，

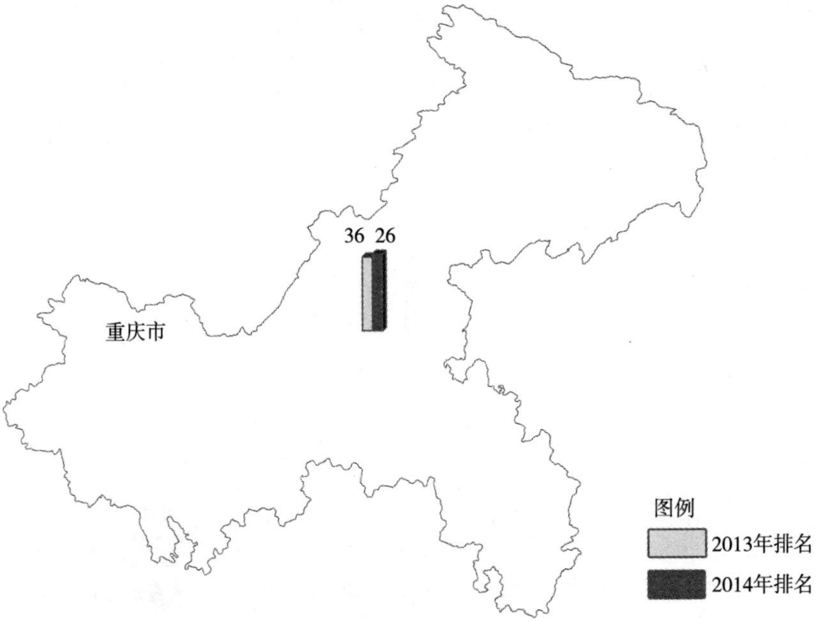

图 15－17　2013 年和 2014 年重庆市城市可持续竞争力排名

资料来源：中国社会科学院城市与竞争力指数数据库。

在其余几个分项指标上均表现出较强的竞争力。**总体来看，重庆市的经济发展已经由要素驱动和投资驱动向创新驱动转变，呈现经济稳中向好的发展态势。**

现状格局：2014 年度重庆市综合经济竞争力指数为 0.241，在全国除西藏外的省级行政区域中排名第 6 位，在地级城市中排名第 24 位，比 2013 年提升了 2 个名次；可持续竞争力指数为 0.547，在全国除西藏和台湾外的省级排名中也居第 6 名，在地级城市排名中居第 26 名，比 2013 年提升了 10 个名次；从可持续竞争力的分项指标来看，重庆在和谐城市竞争力和全域城市竞争力这两项指标上得分偏低，其余方面均表现较好。总之，在西部地区的城市中，重庆市表现出极强的城市竞争力。

2. 问题与软肋

第一，城乡发展不均，二元结构问题存在。2014 年末，重庆户籍总人口达到3375.20万人，其中农业人口2003.08万人，农村人口占多数，城乡发展不均是重庆经济社会发展过程中面临的问题之一，不利于和谐城市竞争力和全域城市竞争力的提升。

第二，地形复杂，基础设施建设成本高。交通对于城市经济发展具有重要的促进作用，尤其是对于区域经济发展不平衡的地区显得更为重要。然而，重庆地形复杂、地貌多样，既为地区均衡发展带来了困难，也增加了交通基础设施的建设成本。

3. 现象与规律

均衡的发展才可持续。地区发展不平衡而制约整体发展，是许多省份常见的现象。重庆作为地形复杂的城市，各地区之间的差异较大，因而实现地区之间的协调发展，对于重庆综合经济竞争力和可持续竞争力的提升都具有至关重要的作用。重庆的经验表明，地区差异化发展，离不开全域的规划体系。直辖以来，重庆先后提出了“三大经济区”、“四大板块”、“一圈两翼”、“40个小老虎”等区域差异化发展战略，但似乎都未取得预期的结果。2013年9月，基于新型城镇化的内涵，重庆又提出了“五大功能区”战略。“五大功能区”战略，一是落实区域差异化的规划布局，二是构建覆盖全域的规划体系。因而，随着区域协调发展战略深入实施，区县和市场活力主题得到激发，各功能区域呈现相互支持、优势互补、协调联动的新局面，全市可持续发展机制初步形成，城市的综合经济竞争力和可持续竞争力不断得到增强。

4. 趋势与展望

竞争力继续增强，排名不断提升。从近年来重庆市的竞争力排名情况可以发现，重庆市的综合经济竞争力和可持续竞争力排名不断上升。2014年度重庆在综合经济竞争力和可持续竞争力的排名上比2013年度分别提升了2个名次和10个名次。虽然中国经济发展面临结构调整，总体上会转向低速发展的新常态，但是重庆作为处在“一带一路”和长江经济带战略节点上的西南重镇，只要能把握机遇，充分发挥自身政治、政策及区位优势，主动适应新常态，重庆将进一步巩固其西南地区经济中心和内陆开放高地的地位，使重庆的经济影响力不断扩大，竞争力排名继续提升。

产业结构调整优化，金融服务业发展较好。重庆目前致力于构建所有制“多元”、服务对象“多层”、经营模式“多样”的“全牌照覆盖”的金融机构与市场体系。加之国家“一带一路”和长江经济带战略的实施，渝新欧货运大通道的拓展，成渝城市群的产业聚集以及五大功能区域发展战略的深化等，都为重庆金融的发展提供了难得的战略机遇，重庆的金融服务业将获得快速发展，促进产业结构的优化升级，实现向创新驱动的知识城市转变。

表 15－12　2014 年重庆市城市综合经济竞争力、可持续竞争力及其分项

	综合经济竞争力		可持续竞争力		知识城市竞争力	和谐城市竞争力	生态城市竞争力	文化城市竞争力	全域城市竞争力	信息城市竞争力
城　　市	指数	排名	指数	排名	等级	等级	等级	等级	等级	等级
重　　庆	0. 241	24	0. 547	26	★★★★★	★★★	★★★★★	★★★★★	★★★★	★★★★★
指数均值	0. 241	6	0. 547	6	0. 453	0. 335	0. 655	0. 693	0. 274	0. 762

资料来源：中国社会科学院城市与竞争力指数数据库。

5. 战略与政策

战略回顾：重庆紧紧围绕“科学发展、富民兴渝”的总任务，大力实施五大功能区域发展战略，全面深化改革开放，呈现经济稳中向好、民生不断改善、社会和谐稳定的良好局面。但是，针对当前重庆发展不平衡、基础设施不完善、资源环境约束趋紧等矛盾，在新常态下，重庆要保持较快速度发展，还需要继续深化改革。

政策建议：第一，加强社会事业和民生投入，顺应社会结构的新变化，坚持系统治理、依法治理、综合治理、源头治理，提高重庆和谐城市竞争力；第二，围绕各功能区域发展定位，完善和实施配套政策措施，夯实全市一体化发展基础；第三，继续深入户籍、住房、医疗和收入分配等重要领域的改革，促进区域协调发展；第四，顺应国家扩大内陆沿边开放和区域协同发展新格局，高效组织国内外资源要素，不断拓展内陆开放的广度和深度，进一步促进经济可持续发展。

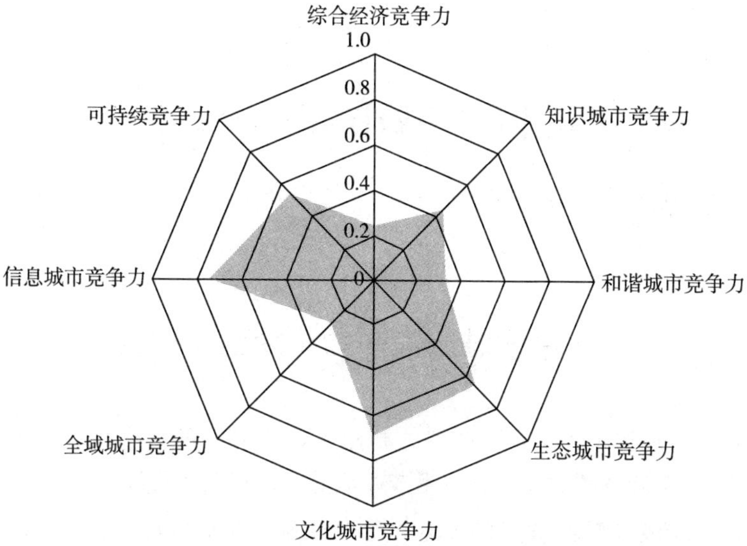

图 15－18　2014 年重庆市城市竞争力

资料来源：中国社会科学院城市与竞争力指数数据库。

B.16

中国（西北地区）城市竞争力报告

魏 婕　蔡韶鹏*

一　中国城市竞争力（陕西）报告

陕西省，连接中国东、中部地区和西北、西南，省会西安。2014 年底全省下辖 10 个市和杨凌农业高新技术产业示范区，有 3 个县级市、80 个县和 24 个市辖区。2014 年陕西省坚持实施“稳中有为、提质增效”发展战略，主动适应经济发展新常态，努力化解“三期叠加”带来的不利因素，积极培育新的增长点，全年经济呈现“总体平稳、稳中向好、结构向优”的良好态势。

表 16－1　2014 年陕西省省情信息

项目	数据
土地面积	20.58 万平方千米
常住人口	3775.12 万人
城镇人口占常住人口比重	52.57%
GDP 及增长率	17689.94 亿元,9.7%
一、二、三产业占 GDP 比重	8.8%、54.8%、36.4%

资料来源：2014 年陕西省国民经济和社会发展统计公报。

1. 格局与优势

总体概况： 近三年来，陕西省以产业结构调整与增强自主创新为抓手，经济实现了稳中有为、稳中趋好。从综合经济发展来看，陕西省工业产业发展迅猛，三次产业的比例 2012 年为 10.1∶45.3∶44.6，2014 年为 8.8∶54.8∶36.4，三年工业产业增加了近 10 个百分点，实业得到急速发展；需求结构方面，依靠投资拉动的增长

* 魏婕，西北财经大学经济管理学院讲师，经济学博士。蔡韶鹏，西南财经大学西方经济学硕士。本章报告内蒙古、陕西、甘肃部分由魏婕撰写，青海、宁夏、新疆部分由蔡韶鹏撰写。

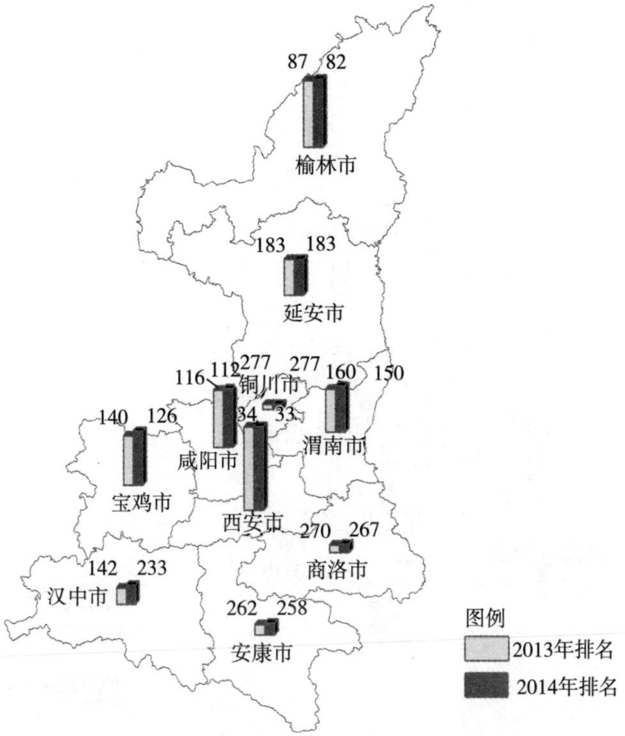

图 16-1　2013 年和 2014 年陕西省城市综合经济竞争力排名

资料来源：中国社会科学院城市与竞争力指数数据库。

模式有所改善，固定资产投资增速近三年分别为 19.0%、19.3%、17.4%，2014 年城镇居民人均生活消费支出 17546 元，比上年增加 1147 元，增长 7.0%，农村居民人均生活消费支出 7252 元，比上年增加 764 元，增长 11.8%；要素结构方面，2013 年[①]陕西省共投入 R&D 经费 342.75 亿元，比上年增加 55.5 亿元，增长 19.3%，经费投入强度（占地区生产总值的比重）为 2.14%。其中西安市 R&D 经费投入强度为 5.26%，杨凌示范区则为 3.92%。**总体来看，陕西省位于西部地区，经济发展依然滞后，目前全省经济增速虽有所放缓，但仍保持上升趋势，提质增效稳步推进，但以信息化为核心的创新驱动型经济模式仍未发展起来。**

现状格局：借着全力打造陕西经济升级版的东风，省域各城市竞相加快发

① 陕西省 R&D 经费数据摘自《2013 年陕西省科技经费投入统计公报》。

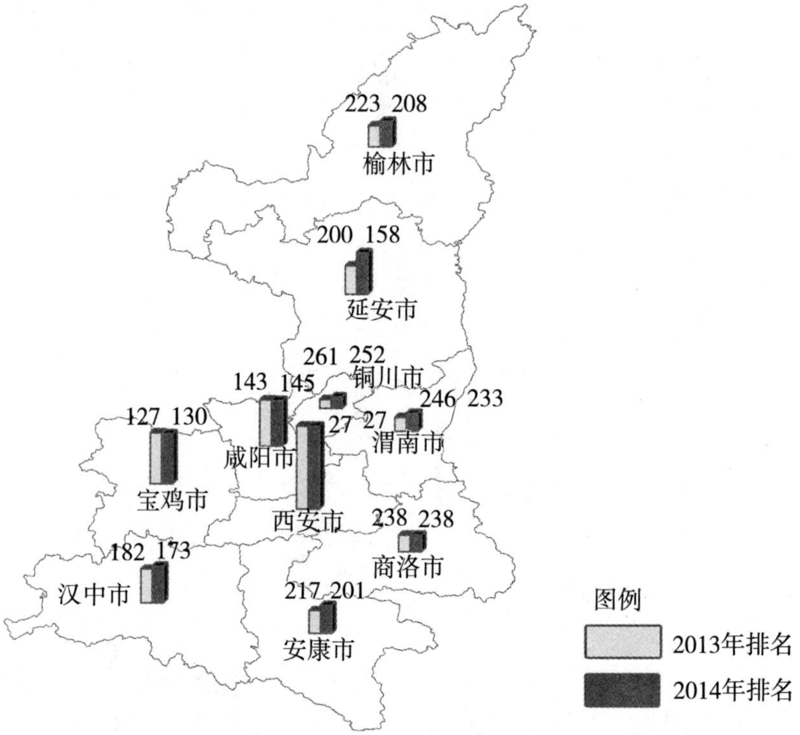

图 16－2 2013 年和 2014 年陕西省城市可持续竞争力排名

资料来源：中国社会科学院城市与竞争力指数数据库。

展，陕西省城市综合经济竞争力 2014 年均值为 0.080，在全国除西藏外的省级行政区域中排名第 21 位，相比 2013 年，综合经济竞争力指数均值上升了 0.01，方差和变异系数分别排在全国第 15 和 21 位，与上年持平，说明陕西省各城市巩固了发展的良好势头。陕西省城市竞争力总体上呈现以下特征。

第一，省域加快发展，城市注重长期可持续发展。2014 年陕西省各城市整体更加重视提升自身的可持续竞争力，陕西省可持续竞争力均值 2014 年排在全国除西藏和台湾外的省级行政区域中第 23 位，相比 2013 年提升了 2 位，同时方差由上年的第 15 位下降到第 11 位，说明陕西省城市整体在可持续竞争力方面表现出良好的提升态势。

第二，龙头城市综合实力稳步提升，各城市紧追态势明显。陕西省以省会城市西安为龙头，辐射和带动全省城市的竞相发展。西安市综合经济竞争力在近三年稳步提升，从35位提升到上年的34位，到2014年的33位，2014年陕西省各城市相比2013年综合经济竞争力大多数有提升，其中最大的是宝鸡，提升了14位，由此可见，以西安为龙头的陕西省各城市竞相发展，城市综合经济竞争力明显提升。在可持续竞争力方面，省域内各城市差距在进一步缩小，2014年可持续竞争力相比2013年，除去排位较高的西安、咸阳和宝鸡外，其他城市（商洛未变）均实现了大幅度提高，陕北地区的延安在全国排名中提升了42位，陕南地区的安康在全国排名中提升了16位，可见各城市在可持续竞争力方面共同发展且趋同的态势明显。

2. 问题与软肋

陕西省各城市2014年表现良好，发展成绩优异，但在好成绩背后城市发展的问题依然重重。

第一，环境问题成为各城市发展的桎梏。陕西省各分项竞争力中生态竞争力表现较差，全省平均是2.6个星，属于竞争力较差。其中1星的城市4个，分别为西安、铜川、咸阳、渭南，以西安为代表的关中城市群整体环境质量较差。2013年冬季关中地区雾霾天气频发，12月连续10天PM2.5日平均浓度较高，环境空气质量连续重度污染。西安还位列2013年空气质量最差的十个城市之中①。由此可见，陕西各城市在发展中并未处理好保护生态环境的问题。

第二，信息化步伐缓慢制约城市迅速提升。陕西省隶属西北地区，西北地区整体发展的缓慢和开放程度的有限也限制了陕西省各城市开放程度和信息化程度的提升。在各分项竞争力中，信息城市竞争力在六个分项中最差，平均为1.5个星，其中除了西安市和咸阳市外，其他城市均为1星，属于竞争力最差的行列。陕西省各城市信息化与工业化融合发展步伐仍然较慢，落后于全国平均水平。虽然西安成为全国数字城市建设示范市，但与其他城市差距依然较大，带头作用不明显。

3. 现象与规律

资源富集城市综合经济竞争力与可持续竞争力的背离。以榆林为代表的资源型城市排名异军突起，虽在个别数据方面表现良好，但长期可持续问题仍然存在。从具体指标来看，2014年榆林市以GDP为代表衡量的综合经济竞争力排名在全国第82位，但可持续竞争力排在全国第208位，两者之间背离了126

① 环保部发布《2013中国环境状况公报》对全国74个重点城市空气质量进行监控，西安市列空气质量最差的十个城市之一。

位。可以说单一的能源经济带来了经济的快速发展，但是难掩此类城市的困难和其他方面的不足，此种发展模式应引起警醒。

历史文化城市仍未寻找到城乡一体化的基本方式。陕西省各城市依托悠久的历史资源和美丽的自然风光，在文化竞争力方面的成绩有目共睹，其中西安市5星，4星有咸阳、延安、汉中、榆林等4市，是名副其实的历史文化城市大省。但陕西省各城市推进城乡一体化的进程不甚理想，全域城市竞争力均值为1.8颗星，属于竞争力较差，全省共有6个城市是1颗星，由此可见陕西省在加大统筹城乡发展力度方面，特别是建立城乡一体化体制方面略有不足。

4. 趋势与展望

可持续竞争力的排名为未来陕西省各城市发展敲响警钟。陕西省各城市的可持续竞争力的排名为第23位，较综合经济竞争力靠后，环境污染等因素都是未来城市长期发展的隐患。

依托“一带一路”发展战略，陕西省作为排头区域将迎来城市大发展。近些年，陕西省各城市依托“一带一路”战略，加快了城市的发展，城市整体竞争力向好，但其中制约城市的关键问题仍然没有得到解决。未来陕西省十个城市仍会借着西部发展的“东风”继续提高自身的竞争力，但其中个别城市的发展模式值得反思，需特别注意各个城市可持续发展能力的构建。

表16－2　2014年陕西省城市综合经济竞争力、可持续竞争力及其分项

	综合经济竞争力		可持续竞争力		知识城市竞争力	和谐城市竞争力	生态城市竞争力	文化城市竞争力	全域城市竞争力	信息城市竞争力
城　市	指数	排名	指数	排名	等级	等级	等级	等级	等级	等级
西　安	0.200	33	0.540	27	★★★★★	★★★★★	★	★★★★★	★★★★★	★★★★★
铜　川	0.037	277	0.145	252	★★	★★★	★	★	★★★	★
宝　鸡	0.079	126	0.297	130	★★★	★★	★★★★★	★★★	★	★
咸　阳	0.093	112	0.275	145	★★★	★★★★	★	★★★★	★★	★★
渭　南	0.074	150	0.175	233	★★	★★★★	★	★★★	★	★
延　安	0.067	183	0.264	158	★★	★★★	★★★	★★★★	★	★
汉　中	0.054	233	0.244	173	★★★	★★	★★★★	★★★★	★	★
榆　林	0.107	82	0.214	208	★	★★	★★	★★★★	★★	★
安　康	0.045	258	0.222	201	★	★	★★★★★	★★	★	★
商　洛	0.041	267	0.170	238	★★	★	★★★	★	★	★
指数均值	0.080	21	0.255	23	0.229	0.318	0.415	0.260	0.163	0.303
指数方差	0.0023	15	0.012	11	0.017	0.014	0.053	0.018	0.006	0.027
变异系数	0.600	21	0.438	18	0.562	0.368	0.554	0.515	0.462	0.545

资料来源：中国社会科学院城市与竞争力指数数据库。

5. 战略与政策

战略回顾：陕西省处在国家西部大开发战略的首要位置，又被国家赋予了打造内陆改革开放新高地、丝绸之路经济带新起点和“一带一路”战略重要节点。陕西省将充分发挥区位优、科教强、资源富集、文化厚重和产业基础好等优势，用改革破解难题，用创新驱动发展，用发展提升人民群众的生活水平。陕西省将未来的战略定位于“赶超发展”，未来需要保持高速发展，才能缩小东西部差距，发挥丝绸之路经济带新起点的引领作用，实现赶超发展。

政策建议：在未来陕西省各城市的发展中，第一，要坚持优先发展原则，对关中、陕北和陕南应因地制宜加快发展，以西安为龙头的关中城市群应由“率先”发展变为“创新”发展，发挥省会西安的龙头作用，大力发展有潜力的中小城市，带动全省的发展；第二，以榆林为核心的陕北城市群应由“跨越”发展变为“持续”发展。各个城市都应该注重“循环”发展，注重城市的环境保护和生态建设，既要城市经济发达人民生活水平提高，又要山清水秀风景美。

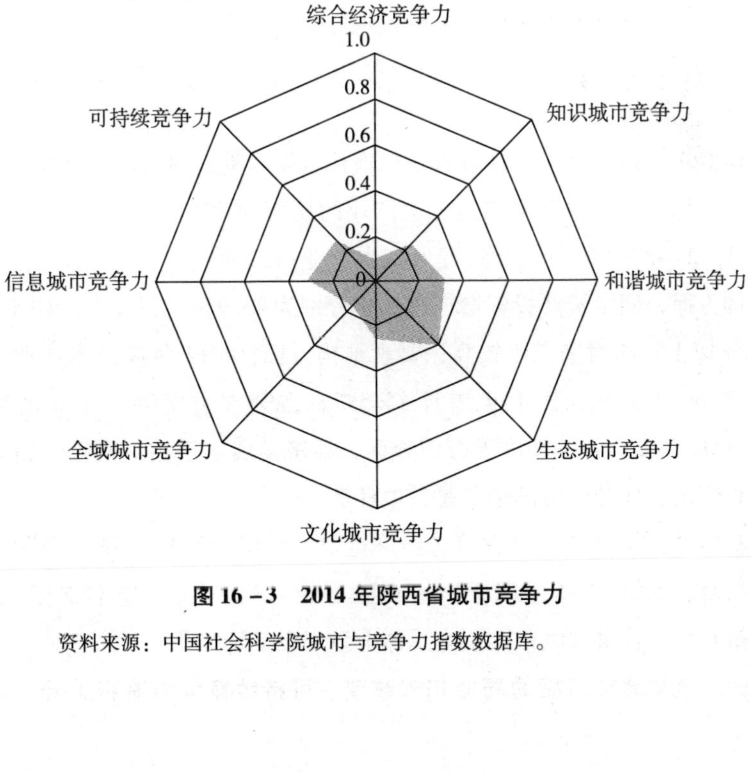

图 16－3　2014 年陕西省城市竞争力

资料来源：中国社会科学院城市与竞争力指数数据库。

二　中国城市竞争力（甘肃）报告

甘肃省地处黄河上游，东接陕西，南控巴蜀、青海，西倚新疆，北扼内蒙古、宁夏。下辖12个地级市和2个自治州，省会兰州。2014年甘肃省牢牢把握稳中求进工作总基调和“三期叠加”的阶段性特征，扎实推进“3341”项目工程建设和“1236”扶贫攻坚行动，统筹推进稳增长、促改革、调结构、惠民生等各项工作，全省经济运行稳中向好，人民生活不断改善，各项社会事业全面进步。

表16－3　2014年甘肃省省情信息

项目	数据
土地面积	42.59万平方千米
常住人口	2590.78万人
城镇人口占常住人口比重	41.68%
GDP及增长率	6835.27亿元，8.9%
一、二、三产业占GDP比重	13.2%、42.8%、44.0%

资料来源：2014年甘肃省国民经济和社会发展统计公报。

1. 格局与优势

总体概况：近三年来，甘肃省在稳增长、促改革、调结构、惠民生方面硕果累累。从综合经济发展来看，三次产业的比例为2012年13.8∶46.0∶40.2，2014年13.2∶42.8∶44.0，由此可见三次产业持续演进，第三产业发展迅猛；需求结构方面，固定资产投资增速近三年分别为43.9%、27.1%、21.1%，但仍在20%以上，相对来说比较高；要素结构方面，2014年高技术产业完成工业增加值56.9亿元，比上年增长15.5%，占全省规模以上工业增加值的2.8%。**总体来看，甘肃省位于西部地区，经济发展水平相对落后，目前加快经济增长速度、提升经济总量仍是首要任务。**

现状格局：2014年甘肃省综合经济竞争力均值为0.04，排全国除西藏外的省级行政区域第32名，全部省份和地区的倒数第2名；方差排名第1，变异系数排第6位。甘肃省城市竞争力总体上呈现以下特征。

第一，全省城市落后的局面仍未改变，可持续竞争力略有上升。总体来

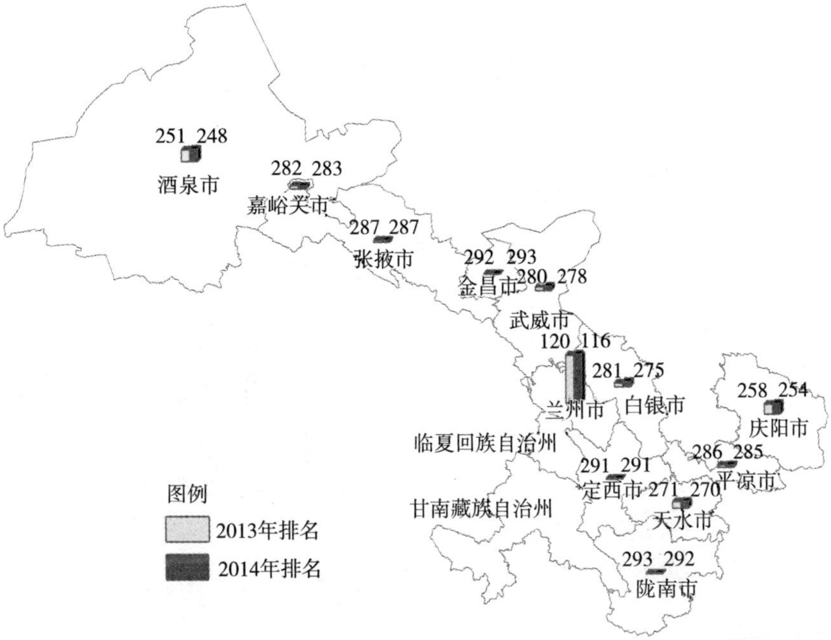

图 16－4　2013 年和 2014 年甘肃省城市综合经济竞争力排名

资料来源：中国社会科学院城市与竞争力指数数据库。

看，2014 年甘肃省整体综合经济竞争力与 2013 年排名持平，可以说甘肃省城市整体经济竞争力较差，同时城市之间差距很小，整体落后的状况仍未改变。可喜的是，在可持续竞争力方面，2014 年甘肃省整体排名比 2013 年上升了 1 位，由 2013 年的 30 位上升到 2014 年的 29 位。由此可见，甘肃省虽综合经济竞争力排名较为靠后，各城市不发达状况明显，发展都属于刚起步阶段，但其对可持续发展方式的关注，特别是在可持续竞争力方面的表现还是可圈可点的。

第二，各城市综合经济实力略有改观，但在可持续发展方面表现迥异。甘肃省各城市 2014 年综合经济竞争力排名，其中 12 个城市共有 8 个城市排名较 2013 年有了上升，最大上升是白银，上升了 6 位。可见虽然甘肃省城市整体发展滞后，但追赶的步伐并未停止。但在可持续竞争力排名中，全省城市表现出现两极分化，其中有 5 座城市显著上升，最高为定西，上升了 22 位，另武威上升了 21 位，嘉峪关上升了 15 位；但同时有 6 座城市下降，下跌位次最多

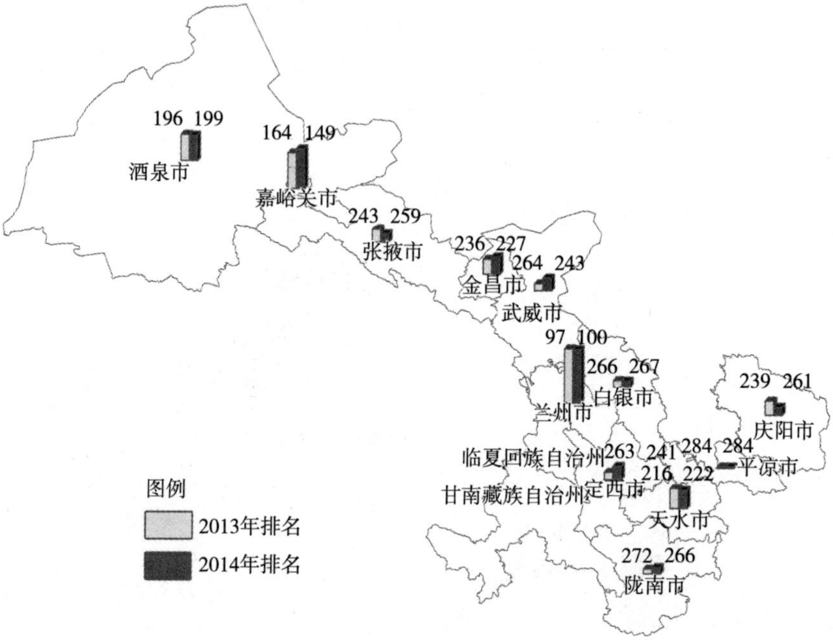

图 16－5　2013 年和 2014 年甘肃省城市可持续竞争力排名

资料来源：中国社会科学院城市与竞争力指数数据库。

的为庆阳，下降了 22 位，其次为张掖，下降了 16 位，所以在可持续发展方面，各城市之间表现迥异，有个别城市上升明显而有些城市却下跌幅度较大。

2. 问题与软肋

第一，城市建设的和谐之音仍不强。甘肃省各个城市分项竞争力表现最不好的是和谐城市竞争力，全省城市均为 1 星或者 2 星，属于竞争力最差和较差的行列。和谐城市建设的关键在于社会公平、社会保障、社会安定以及政府的作为，由此可见，甘肃省城市整体服务建设的理念仍显不足，城市建设的和谐之音并未奏响。

第二，西部地区城市的基础设施配套建设依然滞后。反映城市基础设施及信息化建设方面的信息城市竞争力分项，甘肃省各城市，除了省会兰州市和嘉峪关市，其他城市均为 1 星，即竞争力最差之列。甘肃省各城市在基础设施建设方面，特别是运用信息化和对外开放来有序推进城市基础设施建设，创建宜居城市方面仍然比较滞后。

3. 现象与规律

各项竞争力平均1星占据半壁江山。对甘肃省城市六个分项竞争力的星级进行均值计算，发现知识城市竞争力、和谐城市竞争力、生态城市竞争力、文化城市竞争力、全域城市竞争力和信息城市竞争力平均值分别为1.9星、1.3星、2.2星、2.3星、2.0星和1.3星。其中1星多占据了3席，而其他三个分项也只有2星多，由此可以看出，甘肃省城市整体各个分项竞争力在全国表现都处于较为靠后的位置，在创建生态、绿色、宜居城市方面还有极大的提升空间。

城市发展与生态环境建设的不同步现象值得反思。甘肃省城市整体的发展比较滞后，但其个别城市生态城市竞争力优良是值得肯定的，其中五星城市有1个，是陇南；三星城市有3个，分别是酒泉、庆阳和定西。但反观其他城市，特别是省会兰州市，综合经济竞争力排名省内第1，全国第116位，但其生态城市竞争力只有1颗星，属于竞争力最差，可以说以兰州为代表的甘肃省有些城市对“生态环境”拖了后腿，所以这些城市在加快追赶脚步的同时，重视生态环境的保护也是城市发展的重中之重。

4. 趋势与展望

甘肃省的可持续竞争力排名为省内各城市赢得了未来。甘肃省城市竞争力在全国来说较为落后，可喜的是在可持续竞争力方面，甘肃省仍可圈可点。所以未来甘肃省城市会借着西部开发进一步推进和“一带一路”战略顺势而为，不断提升城市的经济实力以及软硬环境。

甘肃省各城市发展空间巨大，落后面貌有望改变。现阶段甘肃省城市整体竞争力排名相对落后，为各城市提供了未来发展的巨大空间。所以，甘肃应与贫困落后不断作斗争，点点滴滴改变甘肃落后的面貌，不断提升城市的实力和品质，建设优美的自然环境和优雅的人文环境并举的新城市。

5. 战略与政策

战略回顾：近些年，甘肃省提出了“中心带动、两翼齐飞、组团发展、整体推进”的区域发展战略和“五个大幅度提升”的奋斗目标。中心带动，即支持兰州率先发展，建设兰州—白银都市经济圈，充分发挥中心城市的龙头带动作用。把兰州周边城镇纳入兰州发展总体规划，进一步完善交通网络和城市基础设施，努力改善人居环境和投资环境，不断拓展兰州市区发展空间，逐

表 16-4 2014 年甘肃省城市综合经济竞争力、可持续竞争力及其分项

	综合经济竞争力		可持续竞争力		知识城市竞争力	和谐城市竞争力	生态城市竞争力	文化城市竞争力	全域城市竞争力	信息城市竞争力
城市	指数	排名	指数	排名	等级	等级	等级	等级	等级	等级
兰州	0.087	116	0.333	100	★★★★★	★★	★	★★★★	★★★★	★★★
嘉峪关	0.035	283	0.269	149	★	★	★★	★★★★	★★★★★	★★
金昌	0.028	293	0.191	227	★★	★	★★	★	★★★	★
白银	0.038	275	0.119	267	★	★★	★	★	★	★
天水	0.039	270	0.197	222	★★★	★	★★	★★★★	★	★
武威	0.037	278	0.160	243	★	★	★★	★★★★	★	★
张掖	0.031	287	0.135	259	★★★	★	★	★★★	★	★
平凉	0.034	285	0.055	284	★	★	★	★	★	★
酒泉	0.049	248	0.224	199	★★	★	★★★	★★	★★★★	★
庆阳	0.047	254	0.133	261	★	★★	★★★	★	★	★
定西	0.030	291	0.166	241	★★	★★	★★★	★	★	★
陇南	0.029	292	0.119	266	★	★	★★★★★	★	★	★
指数均值	0.040	32	0.175	29	0.181	0.205	0.397	0.154	0.165	0.191
指数方差	0.0003	1	0.006	4	0.014	0.006	0.033	0.012	0.013	0.013
变异系数	0.398	6	0.426	11	0.649	0.373	0.458	0.708	0.679	0.602

资料来源：中国社会科学院城市与竞争力指数数据库。

步实现兰州、白银及周边城镇经济的互相融合；实行综合配套改革，借鉴其他经济区的政策，在基础设施建设、土地开发、项目、税收等方面给予支持和优惠，在金融创新等方面先行先试；进一步做大做强石化、有色冶金、装备制造、高新技术等产业；加快现代服务业的发展，把兰州建设成西北区域性商贸物流中心和向西开放的重要城市。

政策建议：第一，甘肃省各城市面对现在较为落后的客观环境，未来要借着丝绸之路经济带战略的实施，整合资源，通过建设城市一体化的产业聚集区，自然生态、物质文明、精神文明一起抓，齐头并进，将甘肃建设成为丝绸之路上新的经济增长极，让甘肃彻底改变拉全国经济发展后腿的面貌。第二，在加快“丝绸之路经济带”建设中，以兰州新区战略平台为辐射，以敦煌国际旅游城和丝绸之路各市经济开发区为承接点，互联互补互动发展，形成整体向西的规模优势和聚集效应，拓展对外合作领域。

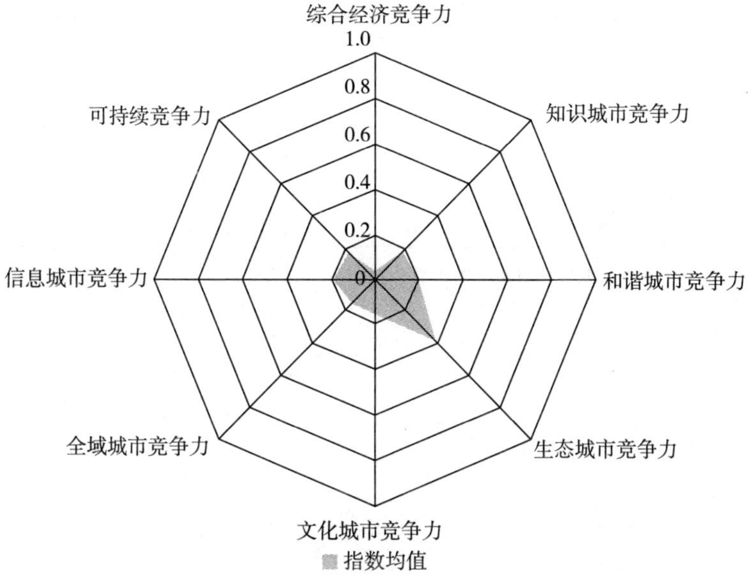

图 16－6　2014 年甘肃省城市竞争力

资料来源：中国社会科学院城市与竞争力指数数据库。

三　中国城市竞争力（宁夏）报告

十八大召开以来，宁夏经济稳步发展，综合经济竞争力和可持续竞争力都有所提升，但整体的竞争力在国内排名靠后，环境污染、资源依赖过重使经济发展遇到瓶颈，生态形势日趋严峻，粗放型经济发展模式走到了穷途末路，经济发展模式亟须转变。要全面建设开放宁夏、富裕宁夏、和谐宁夏、美丽宁夏，推进全区经济社会又好又快发展，宁夏必须适应新常态的经济发展环境，加快推进产业结构调整和转型升级，全面推进创新创造，鼓励支持大众创业、万众创新，突出企业创新，进一步提升发展的质量和效益。牢固树立绿色理念，加强生态环境保护，严守生态红线，保护好美丽宁夏的靓丽名片。

表 16－5　2013 年宁夏回族自治区区情信息

项目	数据
土地面积	6.64 万平方公里
常住人口	654.19 万人
城镇人口占常住人口比重	52.01%
GDP 及增长率	2565.06 亿元,9.8%
一、二、三产业占 GDP 比重	8.7%、49.3%、42.0%

资料来源：2013 年宁夏回族自治区国民经济和社会发展统计公报。

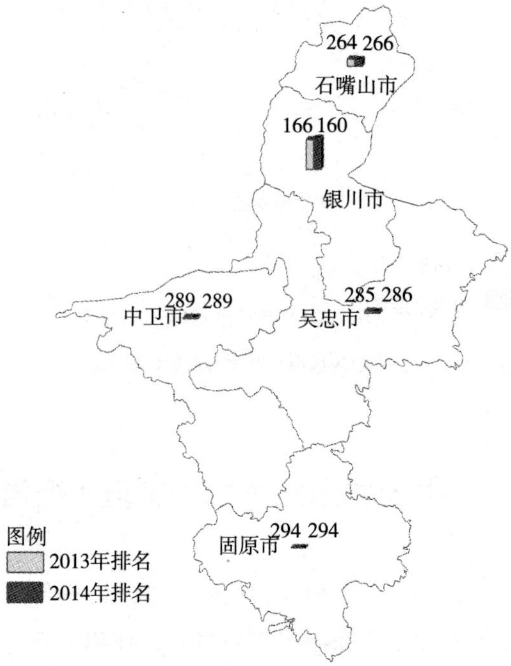

图 16－7　2013 年和 2014 年宁夏回族自治区城市综合经济竞争力排名

资料来源：中国社会科学院城市与竞争力指数数据库。

1. 格局与优势

总体概况： 宁夏回族自治区扎实推进稳增长、调结构、促改革、惠民生的各项工作，全区经济呈现“稳中有进、稳中向好”的运行态势。从综合经济发展来看，产业结构开始逐步出现转型升级，三次产业的比例变动不大。2012 年三次产业比例是 8.5∶49.5∶42.0，2013 年三次产业比例是 8.7∶49.3∶42.0，

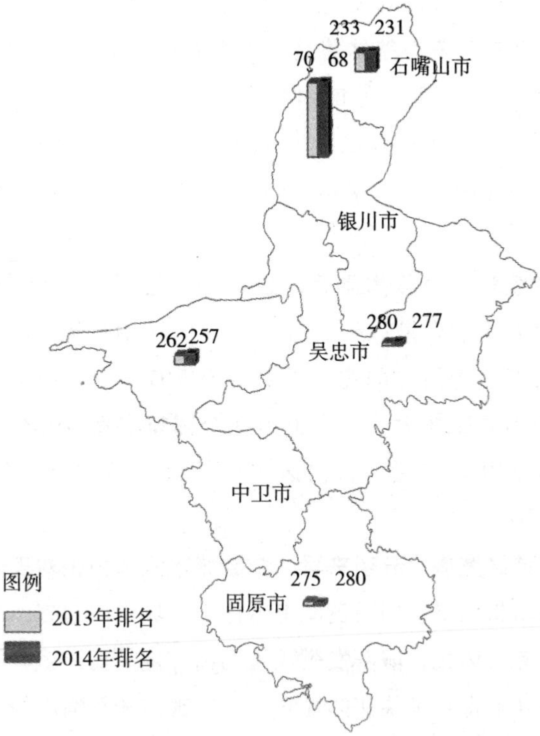

图 16-8　2013 年和 2014 年宁夏回族自治区城市可持续竞争力排名

资料来源：中国社会科学院城市与竞争力指数数据库。

与沿海较为发达的省份相比，第三产业的比例偏低；需求结构方面，投资拉动型经济依旧是经济发展的主要动力，全社会完成固定资产投资增长 27.1%，基本建设投资增长 26.9%，更新改造投资增长 27.2%，房地产开发投资增长 30.2%，均接近或超过上年同期的增长率；要素结构方面，高科技和创新研发投资水平有待提高，研发投资水平相对偏低，政府部门应加快推进各经济技术开发区发展，鼓励和支持企业加大创新研发力度。从可持续竞争力来看，在全国的排名居后，但好于综合经济竞争力。全域城市竞争力表现较好，生态城市竞争力表现最差，地表水质污染严重，空气污染急需治理。**总体来看，宁夏是西部省份，整体竞争力水平表现较弱，目前处于要素驱动发展阶段，宁夏要想走出一条可持续发展的道路，仍需保持经济稳步发展，同时应当注意平衡生态环境的治理和经济发展的速度，推进企业转型升级，提高经济发展效率。**

现状格局：宁夏回族自治区经济竞争力总体上呈以下特征。

第一，综合经济竞争力整体落后，省内城市差距明显。2014 年度宁夏综合经济竞争力在全国除西藏外的省级行政区域中排名倒数第一，均值为 0.040。综合经济竞争力的变异系数为 0.464，全国排名第 11 位，说明区内城市综合经济竞争力差距明显，银川排第 160 位，其他城市排名均在 250 名之后。

第二，可持续竞争力总体靠后，银川一枝独秀。2014 年度宁夏可持续竞争力在全国除西藏和台湾以外的省级行政区域中排第 30 名，处于全国下游水平。可持续竞争力指数的变异系数为 0.707，全国排名第 23 位。省内城市可持续竞争力差距较大，首府银川在全国排名第 68 名，其他城市表现较弱，排名均在 230 名之后，自治区内可持续竞争力最末的固原排第 280 名。

第三，从可持续竞争力分项来看，全域城市竞争力相对表现突出。区政府努力提升沿黄城市带水平，用沿黄城市带把川区城镇串起来，加快基础设施建设工作和公共服务一体化，城乡发展较为均衡，这一切措施都使得宁夏的区域城市竞争力在近几年得到了快速的提升，其中银川和石嘴山的全域城市竞争力分别处于最好和较好之列。

2. 问题与软肋

第一，可持续竞争力连续三年全国末流，省内城市可持续竞争力差距突出。宁夏可持续竞争力 2012 年和 2014 年全国排名均为第 30 名，入选报告的五座城市可持续竞争力差距明显，银川一马当先，全国排 68 名，处于较好之列，其他城市可持续竞争力较弱，而且近年来在全国排名中一直靠后，没有改善的迹象，说明宁夏城市的可持续竞争力相比全国其他城市提升的速度依旧较为缓慢。

第二，生态竞争力略显不足，环境问题亟待治理。生态城市竞争力是宁夏表现最差的一项竞争力，生态城市竞争力指数均值仅为 0.281，全国排第 30 名，有 4 个城市位于全国最差之列，生态竞争力较好的城市银川也仅排在较差之列。其中，宁夏城市的水质污染尤其严重，有 4 个城市的水质属于重度污染。同时单位 GDP 二氧化硫的排放量很高，全国排名靠前，尤其以工业二氧化硫的排放为甚。

3. 现象与规律

知识城市竞争力方面，银川独占鳌头，其他城市发展潜力亟待提高。在知识城市竞争力指数和排名上，银川显著好于区内其他城市，知识城市竞争力的人均教育支出指标，宁夏在数值上出现绝对增长，在排名上却连续三年下滑，这显然得益于近年经济的快速发展，政府加大了教育开支，但是相比全国其他省份，宁夏的人均教育支出水平仍然偏低。教育作为创新的源泉，通过知识的外溢作用，形成规模经济来重新构建城市空间结构和形成新的城市圈，为城市竞争力的提高提供可持续的内生发展动力。因此，宁夏应加大对教育的投入。

4. 趋势与展望

综合经济竞争力全国垫底，可持续竞争力提升缓慢。无论从反映当前产出和城市竞争力的综合经济竞争力，还是从反映未来城市发展潜力的可持续竞争力，宁夏的表现上均不容乐观，说明宁夏城市未来竞争力的发展前景堪忧。区政府应当转变发展观念，转变以依赖投资为重的粗放式经济增长模式，积极推进产业转型升级，加快高新技术产业的发展，并把每一项支持政策落到实处，才能形成企业聚集效益，实现规模增长。

表 16－6　2014 年宁夏回族自治区城市综合经济竞争力、可持续竞争力及其分项

	综合经济竞争力		可持续竞争力		知识城市竞争力	和谐城市竞争力	生态城市竞争力	文化城市竞争力	全域城市竞争力	信息城市竞争力
城　市	指数	排名	指数	排名	等级	等级	等级	等级	等级	等级
银　川	0.072	160	0.378	68	★★★★★	★	★★	★★★★★	★★★★★	★★★
石嘴山	0.041	266	0.181	231	★★	★	★	★	★★★★	★★
吴　忠	0.034	286	0.087	277	★	★	★	★	★	★
固　原	0.024	294	0.078	280	★	★	★	★	★	★
中　卫	0.030	289	0.140	257	★	★★★	★	★	★	★
指数均值	0.040	33	0.173	30	0.191	0.207	0.281	0.147	0.195	0.259
指数方差	0.0003	3	0.015	17	0.027	0.009	0.007	0.020	0.014	0.027
变异系数	0.464	11	0.707	23	0.858	0.468	0.291	0.954	0.596	0.631

资料来源：中国社会科学院城市与竞争力指数数据库。

5. 战略与政策

战略回顾：近年来，在产业结构优化升级方面，宁夏实施“1＋3”结构调整方案，着力提升经济发展的质量和效益。农业上，启动“五百三千”计划，加大农业投入。工业上，一手抓增量培育，一手抓存量提升。总体上，区政府根据全面深化改革的艰巨任务，实行重点突破，增强了科学发展的新活力。基于宁夏区内城市经济发展差距较大，宁夏应平衡区域发展，发挥银川的辐射作用，带动区内其他城市的发展。在经济发展的同时应当加大自然生态系统建设和环境保护力度，避免走以牺牲环境为代价的粗放经济发展道路。

政策建议：第一，适应新常态经济，加快经济转型升级，抓住“一带一路”的新机遇。在目前世界经济总体复苏难有改观、我国经济进入新常态、增长速度换挡、发展方式转变、发展动力转向的新常态经济局势下，应推进产业转型升级，提高经济发展质量和效益，借“一带一路”的机会，带动地区经济发展。第二，以改革创新为驱动，进一步增强发展的内生动力。必须把改革创新贯穿于经济社会发展的各个领域，大力推动重点改革，着力培育新的发展动力和竞争优势。

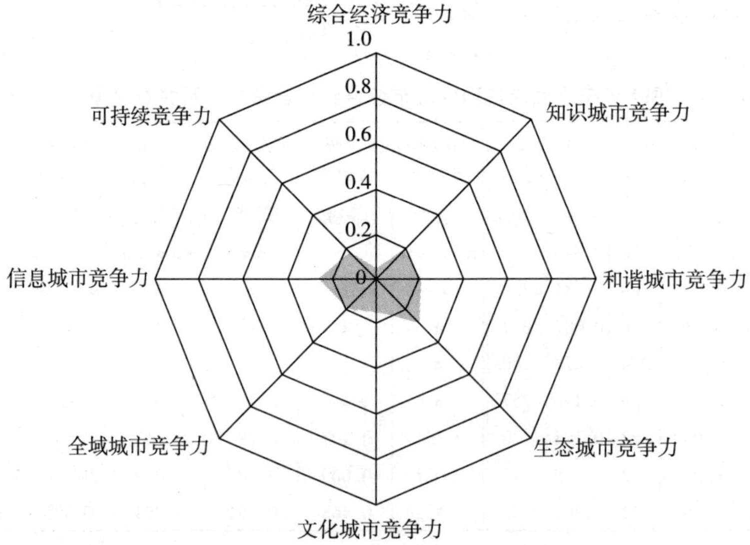

图 16－9　2014 年宁夏回族自治区城市竞争力

资料来源：中国社会科学院城市与竞争力指数数据库。

四 中国城市竞争力（青海）报告

近三年青海省的经济得到了较快发展，城市的可持续竞争力不断提高，但是综合经济竞争力依然处于全国下游水平，在低位徘徊不前。城乡经济发展较为平衡，全域城市竞争力可圈可点，生态环境污染严重，生态城市竞争力短板明显，粗放型经济发展模式未能得到根本性的改变。要打造大美青海升级版，青海要认识新常态、适应新常态经济，必须紧抓“三个升级”与“三区”战略，把握经济发展与生态保护的关键点，努力推动经济稳定增长。

表 16－7　2014 年青海省省情信息

项目	数据
土地面积	69.67 万平方公里
常住人口	583.42 万人
城镇人口占常住人口比重	49.78%
GDP 及增长率	2301.12 亿元,9.2%
一、二、三产业占 GDP 比重	9.4%、53.5%、37.1%

资料来源：2014 年青海省国民经济和社会发展统计公报。

1. 格局与优势

总体概况：近三年来，青海省统筹稳增长、调结构、促改革、惠民生，积极应对各种困难挑战，全省经济总体平稳、稳中有进、稳中向好。从综合经济发展来看，青海的产业结构呈现了积极的调整，三次产业比例由 2012 年的 9.4∶57.9∶32.7，变化为 2014 年的 9.4∶53.5∶37.1，第三产业服务业出现了积极的变化，所占比重越来越大；需求结构方面，投资拉动型经济增长方式正在得到扭转，固定资产投资增速出现连续三年放缓，近三年分别为 33.9%、25.2%、21.0%，投资结构转型各行业好坏不一，房地产开发投资增速连续三年放缓，正在逐步摆脱对房地产经济的依赖，出现了可喜的现象。新能源、新材料投资增速缺乏连续性，近三年投资增速变动幅度较大，生物产业表现突出，出现连续高速增长的良好局面；要素结构方面，科学研究和技术研发投入有待提高，2014 年用于研究与发展（R&D）经费支出仅占全省生产总值的 0.3% 左右。

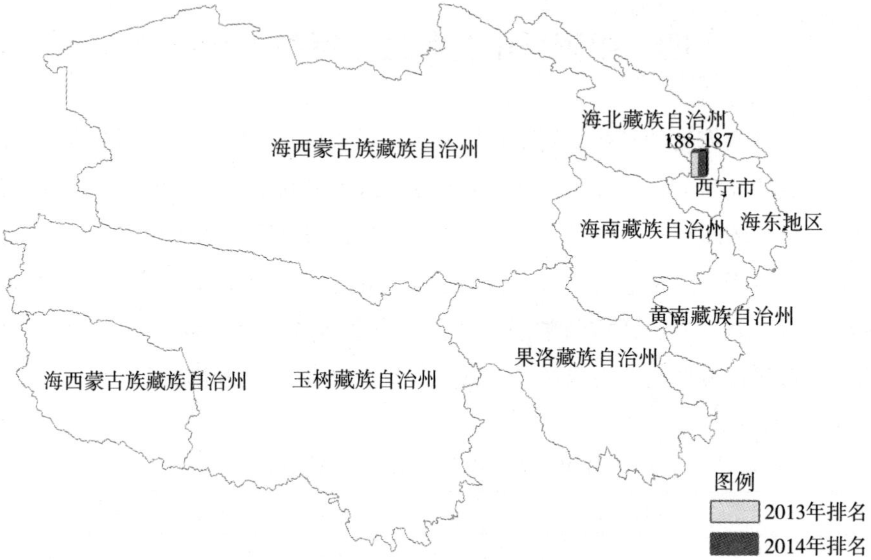

图 16－10　2013 年和 2014 年青海省城市综合经济竞争力排名

资料来源：中国社会科学院城市与竞争力指数数据库。

从可持续竞争力来看，青海省处于全国中游水平，全域城市竞争力表现较好，生态城市竞争力水平乏善可陈，单位 GDP 耗水量、单位 GDP 耗电量和单位 GDP 二氧化硫排放量均远高于全国水平，技术水平落后导致经济发展效率低下，高污染高耗能企业未能得到有效控制和转型升级，其他分项表现一般。**总体来看，青海是西部省份，竞争力处于全国下游水平，目前处于要素驱动的发展阶段，在新常态的经济局势下，青海省应该努力促进经济平稳运行，走可持续发展的道路，在经济不至于“换挡失速”的前提下，统筹稳增长和调结构的发展需求，积极促进产业转型升级，降低高耗能、高污染的企业比例。**

现状格局：2014 年度青海省综合经济竞争力指数均值为 0.066，在全国除西藏外的省级行政区域中排名第 26 位。首府西宁在全国排名第 187 位，处于全国中等水平，在西北部的城市中排名前列。2014 年青海省可持续竞争力指数均值为 0.327，在全国除西藏和台湾外的省级行政区域中排名第 16 位。其中省会西宁全国排名第 107 位，处于中上游水平。青海省的城市竞争力总体上呈现以下特征。

图 16－11　2013 年和 2014 年青海省城市可持续竞争力排名

资料来源：中国社会科学院城市与竞争力指数数据库。

第一，综合经济竞争力总体处于下游水平，竞争力水平变化不大。2014 年度青海省的综合经济竞争力在全国除西藏外的省级行政区域中排名第 26 位，与前两年的综合经济竞争力水平基本保持一致，稳定在全国靠后的水平。首府西宁综合经济竞争力排在第 187 位，较 2013 年第 188 位、2012 年第 192 位变化不大，说明青海省的综合经济竞争力发展水平近两年有所停滞，经济竞争力水平提升速度有待加快。

第二，可持续竞争力整体水平居中，近两年提升明显。2014 年度青海省的可持续竞争力在全国除西藏和台湾外的省级行政区域中排名第 16 位，水平中等。2012 年排名第 22 位，可持续竞争力水平提升明显。省会西宁 2014 年可持续竞争力排第 107 位，2012 年和 2013 年分别排名第 162 位和第 125 位。从排名位次上可以看出，青海省近 3 年的可持续竞争力得到较好的提升，竞争力水平发展势头良好。

第三，从可持续竞争力分项来看，全域城市竞争力优势凸显。青海省地处我国西北地区，受地理位置和自然条件影响，一直以来城市的发展水平在国内并不算突出，但是其坚持城乡互动，区域协调发展。在新型城镇化发展规划引领下，积极稳妥、有力有序地推进城镇化，有序推进农牧业转移人口市民化。2014 年省会西宁的全域城市竞争力处于全国最好之列，青海省的全域城市竞争力表现突出。

2. 问题与软肋

第一，生态城市竞争力短板明显，全国居末。生态城市竞争力是青海省的最大短板，较全国落后明显，2014 年青海省生态城市竞争力均值为 0. 339，在全国除西藏和台湾外的省级行政区域中排名第 28 位，位于最差之列。该指数的排名为青海省的生态环境保护敲响了警钟。只有加快发展循环经济，促进工业提质增效升级，以此降低工业企业的单位 GDP 资源耗用量和污染排放量，才能提高企业的生态城市竞争力。

第二，和谐城市竞争力略显不足，排名相对靠后。2014 年青海省和谐城市竞争力均值 0. 282，在全国除西藏和台湾外的省级行政区域中排名第 23 位，处于较差之列。从省份排名和城市排名来看，青海的和谐城市竞争力总体不尽如人意。由此可见，青海在城市软环境构建方面仍是落后，努力构建好城市发展环境和氛围是青海未来提高可持续竞争力的必由之路。

3. 现象与规律

单位耗水和单位耗电量畸高，粗放式的经济发展模式未能得到较好的扭转。2014 年青海省的单位耗水和耗电量分别为 24. 68 吨/万元和 158. 4 千瓦/万元，两指标指数均值分别为 0. 074 和 0. 095，在全国耗电量和耗水量排名居前。从指标的数据可以看出，青海省的工业产业还是以高耗能、高污染企业为主导的产业结构。有色金属和煤炭等产业作为青海省的经济支柱，在促进青海经济高速发展的同时，也给青海带来了严重的环境污染问题。扎实推进区域生态保护，加大环境综合整治力度，是青海省当前刻不容缓的任务。

4. 趋势与展望

可持续竞争力水平的提升有可能提高青海的未来综合经济竞争力。按照新的城市竞争力的理论框架，竞争力分为当前短期竞争力，即综合经济竞争力；

未来长期竞争力，即可持续竞争力。综合经济竞争力是短期指标，选取反映当前的经济指标。可持续竞争力是未来长期竞争力，是推动支撑城市永续发展和竞争的关键指标及有机构成。可持续竞争力可以转化为未来的综合经济竞争力，虽然目前青海省的综合经济处于全国下游水平，但是青海可持续竞争力逐步提升，其未来将逐渐转化为青海的综合经济竞争力，同时提高青海的城市竞争力水平。

表 16－8　2014 年青海省城市综合经济竞争力、可持续竞争力及其分项

	综合经济竞争力		可持续竞争力		知识城市竞争力	和谐城市竞争力	生态城市竞争力	文化城市竞争力	全域城市竞争力	信息城市竞争力
城　　市	指数	排名	指数	排名	等级	等级	等级	等级	等级	等级
西　　宁	0.066	187	0.327	107	★★★★	★★	★	★★★	★★★★★	★★★
指数均值	0.066	26	0.327	16	0.382	0.282	0.339	0.249	0.370	0.442

资料来源：中国社会科学院城市与竞争力指数数据库。

5. 战略与政策

战略回顾：近年来青海省提出了“三个升级”与“三区”战略，通过加快发展高原现代生态农牧业的科学技术升级，推进循环经济的发展和环境产业升级，同时加快服务业领域的升级。青海省委省政府坚持正确方向，全面深化改革，奋力打造三区，全面建设小康。可以说从经济发展到生态保护，再到民生福祉，这三个升级环环相扣，相辅相成。同时我们也看到，在实施升级战略的过程中，无论是大企业还是小微企业，都将面临何时发展、往哪发展的现实问题。可持续竞争力分项指标显示青海的生态环境保护力度还不够，环境保护和经济发展的矛盾依旧尖锐，是未来青海经济发展急需解决的问题。

政策建议：第一，深入推进结构调整，产业转型升级迈出新步伐。加快改造提升传统产业，大力发展战略性新兴产业，积极推动工业化与信息化深度融合，逐渐提高经济发展效率，降低高污染、高耗能企业比例。第二，强化生态环境保护，发展循环经济。把生态文明建设融入经济、政治、社会、文化建设各领域，做好治山治水大文章，打造一个经济发展、生态和谐的大美青海升级版。

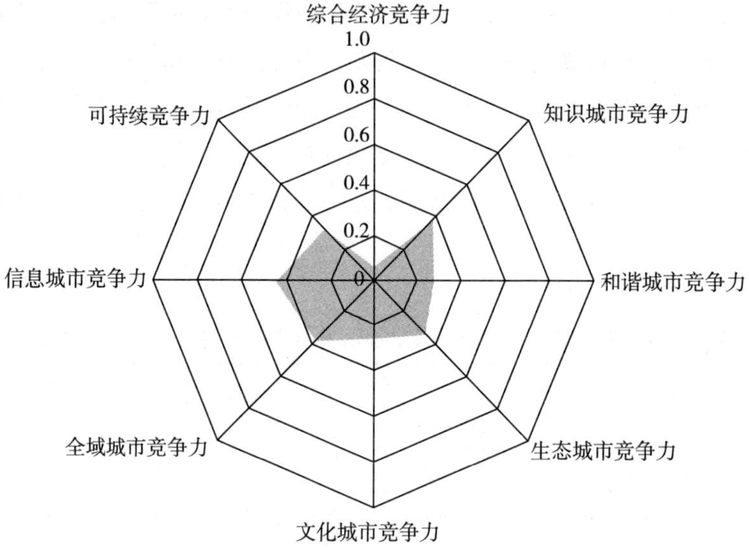

图 16-12　2014 年青海省城市竞争力

资料来源：中国社会科学院城市与竞争力指数数据库。

五　中国城市竞争力（新疆）报告

近年来，新疆政府牢牢把握社会稳定和长治久安总目标，抓住共建丝绸之路经济带重大历史机遇，以稳增长、促改革、调结构、惠民生、防风险为重点，经济稳中有进，进中增效。但是由于极端势力的破坏，区内的社会和谐受到威胁，同时由于传统产业转型未到位，一些高污染、高耗能企业对生态环境造成了破坏，经济发展和生态环境保护矛盾日趋严峻。当前，新疆亟须转型升级产业结构，提高经济效益，鼓励和支持高技术产业发展，提升经济发展层次，走可持续发展道路。

表 16-9　2014 年新疆维吾尔自治区区情信息

项目	数据
土地面积	166 万平方公里
常住人口	2298.47 万人
城镇人口占常住人口比重	46.07%
GDP 及增长率	9264.10 亿元,10.0%
一、二、三产业占 GDP 比重	16.6%、42.4%、41.0%

资料来源：2014 年新疆维吾尔自治区国民经济和社会发展统计公报。

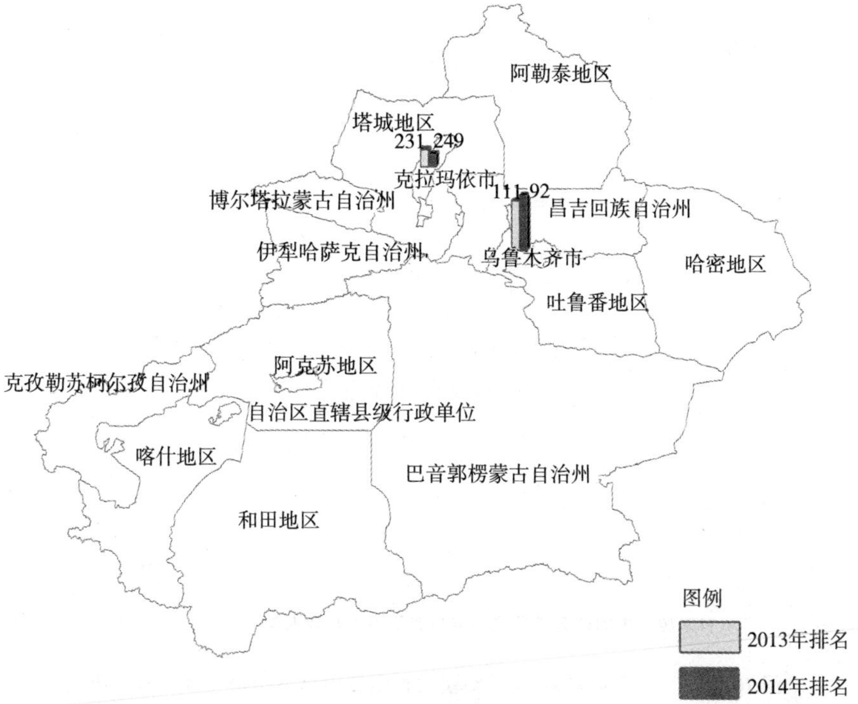

图 16－13　2013 年和 2014 年新疆维吾尔自治区城市综合经济竞争力排名

资料来源：中国社会科学院城市与竞争力指数数据库。

1. 格局与优势

总体概况：近年来，新疆维吾尔自治区政府坚持稳中求进、改革创新总基调，在全球经济复杂多变、国内经济进入“新常态”的情况下，以稳增长保就业为重点，不断创新宏观调控思路，集中精力调结构转方式，沉着应对各种风险挑战，经济、文化、社会、生态文明建设等取得了新成就。从综合经济发展来看，产业结构得到了良好的调整，三次产业比例由 2012 年的 17.5∶47.3∶35.2 调整为 2014 年的 16.6∶42.4∶41.0，第三产业服务业发展态势良好；需求结构方面，经济发展对投资的依赖正在减弱，近三年的固定资产投资增速分别为 35.1%、30.2%、25.2%，基础设施投资增长最快，三年的增长率均超过 40%；要素结构方面，科技创新对经济发展的贡献比例正在逐步提升，研究与发展经费支出正在进一步提高。从可持续竞争力来看，新疆可持续竞争力一直

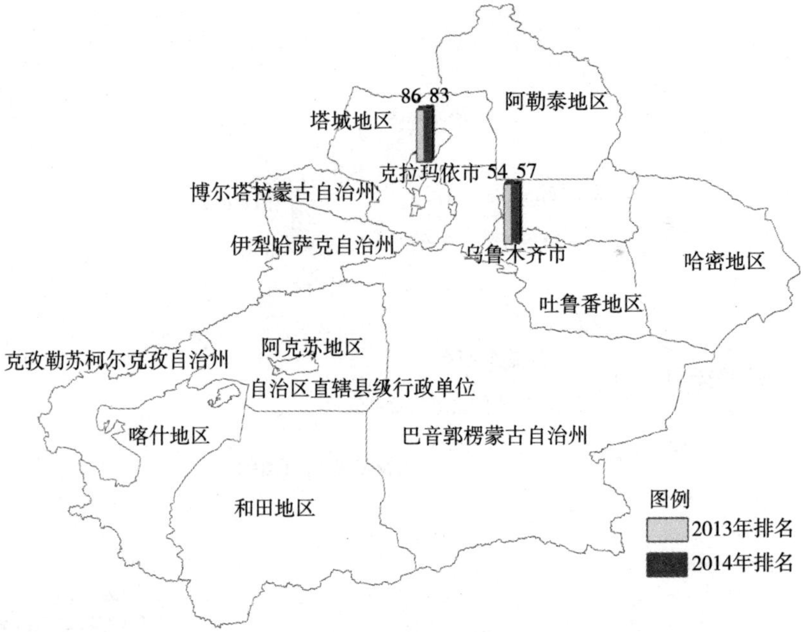

图 16－14　2013 年和 2014 年新疆维吾尔自治区城市可持续竞争力排名

资料来源：中国社会科学院城市与竞争力指数数据库。

处于全国中游，全域城市竞争力和知识城市竞争力表现较好，和谐城市竞争力和信息城市竞争力表现较差，生态城市竞争力表现一般。**总体来看，新疆地处我国西北边陲，可持续竞争力处于中游水平，这是来之不易的发展成果，目前仍处于要素驱动的发展阶段，今后新疆应该坚持走可持续发展道路，着力创新发展、改善民生，推进和谐社会建设。**

现状格局：新疆维吾尔自治区城市竞争力整体上呈现以下特征。

第一，综合经济竞争力位于全国下游水平，乌鲁木齐与克拉玛依两市差距不小。2014 年新疆综合经济竞争力指数均值为 0.075，在全国除西藏外的省级行政区域中排第 23 名，与前两年相比变化不大。区内城市乌鲁木齐与克拉玛依分别排第 92 名和第 249 名，说明自治区内两城市综合经济竞争力差距明显。

第二，可持续发展潜力不错，区内差距较小。2014 年新疆可持续竞争力指数均值为 0.386，在全国除西藏和台湾外的省级行政区域中排第 12 名，与

2012 年相比有所提升。乌鲁木齐与克拉玛依两市分别排第 57 名和第 83 名，均进入前 100 名，两市差距不是很大，说明区内城市的可持续竞争力较为均衡，而且发展潜力较好。

第三，从可持续竞争力分项来看，全域城市竞争力优势明显。2014 年新疆全域城市竞争力指数均值为 0.541，在全国除西藏和台湾外的省级行政区域中排名靠前，乌鲁木齐与克拉玛依两市的全域城市竞争力均排在最好之列。说明新疆的城镇化水平较高，城乡居民人均收入比相对均衡，新型城镇化有序推进，地州域体系城市（县城）和村镇协调发展，具有良好的全域城市竞争力。

2. 问题与软肋

第一，综合经济竞争力排名落后，整体提升不明显。2013 年和 2014 年新疆的综合经济竞争力，在全国除西藏外的省级行政区域中排名均为第 23 名，变异系数为 0.490，全国排第 15 名。相比于可持续竞争力，新疆的综合经济竞争力明显落后，且省内城市竞争力差距较为显著。

第二，和谐城市竞争力不尽理想，处于全国下游。新疆该指数的均值为 0.272，变异系数为 0.623，说明新疆的和谐竞争力不但整体不理想，而且区内城市的差距加大。乌鲁木齐该项指标很不理想，克拉玛依则处于较好水平。

3. 现象与规律

生态城市竞争力连续 3 年下滑，生态环境恶化加剧。一方面，由于天然的自然条件，新疆的降水丰沛度较低；另一方面，传统工业企业仍是经济的主力军，导致单位 GDP 耗水量和单位 GDP 耗电量偏高，反映粗放型经济增长与生态环境保护的尖锐矛盾，在经济发展的同时破坏生态环境，将会威胁城市未来可持续发展的连续性。

4. 趋势与展望

良好的可持续竞争力将提高新疆未来的综合经济竞争力。城市综合经济竞争力实质上就是城市当前创造价值、获取经济租金的能力。这一能力的强弱通过城市在当前一段时间内获得的竞争成果体现出来，因此城市综合经济竞争力就表现为城市产出的、当前的和短期的竞争成果。城市可持续竞争力实质上就是城市的要素与环境的状况。城市的要素与环境作为城市发展过程中的决定性因素，其状况不仅对城市当前的发展，而且对城市未来的发展有决定性的影响，城市可持续竞争力就是城市竞争力投入的、可持续的和长期的方面。因此，良好的可持续竞争力将转化为未来城市的综合经济竞争力。

知识城市竞争力一直表现优异，将助推未来新疆产业转型升级。2014 年新疆知识城市竞争力指数均值为 0.429，在全国除西藏和台湾外的省级行政区域中排名靠前，乌鲁木齐和克拉玛依分别处于最好和较好之列，人均教育支出指标和每万人科学研究和技术服务人数两项指标达到东中部水平。自治区政府实施教育优先战略，全面推进中小学标准化建设和提升教学质量，高等教育质量稳步提高，学科专业不断优化。这一切都将为新疆未来发展储备足够的人才。

表 16－10　2014 年新疆维吾尔自治区城市综合经济竞争力、可持续竞争力及其分项

	综合经济竞争力		可持续竞争力		知识城市竞争力	和谐城市竞争力	生态城市竞争力	文化城市竞争力	全域城市竞争力	信息城市竞争力
城　　市	指数	排名	指数	排名	等级	等级	等级	等级	等级	等级
乌鲁木齐	0.101	92	0.420	57	★★★★★	★	★★★	★★★★	★★★★★	★★★★
克拉玛依	0.049	249	0.353	83	★★★★	★★★★	★★★★	★★	★★★★★	★
指数均值	0.075	23	0.386	12	0.429	0.272	0.535	0.218	0.541	0.385
指数方差	0.0013	12	0.002	2	0.010	0.029	0.0003	0.007	0.0001	0.054
变异系数	0.490	15	0.123	2	0.231	0.623	0.030	0.389	0.020	0.603

资料来源：中国社会科学院城市与竞争力指数数据库。

5. 战略与政策

战略回顾：自治区政府加快现代农牧业产业体系建设，全面深化农村改革，积极稳妥扎实推进新型城镇化，统筹区域城乡协调发展。实施了一系列加快转变经济发展方式和调整产业结构的举措，加快自治区重大科技专项、高新技术研发、中小企业创新基金项目的实施。得益于这些举措的效用，新疆在全域城市竞争力和知识城市竞争力上表现优异。

政策建议：第一，坚决维护社会大局的稳定。紧紧围绕社会稳定和长治久安总目标，坚持依法治疆、团结稳疆、长期建疆治疆方略，一手抓打击暴恐犯罪活动，一手抓教育疏导各族群众，坚持反暴力、讲法治、讲秩序，全力维护社会稳定。第二，紧紧抓住国家“一带一路”建设重大历史机遇，扎实推进自治区丝绸之路经济带核心区建设。加快落实丝绸之路经济带核心区建设实施意见和行动计划，突出与周边国家道路联通、信息相通优势。第三，创新驱动经济结构优化升级，增强战略性新兴产业和服务业支撑作用，推动传统产业向中高端迈进。

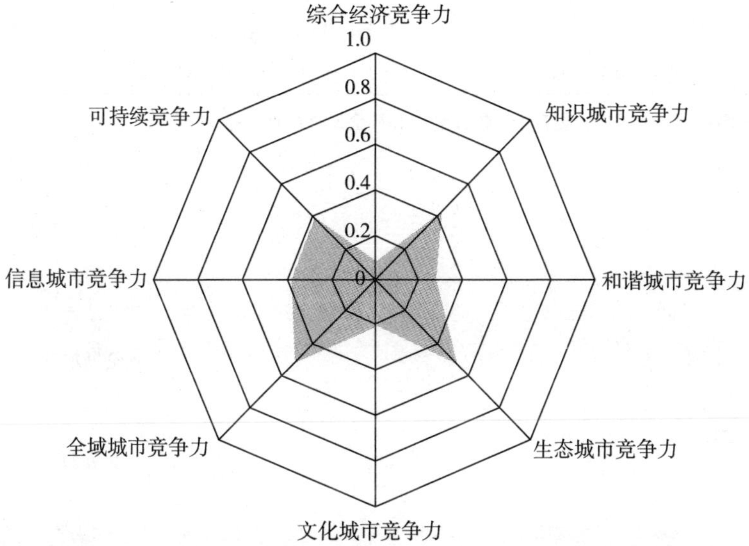

图 16－15　2014 年新疆维吾尔自治区城市竞争力

资料来源：中国社会科学院城市与竞争力指数数据库。

六　中国城市竞争力（内蒙古）报告

内蒙古自治区位于中国北部边疆，由东北向西南斜伸，呈狭长形，横跨东北、华北、西北三大区，由蒙古、汉、满、回、达斡尔、鄂温克、鄂伦春、朝鲜等 49 个民族组成。2014 年面对全国整体经济形势降速转型发展局面，内蒙古主动适应经济发展新常态，全区经济发展保持稳定增长，整体经济呈稳中回升态势。结构调整出现积极变化，深化改革开放取得重大进展，人民生活水平和民生福祉进一步提高，打造祖国北疆亮丽风景线取得了累累硕果。

表 16－11　2014 年内蒙古自治区区情信息

项目	数据
土地面积	118.3 万平方千米
常住人口	2504.81 万人
城镇人口占常住人口比重	59.5%
GDP 及增长率	17769.51 亿元,7.8%
一、二、三产业占 GDP 比重	9.2%、51.9%、38.9%

资料来源：2014 年内蒙古自治区国民经济和社会发展统计公报。

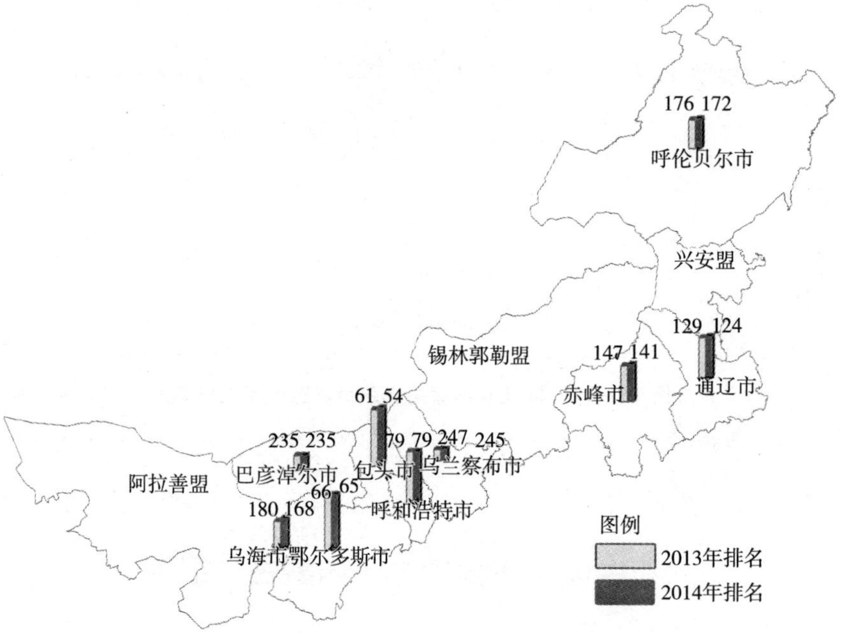

图 16－16　2013 年和 2014 年内蒙古自治区城市综合经济竞争力排名

资料来源：中国社会科学院城市与竞争力指数数据库。

1. 格局与优势

总体概况：近三年来，内蒙古自治区贯彻落实中央各项决策部署和自治区“8337”发展思路，经济总体发展实现了稳中有升，结构调整也出现了积极的变化。从综合经济发展来看，内蒙古自治区产业结构继续演变，2012 年三次

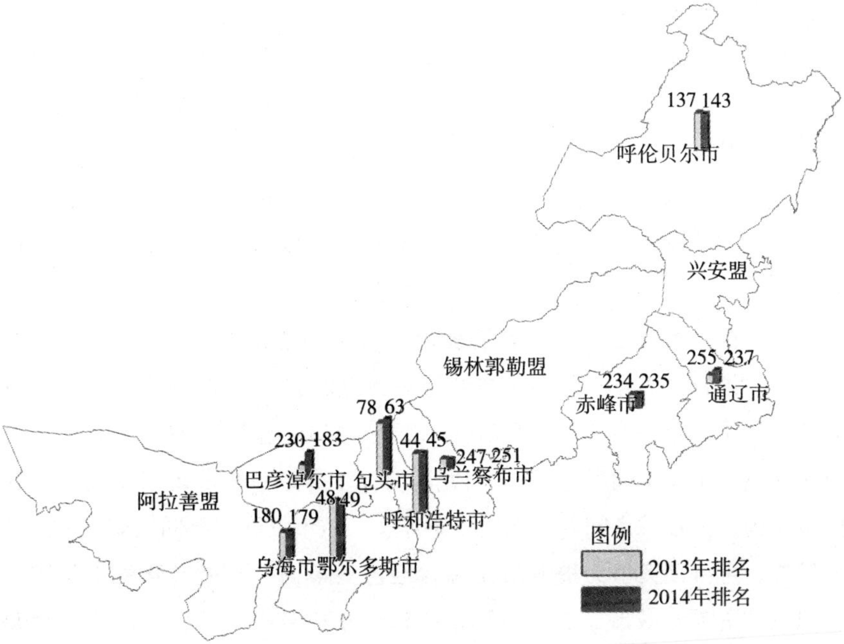

图 16－17　2013 年和 2014 年内蒙古自治区城市可持续竞争力排名

资料来源：中国社会科学院城市与竞争力指数数据库。

产业比为 9.1∶56.5∶34.4，2014 年为 9.2∶51.9∶38.9，服务业发展迅猛，三年增加了 4.5 个百分点；需求结构方面，固定资产投资增速连续三年放缓，近三年分别为 20.3%、18.4%、15.6%，依靠投资拉动的增长模式有所改善，2014 年信息传输、软件和信息技术服务业、教育行业等投资增速超 20%；要素结构方面，2013 年末①，内蒙古自治区规模以上高新技术产业占规模以上制造业的 3.3%，其中规模以上高新技术产业 R&D 经费支出仅占规模以上制造业的 1.8%，由此可见内蒙古创新的程度还不足，对经济发展的贡献有限。从可持续竞争力来看，最好是生态城市竞争力，而最差为文化城市竞争力。**总体来看，内蒙古自治区位于西部地区，经济发展依然滞后，目前仍属于经济增长数量快速提升阶段，但在提高 GDP 的同时对科技创新的作用应该重视，使增长**

① 内蒙古 R&D 经费数据摘自《内蒙古自治区第三次全国经济普查主要数据公报》，2015 年 2 月 4 日发布。

方式最终转向技术驱动型。

格局现状： 2014 年内蒙古城市综合经济竞争力均值为 0.085，比 2013 年提高了 0.008，全国除西藏外的省级行政区域中依然排在第 18 位。同时可持续竞争力同样仍排在全国除西藏和台湾外的省级行政区域第 22 位，由此可见，内蒙古不论是综合经济竞争力还是可持续竞争力均居全国 20 位左右，而且近些年一直能保持中等水平。内蒙古自治区城市竞争力总体上呈现以下特征。

第一，内蒙古自治区综合经济竞争力城市间差距渐小。可喜的是，2014 年内蒙古在综合经济竞争力和可持续竞争力方面的方差排名较 2013 年都有不同程度的进步，综合经济竞争力前进了 2 位，排在全国第 8 位；可持续竞争力前进了 3 位，排在全国第 15 位。与此同时，变异系数也实现了不同程度的提升，可见内蒙古各城市间差距在进一步缩小，城市发展的趋同效应明显。

第二，可持续竞争力提升快于综合经济竞争力，众城市着眼于长期可持续。内蒙古资源型城市（包头、鄂尔多斯、呼和浩特）综合经济竞争力明显好于其他城市，均排在前 100 位。从综合经济竞争力来看，内蒙古在前 100 名的城市有 3 个，100 ~ 200 名城市有 4 个，200 名以后的有 2 个，绝大多数城市经济竞争力属于中等偏上水平。2014 年相比 2013 年，内蒙古各城市可持续竞争力提升明显，步伐明显快于综合经济竞争力。其中自治区首府呼和浩特，可持续竞争力高于综合经济竞争力 34 位。各城市中，可持续竞争力提升最大的是巴彦淖尔，提升了 47 位；可持续竞争力实现两位数提升的有 3 个城市。而综合经济竞争力提升最快的是乌海，提升了 12 位；综合经济竞争力提升超过两位数的只有 1 个。由此可见，内蒙古自治区各城市更加重视城市的长远和可持续发展。

2. 问题与软肋

第一，创新还未成为城市发展的根本动力。内蒙古各城市在分项竞争力比较中，知识竞争力方面除去呼和浩特和包头，其他城市多为一星或是二星，属于竞争力最差和较差的行列。说明作为城市发展的原动力——创新，并未在内蒙古各城市成为最活跃的因素。科技创新能力不足，服务创新的理念不到位以及城市管理创新的思路不明确等等问题，成为制约内蒙古城市提升、城市创新的瓶颈。

第二，城市开放度不高与信息化建设滞后，未把握好明显的区位优势。内蒙古各城市的信息城市竞争力平均为2.1颗星，在各分项竞争力中，和知识竞争力并列倒数第1，说明内蒙古各城市在城市开放和信息化建设方面步伐明显滞后。内蒙古地处边陲，是中国向北开放的重要中心。而内蒙古各城市目前在把握自身区位优势方面仍显不足，在打造民族特色中心和向北开放的重要中心，以及沟通中亚、俄罗斯、蒙古和西亚等国仍大有可为。

3. 现象与规律

城市各个方面发展较为平衡，整体具有提升空间。内蒙古各城市分项竞争力比较均衡，其中知识竞争力、和谐城市竞争力、文化城市竞争力、信息城市竞争力平均为2.1颗星、2.8颗星、2.3颗星和2.1颗星，都属于竞争力较差和竞争力一般之间。另外全域城市竞争力略优于其他五个分项，平均为3.3颗星，由此可见，内蒙古各城市虽然在各个方面发展处于中游偏下，但各个方面发展均衡，且有明显扩张和完善空间。

以城乡一体化推进为核心的全域城市建设成绩显著。内蒙古在全域城市竞争力方面成绩显著，有五星城市2个，分别是乌海和鄂尔多斯；有四星城市3个，分别是呼和浩特、包头和呼伦贝尔。内蒙古城市整体有较为超前的发展理念在推进城乡一体化进程。其中包头按照城乡发展规划一体化的要求，在统一制定土地利用总体规划的基础上，明确分区功能定位，统一规划基本农田保护区、居民生活区、工业园区、商贸区、休闲区、生态涵养区等，使城乡发展能够互相衔接、互相促进。而乌海市自2004年在全国地级城市中率先启动城乡一体化改革工作以来，结合社会主义新农区建设，着手建立“以工促农、以城带乡”的长效机制。鄂尔多斯市因地制宜，践行“绿色大市、畜牧业强市”的发展思路，加快了农业现代化，致富了农牧民。总体来说，内蒙古各市基本探索出一条符合优势且具有特色的城乡一体化道路，加速了城乡共同发展。

4. 趋势与展望

可持续竞争力的排名不高可能会降低未来的综合经济竞争力。内蒙古自治区城市综合经济竞争力处于中等水平，但可持续竞争力比综合经济竞争力排名靠后，所以未来内蒙古城市的发展模式堪忧，突出的不可持续因素是需要关注的重点。

内蒙古城市一体化模式具有特点，未来可促进城市农村协同发展来提升城市竞争力。内蒙古自治区各城市在拉开城市框架、拓展城市空间、消除农村包围城市的落后局面方面开辟了一种模式，其众多城市的城镇化进程具有积极的示范和带动意义。未来内蒙古各城市依然应该发挥农牧业与现代工业相结合的优势，统筹城乡经济社会发展，进一步提升城市本身的可持续竞争力。

表 16－12　内蒙古自治区城市竞争力及其分项

	综合经济竞争力		可持续竞争力		知识城市竞争力	和谐城市竞争力	生态城市竞争力	文化城市竞争力	全域城市竞争力	信息城市竞争力
城　　市	指数	排名	指数	排名	等级	等级	等级	等级	等级	等级
呼和浩特	0.109	79	0.448	45	★★★★★	★★★★★	★★★	★★★★★	★★★★	★★★★
包　　头	0.134	54	0.392	63	★★★★	★★★★★	★★	★★★★	★★★★	★★★★
乌　　海	0.070	168	0.236	179	★★	★★★	★	★★★	★★★★★	★
赤　　峰	0.076	141	0.174	235	★★	★	★	★	★★	★
通　　辽	0.080	124	0.170	237	★	★	★	★	★★	★★
鄂尔多斯	0.124	65	0.438	49	★★	★★★★★	★★★★★	★★★	★★★★★	★★★
呼伦贝尔	0.070	172	0.277	143	★	★	★★★★★	★★	★★★★	★
巴彦淖尔	0.053	235	0.233	183	★	★★	★★★	★	★★	★★
乌兰察布	0.051	245	0.146	251	★	★	★	★	★★	★
指数均值	0.085	18	0.279	22	0.217	0.325	0.432	0.196	0.280	0.376
指数方差	0.0009	8	0.014	15	0.015	0.014	0.056	0.010	0.009	0.014
变异系数	0.355	4	0.422	17	0.575	0.359	0.549	0.497	0.338	0.316

资料来源：中国社会科学院城市与竞争力指数数据库。

5. 战略与政策

战略回顾：近些年，内蒙古提出了“8337”的发展思路。八个发展定位：把内蒙古建成保障首都、服务华北、面向全国的清洁能源输出基地；建成全国重要的现代煤化工生产示范基地；建成有色金属生产加工和现代装备制造等新型产业基地；建成绿色农畜产品生产加工输出基地；建成体现草原文化、独具北疆特色的旅游观光、休闲度假基地；建成我国北方重要的生态安全屏障；建成祖国北疆安全稳定屏障；建成我国向北开放的重要桥头堡和充满活力的沿边经济带。三个着力：着力调整产业结构，着力壮大县域经济，着力发展非公有制经济；三个更加注重：更加注重民生改善和社会管理，更加注重生态建设和环境保护，更加注重改革开放和创新驱动；七项重点工作：推动经济持续健康发展；提高经济增长的质量和效益；做好“三农三牧”工作；推进城镇化和城乡发展一体化；改善民生和社会管理创新；深化改革开放和推动科技进步；提高党的建设科学化水平。

政策建议：近些年内蒙古自治区城市经济发展的成绩斐然有目共睹，综合经济竞争力在西北地区居首。第一，内蒙古各城市未来要把握区位优势，确定自身为沟通东北、华北和西北的交通枢纽和物流中心，打造中国向北开放的门户中心。第二，要重视知识和创新在城市发展中的作用，以智慧城市为导向，促进知识创新技术革新，发展知识经济是提高可持续发展能力的关键。

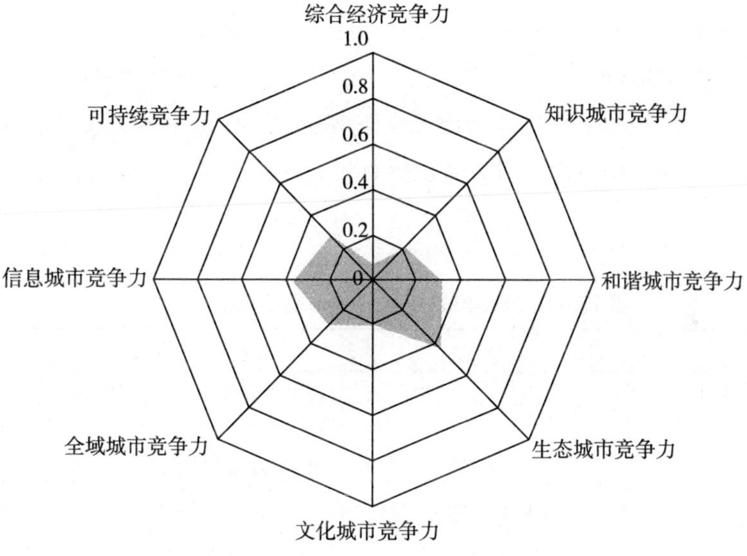

图 16－18　2014 年内蒙古自治区城市竞争力

资料来源：中国社会科学院城市与竞争力指数数据库。

B.17

中国（港澳台地区）城市竞争力报告

沈建法　刘成昆　周晓波

一　中国城市竞争力（香港）报告

香港是一座国际化大都市，作为国际和亚太地区最具竞争力的城市之一，在世界享有较高声誉。香港也是亚洲最为重要的金融中心、贸易服务和航运中心，并以廉洁的政府、良好的治安、自由的经济体系以及完善的法制闻名于世，素有“东方之珠”和“购物天堂”等美誉。作为中西方文化交融之地，香港连续21年经济自由度指数居世界首位，开放、包容和多元是这座城市的标志性元素。

表17－1　香港城市信息（报告基于2012年数据）

项目	数据
土地面积	1070平方公里
常住人口	713.63万人
2012年GDP及增长率	16533亿人民币,1.4%

资料来源：中国社会科学院城市与竞争力指数数据库。

回归以来，香港背靠祖国内地，平稳度过“非典”侵袭和历次金融危机，国际金融中心和自由贸易港的地位进一步加强和巩固。随着特区政府与商务部签订了《关于内地在广东与香港基本实现服务贸易自由化的协议》，粤港两地率先基本实现服务贸易自由化；此外，“沪港通”的试点进一步提高了香港离岸人民币市场的流动性，丰富了香港人民币投资产品的选择，有利于香港的金融业发展。

1. 综合经济竞争力：首次被深圳超越

从总体上来看，在综合经济竞争力方面，香港高居第二位，首次被深圳超

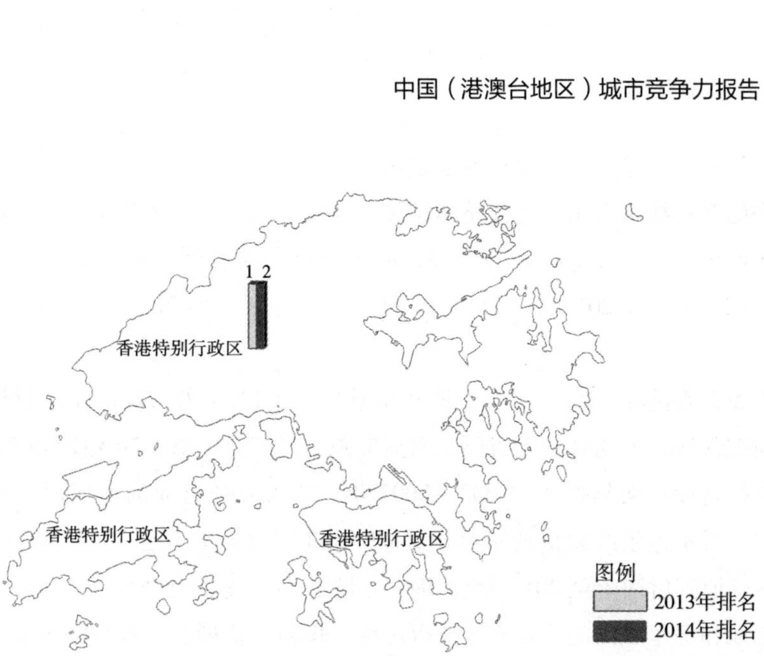

图 17－1　2013 年和 2014 年香港特别行政区综合竞争力排名

资料来源：中国社会科学院城市与竞争力指数数据库。

越。综合竞争力分项表现稍有差异：从综合增量竞争力分项指数来看，香港整体很好，但“守成有余，创新不足”的城市发展局面始终没有改变，香港过于看重贸易、金融、航运、旅游、专业服务这五大产业，而对不少规模较小、新兴但极有潜力的产业关注不足，从长远看缺乏新型产业业态的支撑和引领。具体来看，香港的综合增量竞争力指数为 0.278，较上年的全国第 18 位继续下滑，2014 年排名 32 位，落后于北京、广州、天津、深圳等城市，也被中西部的重庆、成都和长沙等城市超越；从综合效率竞争力分项指数来看，香港整体很好，指数为 0.726，与上年一致，排名全国第 3 位，仅落后于台北和澳门，这得益于其经济集聚程度高、商业规则简约和良好的专业服务等一系列软硬件支撑体系。

表 17－2　香港特别行政区综合竞争力指数与排名

年度	综合经济竞争力指数	排名	综合增量竞争力指数	排名	综合效率竞争力指数	排名	可持续竞争力指数	排名
2013	1	1	0.363	18	0.733	3	1	1
2014	0.913	2	0.278	32	0.726	3	1	1

资料来源：中国社会科学院城市与竞争力指数数据库。

2. 可持续竞争力：继续保持全国首位

香港在可持续竞争力方面整体领先，其指数为1，排名全国首位。香港经济近年保持了整体良好的发展态势，但同时也必须看到目前香港所面临的挑战。知识城市方面2014年下降明显，落后于北京、上海和深圳等内地18个城市。

首先，香港在研发方面的本地支出总额，2013年为156亿元，但是产业结构向创新科技方向转型升级仍无明显突破，经济高度依赖四大支柱产业，而四大支柱行业正面临挑战。2002～2007年，四大支柱行业的增速比整体经济增长快，对本地生产总值的贡献由2002年的50.8%上升至2007年高峰期的60.3%，但其后回落至2012年的58%，显示部分支柱行业的增长动力放缓。同时土地和房屋供给的严重不足使得房地产价格过快增长，过高的租金挤压了其他行业的利润空间，阻止了新兴产业的发展，使香港失去了创业和创新的潜力。

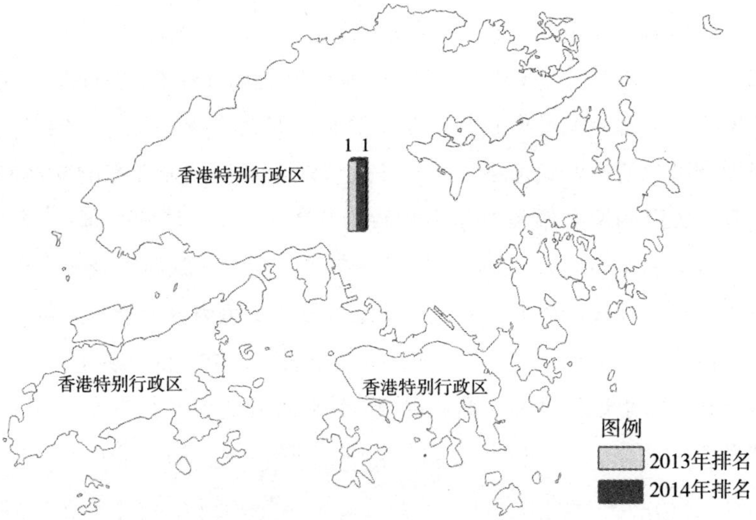

图17－2　2013年和2014年香港特别行政区可持续竞争力排名

资料来源：中国社会科学院城市与竞争力指数数据库。

其次，内地城市的竞争。一是深圳和上海等城市在金融、战略性新兴产业等方面迅速崛起，对香港带来竞争压力。深圳战略定位清晰，环境稳定，一些产业与香港形成直接竞争，2014 年深圳前海成为广东自由贸易区的重要组成区域；上海市在 2013 年设立了中国（上海）自由贸易试验区，自贸区和张江自主创新示范区的“双自”联动对于上海市高科技产业、贸易服务以及金融创新等产业的集聚效应非常显著，广东和上海自贸区对香港既是机会，也是挑战。二是珠三角产业升级及高科技化，香港参与能力有限。香港 90% 以上的企业都是小型企业，科技产业的发展基础薄弱，缺乏和内地企业产业结构调整的有效对接。

3. 可持续竞争力分项

表 17－3　香港特别行政区城市可持续竞争力分项表

	综合经济竞争力		可持续竞争力		知识城市竞争力	和谐城市竞争力	生态城市竞争力	文化城市竞争力	全域城市竞争力	信息城市竞争力
城　　市	指数	排名	指数	排名	等级	等级	等级	等级	等级	等级
香　　港	0.913	2	1.000	1	★★★★★	★★★★★	★★★★★	★★★★★	★★★★★	★★★★★
指数均值	0.913	1	1.000	1	0.554	1.000	1.000	0.977	1.000	0.978

资料来源：中国社会科学院城市与竞争力指数数据库。

如上表所示，从分项指标来看：**文化城市竞争力整体领先。**香港作为一个国际化的大都市，连续 21 年被评为世界经济自由度最高的城市，高度的自由宽松的管理体制使香港文化充满生机活力，同时也吸引各国跨国公司和世界各地人口的入住，带来不同的文化。一百多年的东西方文化互相融合碰撞以及积淀过程中，既保留了中国传统文化，也形成了香港自由开放、多元包容的特色文化。

生态城市竞争力整体领先。香港特区政府近几年在竭力打造健康优质的生活环境上，推行了一连串环境保护政策和措施及各种提高公众环保生活意识的计划，目前空气、水质均有较大幅度改善，同时提出提高能源效益，推出《建筑物能源效益守则》，通过立法和非立法渠道进一步推广减废及回收，在创建生态城市方面领先内地所有城市。

知识城市竞争力整体领先，但落后于内地（北京、上海、深圳等 18 个城市），指数为 0.554。根据康乃尔大学等机构编制的最新“全球创新指数”，在约 140 个受调查的经济体中，香港列头 10 个最创新的地方之一。香港在研发方面的本地支出总额，已由2001年的71亿元增至2013年的156亿元，年均增长达7%。从事研发人员的数目，亦于同期增长超过一倍，但政府为创新及科技发展提供的支持作用不明显，缺乏大胆的支持科技的计划和有力的激励科技创新的制度。

全域城市竞争力整体领先。香港自开埠以来从一个数千人的渔村发展成700多万人口的国际化都市，高密度的城市建设和城市人口背后是一系列有效支撑的社会服务机制，如公屋制度、社工体系、医疗福利、教育及劳工制度等，这些软环境共同运作保证了其高密度城市化模式的可持续发展。内地在城市化过程中需要借鉴。

和谐城市竞争力整体领先。香港经济发达，廉政公署严格执法，社会呈现公正、开放和廉洁，使多数人依靠自身努力向上流动成为可能，形成了大量的中层阶级，成为社会和谐稳定的巨大力量。同时政府大力推行公屋、义务教育、新市镇等系列民生政策，满足了各阶层的公平诉求。香港发生的“占中运动”以及本地居民与外来访客的融合摩擦，尤其是内地精英人才之间由于就业机会、教育机会、医疗资源分配等矛盾的不断激化在一定程度上会削弱其和谐城市竞争力。

信息城市竞争力整体领先。香港是亚太地区的交通枢纽之一，公共交通系统以铁路、小渡轮、公共汽车等组成的运输网，几乎伸展到港内每一角落。海陆空交通发达，航运业目前已与186个国家和地区的472个港口有航运往来，形成了以香港为枢纽，航线通达五大洲、三大洋的完善的海上运输网络。香港国际机场货运吞吐量全球第一。香港还拥有完善的信息和通信基础设施，电子商务等信息产业发达。此外，随着香港驻武汉经贸办事处的即将开设，未来特区政府驻内地经贸办事处将覆盖全国东、西、南、北、中的五大区域，这必将加深香港与内地的信息交流以及多领域合作和融合。

4. 结论与政策建议

从图17－3可看出，香港除在信息城市竞争力、知识城市竞争力方面落后于全国少数几个城市外，其他方面的指数均处于领先地位，这也体现出其强大的综合竞争力。但是也必须看到在内地城市追赶香港的过程中，差距逐渐缩小，同时面对内地自贸区的不断兴起，香港有被边缘化的风险，未来香港需要居安思危，要在与内地合作的过程中抓住机遇，利用内地的发展发挥香港在

"走进来"、"引出去"中的"超级联系人"角色作用，实现互利共赢。以下提出香港未来发展的三点建议。

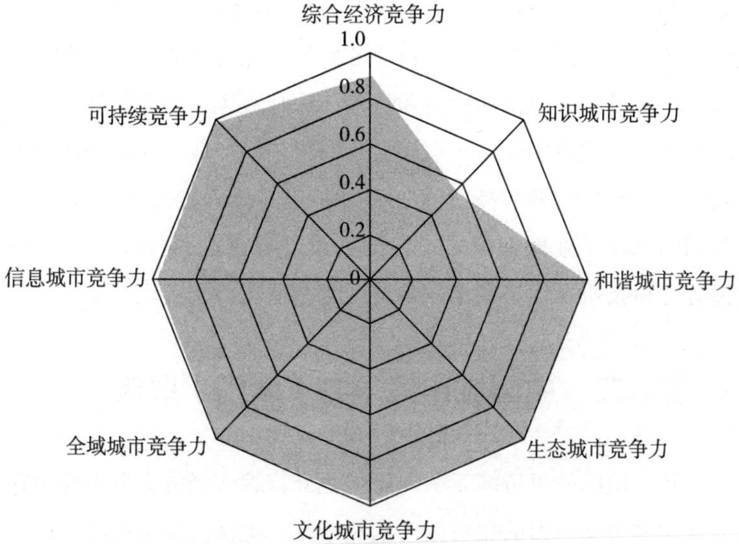

图 17-3　2012 年香港特别行政区城市竞争力

资料来源：中国社会科学院城市与竞争力指数数据库。

重视政府作用，凝聚社会共识。继续坚持"适度有为、稳中求变"的施政主张，发挥特区政府在经济发展中的辅助作用。一是继续落实这届政府在政纲中有关房屋、扶贫、养老和环保各方面的承诺，坚决制止任何破坏香港投资和营商环境的行为。二是协助香港企业建立品牌、升级转型和拓展内销，发展内地市场。三是配合国家"十三五"规划，更好地发挥香港的独特优势。

加大与内地的合作和联系，特别是扩大与广东和深圳的合作深度、广度。一是香港可以利用自身在金融商贸和航运物流上的优势支持国家"一带一路"战略，如为内地企业"走出去"提供多元化的金融、法律等专业服务。二是香港可以争取利用在融资和资产管理方面的优势，支持由国家倡议成立的亚洲基础设施投资银行的筹建和营运，并积极与中央政府沟通，加入亚投行这一国际性组织。三是利用香港优势，促进"广东自由贸易试验区"的发展，同时拓展香港企业的营运和发展空间。四是在"沪港通"的基础上，推动"深港通"，进一步提高香港离岸人民币市场的流动性，促进香港金融业的不断发展壮大。随着未来国家推出更多经济改革措施，香港的“超级联系人”角色必将进一步加强。

促进科技创新，引领知识经济。一是进一步巩固香港在金融服务、贸易及物流、旅游和专业及工商业支援服务四个方面的传统优势，落实香港国际机场第三跑道建设项目，进而带动其他行业的发展，创造就业，这是香港城市竞争力的基石。二是继续大力推动检测和认证、医疗服务、创新科技、文化及创意产业、环保产业及教育服务这六项香港具有优势的产业，使这些产业的潜质得以充分发挥，提升香港的可持续竞争力。三是实行“走出去”和“引进来”。如学习苏州新加坡工业园的模式，在深圳设立香港高科技园，实行产学研一体，发挥香港科技研发优势和珠三角地区的制造优势，实现共赢。

二　中国城市竞争力（澳门）报告

最近三年，澳门的可持续竞争力稳步上升，综合经济竞争力稳定在全国前十位，但知识城市竞争力的相对偏弱依然透露出隐忧。博彩业经过开放和高速增长的十年，发展速度已经开始放缓。为打造“世界旅游休闲中心”，建设“中国与葡语国家商贸合作服务平台”，澳门需对内继续促进经济适度多元化，对外不断深化区域合作，尽力调速不转势，在调整中稳定发展。

表 17－4　2014 年澳门特别行政区区情信息

项目	数据
土地面积	31.30 平方千米
常住人口	63.62 万人
外地雇员占常住人口比重	26.78%
GDP 及增长率	4433 亿澳门元，-0.4%
一、二、三产业占 GDP 比重	0%、5.7%、94.3%

资料来源：中国社会科学院城市与竞争力指数数据库。

1. 格局与优势

总体概况：澳门城市空间狭小，经济增长快但波动大，2010 年和 2011 年的本地生产总值实质增长率分别高达 27.5% 和 21.3%，2012 年降至 9.2%，2013 年基本持平，达到 10.7%，2014 年大幅下滑，出现了 1999 年回归以来的

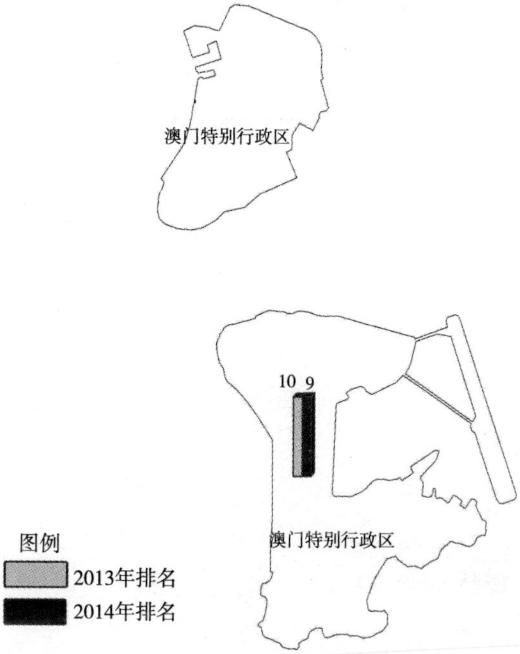

图 17－4　2013 年和 2014 年澳门城市综合经济竞争力排名

资料来源：中国社会科学院城市与竞争力指数数据库。

首次负增长（－0.4%）。为避免博彩业“一业独大”引致产业结构单一、经济易于波动的问题，澳门近年来致力于推进经济适度多元化，但成效并不显著，产业结构继续向第三产业倾斜，在博彩业增长带动下，第三产业占本地生产总值的比重由 2012 年的 93.7% 增加至 2014 年的 94.3%，博彩业的比重相应由 45.6% 升至 46.1%。需求结构方面，受博彩旅游服务出口减少的影响，货物及服务净出口占本地生产总值的比重由 2013 年的 60.5% 下跌至 2014 年的 54.4%，尚不及 2012 年的 58.2%；2014 年固定资产投资大幅增加 35.2%，内部需求表现较为理想。要素结构方面，科技创新对经济发展的贡献严重不足，科研经费支出仅占财政收入的 0.08%。从可持续竞争力来看，澳门处于全国上游水平，和谐城市竞争力、全域城市竞争力、生态城市竞争力和文化城市竞争力表现突出，而信息城市竞争力和知识城市竞争力的表现相对欠佳。**总体来看，澳门是一个高度开放、高度发达的微型城市经济体，目前处于要素驱动的发展阶段。积极推动经济适度多元化，增加非博彩业元素，加强区域合作，减**

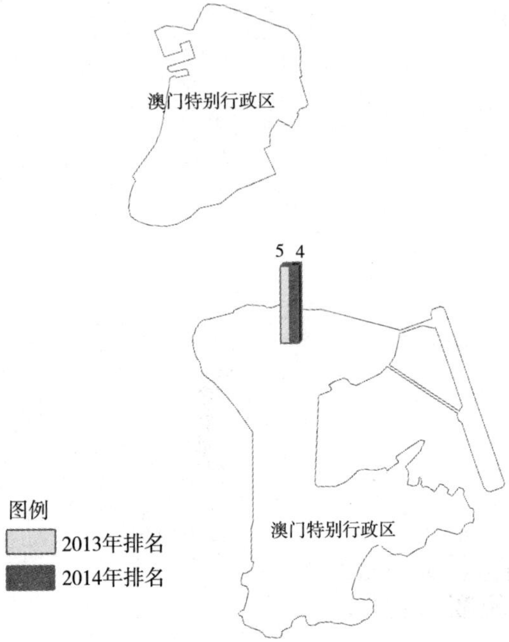

图 17－5　2013 年和 2014 年澳门城市可持续竞争力排名

资料来源：中国社会科学院城市与竞争力指数数据库。

少经济增长的波动，依然是澳门今后相当长时期内的发展任务。

现状格局：2014 年度澳门综合经济竞争力指数为 0.423，在 294 个地级及以上城市中排名第 9 位，其中综合增量竞争力指数为 0.034，在地级城市中排名第 232 位；综合效率竞争力指数则高达 1，在地级城市位列第一；可持续竞争力指数为 0.818，在地级城市中排名第 4 位，仅次于香港、上海和北京。澳门城市竞争力总体上呈现出以下特征。

第一，综合经济竞争力稳中有升，增量和效率竞争力高下悬殊。2014 年度澳门综合经济竞争力排名全国第 9 位，与 2012 年和 2013 年相比上升了一位，稳定在全国前列。综合增量竞争力指数为 0.034，在地级城市中排名第 232 位，位居末列；综合效率竞争力指数则高达 1，雄踞榜首。

第二，可持续竞争力总体水平领先，多个分项优势明显。2014 年度澳门可持续竞争力排名全国第 4 位，超越深圳。从可持续竞争力分项来看，多个分项城市竞争力具有明显优势，和谐城市竞争力、生态城市竞争力以及文化城市竞争力的优势尤为突出。

2. 问题与软肋

第一，综合增量竞争力偏低，凸显经济增长波动。澳门的综合增量竞争力连续三年徘徊在全国 200 名以外，过去两年分别排名第 252 位和第 213 位，2014 年度排名全国第 232 位。作为一个高度开放的微型经济体，澳门的经济发展对外依赖性强，每当外部环境发生变化时，以博彩业为主导的产业结构和整体经济就容易受到较大冲击。经济增长波动，致使增量 GDP 偏低，影响了综合增量竞争力的表现。

第二，知识城市竞争力欠佳。从图 17－6 可以看出，澳门的知识城市竞争力相对于其他遥遥领先的分项而言，相对落后，成为影响可持续竞争力的短板。

3. 现象与规律

科技经费支出占财政收入的比重严重偏低，透露出单一产业结构的潜在风险。澳门科研经费支出占财政收入的比重仅有 0.08%，远低于全国 2.89% 的平均值，知识需求不足；同时，澳门的专利数和论文发表数偏少，科研、技术、金融从业人数较少。澳门的主导产业博彩业是一种劳动密集型的服务性行业，对从业人员的教育水平要求不高，其快速发展加大了对低技能劳动力的需求，一定程度上影响了高端人力资源开发和研发投入。

从全国的一般规律来看，科研经费支出占财政收入的比重偏低的城市，综合经济竞争力排名比较靠后；综合经济竞争力排名居前的城市，相应的科研经费支出占财政收入的比重亦较高。**加大科研投入，优化人力资源，促进知识经济发展，方能提升和维系较高的综合经济竞争力。**

4. 趋势与展望

可持续竞争力的连续上升稳固了综合经济竞争力。澳门的综合经济竞争力已连续三年位列全国前十，可持续竞争力从 2012 年的第 6 位升至 2014 年的第 4 位，在高位每年递进一名，虽然近期澳门的主导产业博彩业收入出现持续下滑，但澳门未来的前景依然可期。

澳门与周边区域的合作加快，有利于促进经济适度多元化。澳门过分单一的产业结构带来了经济的波动，降低了增量竞争力。随着毗邻澳门的横琴自贸区的落定以及中山翠亨新区粤澳合作示范区的启动，澳门获得了多元化发展的更大空间。

表 17-5　2014 年澳门城市综合经济竞争力、可持续竞争力及其分项

	综合经济竞争力		可持续竞争力		知识城市竞争力	和谐城市竞争力	生态城市竞争力	文化城市竞争力	全域城市竞争力	信息城市竞争力
城　　市	指数	排名	指数	排名	等级	等级	等级	等级	等级	等级
澳　　门	0.423	9	0.818	4	★★★★★	★★★★★	★★★★★	★★★★★	★★★★★	★★★★★
指数均值	0.423	5	0.818	4	0.472	0.711	0.932	0.730	0.999	0.754

资料来源：中国社会科学院城市与竞争力指数数据库。

5. 战略与政策

战略回顾：中央“十二五”规划将澳门定位为“世界旅游休闲中心”和“中国与葡语国家商贸合作服务平台”，这个定位为澳门未来的发展指明了方向，澳门正在致力于发展“一个中心，一个平台”的建设。基于澳门的经济结构单一，科研力量薄弱，知识经济发展不足，澳门必须对内着力推进产业适度多元化，对外加强区域合作。

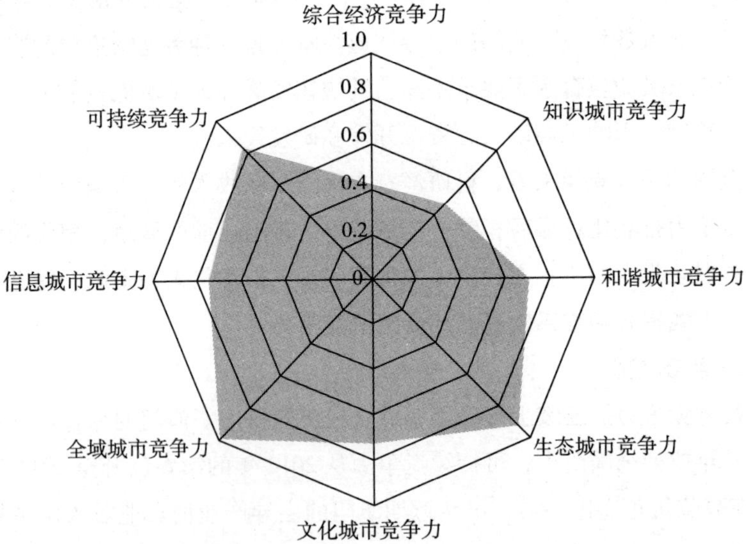

图 17-6　2013 年和 2014 年澳门特别行政区城市竞争力

资料来源：中国社会科学院城市与竞争力指数数据库。

政策建议：第一，在健康有序发展博彩业的同时，提升非博彩业比重，支持会展业、文化创意产业的发展，推动多元经济，改变单一的经济结构，降低外部不利因素的冲击。第二，通过加强与广东自贸区的合作，落实中山翠亨新区粤澳合作示范区的建设，尽快明确澳门的习惯水域管理权并适当扩大水域范围，全力参与“一带一路”的建设，克服本澳土地狭小的限制，获得更广泛的发展空间。第三，加大对科研的支出，设立产业发展基金，资助中小企业进行创新；加大教育投入力度，鼓励澳门青年创业，引导青年走出澳门参与区域合作。

三　中国城市竞争力（台湾省）报告

台湾省位于中国东南沿海，自古以来就是我国的神圣领土。全省总面积约3.6万平方公里，2014年全省总人口2339.5万人。伴随着欧美经济的复苏回暖和外部需求的提升，台湾经济在新的挑战中缓慢增长。短期来看，台湾经济形势走出了低谷，2014年台湾经济在投资、消费与出口同时出现平稳增长的情况下，经济出现温和增长，全年经济增长3.51%，是近三年来新高，也是在多年后跃居亚洲“四小龙”经济增长之首。

表17－6　2014年台湾省省情信息

项目	数据
土地面积	3.6万平方千米
人口总数	2339.5万人
2012年GDP及增长率	29602.5亿元,2.06%
2013年GDP及增长率	30262.6亿元,2.23%
2014年GDP及增长率	31703.6亿元,3.51%
“五都会区”人口数占台湾总人口比重	60%

资料来源：台湾“行政院主计处”。

1. 综合概况

台湾城市总体综合经济竞争力位于全国前列，各城市经济状况存在差异。综合经济竞争力分项方面，综合经济效率竞争力较强，但是综合长期增长竞争力较为薄弱。在经历工业化和城镇化的高速发展时期之后，台湾城市表现出经济效率高但经济增长放缓的趋势。这样的特征是台湾城市经济转型过程的必经阶段。

在综合经济竞争力总体较强的基础上，台湾各城市的表现互不相同，形成特点鲜明的竞争力格局。第一，从省内综合经济竞争力排名来看，台北市一枝独秀，并且长期保持领先，台北市作为台湾面向国际的代表性城市，短期内难以被撼动。2014 年，台北市的综合经济竞争力位于全省第一，其余四市与台北市的差距较大，其排名依序是新北市、台中市、高雄市与台南市。第二，从省内竞争力格局来看，台北市、新北市和高雄市的综合经济竞争力较强，台中

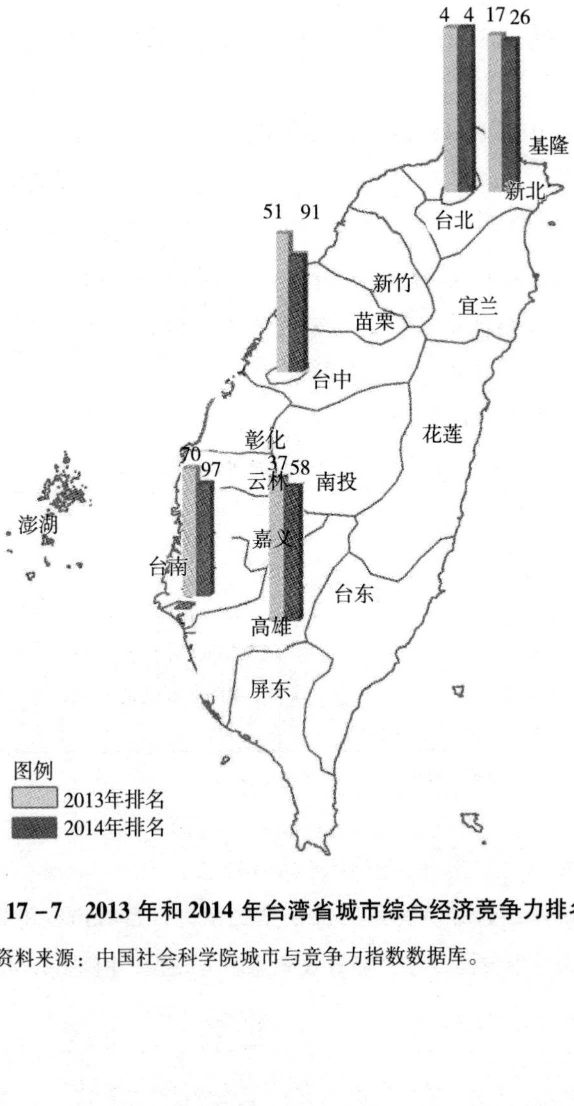

图 17-7　2013 年和 2014 年台湾省城市综合经济竞争力排名

资料来源：中国社会科学院城市与竞争力指数数据库。

市、台南市的综合经济竞争力相对落后。台北是台湾的经济中心，地均 GDP 居全省首位，综合经济效率竞争力最强；新组建的新北市 GDP 已经与台北市相近；台中是台湾中部的商业都会，工商和金融业发达，经济转型趋势增强；高雄是台湾最大的港口城市和国际商埠，工业基础完善，经济发展稳定；台南是台湾的历史文化名城，经济规模相对局限，产业层次和收入水平有待提升。通过对城市区位和产业规模等进行比较，台湾城市综合经济竞争力表现出如下格局：以台北和新北为代表的台湾北部城市综合经济竞争力较强，工业城市综合经济竞争力表现突出。第三，从各城市历史比较来看，与 2013 年相比，高雄和台南的综合经济竞争力基本维持不变，台中的综合经济竞争力有所下降。

2. 格局与优势

（1）综合经济竞争力

2014 年，台湾城市综合经济竞争力平均指数是 0.233，在全国除西藏外的省级行政区域中排名第 7，较上年下降一位；综合经济竞争力指数方差是 0.045，列全国各省第 25 名；综合经济竞争力变异系数是 0.913，列全国各省第 25 名（见表 17 -7）。

表 17 -7　2014 年台湾城市综合经济竞争力指数、方差及排名

城市	综合经济竞争力		综合增量经济竞争力		综合效率经济竞争力	
	指数	排名	指数	排名	指数	排名
台　北	0.600	4	0.086	113	0.934	2
新　北	0.231	26	0.086	115	0.125	6
台　中	0.103	91	0.020	264	0.069	12
高　雄	0.131	58	0.045	208	0.062	15
台　南	0.098	97	0.027	251	0.048	19
指数均值	0.233	7	0.053	28	0.248	3
指数方差	0.045	25	0.001	5	0.148	26
变异系数	0.913	25	0.604	3	1.554	24

资料来源：中国社会科学院城市与竞争力指数数据库。

台湾城市综合经济竞争力在全国具有优势。2014 年，台湾城市综合经济竞争力集中分布在全国最好和较好的水平。按照综合经济竞争力排名，台北、新北位于全国前 50 名之内，为综合经济竞争力最好的城市；高雄、台中和台南分别为综合经济竞争力较好的城市，其中高雄市首次跌出全国综合经济竞争力前50名。按照综合经济竞争力分项指数排名，台湾城市的综合增量经济竞争力表现一般，综合经济效率竞争力全国较好，台北的综合经济效率竞争力由上年的全国第一变为第二。台湾城市综合经济竞争力总体较强，经济效率高，但是经济持续增长乏力，后劲不足使得台湾城市的综合经济竞争力提升充满挑战。

（2）可持续竞争力

具体而言，台湾城市可持续竞争力呈现如下特点与格局（见表17－8）。其中，台北在开放多元的文化城市、创新驱动的知识城市、交流便捷的信息城市方面独占鳌头；新北在创新驱动的知识城市、城乡一体的全域城市、创业至上的宜商城市方面优势明显；台中在环境友好的生态城市、创业至上的宜商城市、以人为本的宜居城市方面独具魅力；高雄在开放多元的文化城市、创业至上的宜商城市、交流便捷的信息城市方面颇具特色；台南在开放多元的文化城市、环境友好的生态城市、创业至上的宜商城市方面潜力较大。

表17－8　2014年台湾城市可持续竞争力特点与格局

城市	开放多元文化城市	环境友好生态城市	创新驱动知识城市	城乡一体全域城市	公平包容和谐城市	交流便捷信息城市
台北	国际都市教育发达	重视生态降低能耗	科技引领智慧城市	县市合并统筹规划	都市社会倡导公正	交通发达通讯便利
新北	引进外资汇聚人才	环境优美治理转型	高校林立企业聚集	县市合并城乡整合	制定规则有序管理	高效物流信息网络
台中	高校林立佛教中心	整齐干净气候宜人	智慧城市科技重镇	县市合并统筹规划	注重管理保障有力	中部枢纽便利畅通
高雄	古今交融南部重镇	热带风光海港城市	传统转型知识经济	县市合并统筹规划	维护权益促进公平	港口优势便捷畅达
台南	历史名城文化深厚	加强环保健康生态	产业升级培育科技	县市合并统筹规划	互信互利参与共享	交通局限有待改进

注：由于台湾城市相关的数据收集不够全面，本报告没有对台湾城市可持续竞争力的分项指数算出得分。此处按照可持续竞争力的定义和分项标准，对台湾城市可持续竞争力的现状格局进行分析和评价。

资料来源：中国社会科学院城市与竞争力指数数据库。

台湾城市可持续竞争力的特点和优势在于，总体可持续竞争力在全国表现优异，各城市的竞争力格局较为均衡。台湾注重总结工业化和城市化过程中的经验和教训，明确经济社会与资源环境之间的关系，提出生态城市、永续发展的理念。台湾城市在追求经济增长的同时，注重提升城市综合、实质和长期的发展水平，在长远的意义上提高城市可持续竞争力。同时，台湾城市可持续竞争力也存在相应的问题，主要表现为统筹区域均衡发展和应对国际城市竞争准备不足。在现有城市格局的基础上，台湾需要加强不同区域的均衡协调，更好地建设城乡一体的全域城市。台湾北部城市竞争力强，中部和南部城市提高空间广阔，其他县市同样具有较大潜力。

总体上，当前台湾城市发展的基本思路和价值取向符合可持续竞争力的要求。因此，台湾城市的可持续竞争力表现较好，多数城市达到可持续竞争力的标准。大都会区功能齐备，整体发展开放多元；城市经济转型增长，生态环境明显改善；知识经济推动创新，智慧城市前景广阔；城乡统筹联系密切，一体发展较为均衡；社会建设取得进展，和谐和平众所期盼；金融贸易优势突出，工商实业较为发达；人居环境逐步改善，规划合理生活舒适；交通通信便利快捷，信息城市生机勃勃。

3. 问题与软肋

“五都会区改制”对台湾城市竞争力的影响可能存在短期负效应和长期正效应，长期来看，台湾五大都会区将带动周边县市，实现区域资源整合，共同提高可持续竞争力，但短期可能会出现县市融合摩擦和县市资源整合的利益冲突，因此会削弱城市竞争力。

在台湾当局积极推销“黄金10年”的过程中，未来五市市长和当局执政者在政治、经济层面的关键主张是否一致，或是否因政党不同而抵制，不只影响五市竞争力，更攸关台湾竞争力。当局对台湾的政经蓝图，可能牵涉发展整体规划，以及不同市在台湾整体发展的定位、分工，如“在野党”执政的地方拒绝执行“政府”政策，成效势将大打折扣。

4. 趋势与展望

展望2015年，台湾统计部门预计将维持3.51%的稳定增长态势。但从岛内外及两岸经济情势来看仍存在诸多不确定因素，台湾经济缺乏稳定增长的长期动力，对台湾的经济增长应持“审慎乐观”的态度。

从两岸因素看，大陆作为台湾最大的贸易、投资伙伴，两岸经济合作仍将是推动台湾经济发展的重要因素。两岸经贸合作已进入“深水区”，政治互信不足、产业竞争性增强、岛内“台独”势力的阻碍等，都为未来两岸经济关系发展增加了变数。中韩 FTA 先于两岸服务贸易协议与货物贸易协议实施，将对台湾产品在大陆市场的竞争力产生强力冲击。从台湾内部因素看，产业结构调整缓慢，实体经济中缺乏投资机会加剧了资金外流，使得目前岛内以股市、楼市为代表的虚拟经济膨胀严重。再者，岛内市场空间狭小，台湾服务业急于寻找新的发展空间，但受制于两岸服贸协议未能及时生效，两岸经济合作由制造业向服务业领域的产业链延伸受到阻碍。

展望未来，台湾可以加深与大陆更广泛、多层次的合作空间，按照“九二共识”和“先经后政、先易后难”的原则推进两岸交流合作，稳健有序地落实 ECFA，同时提高台湾与大陆的合作深度，如积极融入“21 世纪海上丝绸之路”建设；加强台湾和福建的经贸往来与区域合作水平，如加深与“福建自由贸易实验区”、“平潭综合实验区”的合作，以及与厦门和金门的合作等。

5. 战略与政策

在全球城市竞争的背景下，台湾城市需要持续提升开放程度和国际化水平。尤其是台中和台南等非港口城市，应当进一步优化贸易、投资和人员往来的便利程度，促进经济、科技和文化交流。此外，台湾城市在向大都会区转变的过程中，规划建设日益趋同，城市特色逐渐弱化。为此，台湾城市应在原有特色和优势的基础上，塑造独特、个性化的城市魅力。未来，台湾提升城市竞争力的关键在于实现均衡、协调、可持续发展，保持综合经济竞争力，提高可持续竞争力。台湾的城市化进程和城市发展具有良好的基础，城市竞争力整体水平较高。在这样的条件下，台湾需要加强传统优势，克服城市转型中的问题，应对全球城市竞争的挑战。同时抓住大陆新一轮经济改革启动和岛内 6 海 1 空 1 园（台北港、基隆港、台中港、苏澳港、安平港、高雄港，桃园航空城，屏东农业生技园区）为核心的自由经济示范区全面启动的契机，推动城市的更新改造，提升城市竞争力。

综合经济竞争力方面，台湾城市的主要目标是提高综合增量竞争力。深化两岸经济合作，全面加强转型升级是台湾实现经济增长的根本途径。两岸经济合作是支持台湾经济长期增长的重要力量。例如，《海峡两岸经济合作框架协议》（ECFA）的签订和实施，对于优化台湾经济环境、推动相关产业转型具有重要意义。在此基础上，产业转型升级是台湾保持经济增长的内部动力。继续推动以6海1空1园为核心的自由经济示范区建设，采取更加自由开放的经济政策，打造“自由贸易岛”，这在未来必将为台湾城市综合竞争力的提升带来机会。

可持续竞争力方面，台湾城市的提升途径在于统筹均衡发展、提高开放程度、保持文化特色。按照城市可持续竞争力的要求，台湾在开放多元的文化城市、城乡一体的全域城市、多元包容的和谐城市等分项标准上还有提升空间。此外，积极推动金融支持创意计划，扶植创意产业发展，加速产业转型升级，对于台湾城市未来可持续竞争力的提升也有重要作用。

B.18
附　录

一　理论框架

城市竞争力是城市在竞争和发展过程中，凭借以自身要素与环境为基础所形成的外部经济优势与内部组织效率，不断吸引、控制、转化资源及占领、控制市场，更多、更高效、更快地创造价值，获取经济租金，从而不断为其居民提供福利的能力。因此，城市竞争力就是城市当前创造价值并在未来仍能持续创造价值的能力。城市当前创造价值的规模、速度和效率就是城市这一能力的短期表现，也就是城市竞争力的产出；城市的要素与环境状况决定了城市这一能力的可持续性和长期表现，也就是城市竞争力的投入；城市的以要素与环境为基础，通过人才、企业等经济主体的集聚，构成产业体系的绝对优势、比较优势和竞争优势，在获取经济租金上与其他城市的产业和企业竞争的过程，就是城市竞争力的过程。从而可以构建城市竞争力模型如下：城市竞争力的投入通过城市竞争力的过程决定城市竞争力的产出，城市竞争力的产出又通过城市竞争力的过程反过来影响着城市竞争力的投入。

（一）城市竞争力的产出

城市竞争力产出方面我们称之为城市综合经济竞争力。城市综合经济竞争力实质上就是城市当前创造价值、获取经济租金的能力。这一能力的强弱就通过城市在当前一段时间内获得的竞争成果体现出来，因此城市综合经济竞争力就表现为城市产出的、当前的和短期的竞争成果，城市综合经济竞争力就是城市竞争力产出的、当前的和短期的方面。

以往的研究在这一点上没有太大的争议，大家的争议主要集中在竞争成果即城市综合经济竞争力的集中表现上，也即城市哪个方面的表现最能集中体现城市的综合经济竞争力。对此，以往用于衡量城市综合经济竞争力的主要有三

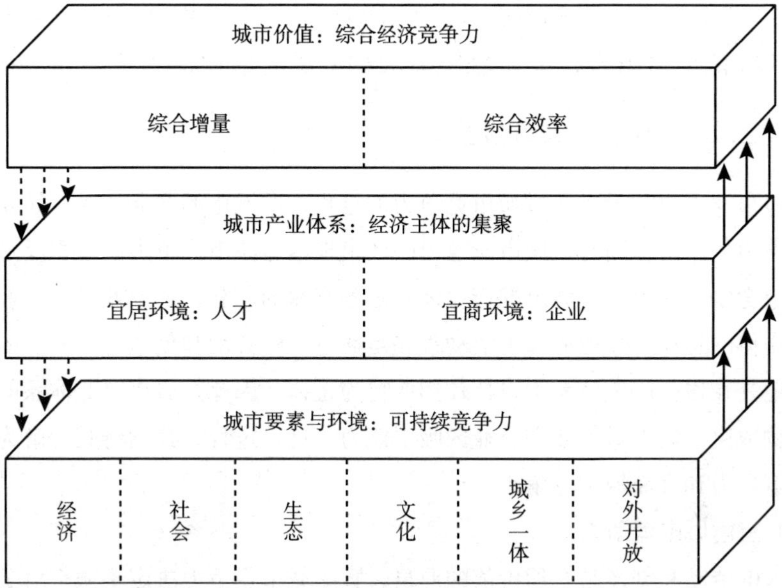

类指标：生产率、国际市场份额和增长率。这三个指标都能在一定程度上体现城市综合经济竞争力，但作为单一指标的衡量方法也都有其各自明显的缺陷，这就提示我们应该寻找指标的某种组合，能够涵盖城市创造价值的规模、速度和效率方面的内容，以克服单个指标各自的不足，综合衡量城市综合经济竞争力。对此，我们提出城市综合经济竞争力主要表现为城市经济综合长期增长和综合经济效率，并分别采用 GDP 连续 5 年平均增量和地均 GDP 来衡量。

城市综合经济竞争力 = F（综合长期增长，综合经济效率）

综合长期增长：城市吸引、占领、争夺、控制资源和市场创造价值的能力、潜力及持续性决定于 GDP 的长期增长。增长是一个动态的概念，应包含两方面的内容，一是城市收益规模的变动，二是这种变动的速度。城市 GDP 的增量就综合反映了这两个方面的内容，即城市收益扩展的速度及规模变动，克服了增长率在不同规模城市之间可比性较差的缺陷。在此，采用 GDP 连续 5 年平均增量作为衡量综合长期增长的指标。

综合经济效率：城市的竞争也是综合经济效率的竞争，城市总是力图充分利用资源，最大限度地获得产出。城市的地均 GDP（严格地讲应该是地均绿色 GDP）综合反映了城市单位空间上的经济租金和经济收益及对土地这一重要资源的利用效率，即反映了城市创造和聚集财富的效率。而且作为一个单位概念，它可用于城市之间的比较，在此就采用地均 GDP 作为衡量综合经济效率的指标。

（二）城市竞争力的过程

城市竞争力的投入通过城市竞争力的过程，即城市的产业体系，转化为城市竞争力的产出，同时，城市竞争力的产出也通过城市竞争力的过程反过来影响城市竞争力的投入。城市的产业体系是各产业的总和，各产业又是产业中各企业主体的总和，企业的经济活动最终是通过人的劳动和创造得以实现的，人和企业是在城市产业体系中发挥作用的行为主体。因此，城市产业体系的层次和结构取决于城市对人才和企业的吸引能力。这一过程，我们将其分解为宜居城市竞争力和宜商城市竞争力。

1. 宜居城市竞争力

人的劳动和创造是一切价值的源泉，宜居城市竞争力决定了城市对于人才（特别是高端人才）的吸引力，从而影响城市的产业体系竞争力。宜居城市竞争力由人口素质、社会环境、生态环境、居住环境和市政设施六个方面构成。

宜居城市竞争力 = F（人口素质，社会环境，生态环境，居住环境，市政设施）

人口素质：人口素质是城市环境宜居程度的最直接体现，可分为精神和物质两个层面。人口素质的精神层面至少应包括人的道德水平、文化程度、思想观念等几个方面，这些方面的形成主要是教育的结果；人口素质的物质层面主要指的是人的健康状况。

社会环境：社会是人类生活的直接环境，涵盖人类生存及活动范围内的社会物质、精神条件的总和。良好的社会服务和管理，安定繁荣的社会政治、法制和文化环境对于人的发展意义重大。

生态环境：生态环境是与人类密切相关的，影响人类生活和生产活动的各种自然因素及其作用的总和，是人类赖以生存和发展的物质条件的综合体。随着经济高速发展过程中环境问题的日益凸显，建设生态文明已成为城市发展的重要目标。

居住环境：安居才能乐业，居住是城市最基本的功能，是工作劳动、社会交往、休闲娱乐等其他一切人类活动的基础。城市的居住环境体现为城市为人们提供衣、食、住、行等生活条件的能力。

市政设施：市政设施涵盖道路、水、电、气、热、通信等城市生活的方方面面，是舒适便捷的城市生活的基本物质条件。

2. 宜商城市竞争力

城市竞争力的过程是城市的单个企业在竞争中不断形成自身竞争力，并同行业其他企业共同构成单个产业的竞争力，最终又构成城市产业体系竞争力的过程。宜商城市竞争力决定了城市对企业本体的吸引力，进而影响了城市竞争力的实现过程。宜商城市竞争力由企业本体、当地要素、当地需求、制度环境、主体联系和基础设施六个方面构成。

宜居城市竞争力 = F（企业本体，当地要素，当地需求，制度环境，主体联系，基础设施）

企业本体：企业是人类追求经济效率所形成的组织体，城市企业通过业务表现显示出城市整体的营商环境，通过促进知识向实际生产力的转化不断提升城市的产业层次，从而为城市的可持续发展提供直接的动力。

当地要素：要素禀赋是指城市拥有及便于利用的直接生产要素和间接环境要素的总和，其中最基本的至少应包括人才、资本、科技等。当地要素的相对规模和范围决定着城市的竞争优势和比较优势。

当地需求：城市需求的规模影响着城市产业的规模，城市需求的层次影响着城市产业的层次，城市需求的增长潜力影响着城市产业的增长，因此当地需求对城市的产业集聚和经济发展都具有关键意义。

制度环境：公共制度是政府制定的约束经济主体交往、维护社会发展的行为规则，良好的制度可以有效降低交易成本，提高交易效率，可以对经济主体产生有效的激励与约束，可以保证公民获得应得的福祉，减少不平等和歧视，从而为城市提供良好的制度保障。

主体联系：社会的专业分工要求经济主体之间必须进行联系和交往，这种联系最终表现为产业在城市空间上的聚集及产品市场和要素市场的形成。主体联系在空间上分为城市内部、城市之间以及对外联系，在内容上涉及政治、经济、社会和文化等各方面联系。

基础设施：良好的基础设施是主体之间建立联系并使得这种联系能够高效地转化为经济成果的物质基础。城市内部主体间的联系依赖于城市内部的基础设施，城市间的联系依赖于城市间的基础设施。城市基础设施为为城市之间的物质、能量、信息交流提供了物质基础。

（三）城市竞争力的投入

城市竞争力投入方面我们称之为城市可持续竞争力。城市可持续竞争力实质上就是城市的要素与环境的状况。城市的要素与环境作为城市发展过程中的决定性因素，其状况不仅对城市当前的发展，而且对城市未来的发展也有决定性的影响，因此城市可持续竞争力就是城市竞争力投入的、可持续的和长期的方面。

根据我们多年的研究，城市的可持续竞争力包括经济、社会、生态、文化、城乡一体和对外开放六大方面，分别体现为创新驱动的知识城市、公平包容的和谐城市、环境友好的生态城市、多元一本的文化城市、城乡一体的全域城市、开放便捷的信息城市。

城市可持续竞争力 = F（创新驱动的知识城市，公平包容的和谐城市，环境友好的生态城市，多元一本的文化城市，城乡一体的全域城市，开放便捷的信息城市）

创新驱动的知识城市：只有创新才是城市经济社会可持续发展的不竭的、最终的动力。理想的城市应该是不断以新知识驱动经济社会发展的地方，知识经济发达，知识产业成为城市的主导产业，知识既是经济中最主要的投入要素，也是最主要的产出。

公平包容的和谐城市：以公平的社会制度和包容的社会精神为保障的，顺畅有序地运转的城市，才能实现可持续的发展。理想的城市应该是人与人平等和睦相处的地方，各种社会矛盾冲突都能通过合理的机制疏导和加以解决，使得矛盾冲突各方的利益平衡，所有人的利益都得到了尊重和体现。

环境友好的生态城市：理想的城市应该是人和自然和谐相处的地方，人们的生产和生活过程被作为自然循环的过程之一，与其他自然循环过程相协调，低碳经济发展模式形成，生态环境建设成为城市建设的有机组成部分，人工环境与自然环境有机地融为一体。

多元一本的文化城市：文化是城市魅力的最终来源，理想的城市应该是各种文化碰撞、交融、交相辉映的地方。在自由开放的社会文化吸引下，世界各地的人们来此工作、生活，为城市文化注入新的元素，古今中外各种文化融汇于此，共同绘出一幅独一无二的、绚烂多彩的城市文化画卷。

城乡一体的全域城市：理想的城市应该是以城市为本底的城乡全面一体化的地方，中心城区与小城镇、乡村作为一个有机整体，在各方面共同发展，城乡居民在田园般优美的环境中享受着现代城市所提供的优质公共服务和便利基础设施，城市和乡村完美融合。

开放便捷的信息城市：理想的城市是不断高效地进行着信息和物质交流的地方，信息技术的广泛应用一方面为城市生产和生活的精细化和动态化提供支持，让城市活动更加“智慧”，另一方面为城市管理和服务的广泛社会参与创造条件，汇集公众智慧，推动城市管理和服务的不断创新。

二　指标体系

（一）城市综合经济竞争力指标体系

指标含义	指标	指标衡量方法	数据来源
经济增长	综合增量	GDP 连续 5 年平均增量	国家统计局
经济效率	综合效率	地均 GDP	国家统计局

（二）宜居城市竞争力指标体系

指标含义	指标	指标衡量方法	数据来源
人口素质	人均预期寿命	—	国家统计局
	大专以上口比例	—	各城市六普公报
社会环境	每万人拥有医生数	—	国家统计局
	千人小学数	—	国家统计局
	每万人刑事案件数	—	国家统计局
生态环境	空气质量	城市空气质量等级	环保部及各省环保厅环境公报
	气温舒适度	年平均温度	中国天气网
	绿化覆盖率	—	国家统计局

续表

指标含义	指标	指标衡量方法	数据来源
居住环境	人均住房面积	—	国家统计局
	房价收入比	(住宅平均售价×90)/(城镇居民人均可支配收入×3)	国家统计局
	每万人餐饮购物场	—	Google 地图搜索
市政设施	人均道路面积	—	国家统计局
	排水管道密度	—	国家统计局
	用水普及率	—	国家统计局

(三)宜商城市竞争力指标体系

指标含义	指标	指标衡量方法	数据来源
企业本体	大企业指数	世界500强及上市公司数	《财富》500强名单,上海证券交易所,深圳证券交易所和香港交易及结算所有限公司网站
	企业增长指数	企业数量增长率+企业规模增长率	国家统计局
当地要素	城镇就业人员平均工资	—	国家统计局
	大专以上人口比例	—	各城市六普公报
	专利指数	专利申请授权量	国家统计局
	人均存款余额	—	国家统计局
当地需求	GDP 规模	—	国家统计局
	社会消费品零售总额	—	国家统计局
	限额以上批发零售贸易业商品销售总额	—	国家统计局
制度环境	开办企业便利度	证件办理指数+企业开办指数+经营纳税指数+资质认定指数	中国软件测评中心政府网站绩效测评
	企业税收负担	地方财政一般预算内收入占 GDP 比重	国家统计局
	信贷不良率	—	中国地区金融生态环境评价(2009~2010)

续表

指标含义	指标	指标衡量方法	数据来源
主体联系	城市货运总量	—	国家统计局
	城市客运总量	—	国家统计局
	国际商旅人员数	接待海外商旅人数	国家统计局
基础设施	公路交通便利程度	连接城市的国高、国道和省道数	交通部中国公路信息网
	铁路交通便利程度	连接城市的高铁、双线电气化铁路、单线电气化铁路、双线铁路、单线铁路数及是否有主要车站	铁道部铁路运营图及高铁线路图
	航空交通便利程度	机场飞行区等级和起降架次	全国运输机场生产统计公报及各机场网站
	利用海运便利程度	城市距最近海港距离和距天津、上海及香港距离	根据 Google 地图城市经纬度数据计算

（四）城市可持续竞争力指标体系

一级指标	二级指标含义	二级指标	指标衡量方法	数据来源
创新驱动的知识城市	知识需求	科技经费支出额占财政收入比重	—	国家统计局
		人均教育支出	—	国家统计局
		每百人公共图书馆藏书	—	国家统计局
	知识投入	中等以上学生占全部学生比重	—	国家统计局
		大学指数	各城市大学排名	世界大学排名（Webometrics Ranking）
	知识产出	专利指数	专利申请授权量	国家统计局
		论文发表数	—	Web of Science 三大引文库（SCI/SSCI/A&HCI）
	知识经济	每百万人金融、计算机服务和科学研究从业人数	—	国家统计局
		高科技产品进出口总额	—	科技部

续表

一级指标	二级指标含义	二级指标	指标衡量方法	数据来源
公平包容的和谐城市	政府善治	行政透明度	信息公开指数	中国软件测评中心政府网站绩效测评
		群众需求关注度	互动交流指数 + 证件办理指数	中国软件测评中心政府网站绩效测评
	社会公平	户籍与非户籍人口之间的公平性	根据各城市落户政策打分	各城市政府网站
		各阶层之间的公平性	教育服务指数 + 社保服务指数 + 就业服务指数 + 医疗服务指数 + 住房服务指数 + 交通服务指数	中国软件测评中心政府网站绩效测评
	社会保障	人均社会保障、就业和医疗卫生财政支出	—	国家统计局
		社会保障程度	参加医疗、失业、养老保险人数占常住人口比重	国家统计局
	社会安定	每万人刑事案件数	—	国家统计局
		每万人交通、火灾事故死亡人数	—	国家统计局
环境友好的生态城市	资源节约	单位 GDP 耗电	—	国家统计局
		单位 GDP 耗水	—	国家统计局
	环境质量	空气质量	城市空气质量等级	环保部及各省环保厅环境公报
		单位 GDP 二氧化硫排放量	—	国家统计局
		地表水水质	河流、湖泊水质状况，涉及沿海城市时，还包括其近海海水水质状况	中国环境监测总站及下属各省份监测站、水文信息网、中国环境保护部及下属各省份环保厅、环保局，全国、各省份环境公报以及各省份水资源公报
	生态状况	人均绿地面积	—	国家统计局
		旅游景区指数	4A 和 5A 级旅游景区数量	全国 4A 级及 5A 级旅游景区名单
		国家级自然保护区指数	国家级自然保护区数量和面积	国家级自然保护区名录
		降水丰沛度	年平均降水量	中国天气网

续表

一级指标	二级指标含义	二级指标	指标衡量方法	数据来源
多元一本的文化城市	历史文化	历史文化名镇、名村	历史文化名镇、名村数量	中国名镇网
		历史文化指数	历史文化名城批次	国家历史文化名城名单
		非物质文化指数	非物质文化遗产数量	中国非物质文化遗产名录数据库系统
	现代文化	现代文化艺术指数	文化艺术场所数	Google 地图搜索
		每万人剧场、影剧院数量	—	国家统计局
	文化多元性	城市国际知名度	城市拼音名 Google 英文搜索结果条数	Google 搜索
		语言多国性指数	城市星级酒店提供语言服务种类数	假日酒店网站及 51mice 中国旅业参考
	文化产业	每百万人文化、体育和娱乐业从业人数	—	国家统计局
		外国人境旅游人数	—	国家统计局
城乡一体的全域城市	居民收入	城乡人均支出比	城镇居民人均消费支出/农村居民人均消费支出	国家统计局
		城乡人均收入比	城镇居民人均可支配收入/农村居民人均纯收入	国家统计局
	公共服务	人均教育支出比（全市/市辖区）	全市人均教育支出/市辖区人均教育支出	国家统计局
		每百人公共图书馆藏书量比（全市/市辖区）	全市每百人公共图书馆藏书量/市辖区每百人公共图书馆藏书量	国家统计局
		每万人拥有医生数比（全市/市辖区）	全市每万人拥有医生数/市辖区每万人拥有医生数	国家统计局
	公共设施	每千人国际互联网用户数比（全市/市辖区）	全市每千人国际互联网用户数/市辖区每千人国际互联网用户数	国家统计局
	结构转换	城市化率	市辖区人口/全市总人口	国家统计局
		城市化与工业化适应性	非农业人口比重与非农产业产值占 GDP 比重的差别	国家统计局

续表

一级指标	二级指标含义	二级指标	指标衡量方法	数据来源
开放便捷的信息城市	客体的贸易	外贸依存度	(进口总额＋出口总额)/(2×GDP)	国家统计局
		当年实际使用外资额占固定资产投资比例	—	国家统计局
	主体的交流	外资工业企业比重	外资工业企业数/工业企业数	国家统计局
		国际商旅人员数	接待海外商旅人数	国家统计局
	信息交流	千人国际互联网用户数	—	国家统计局
		千人移动电话年末用户数	—	国家统计局
	物质交流	公路交通便利程度	连接城市的国高、国道和省道数	交通部中国公路信息网
		铁路交通便利程度	连接城市的高铁、双线电气化铁路、单线电气化铁路、双线铁路、单线铁路数及是否有主要车站	铁道部铁路运营图及高铁线路图
		航空交通便利程度	机场飞行区等级和起降架次	全国运输机场生产统计公报及各机场网站
		利用海运便利程度	城市距最近海港距离和距天津、上海及香港距离	根据 GOOGLE 地图城市经纬度数据计算

三　样本选择

报告中的样本城市包括中国 34 个省、区、市和特别行政区的 294 个城市，具体为内地 287 个地级以上城市和香港、澳门、台北、新北、台中、台南、高雄。

四　计算方法

（一）指标数据标准化方法

城市竞争力各项指标数据的量纲不同，首先应对所有指标数据都必须进行无量纲化处理。客观指标分为单一客观指标和综合客观指标。对于单一性客观指标原始数据无量纲处理，本文主要采取标准化、指数化、阈值法和百分比等级法四种方法。

标准化计算公式为：$X_i = \frac{(x_i - \bar{x})}{Q^2}$，$X_i$ 为 x_i 转换后的值，x_i 为原始数据，$\bar{x}$ 为平均值，Q^2 为方差，X_i 为标准化后数据。

指数法的计算公式为：$X_i = \frac{x_i}{x_{0i}}$，X_i 为 x_i 转换后的值，x_i 为原始值，x_{0i} 为最大值，X_i 为指数。

阈值法的计算公式为：$X_i = \frac{(x_i - x_{Min})}{(x_{Max} - x_{Min})}$，$X_i$ 为 x_i 转换后的值，x_i 为原始值，x_{Max} 为最大样本值，x_{Min} 为最小样本值。

百分比等级法的计算公式为：$X_i = \frac{n_i}{(n_i + N_i)}$，$X_i$ 为 x_i 转换后的值，x_i 为原始值，n_i 为小于 x_i 的样本值数量，N_i 为除 x_i 外大于等于 x_i 的样本值数量。

综合客观指标原始数据的无量纲化处理是：先对构成中的各单个指标进行量化处理，再用等权法加权求得综合的指标值。

（二）城市竞争力计量的方法

1. 城市竞争力总指数：综合经济竞争力和可持续竞争力的计算方法

综合经济竞争力和可持续竞争力各项指标综合的方法是非线性加权综合法。所谓非线性加权综合法（或“乘法”合成法）是指应用非线性模型 $g = \prod x_j^{w_j}$ 来进行综合评价的。式中 w_i 为权重系数，$x_i \geqslant 1$。对于非线性模型来说，在计算中只要有一个指标值非常小，那么最终的值将迅速接近于零。换言之，这种评价模型对取值较小的指标反应灵敏，对取值较大的指标反应迟钝。运用非线性加权综合法进行城市竞争力计量，能够更全面、科学的反映综合指标值。

2. 城市竞争力的解释指数：可持续竞争力分项竞争力的计算方法

尽管报告设计的解释性城市竞争力的指标为二级指标，实际上包括原始指标在内，解释性城市竞争力的指标为三级，在三级指标合成二级指标和二级指标合成一级指标时，采用先标准化再等权相加的办法，标准化方法如前所述。其公式为：

$$z_{il} = \sum_{j} z_{ilj}$$

其中，z_{il} 表示各二级指标，z_{ilj} 表示各三级指标。

$$Z_{i} = \sum_{l} z_{il}$$

其中，Z_{i} 表示各一级指标，z_{il} 表示各二级指标。

3. 城市竞争力分类指数

报告将城市分别按照区域、省份、城市规模和发展阶段进行了归类，各类别中某一类型的竞争指数是对该类别所有城市该项指标的竞争力指数求平均值。比如区域分类中，东南地区的区域经济竞争力指数是对东南所有 57 个城市的经济竞争力指数求平均。

（三）城市排名的主成分分析方法

1. 概述

在处理信息时，当两个变量之间有一定相关关系时，可以解释为这两个变量反映的信息有一定的重叠，为了解决这些问题，最简单和最直接的解决方案是削减变量的个数，但这必然又会导致信息丢失和信息不完整等问题的产生。为此，人们希望探索一种更为有效的解决方法，它既能大大减少参与数据建模的变量个数，同时也不会造成信息的大量丢失。主成分分析正式这样一种能够有效降低变量维数，并已得到广泛应用的分析方法。

主成分分析以最少的信息丢失为前提，将众多的原有变量综合成较少几个综合指标，通常综合指标（主成分）有以下几个特点：

（1）主成分个数远远少于原有变量的个数。

原有变量综合成少数几个因子之后，因子将可以替代原有变量参与数据建模，这将大大减少分析过程中的计算工作量。

（2）主成分能够反映原有变量的绝大部分信息。

因子并不是原有变量的简单取舍，而是原有变量重组后的结果，因此不会造成原有变量信息的大量丢失，并能够代表原有变量的绝大部分信息。

（3）主成分之间应该互不相关。

通过主成分分析得出的新的综合指标（主成分）之间互不相关，因子参与数据建模能够有效地解决变量信息重叠、多重共线性等给分析应用带来的诸多问题。

（4）主成分具有命名解释性。

总之，主成分分析法是研究如何以最少的信息丢失将众多原有变量浓缩成少数几个因子，如何使因子具有一定的命名解释性的多元统计分析方法。

2. 基本原理

主成分分析是数学上对数据降维的一种方法。其基本思想是设法将原来众多的具有一定相关性的指标 X_1，X_2，…，X_P，重新组合成一组较少个数的互不相关的综合指标 *Fm* 来代替原来指标。那么综合指标应该如何去提取，使其既能最大程度的反映原变量 *Xp* 所代表的信息，又能保证新指标之间保持相互无关（信息不重叠）。

设 F1 表示原变量的第一个线性组合所形成的主成分指标，即 $F_1 = a_{11}X_1 + a_{21}X_2 + a_{p1}X_p$，由数学知识可知，每一个主成分所提取的信息量可用其方差来度量，其方差 Var（F1）越大，表示 F1 包含的信息越多。常常希望第一主成分 F1 所含的信息量最大，因此在所有的线性组合中选取的 F1 应该是 X_1，X_2，…，X_P 的所有线性组合中方差最大的，故称 F1 为第一主成分。如果第一主成分不足以代表原来 p 个指标的信息，再考虑选取第二个主成分指标 F2，为有效地反映原信息，F1 已有的信息就不需要再出现在 F2 中，即 F2 与 F1 要保持独立、不相关，用数学语言表达就是其协方差 Cov（F1，F2）＝0，所以 F2 是与 F1 不相关的 X_1，X_2，…，X_P 的所有线性组合中方差最大的，故称 F2 为第二主成分，依此类推构造出的 F1、F2、……、Fm 为原变量指标 X_1，X_2，…，X_P 第一、第二、……、第 m 个主成分。

$$
\begin{cases}
F_1 = a_{11}X_1 + a_{21}X_2 + \cdots + a_{1p}X_p \\
F_2 = a_{21}X_1 + a_{22}X_2 + \cdots + a_{2p}X_p \\
\cdots \\
F_m = a_{m1}X_1 + a_{m1}X_2 + \cdots + a_{mp}X_p
\end{cases}
$$

根据以上分析得知：

Fi 与 Fj 互不相关，即 Cov（Fi，Fj）＝0，并有 Var（Fi）＝ai’Σai，其

中 Σ 为 X 的协方差阵。

F1 是 X_1，X_2，…，X_p 的一切线性组合中方差最大的。

F1，F2，…，Fm（m≤p）为构造的新变量指标，即原变量指标的第一、第二、……、第 m 个主成分。

3. 主成分分析法的计算步骤

主成分分析的具体步骤如下：

（1）计算协方差矩阵

计算样品数据的协方差矩阵：Σ =（s_{ij}）p * p，其中

$$S_{ij} = \frac{1}{n-1}\sum_{k=1}^{n}(X_{ki} - \bar{X}_i)(X_{kj} - \bar{X}_j) \quad i,j = 1,2,\cdots,p$$

（2）求出 Σ 的特征值 λ_i 及相应的正交化单位特征向量 a_i

Σ 的前 m 个较大的特征值 $\lambda_1 \geqslant \lambda_2 \geqslant \cdots \lambda_m \geqslant 0$，就是前 m 个主成分对应的方差，$\lambda_i$ 对应的单位特征向量 a_i 就是主成分 Fi 的关于原变量的系数，则原变量的第 i 个主成分 Fi 为：

$$F_i = a'_i X$$

主成分的方差贡献率用来反映信息量的大小，α_i 为：

$$\alpha_i = \frac{\lambda_i}{\sum_{i=1}^{m}\lambda_i}$$

（3）选择主成分

最终要选择几个主成分，即 F1，F2，……，Fm 中 m 的确定是通过方差累计贡献率 G（m）来确定

$$G_{(m)} = \sum_{i-1}^{m}\frac{\lambda_i}{\sum_{k=1}^{p}\lambda_k}$$

当累积贡献率大于 85% 时，就认为能足够反映原来变量的信息了，对应的 m 就是抽取的前 m 个主成分。

（4）计算主成分载荷

主成分载荷是反映主成分 Fi 与原变量 Xj 之间的相互关联程度，原来变量

Xj（j=1，2，…，p）在诸主成分 Fi（i=1，2，…，m）上的荷载 l_{ij}（i=1，2，…，m；j=1，2，…，p）。

$$l(Z_i, X_j) = \sqrt{\lambda_i a_{ij}}(i = 1,2,\cdots m; j = 1,2,\cdots,p)$$

在 SPSS 软件中主成分分析后的分析结果中，“成分矩阵”反应的就是主成分载荷矩阵。

（5）计算主成分得分

计算样本在 m 个主成分上的得分：

$$F_i = a_{1i}X_1 + a_{2i}X_2 + \cdots + a_{pi}X_p \quad i = 1,2,\cdots,m$$

实际应用时，指标的量纲往往不同，所以在主成分计算之前应先消除量纲的影响。消除数据的量纲有很多方法，常用方法是将原始数据标准化，即做如下数据变换：

$$X_{ij}^* = \frac{X_{ij} - \bar{X}_j}{S_j} \quad i = 1,2,\cdots,n; j = 1,2,\cdots,p$$

其中：$\bar{X}_j = \frac{1}{n}\sum_{i=1}^{n} X_{ij}$，$S_j^2 = \frac{1}{n-1}\sum_{i=1}^{n}(X_{ij} - \bar{X}_j)^2$

五　时间收缩地图制图方法

根据引力模型和对外经济联系总量计算结果，报告分别选取对外经济联系总量排名第一的城市上海和排名第二的城市北京作为空间地图上的不动点，制作时间距离收缩地图。报告使用的空间底图是由国家测绘局国家基础地理信息中心提供的1∶400 万的全国地市级以上居民地点状和面状的栅格地图。以上海为例，设上海的坐标为（x_0，y_0），以上海为不动点分别与所有城市做连接线，获得各个城市的地理坐标为（x_i，y_i）。设上海到各城市的原始距离为 D_{0j}，将已经获得的上海到其他城市的最短时间距离 T_{0i}转换为新的空间距离 ND_{0j}。

设向量 a_{0i} =（$x_i - x_0$，$y_i - y_0$）

$$e_{0i} = \left(\frac{(x_i - x_0)}{\sqrt{(x_i - x_0)^2} + \sqrt{(y_i - y_0)^2}}, \frac{(y_i - x_0)}{\sqrt{(x_i - x_0)^2} + \sqrt{(y_i - y_0)^2}}\right)$$

则以不动点地为起点，e_{0i}为方向向量，向量的模为ND_{0j}，由此得到由新的空间距离确定的 i 地与不动点实际位置的时间距离坐标 i′（x'_i，y'_i）。地图上不动点到 i′的线段就是两地间的时间距离。

使用 ArcMap10，采用空间变换的橡皮拉伸（Rubbersheet）方法，以 i 点为起点，i′为终点对地图图层作拉伸变换，最后得到将空间底图按时间距离变形后的压缩地图。

B.19
后　记

《中国城市竞争力报告 No. 13》是由中国社会科学院财经战略研究院倪鹏飞博士牵头，数十家国内著名高校、地方院校、权威统计部门、企业研发机构的近百名专家参与，历经大半年时间，经过理论探讨和调查研究，采用计量和案例等方法打磨而形成的成果。《中国城市竞争力报告 No. 13》的基础理论、指标体系、研究框架和重要结论主要由主编倪鹏飞博士做出。副主编天津大学应用数学中心侯庆虎博士（数学专家）负责计量，提供计算支持。特邀主编沈建法、林祖嘉、刘成昆分别负责香港、台湾、澳门的数据支持、审核和报告的讨论工作。副主编李超（中国社会科学院财经战略研究院）负责空间计量、协调调度等工作；副主编王雨飞（中国社会科学院财经战略研究院博士后）负责报告的数据采集、具体计算、资料汇总、地图绘制等工作。

关于城市竞争力，本次报告将其分为城市综合经济竞争力、宜居城市竞争力、宜商城市竞争力、城市可持续竞争力四个部分，并分别设计了指标体系，从而对中国 294 个城市的综合经济竞争力和中国（除台湾外）289 个城市的宜居竞争力、宜商竞争力、可持续竞争力进行了衡量。本报告根据我国经济活动空间格局发展的新趋势，撰写了《“巨手”：托起城市中国新版图》的主题报告。此外，从城市竞争力的每一分项对样本城市进行了分析和比较，形成了七份分项报告。同时，还制作了中国七大区域的区域报告。报告的文稿是在锤炼理论、采集数据，进行计量并得出基本结论后，由执笔者撰写而成的。

各章的文字贡献者如下。第一章：中国城市竞争力 2014 年度排名，课题组集体；第二章：中国城市竞争力 2014 年度综述，倪鹏飞、李超（中国社会科学院财经战略研究院）；第三章：“巨手”：托起城市中国新版图，倪鹏飞、王雨飞（中国社会科学院财经战略研究院）、李冕（中国社会科学院研究生院）；第四章：以人为本的宜居城市竞争力报告，李光全（青岛行政学院）；第五章：创业至上的宜商城市竞争力报告，李清彬（国家发改委经济研究所)；第六章：创新驱动的知识城市竞争力报告，赵英伟（青岛科技大学）；第七章：公平包容的和谐城市竞争力报告，刘金伟（北京工业大学）；第八章：环境友好的生态城市竞争力报告，魏劭琨（国家发改委城市和小城镇改革发展中心）；第九章：城乡一体的全域城市竞争力报告，蔡书凯（中国社会科学院财经战略研究院）；第十章：开放便捷的信息城市竞争力报告，刘艺（中国人民公安大学）；第十一章：中国（东南地区）城市竞争力报告，邹琳华（中国社会科学院财经战略研究院）、夏炎（中国社会科学院研究生院）；第十二章：中国（环渤海地区）城市竞争力报告，李冕（中国社会科学院研究生院）；第十三章：中国（东北地区）城市竞争力报告，杨慧（中国社会科学院财经战略研究院）、周晓波（南开大学）；第十四章：中国（中部地区）城市竞争力报告，毛丰付（中国社会科学院财经战略研究院）、郭晗（西北大学）；第十五章：中国（西南地区）城市竞争力报告，董杨（西南财经大学）、张安全（西南财经大学）；第十六章：中国（西北地区）城市竞争力报告，魏婕（西北大学）、蔡韶鹏（西南财经大学）；第十七章：中国（港澳台地区）城市竞争力报告，沈建法（香港中文大学香港亚太研究所）、刘成昆（澳门科技大学行商学院）、周晓波（南开大学）；附录：倪鹏飞、侯庆虎、王雨飞。整个报告的计量数据，由倪鹏飞、侯庆虎领导下的课题组完成。

《中国城市竞争力报告 No. 13》和中国城市竞争力的研究得到报告顾问及诸多机构和人士真诚无私的支持。我们对所有支持和关心这项研究的单位和人士表示钦佩、敬意和感谢。

倪鹏飞

2015 年 4 月 10 日

皮书起源

“皮书”起源于十七、十八世纪的英国，主要指官方或社会组织正式发表的重要文件或报告，多以“白皮书”命名。在中国，“皮书”这一概念被社会广泛接受，并被成功运作、发展成为一种全新的出版型态，则源于中国社会科学院社会科学文献出版社。

皮书定义

皮书是对中国与世界发展状况和热点问题进行年度监测，以专业的角度、专家的视野和实证研究方法，针对某一领域或区域现状与发展态势展开分析和预测，具备权威性、前沿性、原创性、实证性、时效性等特点的连续性公开出版物，由一系列权威研究报告组成。皮书系列是社会科学文献出版社编辑出版的蓝皮书、绿皮书、黄皮书等的统称。

皮书作者

皮书系列的作者以中国社会科学院、著名高校、地方社会科学院的研究人员为主，多为国内一流研究机构的权威专家学者，他们的看法和观点代表了学界对中国与世界的现实和未来最高水平的解读与分析。

皮书荣誉

皮书系列已成为社会科学文献出版社的著名图书品牌和中国社会科学院的知名学术品牌。2011 年，皮书系列正式列入“十二五”国家重点图书出版规划项目；2012~2014 年，重点皮书列入中国社会科学院承担的国家哲学社会科学创新工程项目；2015 年，41 种院外皮书使用“中国社会科学院创新工程学术出版项目”标识。

法律声明

S 子库介绍
Sub-Database Introduction

中国经济发展数据库

涵盖宏观经济、农业经济、工业经济、产业经济、财政金融、交通旅游、商业贸易、劳动经济、企业经济、房地产经济、城市经济、区域经济等领域，为用户实时了解经济运行态势、把握经济发展规律、洞察经济形势、做出经济决策提供参考和依据。

中国社会发展数据库

全面整合国内外有关中国社会发展的统计数据、深度分析报告、专家解读和热点资讯构建而成的专业学术数据库。涉及宗教、社会、人口、政治、外交、法律、文化、教育、体育、文学艺术、医药卫生、资源环境等多个领域。

中国行业发展数据库

以中国国民经济行业分类为依据，跟踪分析国民经济各行业市场运行状况和政策导向，提供行业发展最前沿的资讯，为用户投资、从业及各种经济决策提供理论基础和实践指导。内容涵盖农业，能源与矿产业，交通运输业，制造业，金融业，房地产业，租赁和商务服务业，科学研究，环境和公共设施管理，居民服务业，教育，卫生和社会保障，文化、体育和娱乐业等 100 余个行业。

中国区域发展数据库

以特定区域内的经济、社会、文化、法治、资源环境等领域的现状与发展情况进行分析和预测。涵盖中部、西部、东北、西北等地区，长三角、珠三角、黄三角、京津冀、环渤海、合肥经济圈、长株潭城市群、关中—天水经济区、海峡经济区等区域经济体和城市圈，北京、上海、浙江、河南、陕西等 34 个省份及中国台湾地区。

中国文化传媒数据库

包括文化事业、文化产业、宗教、群众文化、图书馆事业、博物馆事业、档案事业、语言文字、文学、历史地理、新闻传播、广播电视、出版事业、艺术、电影、娱乐等多个子库。

世界经济与国际政治数据库

以皮书系列中涉及世界经济与国际政治的研究成果为基础，全面整合国内外有关世界经济与国际政治的统计数据、深度分析报告、专家解读和热点资讯构建而成的专业学术数据库。包括世界经济、世界政治、世界文化、国际社会、国际关系、国际组织、区域发展、国别发展等多个子库。